· 上海旅游会展教育高地建设系列教材

金 辉◎主编

会展概论

（第二版）

上海人民出版社

总　序

随着会展业在我国的迅猛发展，上海师范大学旅游学院经国家教育部批准于 2004 年在全国首先正式设立了“会展经济与管理”本科专业。2005 年，上海市教委又把建设上海旅游会展教育高地的建设任务交给了我们学院。为了不辜负培养会展人才、发展会展事业的历史使命和国家教育部和上海市教委对我们学院的信任，我们在了解国际会展院校课程体系和国内行业对会展人才素质和知识结构需求的基础上，决定开发一套会展经济与管理系列教材，以满足“会展经济与管理专业”学科建设和会展人才培养的需要，对上海市乃至对全国的会展教育事业和会展业的发展作出我们的贡献。

这套系列教材全部出版后将涵盖会展业的全部产业架构（会议、展览、奖励旅游和节事活动），涉及策划与管理、营销与服务、财务与融资、设计与搭建、文案与法规、宣传与公关、企业参展和出国办展、信息化管理和市场调研与预测等会展业全部产业架构经营管理的业务层面。为了保证这套系列教材能具有前瞻性、系统性、科学性和应用性的特点，我们将在这套教材的编写过程中坚持面向国际、依托行业的原则，整合资源，鼓励参编教师和富有会展实践经验的企业家和专业人士共同合作，力争开发出理念前沿、信息丰富、知识全面、操作性大、专业化强的会展经济与管理系列教材。并希望这套教材不仅能作为高校会展教材，也可作为会展业从业人员工作和进修的参考丛书。

由于经验不足，这套教材不可避免地会有遗憾之处，为此，我们热忱地欢迎有识之士提出宝贵的建议，帮助我们不断地健全和完善这套系列教材，为中国的会展教育和会展事业作出更大的贡献。

杨卫武
上海师范大学旅游学院
《会展经济与管理》系列教材编委会主任

内 容 提 要

本书内容包括会展业概述、会展与旅游、会议业、展览业、奖励旅游、节事活动、会展经济、发达国家的会展业、会展业的主要国际组织和21世纪会展业等，系统地论述了会展业的基本理论和时代理念、提供了会展业发展的最新信息、介绍了会展业各细分市场的发展概况、揭示了发达国家会展业的成功经验、探索了我国会展业的市场化发展，并预测了会展业的发展趋势，本书经过再版修改，基本更新了初版提供的信息和资料，使本书继续保持了观念新、信息新、思路新、经验新，具有较强的专业性、系统性、时代性、实用性和前瞻性的特点。既可用于高等院校会展管理专业、旅游管理专业及其他相关专业的教学，也可作为会展业及相关行业管理和从业人员工作及获取会展行业资格认证学习的参考书籍，还可在政府主管部门、行业协会、专业组织和高等院校进行会展研究时作参考之用。

第二版前言

在世纪之初编写本书时，我们尽力使本书做到观念新、信息新、思路新、经验新，并具有较强的专业性、系统性、时代性、实用性和前瞻性等特点，所以自2004年出版后，本书受到了广大读者的青睐和喜爱。不少院校和培训机构纷纷选取本书作为专业或培训教材，也有不少会展研究机构和人士以本书为会展研究参考，引用其观点、资料和信息，将其作为参考文献。虽然上海人民出版社连续印刷三次，但都很快售罄，为此，我们愿借此机会，对广大读者给予的鼓励和支持，表示我们由衷的谢意。

时间飞驰，本书初版至今一晃已快七年，过去的七年，世界风云变幻，国际会展业在动荡中求发展，在改革中求效益，无论是产业规模、会展效益、发展理念和经营模式，还是会展企业、会展市场、会展场馆和国际专业组织都发生了很大的变化。如今，全世界会议业和展览业每年的产值已达11600亿美元，其中4000亿美元来自于会议，7600亿美元来自于展览(Department of Investment Service, Taiwan, 2008)。国际会展业产值的飞跃增长充分显示了国际会展业在世界经济发展中的地位和贡献。过去的七年，也是我国经济持续稳定发展的七年，我国会展业在过去的七年中，尤其在“十一五”发展时期，更是发生了巨大的变化。全国会展项目从2006年的4050个增至2010年的5040个，增长24%；会展面积也从2006年4100万平方米增长到2010年5050万平方米，增长23%(陈燕，2011)。我国获得国际展览业协会认证的展会也从2003年的30个(包括港澳地区认证展会)发展到2010年的83个(内地和港澳地区的78个和台湾地区的5个)(UFI, 2010)。同国际会展业一样，我国会展业无论在会展规模、产业效益、区域分布还是在发展理念、经营模式和发展方式上也都取得了令世人惊叹的显著变化。

面对国内外会展业日新月异的发展和变化，如果本书还停留在传播世纪之交或世纪之初的会展理念和信息的话，内容就变得过时和落伍了，也必然丧失此书的特点和长处，为此，在上海人民出版社的鼓励下，本书作者本着十年磨一剑的精神和对读者认真负责的态度，广泛查阅了国内外近期的相关书籍、报刊、杂志和网络、结合长期从事会展教育和研究的思考和积累，在基本保持本书初版框架结构的基础上，对其初版内容作了认真修正和大量更新，使本书得以再版发行并重新与读者见面。对于本书再版发行之前市场上一度供应断档而给相关院校和读者带来的不便，也愿借此机会表示歉意。

本书再版，修正了初版“在国际上，会展业同旅游业和房地产业一起并称为21世纪‘三大无烟产业’”的认识误区，用事实阐述了“会展产业非无烟”的观点和绿色会展的发展理念，以及低碳化发展的必然趋势。在每一章的论述中，都用尽力获取的最新信息和数据替代原来陈旧的信息和数据，比如在第二章中，我们介绍了国际会议观光局协会(IACVB)改名为国际目的地营销协会(DMAI)的变化以及该组织的最新状况，并用我国对商务旅游者和女性商务游客需求的最新调查反馈更新了原来提供的信息。在第三章中增加了联合国对会议的定义和统计标准、荷兰旅游会议局的国际会议统计标准和国际专业会议组织者协会(IAPCO)提供的选择会议饭店的标准，还按照国际协会联盟(UIA)和国际会议协会(ICCA)公布的最新国际会议统计标准，更新了他们原来的国际会议统计标准。在第四章中，不仅对各节内容作了更新充实，而且补充了会展法规、展位设计原则与处理关系及对展馆建设和利用问题的阐述。在第八章中，不仅用最新的信息和数据全面更新了会展发达地区和国家的会展业概述，而且将原来一起介绍美国和加拿大会展业概述改为分别介绍。在第九章中基本按会展主要国际组织的变化和各组织公布的最新资料全面更新了原有的介绍。为便于会展专业人士和会展专业教师、学生教育及研究人员的工作、教学和研究的查询，原来在第四章中介绍的会展法规和第九章中介绍的国际展览业协会(UFI)我国成员和该协会认证的我国展会中英文名录经补充更新后，转移到附录中，同时还在附录中增加了国际会展业主要网站。因篇幅的原因，请原谅我们不能逐章介绍每一章增加和更新的内容，总之，本书再版是以与时俱进的崭新内容为支持的。希望本书作为高等院校会展管理专业的教材，继续受到会展院校教师和学生的喜爱，也希望此书能继续对政府会展管理部门、会展行业协会和专业组织及会展企业的管理和工作人员，还有我国高等院校会展专业的教学科研人员有所参考、借鉴和帮助。

考虑到初版参编人员工作、学习和科研的繁忙，本书再版的修正和更新全部由初版主编金辉独立完成。

衷心感谢上海师范大学旅游学院（上海旅游高等专科学校）领导对会展教材的编者所给予的一贯鼓励和支持。衷心感谢上海人民出版社的大力支持和相关工作人员的辛勤劳动，尤其是顾兆敏编审的宽容和鼓励。本书再版仍难免有错和不如人意之处，希望专家和广大读者继续提出宝贵的建议和意见，以便不断修正、更新和完善。

作　者

2011 年 5 月

前 言

改革开放以来,我国会展业进入了一个飞跃发展的时代。我国已成功地举办了亚运会、世妇会、PATA 年会、万国邮联大会、昆明世界园艺博览会、上海“财富”论坛、APEC 会议和亚洲银行理事会年会等大型活动,目前全国约 147 座会展中心共有展览面积 100 多万平方米,2003 年全国展会总数已近 2000 个,每年全国有 600 万以上人员参观各种展会。2001 年中国会展业直接收入就已近 40 亿元人民币,间接收益也达 360 亿元人民币,通过展览实现外贸出口成交额达 340 多亿美元,内贸交易额也达 120 多亿元人民币。会展经济已成为中国经济新亮点,并继续飞快地增长。还有我们成功取得的 2004 年世界遗产大会、2006 年世界休闲大会,2007 年世界特奥会、2008 年奥运会和 2010 年世博会等大型国际活动更给我国会展业的发展创造了机遇。正如国际会议协会(ICCA)主席所说:“中国有可能成为 21 世纪国际会展旅游的首要目的地。”

虽然我国会展业取得了令人惊喜的成就,但在国际会展业中仍十分落后,按照 1997—2000 年国际会议协会(ICCA)4 年的综合评比,中国排在第 34 位。2000 年 ICCA 统计的国际会议数量城市排行榜上,北京第 27 位,上海第 86 位。美国展览业产值占国民经济总产值 1%,而我国展览业产值却只占国民生产总值的 0.004%。尽管上海几乎每天都在办展,但鲜有称得上品牌展的展会。如果不包括香港取得的 UFI 认证展会,我国得到国际展览联盟(UFI)认证的展会就只有 13 个,与新加坡 19 个认证相比。差距之大,令人十分震惊。形成这种局面的原因除了基础差,起步晚,还有一个十分重要的因素,就是缺乏高素质的会展专业人才和先进的会展管理手段。我国会展行业再三呼吁:“会展业发展的瓶颈是人才!加快培养会展人才迫在眉睫!”

国际会展教育于 1978 年在美国内华达大学饭店管理学院开设了第一门会议管理课程后,如今仅在美国就已发展到有 150 多所四年制的大学开设了会展专业或课程。从全世界范围来说，会展教育也早就随着会展业在全球的快速发展而被英国、加拿大、澳大利亚、韩国、日本、中国香港和澳门等许多国家和地区的旅游院校所重视并开拓。在会展发达国家，会展教育课程已形成了完整体系，原因之一是会展教材全而且更新速度快。国际旅游院校的专家、学者和教授们有强烈的市场意识、深知教育不但必须适应市场变化，而且更应有一定的前瞻性和指导性。他们在了解会展市场发展趋势的前提下，调查研究结合亲身经验，在出版社支持下，写作出版了建立完整会展教育课程体系所需要的一系列会展教材和参考书籍。

相比之下，我国会展教育滞后于会展行业的发展，而会展教材又滞后于会展教育的发展。为了改变这一被动落后的局面，并对我国会展教育做出自己的贡献，我们在多年学习了解和研究国内外会展业发展状况的基础上，吸取国外会展教材的先进理念和最新信息，编写了此书，试图阐述会展业的基本理论和时代理念、提供会展业发展的最新信息、介绍会展业各细分市场与主要国际会展组织、揭示发达国家会展业的成功经验、探索我国会展业的市场化发展与会展人才培养问题，并预测会展业的发展趋势。同时我们也尽力使此书做到观念新、信息新、思路新、经验新；并有较强的专业性、系统性、时代性、实用性和前瞻性。希望此书能作为高等院校会展管理的专业教材，并亦能对政府会展管理部门和会展企业及相关产业的管理和工作人员、还有对我国高等院校会展专业的教学科研人员能有所参考，借鉴和帮助。

本书由上海师范大学旅游学院金辉副教授担任主编，负责编写大纲、撰写第一、二、三、四、五章、第七章第三节、第十章第三节及全书的统稿和修改工作；上海师范大学旅游学院教师李伟清撰写第七章第一、二节；卢晓撰写第六章；吴旭云撰写第八、九章；李菊霞撰写第十章第一、二节。

我们衷心地感谢上海人民出版社的大力支持和相关人员的辛勤劳动。本书难免有错误和不足之处，望专家和广大读者提出宝贵的建议和意见，以便不断修正和完善。

作　者

2004年2月

目　录

第一章

绪 论

会展从字面上理解是指会议和展览活动。会展活动发展到一定规模形成产业,其涵义已远远超过其字面意义。我们在这里所谈的会展主要是具有最新涵义的会展业。

会展业在企业全球化和经济一体化的进程中,以其对经济和社会的杰出贡献获得了众多美称,受到了各国政府越来越多的重视。会展业也同样地成了我国国民经济的新亮点。越来越多的城市和地区正在努力发展会展业,越来越多的企业和个人也正以极大的热情投入到会展业。

为了使大家以正确的理念指导行动,更好地发展会展业和投入会展业,本书首先从会展业的兴起、会展业的内涵和活动形式、会展业的发展条件及会展业的特点和作用进行介绍和论述。

第一节 会展业的兴起

在我国开放改革不断深入和国民经济持续发展的过程中,一个新的行业——会展业悄然兴起,走进了政府和经济学家们的视野,并受到了新闻媒体和社会的广为关注,但是,如果我们把视野扩大到整个世界,那么就可以发现,会展业的存在已有相当长的历史。据美国出版的《旅行和旅游概况》一书的作者迈克尔·科尔特曼(Michael M. Coltman)所述:“在 14 世纪到 17 世纪的欧洲文艺复兴时期,人们在通往罗马旅途上喜爱的停留之处就是陈列着各种出版物的法兰克福书展,除书市外,还有一个很大的商品博览会,在那里,人们可以收集有关生产和商务的各种信息。”他还指出:“法兰克福书市是吸引旅游者最早的展示会之一,而它至今仍是国际上每年一次的重大活动。”

从欧洲文艺复兴时期的法兰克福书展至今,人类历史已跨越了几个世纪,随着社会的发展和科技的进步，会展业作为一种经济存在形式，其存在和活动的方式等也都在不断地进行调整和变化。尤其在过去的几十年间，会展业的理念在全球迅速扩展。随着企业全球化和世界经济一体化的发展，会展业早已走上了市场化的发展道路，发展势头亦趋迅猛。由于其在世界经济和旅游业发展中的地位亦日趋明显，因而获得了"触摸世界的窗口"、"城市的面包和奶酪"和"旅游业皇冠上的宝石"等美称，并正被越来越多的国家重视和开发。今天，它正以其无与伦比的功能，不可替代的作用及崭新的形象，迅速成长为第三产业中一个举足轻重的行业。

国际展览业协会(The Global Association of the Exhibition Industry—UFI)已指出，会议业和展览业每年的产值达到了11600亿美元，其中4000亿美元来自于会议，7600亿美元来自于展览(Department of Investment Service, Taiwan, 2008)。会展业的这些活动对世界经济的发展做出了巨大的贡献。国际展览业协会(UFI)的研究显示，截至2006年，全世界共有1062个室内展览面积不小于5000平方米的展览场地，室内展览总面积达2760万平方米(UFI, 2007)。这说明了展览业过去发展的成绩和规模与今后发展的潜力和前景。

但是从全球来看，由于世界各大洲经济实力、经济总体规模和发展水平不一，会展业的发展呈现出很不平衡的状况。

欧洲是世界会展业的发源地，经过数世纪的积累和发展，欧洲会展业整体实力强，规模最大。德国、意大利、法国、英国都已经成为世界级的会展业大国。欧洲拥有的展览场地数量就要占世界总量的44%，拥有的室内展览面积占世界总量的52%。世界上大型的展览场地大多数都集中在欧洲(见表1-1)。其次是北美和亚洲(UFI, 2007)。

表1-1　2006年全球展览场地和室内展览面积(平方米)

展览场地室内面积 / 洲名	5000—19999	20000—49000	50000—99000	100000以上
非　洲	14	9	2	
亚　洲	53	49	18	6
中南美洲	22	12	4	
欧　洲	286	109	35	35
中　东	22	12	4	1
北美洲	270	64	20	5
大洋洲	10	6		
总　数	677	256	81	47
比　例	64%	24%	8%	4%

资料来源：国际展览业协会(UFI)(2007)

此外，约占世界总量的60%以上的专业展览会都在欧洲举办。它们在展出规模、参展商数量、国外参展比例、观众参观人数、专业观众比例和质量、贸易效果及相关服务质量等方面，均居世界领先地位。还有绝大多数世界性大型和行业顶级展览会也都在这个地区举办。在国际上影响较大的专业性国际贸易展览会中，有三分之二都在世界第一号会展强国德国举办。国际展览业协会(UFI)于2007年10月发布的《世界展览场地统计图表及未来发展趋势》的资料显示，全球有47个达到和超过10万平方米的展览场地，其中35个在欧洲。而德国就占了9个名额。世界最大的5个展览中心有4个在德国(见表1-2)。

表1-2 2006年欧洲10万平方米以上的展览场馆

排名	展览场馆	城市	国家	室内展览面积(平方米)
1	汉诺威展览中心	汉诺威	德国	495265
2	米兰(罗佩罗)展览中心	米兰	意大利	345000
3	法兰克福展览中心	法兰克福	德国	321750
4	科隆展览中心	科隆	德国	284000
5	杜塞尔多夫展览中心	杜塞尔多夫	德国	251038
6	巴伦西亚展览中心	巴伦西亚	西班牙	230602
7	巴黎展览公司凡尔赛宫展览中心	巴黎	法国	226069
8	国家展览中心有限公司(伯明翰)	伯明翰	英国	201634
9	巴黎北维勒班特会展中心	巴黎	法国	191000
10	新慕尼黑展览中心	慕尼黑	德国	180000
11	博洛尼亚展览中心	博洛尼亚	意大利	180000
12	巴塞罗那展览公司格兰维亚展览中心	巴塞罗那	西班牙	165000
13	巴塞尔展览中心	巴塞尔	瑞士	162000
14	柏林展览中心	柏林	德国	160000
15	纽伦堡展览中心	纽伦堡	德国	160000
16	马德里展览中心/IFEMA	马德里	西班牙	150000
17	米兰市展览中心	米兰	意大利	125000
18	维罗纳展览中心	维罗纳	意大利	124112
19	莱万特展览中心	巴里	意大利	120000

（续表）

排名	展览场馆	城市	国家	室内展览面积(平方米)
20	罗马展览有限公司	罗马	意大利	118300
21	巴塞罗那展览公司蒙特俱克展览中心	巴塞罗那	西班牙	115000
22	布鲁塞尔展览中心	布鲁塞尔	比利时	113017
23	维勒特海展览中心	布鲁诺	捷克	110000
24	埃森展览中心	埃森	德国	110000
25	里米尼展览公司	里米尼	意大利	109000
26	全俄展览中心国营联合公司(GAO VVC)	莫斯科	俄国	108500
27	毕尔巴鄂国际展览中心	毕尔巴鄂	西班牙	108000
28	波兹南国际展览中心	波兹南	波兰	107116
29	法国里昂全欧会展中心	莱昂	法国	103669
30	日内瓦会展中心	日内瓦	瑞士	102470
31	莱比锡展览中心	莱比锡	德国	101200
32	萨格勒布会展中心	萨格勒布	克罗地亚	101000
33	帕尔玛展览中心	帕尔玛	意大利	100000
34	萨拉戈萨展览中心	萨拉戈萨	西班牙	100000
35	乌德勒支佳伯斯会展中心	乌德勒支	荷兰	100000

资料来源：国际展览业协会(UFI)(2007)

按照ICCA公布的2007年国际协会会议资料表明，在举办国际协会会议数量最多的六个国家中，欧洲国家要占五个，它们是德国，西班牙、英国、法国和意大利(ICCA，2008)。但由于世界各地会展业的发展，欧洲会议所占世界会议市场份额从2003年的61%连续5年每年降低1个百分点，到2007年已降到57%(楚有才，2008)。

北美地区是世界会展业的后起之秀，虽然起步较晚，但发展较快，尤其在20世纪最后10年里，由于美国经济保持了快速增长，对外贸易额迅猛扩大，极大地促进了会展业的壮大和发展。2007年北美地区会议占世界会议市场的11%(楚有才，2008)。其中，美国举办了467个国际协会会议，举办数量被ICCA排名为世界第一，加拿大在同年也被排在世界第十(ICCA，2008)。北美拥有的展览场地数量占世界总量的34%，室内展览面积占世界总量的26%

(UFI, 2007)。美国每年举办净展出面积超过500平方米的展览会约4000个,总面积约4000多万平方米,参展商100多万,观众超过7000万(李语实,2007)。在北美地区,举办展览会最多的城市是拉斯维加斯、多伦多、奥兰多、芝加哥、纽约、达拉斯、亚特兰大、新奥尔良、旧金山和波士顿。近年来墨西哥新增展览场地80000平方米,增长率达22%(UFI, 2007)。美国、加拿大和墨西哥这三个国家的会展业不但发展快,而且在发展的过程中还形成了自己独特的办展模式和风格。

亚洲会展业的规模和水平在过去的十年中得到了惊人的发展。根据国际展览业协会(UFI)统计数据,2007年亚洲会展业共举办了1732个贸易展。亚洲五佳会展市场——中国香港、泰国、新加坡、马来西亚和印度尼西亚举办的300多个节事活动,收益就达5.87亿美元(Novotel Clarke Quay, 2008)。亚洲拥有的展览场地数量和室内展览面积分别占世界总量的12%和14%,次于欧洲和北美,为世界第三。同年,亚洲展出面积比2006年又增加了18%,达到1320万平方米,展览收入从2006年的25.7亿美元上升到2007年的32.5亿美元(UFI, 2008)。2008年尽管世界经济开始疲软恶化,亚洲展览业仍然增长了8.7个百分点,展出面积达到1430万平方米,展览收入增加了6%,达到34.5亿美元(UFI, 2009)。亚洲会议占世界会议市场的份额也从2003年的16%增长到2007年的19%,超过了北美,为世界第二(楚有才,2008)。日本、新加坡、阿联酋和中国的香港地区凭借雄厚的经济实力、发达的基础设施、较高的服务业水平、较大的国际开放度以及较为有利的地理区位优势最早分别成为亚洲的会展大国和地区。其中新加坡在2007年,被国际协会联盟(UIA, Union of International Association)首次评为全球第一国际会议城市,并连续24年被该组织评为亚洲首选会议举办地(STB, 2008)。中国自20世纪80年代初改革开放后,其经济的持续增长为会展业在中国的发展提供了广阔的市场和前进动力,使其后来居上成为亚洲会展业的领先国家之一,2007年中国展览业继续领先于亚洲各国和地区,展览业收入达到11.2亿美元,显示了中国的巨大市场潜力和发展后劲。作为世界金砖四国之一的印度近年来也紧追中国,成为2007年亚洲展览业增长最快的市场(UFI, 2008), 2008年尽管世界经济环境已经走入疲软,亚洲展览业仍然增长了8.7%(UFI, 2009)。

近年来,会展业在中南美洲也逐步地发展起来了,2007年南美会议占世界会议市场的份额达到8%,作为金砖四国之一的巴西于2006年和2007年分别被国际会议协会(ICCA)按举办国际协会会议数量排在世界第7位和第8位(Roythorne, 2007)(楚有才,2008),这是中南美洲国家第一次挤进世界前十位。到 2006 年为止，中南美洲的展览场地数量和室内展览面积分别占世界总量的 4%和 3%，展览场地面积平均为 20000—25000 平方米(UFI, 2007)。据估计，整个拉美会展业的经济总量为 20 亿美元，其中巴西位居第一，每年办展约 500 个，经营收入 8 亿美元；阿根廷紧随其后，每年约举办 300 个展览会，产值 4 亿美元，随着拉丁美洲经济一体化进程的加快，以巴西、阿根廷、智利为中心的中南美洲展览市场正在逐步形成。

大洋洲会展业发展水平仅次于欧美，但规模小于亚洲，2006 年拥有会展场地数量为 16 个，占世界总量的 2%，室内展览总面积达到 30 万平方米，占世界总量的 1%。展览场地平均面积为 16000 平方米(UFI, 2007)。该地区会展业主要集中于澳大利亚，2007 年澳大利亚会议所占世界会议市场份额增长了 1 个百分点，达到 3%(楚有才，2008)。澳大利亚 106 个展览会主办机构和 120 家左右的展览服务机构每年举办大约 360 个展览会。按 20 个以上摊位的展览会为统计基础，澳大利亚展览业每年为澳大利亚经济贡献约 23 亿澳元的收益，公众性和专业性展览会吸引约 500 万观众，10700 家企业参展；这些企业平均参加展览会 4.6 个，共计预定约 5 万个摊位(一凤，2005)，整体发展势头良好。

整个非洲大陆的会展业与世界其他各洲相比，虽有发展但仍较落后，2007 年非洲会议只占世界会议市场 2%的份额(楚有才，2008)。截至 2006 年年底，非洲的展览场地数量只有 15 个，仅占世界总量的 2%；室内展览面积也只有 50 万平方米，只占世界总量的 2%。这些场馆主要集中在经济发达的南非和埃及。南非 12 个展览场地的一半，大约 105178 平方米集中在约翰内斯堡(UFI, 2007)，南非凭借其雄厚的经济实力和其对周边国家的辐射能力，其会展业在整个非洲南部地区处于遥遥领先的地位。北部非洲的会展业以埃及为代表，埃及凭借其在连接亚非欧和沟通中东、北非市场的极有利的地理位置，会展业在近年取得了突飞猛进的发展，展览会的规模和国际性影响得到了大大的提高，每年举办的大型展览会可达 30 个，由于开罗室内展览面积位于非洲第二，约达 75687 平方米(UFI, 2007)，再加其他条件的限制，大型展览会一般都还集中在首都开罗举办。除南非和埃及外，整个西部非洲和东部非洲的会展业规模都很小，有的国家一年基本上只举办一个到两个展览会，而且这些展览会的举办还受到气候条件的限制。至今，非洲几乎一半的国家还没有专业化的展览业，也没有建设展览基础设施(UFI, 2007)。

纵观会展业在全球的发展情况，不难看出，一个国家的会展业实力和发展水平是与该国综合经济实力和经济总体规模及发展水平相适应的。发达国家凭借其在科技、交通、通讯和服务业水平等方面的优势，在世界会展业发展过程中处于主导地位，占有绝对优势。

我国会展业真正的起步始于改革开放初期，从纯粹的官方行为、政府安排、不讲回报的开会到打开国门，多方办会，商业操作，专业安排，讲究效益，三十来年经历了一个飞跃发展的过程。无论是北京的世妇会、PATA 年会、万国邮联大会、奥运会，还是海南的博鳌亚洲论坛，或是上海的“99”《财富》全球论坛、APEC 会议和 2010 世博会，还有那已位居亚洲第一、世界第三的 250 多万平方米的室内展览面积(UFI, 2007)，以及短短十年间办展数量从 1997 年 1063 个到 2006 年 3800 个的惊人增长(吴宇、李何子，2007)，都在海内外产生了极大的反响。这些展览会最初主要分布在北京、上海、广州、大连、深圳等沿海经济发达城市。目前，会展业已渗透到各个经济领域，从机械、电子、汽车、建筑、到纺织、花卉、食品、家具，各行各业都有自己的国际专业展和各类会议。据中国贸促会统计，2007 年，我国举办展览面积超 5000 平方米的展览有近 4000 个，展览业的直接收入已达 140 亿元(冯源，2008)。按展会 1 元收入拉动 9 元社会产出计算，展览业正在对经济社会发展产生日益明显的推动作用(吴宇、李何子，2007)。无数事实与数据有力地证明，会展业为主办地带来了相当可观的经济效益和巨大的社会效应。随着改革开放的深入和重要产业从东部沿海地区向中西部地区的转移，如今从北部边关黑河到南部海岛海南，从东方明珠上海到西域宝地乌鲁木齐，从祖国首都北京到雪域之城拉萨，越来越多的城市在举办着规模大小不一的会展活动，使我国的会展业出现了空前的大好局面与发展机遇。尤其是经过我国政府领导人和全国人民的共同努力，我们成功地举办 2008 年奥运会和 2010 年世博会，这更给我国会展业的持续发展积累了丰富的经验、奠定了坚实的基础、创造了空前的机遇，揭示了美好的发展前景。我国的会展业必将如国际会议协会(ICCA)主席所预测的那样：“中国有可能成为 21 世纪国际会展旅游的首要目的地。”

第二节 会展业的内涵和活动形式

会议与展销业务的发展形成了一种行业。人们把这种以经营各种会议和商品展销为目的的展览而形成的行业称为“会展业”。

在国际上，它通常被称为 MICE industry。它由会议(meeting)——主要是指公司会议，奖励旅游(incentive travel)，大型会议(conference)(主要是指协会/团体组织会议)和展览会(exhibition or exposition)这四个英语词中的第一个字母结合所组成。随着会展业的不断发展,MICE 中的 E 又包含了新的含义:节事活动(event)。美国内华达大学饭店管理学院旅游和会展管理系在网页上介绍它的课程设置时就说:"会展业包括展示会,会议和节事活动。"

在美国,人们更喜欢用 convention industry 来指会展业,也有人用 MEEC(Meetings, Expositions, Events and Conventions) industry 或 events industry,而不用 MICE industry 来指会展业。而在欧洲,人们却喜欢用 meeting industry 指会展业。不管外文的用词如何变,有一点是国际上公认的,那就是会展业(MICE industry)的内涵远远大于仅从中文字面上对它所作的理解。它不仅包括会议和展览,而且还包括奖励旅游和节事活动。在这一点上,英文 MICE 比其他词汇更明确和全面地说明了会展业的内涵和其组成部分。MICE industry 在国际上不仅被会展院校广泛使用,而且在国际会展业、旅游业、交通业、酒店业的"业界"中也得到了广泛的认同和接受。在国内,随着会展业国际交流的不断开展,人们对会展业内涵的认识也在不断地加深,越来越多的会展企业正在将会展市场的开拓从传统的会议和展览发展到奖励旅游和节事活动。尤其是旅游接待企业(酒店集团和各类旅游公司)和航空企业的会展公司或会展部门、还有公关和广告活动策划企业,更是成了 MICE 市场的积极开拓者。

由于会展业的各个组成部分——会议、展览、奖励旅游和节事活动在它们的发展过程中具有强烈的交融性和关联性,因而常常是你中有我或我中有你,会中办展和展中有会,奖励旅游和会议结合,以及节事活动中举办会议和展会,这都已经是习以为常、司空见惯的事了。这也是人们为什么把它们都归在会展业的原因之一。也正是会展业的这种强烈的交融性和关联性,所以人们又认为会展业是指由会展经济活动而引起的相互联系、相互作用、相互影响的同类企业的总和,是现代经济体系的有机组成部分。

会展业在国际上的划分属于服务贸易。根据《服务贸易总协定》的主要条款及内容,在国际服务贸易的 12 个部门分类中,会展业属于职业服务范畴。它的核心本质是服务,因为它主要提供的是下列服务产品:

(1) 策划和举办各种规模、各种性质、各种目的和各种层次的国际和国内会议。

(2) 策划和举办各种规模、各种性质、各种内容和各种形式的国际和国内的展销会、展览会、交易会和博览会。

(3) 策划和安排各种规模、各种目的和各种层次的奖励会议和奖励旅游活动。

(4) 策划和举办各种规模、各种性质、各种目的和各种内容的节事活动。

(5) 提供上述各项会议、展览、奖励旅游和节事活动所需要的各种场馆和设施及其配套的内在服务，如：会务、货运、仓储、报关、检疫、保险、法律、金融、通讯、信息、展台设计与搭建翻译等。

(6) 安排和提供上述会议、展览、奖励旅游和节事活动的参与者所需要的并能令人满意的住宿、餐饮、交通、游览、娱乐、购物等各种生活接待服务。

从上述会展业提供的服务产品也可看出，会展业是一个综合性和关联性很强的行业。它由一系列相关企业或行业组成。这些企业和行业基本上都是国民经济中有关的部门或行业的一部分。这样，由它们所组成的会展业就不可避免地成为经济性产业。许多国家和地区都把会展业列为国民经济中的一项重要产业，或把它作为国民经济发展的新亮点。并纳入其社会经济发展的规划之中。如：上海市政府早在重大课题《迈向 21 世纪的上海》中，明确提出了“在 2000—2010 年，首要推出购物旅游和国际会议(展览)及奖励旅游，把上海建设成为亚洲的购物和会议展览中心城市之一”，并在上海市“十一五”计划中，明确要求将上海建设成为“国际会议和展览中心”。由于会展业对经济的卓越贡献和它对相关产业的巨大联动效应，它亦被称为“会展经济”(详见第七章会展经济)。

在明确会展业的定义和内涵后，我们就可以看到，在会展业的范围内，它的主要活动可包括政府、国际组织、国际和国内协会、国内外企业及国内社团组织举办的各种会议、展览会、各种形式的奖励旅游和节事活动，以及为完成这些活动，政府各有关部门、会展业行业和各相关企业所进行的相关活动，如计划、协调、策划，融资、宣传、市场营销、组织、财务管理，服务等。

第三节 会展业的发展条件

任何一个国家、城市和地区如要很快地发展会展业都必须具有必备的条件，这是由会展业的性质和活动内容而决定的。这些条件应包括：

(1) 稳定的社会环境，活跃的政治活动和繁荣发展的经济；

(2) 健全和高效的金融、货运、保险、房地产业等为会展业配套的产业活动；

(3) 优越的地理位置；

(4) 独特的自然及人文旅游景观；

(5) 方便快捷的对外对内交通；

(6) 现代化的通讯设施；

(7) 充足的、能满足会展业需求的、结构合理的、多层次的饭店和餐厅，以及这些服务机构所能提供的、价格合理的优质服务；

(8) 政府倾向性的政策；

(9) 开放的文化环境和深入的会展研究；

(10) 先进的会议中心及展示中心；

(11) 会展业所需要的、高素质的人力资源；

(12) 发展会展业所需要的科技水平。

上述第一、二个条件是会展业发展的核心驱动因素。会展业是经济发展到一定程度才产生的一种经济形态，而且这种经济形态是以稳定的社会环境为基础、以活跃的政治活动为前提、以繁荣的经济为动力、以产业的发展为支撑的。

上述第三到第七个条件是会展业的区位条件和基础设施条件，它们是会展业发展的外部制约因素。区位条件对会展业的发展来说是非常重要的。会展业发展的区位条件通常应从地理区位、经济区位和交通区位这三个方面加以分析。区位条件在一定的时空范围内是难以改变的，但区位条件的好坏，针对不同会展活动的规模和和范围来讲又是相对的，而且经济区位和交通区位这两个条件经过努力也不是绝对不可以改变的。同时，会展业的基础设施这一制约因素也完全可以通过建设来加以改变的。

上述第八、九个条件是会展业发展的软环境条件。它是会展业发展的引导因素。这一因素在会展业发展的初期和会展市场行为不完善的情况下，起到至关重要的作用。良好的政策、开放的文化和深入的会展研究，都是会展业发展不可缺少的土壤。

上述第十到第十二个条件是会展业发展的自身条件。它是制约会展业发展的内部制约因素，也是决定会展业发展好坏的直接因素。

国际会展业的发展状况已完全证明，凡是具备以上这些基本条件的国家、城市和地区，会展业就能得到很快的发展；这些条件越好，会展业发展也就越快。对会展进行评估和资质认可最具权威性的组织——国际展览联盟(UFI)曾发表过报告认为："一个城市或地区如果基础设施相对完备，人均收入在世界中等以上，服务业在GDP中的比重超过制造业且过半，外贸总额占GDP的比重接近或超过10%，行业协会的力量相对较强，那么会展经济就会在该城市或该地区得以强势增长，并发挥积极作用。"正是因为如今的上海基本上具备了会展业强势增长的这些条件，再加上上海市历届政府在将上海发展成国际经济、金融、贸易和航运中心的过程中，一直将高效益的会展业作为产业发展的重要组成部分来扶持，才使得上海成为我国每年会展数量最多的城市之一。上海目前主营会展业务的企业已达500家以上，直接从业人员也早已经超过5000人了。

但我们也必须看到国际展览联盟报告阐述的上述观点只是告诉我们会展业在一个城市或地区得以强势增长的条件，并没有将这些条件作为一个城市或地区发展会展业所必须具备的条件。

我们应该辩证地看到，会展业发展所需条件同会展业发展是相辅相成和良性互动的关系。会展业发展所需的条件决定了会展业发展的速度，而发展的会展业又在不断地改变和完善会展业发展所需的条件。这就是说，我们发展会展业不能被动地等条件都具备了或者条件完全成熟了，再来发展会展业。条件成熟的要发展会展业，条件不完备的也可以因地制宜地创造条件来逐步发展，因为我们完全可以在一个城市或地区的会展业发展过程中，在一个城市或地区的发展与建设中，不断地完善会展业发展所需要的条件。浙江省义乌市原先只不过是个各方面条件都很差的小县城，从开发举办小商品市场开始，义乌的会展业越搞越大，极大地推动了城市的建设和各方面的工作，而这个城市发展会展业所需要的条件，如经济、基础设施、交通、通讯、饭店，会展场所、政府政策等，也在城市的建设和发展过程中和义乌会展业逐步发展的过程中不断地完善和健全，并使得义乌市能有条件每年和国家商务部、浙江省政府、中国国际贸易促进会、中国轻工业联合会、中国商业联合会联合主办颇具规模和影响的中国义乌国际小商品交易会。

上海市旅游局道书明局长和上海市旅游局朱承蓉副局级巡视员曾一起撰文指出："在上海会议/奖励旅游发展战略中有两个基本要素，第一城市形象；第二能满足会议/奖励旅游的一流设施。""城市形象是旅游竞争的武器，缺乏城市形象的城市很难向游客促销，也就没有竞争力。其次，要有一流的交通及旅游设施，也就是会议的可进入性和吸引力。"他们还进一步指出："在城市形象树立，交通等软硬环境条件方面还存在一定差距的话，可以采取如下对策，以便逐步开发并使之向深度发展。对策一，改善旅游大环境，增强城市吸引力；对策二，从三方面努力使产品逐步完善。第一，先国内后国际。先发展国内会议/奖励旅游，待各方面条件较成熟后，再深度开发国际会议/奖励旅游。第二，先小后大，先简单后复杂。先接待人数少、要求较低的培训＋奖励旅游、投资考察＋研讨会形式或者教育＋商务旅游等混合型的旅游形式，然后接待大型的、要求复杂的国际会议/奖励旅游。第三，先联后独。先与香港旅游协会联合，进行会议/奖励旅游的联合促销和接待，待条件成熟后再独立招徕和接待国际会议/奖励旅游。”上述见地是他们长期从事旅游管理工作的实践总结。值得我们参考和深思。

我们还应该知道，会展业并不都是奥运会和世博会，也并不都是财富论坛或世界著名的汉诺威机床展。会展业更多的是指占会展市场绝大部分的公司小型会议和展示活动。如果我们全面地了解会展业的市场活动，就不会有会展业只能在北京、上海或广州这样的大城市才能发展的片面想法了。事实上，国外学者对世界上主要会展组织者的抽样调查数据显示，接近一半以上的人认为他们全年组织的会展活动参与者是少于500人的。东南亚的很多岛屿就是凭借中小会展群体发展起来的。当前的会展业有从核心向边缘扩展的趋向。很多小型会展活动在价格、交通、逐步改善的服务设施和弹性模式等诸多因素的影响下向中小城市转移，中小城市并非不可以发展会展业，关键在于如何定位和怎样发展。在北京和上海这样的大城市将会展业的发展目标瞄准在“世界级和国际化”上时，中小城市也可以因地制宜地瞄准公司和地方性协会的会展细分市场向“国家级、本土化”进军。实现非均衡地发展。在这一方面，海南偏僻小镇博鳌亚洲论坛、福建泉州“展览兴市”、浙江义乌市会展业发展、河北廊坊建设会展旅游城，杭州从西湖博览会到2006年世界休闲大会及广东省东莞市会展业的发展等实践经验都能帮助我国其他中小城市正确认识会展业的发展条件，因地制宜地发展会展业。

如果我们各省市和地区的政府领导人、主管部门领导人、以及具体的管理人员都能辩证地认识我们所在地区和城市会展业发展所需的条件和充分了解会展市场的组成。那我们的思路就会开阔得多，也就能“先小后大、先内后外、先联后独”地发展会展业并在不断发展会展业的过程中，进一步完善和发展会展业所需要的条件了。

第四节　会展业的特点和作用

一、会展业的特点

会展业作为新兴服务业，是我国21世纪的朝阳产业，目前在我国，会展业与旅游业、房地产业一起，被并称为三大新经济产业。它除了像其他服务产业一样具有服务业的共性外，更有它自己的特性。充分认识会展业的特点对于我们全面认识会展业，了解它的发展规律，制定会展业的正确发展策略，是极其重要和必不可少的。

会展业归纳起来具有下列特点：

（一）效益性高

会展业是一个高收入、高盈利的行业，其利润率在20%—25%以上。根据2011年2月17日，美国会议产业委员会(Convention Industry Council)发布的《美国会展业对美国经济贡献》的研究报告称：美国在商务会议、大型会议、贸易展、奖励旅游和其他类型会议上每年消费2634亿美元，也就是说会展业的产出达到2634亿美元，这一产出对美国国内生产总值的贡献是1061亿美元；如果考虑会展业带来的间接效应和诱导效应，美国会展业每年的产出要达到9072亿美元，对美国国内生产总值的贡献要达到4579亿美元(CIC，2011)。而法国每年仅展会营业额就能达到85亿法郎，交易额更是高达1500亿法郎，再加上参展商和参观者的间接消费250亿法郎，会展业的经济效益可谓高矣。

会展业的高效益特点不仅表现在其对经济的贡献上，更重要的是会展业在其自身创造经济效益的同时，还在创造就业机会、改变产业结构、带动相关产业发展、推动城市基础设施建设、加强信息沟通、促进技术交流、增强贸易往来、扩大对外交流与招商引资、提高城市知名度、改变城市环境和市民素质等方面发挥着日益重要的作用，带来了无法估计的社会效益。有些效益不一定是立竿见影的，而更多的是潜移默化，逐步地发挥作用的。据资料统计，全球举行国际会议最多的欧洲，每增加20位出席会议代表就可创造一个全职的就业机会(Daisy，2008)。美国会展业在对经济发展做出重要贡献的同时，每年为社会直接创造了165万个全职就业机会。如果考虑会展业的间接效应和诱导效应的话，那每年创造的全职就业机会就要达到630万个(CIC，2011)。还有资料表明，举办奥运会，将使主办城市的综合竞争力发展提前20年(Daisy，2008)。我国北京成功举办的、举世瞩目的2008世界奥运会，改变了北京的城市面貌，生态和人文环境，极大地提高了北京的城市综合竞争力，受到了全世界的高度赞扬，就有力地证明了这一点。在我国，据专家预测，到2010年全国展览市场规模将达到130亿元，其社会效益可达千亿元。说明会展业产生巨大社会效益的例子还有许多许多。

除了会展业产生的上述经济效益和社会效益之外，我们还必须看到会展业产生的巨大环境效益。因为衡量一个行业的效益高低，环境效益也是不可忽视的一个重要方面。一个国家和城市要健康持续地发展会展业,成为国内外著名的会展目的地,就必然要重视环境保护,树立良好的会展目的地形象;如:自 2000 年世博筹备工作开展以来,上海扩大了对环境保护的资金投入,加大了环境保护工作的力度。2009 年,上海在环境保护方面的投资达到 420 亿元(约 60 亿美元),是 2000 年的 3 倍。上海 2010 世博会筹备给上海带来的巨大的环境变化,不仅受到了联合国环境署(UNEP)的好评和惠及 7000 万世博游客,而且也为 2000 万上海市民留下了一份绿色资产(薛惠卿,2009)。

正是会展业在经济、社会和环境三方面所产生的显著效益,才显示了它这一高效益的明显特点。

(二) 联动性高

会展业是一个产业关联度极高的行业,它的发展不仅能给城市带来场租费、搭建费、广告费、运输费等直接收入,还能极大地影响交通、通讯、旅游、住宿、餐饮、商贸、物流、广告、印刷、保险、装饰等相关产业。所以它对相关产业具有强大的产业带动效应,也就是说它的联动性极高。

据世界旅游组织测算,旅游每增长直接收入 1 元,相关行业的收入就能增长 4.3 元。但按专家测算,国际上展览业的产业带动系数则为 1∶9,即展览馆的收入如果是 1,相关产业的收入则为 9。在美国,会展业的联动效应可达到 1∶10。在中国香港,会展业的联动效应为 1∶5.3。据上海市测算,上海会展业的直接投入产出比为 1∶6,间接的可达到 1∶9,所以,从这些数据中我们可以说,会展业的又一特点就是联动性高。但应该指出:这一联动性是同会展业所在国家和地区的经济发展水平和服务贸易的发展水平相适应的。所以说,它对相关产业的联动系数为 1∶5—10 更为确切一些。

(三) 导向性强

会展业之所以有强盛的生命力,很重要的原因就是它具有另一个特点——导向性强。也就是说,它能够超前地、全面地、专业地通过会议和展示来讨论和展显世界上社会、科学技术和工农业生产的发展趋势和最新成果。我们仅以展览会为例,正是展览会的导向性,才使得展览会能起到推广和展示新技术、新产品、新观念和新知识的作用。许多划时代的发明创造,比如电话机、蒸汽机车、电视机等都是通过展览会最先传播出去的。每年,由慕尼黑国际博览集团在全球举办的国际性展览会近 40 个,来自世界 90 多个国家的 3 万多家参展商和来自 180 多个国家和地区的超过 200 万名参观者前往慕尼黑参展或观展。这些展会吸引众多展商和观众的最主要原因,就是展会的导向性。慕尼黑国际博览集团率先在业内提出了导向性博览会的全新理念,举办的展会不只是普通的产品推介，而且成为每项专业的技术先导和趋势发布的舞台，每年由该公司举办的展会有近一半是导向性的展览会，涉及行业包括资本货物、高科技和消费品，并在各个领域都拥有专业超群的品牌。每个博览会都力求展示并引导各专业项目的最新发展，把握技术飞跃的脉搏(慕尼黑国际博览集团，2009)。实际上，会展业中的每一次会议和展览活动都会通过讲演讨论或展示参观，引导着社会和各专业项目的持续发展。正因为会展业具有导向性强这一特点，所以，它也是一种前瞻性经济，反映着经济发展的未来趋势。

(四) 凝聚性好

会展业还有一个明显特点——凝聚性好。它能汇聚巨大的人流。只有700万人口的瑞士，年举办国际会议超过2000个，仅这些会议每年就能吸引外国游客3000多万人，达到其国内人口的4倍多。2008年，荣获英国著名杂志《会议及奖励旅游(亚太)》(CEI Asia Pacific Magazine)组织评选的"最佳会展城市奖(The Best MICE City Award)"的"商展之都"中国香港，在2006年举办的78个展览和218个各类会议共吸引了77.9万名海外参加者(HKTDC，2009)。至于闻名全球的世界博览会就更具有其凝聚性了。1889年巴黎博览会与会总人数3200万；1970年大阪世界博览会入场总人数6400万，1992年西班牙塞维利亚世界博览会展出176天期间，吸引了五大洲108个国家的4200万人次，2000年德国汉诺维举办的世界博览会在153天中总共接待了1800万人次。2005年日本爱知世博会开幕前的官方预计参观人数为1500万人次，但最终的实际参观人数达到了2204万人次(林小峰，2005)。我国上海2010年世博会参观人数突破7000万人次，会期持续6个月，平均日游客量30万以上，最高单日接待量达到100万人次，创下世博会历史之最。上海世界博览会是凝聚性最高的一次世界博览会。

会展业带来的巨大人流又为会展活动举办国和城市带来了巨大的信息流、技术流、商品流和财富流，从而对国民经济和社会进步产生难以估量的影响和催化作用。

(五) 专业性浓

会展业有极强的专业性。对会展业各项活动的主办方和承办方来说，从申办到竞标、再到策划和筹办、再到运作和接待，是一个系统工程。有的大型会展活动需要经历几年的时间，甚至于要十多年的时间。所以，人们又说会展业是一个系统工程。

全球会展业是由一批专门的国际组织来协调、研究、帮助和支持并进行行业管理的。如：国际会议策划人员协会 MPI(Meeting Professional International)、国际专业会议组织者协会 IAPCO(International Association of Professional Conventional Organizers)、国际会议协会 ICCA、国际展览与项目协会(亦译:国际展览与活动协会)(the International Association of Exhibitions and Events—IAEE)、奖励旅游商协会(the Society of Incentive & Travel Executives—SITE)、国际展览业协会(UFI)、国际协会联盟 UIA 和亚太地区会展场地管理协会 VMA(Venue Management Association Asia Pacific Limited)等(详见第九章会展业主要国际组织)。

全球会展业还有一群专门人才和企业来运作。如:会议策划者 MP(Meeting Planner)、专业会议组织者 PCO(Professional Convention Organizer)、专业活动组织者 PEO(Professional Event Organizer)、注册展会经理 CEM(Certified Exhibition Manager)和目的地管理公司 DMC(Destination Management Company)等。这些专门人才都需经过专门培训,并要得到专业权威机构的认证。专业人才形成会展业的圈子,正规的国际会议就在这个圈子里流动和运作。通常,会议举办者和计划者在选址时,首先会寻找目的地的 PCO 和 DMC。

(六)交融性大

会展业由其内涵和活动形式决定了会展业还具有交融性大这一特点。交融性大是指会展业的各组成部分——会议、展博览会、奖励旅游和节事活动,往往是你中有我,我中由你,也就是说:会中有展,展中有会,以展养会,以会促展,已成了会展业的明显特点。同时,奖励旅游也越来越多地和各种奖励会议,研讨会、经验交流会、培训会结合在一起,既节约了成本,又提高了效益。至于节事活动的交融性就更为显著。一方面,许多大型会议和博览会本身就是节事活动,如奥运会和世博会,而且就是一般会议和展览会也离不开主题活动;另一方面,许多大型文化体育等节事活动又包括了许多会议和博览会,如许多地方举办的国际服装文化节就包含了国际服装博览会、国际服装面料展览会、国际纺织器材展览会和国际服装设计研讨会等内容相关的会议和展博会。还有,已举办多年并获成功的上海旅游节,这一上海的重大节事活动本身就是由许许多多的会议和展览会所构成并使其具有旺盛生命力的。正是会展业这一交融性大的特点,才把会议(meeting)、奖励旅游(incentive tour)、大型会议(convention 或 congress)和展览会(exhibition)及博览会(exposition)归纳在一起而通称为 MICE,并使其随着会展业的发展,不断变化的内涵又把节事活动(event)包含了进去。

会展业的以上这些特点并不是永远不变的。正因为这个原因,我们才不仅要研究了解会展业的这些特点，更要关注研究会展业特点的变化。因为这些特点的变化将会影响我们发展会展业的战略决策和会展企业的经营决策。

二、会展业的作用

国内外会展业飞快的发展速度日益引起人们的重视和瞩目。它作为第三产业中一个举足轻重的行业。在世界各国经济与社会发展的过程中，向世人显示了其无与伦比的功能和不可替代的作用。

（一）高度开放的展示窗口

会展业的各种会议和展会是了解市场、走向市场、了解世界经济、融入世界经济的最直接、最开放、最形象、最直观的窗口。从举办国、举办地区和城市来说，一个成功的国际会议和展览会就是一个最形象生动和直观的新闻发布会，尤其是由国际展览局(BIE)批准，由申办国主办的每五年一次的综合性世界博览会和每五年当中举办一次的专业世界博览会，更成了充分展示人类在某一阶段，某些领域所取得的重大成就和社会及经济发展广阔前景的并享有“经济、科技及文化领域奥林匹克盛会”美称的重大国际活动。

对任何一个外地客商、国外客商、或普通的游客来说，了解一个国家、一个地区和一个城市的最佳捷径，就是参加在这个国家、地区和城市举办的会议或参观其展览会。通过会议的议题和展览会所展示的各类商品，会议和展览会所吸引的与会者、参展厂商和专业观众，会议和展览会举办单位所提供的会展场馆、设施和服务及会议和展览会的组织成熟度，参与者可以最直截了当地了解一个国家、一个地区、一个城市的社会和经济发展状况及其开放度与成熟度。

（二）密集流畅的信息沟通渠道

回顾国内外会展业的发展历史，我们可以十分清楚地看到，国内外的任何会议总是讨论研究政治、社会、经济、科学、教育等各行各业当前最关心和最前沿的议题，是交流和获取信息的最佳机会。而各种展览会又总是国内外最新产品的最佳展示场所和近现代科技发展的最佳推广渠道。参展商在向国内外客户试销和推出自己的新产品系列，以及推广品牌的同时，又通过与国内外买家的直接接触，迅速地对市场情况进行比较全面的了解，尤其是了解本行业的最新潮流产品、发展趋势和客户的需求，最终达到更为有效地推销自己产品的目的。所以，许多企业在谈到参加展览会目的时，便说:“第一是为了展示商品和企业形象，第二是了解市场信息，最终目的当然是为了销售商品，实现贸易。”而参观者又可通过展览会了解供货商、产品、新技术及市场等所需要的信息。尤其是在展览会期间，配套举行的各种主题报告会，研讨会，技术交流会，产品介绍会和新闻发布会等，更能给参展客商与参观者提供各类新技术、新观念、新意识、新行情等各种新信息。

会展业的发展已使得各类会议和展览会日益成为国际社会、政治、经济、文化及先进科学技术交流和国际信息汇集与沟通的重要渠道了。会展业的高凝聚性特点在带来巨大人流的同时，也带来了信息流，会议和展览会成了密集信息的流畅沟通渠道，大大地推动了世界各国和地区间所进行的政治、经济、文化和科技的交流与往来。例如：近年来，中国的一些大城市频频举办各类展览活动，在短时间内万商云集，进行多向交流，看样订货，当面洽谈，技术切磋，交流信息。

从改革开放到1988年，上海纺织业展览会曾旨在为上海的纺织业引进设备，成为当时帮助纺织技术改造的一个很好的渠道；1988年以后参加与参观纺织业展览会的范围辐射到了华东地区乃至全国，初步起到了信息服务的作用；20世纪90年代初，国内的纺织业有所突破，市场占有率也超过了30%，这时的纺织服装展览增加了展示国内先进技术的功能；1996年以后，从纺织业的领导到基层人员都越来越觉得展览会是纺织业的新经济增长点，如今21世纪上海纺织业展览会又增加了各种主题和技术的研讨会、发布会、设计师区域、面料流行趋势发布区和辅料时尚演绎区等一系列的与国际接轨的活动和内容并传播了大量信息。

随着改革与开放的进一步深入，我国各城市举办的展览种类与题材也从八十年代较多的工程机械、装备类转向家具、家电、食品、计算机、珠宝、汽车、房地产、服装、化妆品、高科技产品以及教育、金融、会展、旅游等类型展。展览会信息传播的范围更为广泛。目前，全国各行各业中外技术合作项目有50%以上首先是从展览会上起步的。香港贸发局展览事务部的电脑资料库储存了世界各地的企业信息资料，更成了沟通中外贸易的桥梁。

（三）高效灵活的交易中心

会展业的展览会通常采取规模经营的方式，在相对集中的场所内，汇集了既定行业的各类企业来展示和展销的各种产品，使当地和外地的采购商在展览会上对自己所需要的产品进行充分的比较和选择，而无需为寻找质优价低的供货对象到处奔波，它大大地降低了采购成本，改善了买家的经营环境，为各类企业带来了巨大的便利，在同一时间、同一地点使某一行业中最重要的生产厂家和购买商集中到一起，这种机会在其他场合确实是找不到的。据英联邦展览业联合会调查，展览是优于专业杂志、直接邮寄、人员推销、公关、报纸、电视等促销手段的最有效的营销中介体。经调查他们发现，通过一般渠道找到一个客户的成本约为219英镑，而通过展览的成本仅为35英镑(杨荷卿、庄伟光，2006)。在美国，展览局TSB(Trade Show Bureau)的研究表明，一次典型的销售访问费用约为250美元，而在贸易展中和一个新客户联系的平均成本只有107美元(Astroff和Abbey, 2002和2006)。美国展览局(TSB)还认为在行业里做成一笔交易的平均总成本为1080美元，而在一个合格的贸易展中做成一笔交易的成本只有419美元(SBA, 2009)。

一年一度的上交会(初名为：上海全国商品交易会)是我国规模最大的消费品博览会之一，也是海内外工商界展示产品、交流信息、洽谈贸易的盛会。自1992年首届上交会以来，上交会的规模逐年扩大，参展参会客商遍及全国各地，影响远达海外。据不完全统计，九届上交会的参展企业达1万余家，参会观展人数80多万人次，会上达成贸易额累计超过550亿元人民币。平均每届上交会参会观展近9万人次，交易额达60多亿元人民币(东方网，2001)。2001年，为开展错位竞争，从第十届上交会开始，更名为“上海全国消费品交易会”，以打造专业品牌展览会。2007年，从第十六届上交会开始，又更名为“上海进口商品博览会”，为国内采购商和海外供应商之间搭建起合作与交流的贸易平台。满足了国内市场对国际品牌的需求，平衡了进出口贸易，进一步推进了中外贸易合作和经济交流，成为中国目前最有影响力的品牌展会之一。上交会的成功发展史及其巨大的交易作用，以雄辩的事实生动地证明，成功的展览会不仅是成熟商品的集散采购中心，也是国内外企业推销新产品、开拓新市场的展示销售中心。

(四) 经济与社会发展的助推器和晴雨表

会展业属于第三产业，它的发展会成为一个地区或一个城市新的经济增长点。越是发展中的地区和城市，越是希望借助会展业这条渠道，推动经济和社会的发展。

发展会展业，是吸纳人流、物流、信息流的捷径，也是社会和经济发展的必然要求。社会需要沟通和交流；商品需要消费和供销渠道，国内外企业也需要了解市场和客户的需求，以及最新的产品和最新的科技发展，所有这一切，在会展活动中都找到了共同的结合点，会展为各方面提供了方便和信息，节省了成本和经营费用，开拓了市场和眼界，寻找到满意的供货厂商和理想的消费群体，从而带动了经济的交流和社会的发展。

会展业不仅会产生明显的直接经济效益，而且也会产生巨大的间接经济效益(详见第七章第一节“会展经济效益”)。

会展业除产生直接和间接的经济效益外，还同时产生不可忽视的社会效益和环境效益。它在调整社会产业结构、增加就业机会、提高城市知名度、带动周边地区社会繁荣、推动循环经济发展和改进生态环境等方面的作用常常是意想不到的和无法估量的。

英联邦展览业联合会统计，会展业每1000平方米的展厅面积可创造近百个就业机会（杨荷卿、庄伟光，2006）。在会展业发达著称的德国，仅以科隆的展览会而言，每年就可提供4万个就业机会。在法国，展会每年仅为巴黎地区就创造了3.65万个就业机会（杨荷卿、庄伟光，2006）。2006年中国香港展览业活动为香港提供了58500个全职就业机会（HKTDC，2009）。2007年宁波的148场展会为该市提供了9万个就业机会（PUWORLD，2008）。近年来，博鳌亚洲论坛已给海南琼海带来了巨大的变化，全面拉动了当地经济社会的快速发展。到2009年，博鳌地区的开发建设投入总计达到50亿元。昔日无名的小渔村现在已经拥有2家五星级酒店、4家四星酒店、2个高尔夫球场和完善的通讯、交通、供水、供电设施。博鳌地区——琼海也由旅游通道变成为旅游目的地。琼海由此也先后获评“中国优秀旅游城市”、“温泉之乡”（吴棉、王仪，2009）。

事实不仅有力地说明了会展业是经济与社会发展的助推器，也十分生动地说明了它还是经济与社会发展的晴雨表。根据主要衡量展览业表现的美国展览业研究中心CEIR（Center for Exhibition Industry Research）指数，2008年美国展览业经历了自2002年以来的第一次下降（见图1-1）。与2007年相

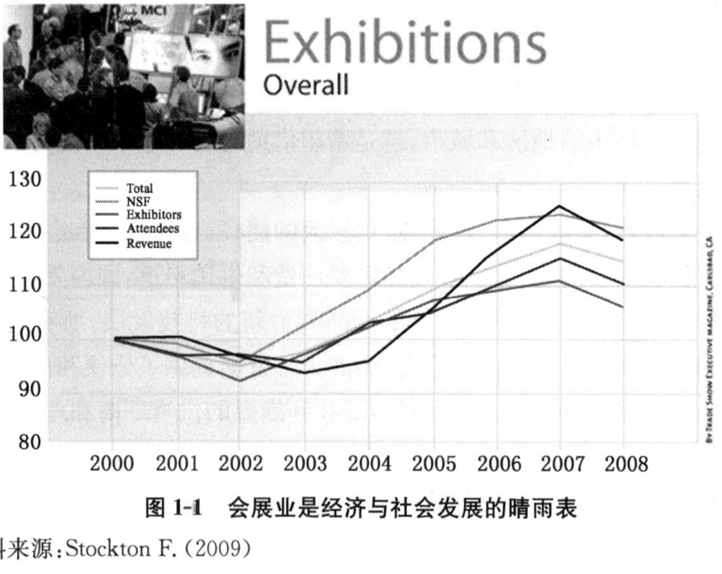

图1-1　会展业是经济与社会发展的晴雨表

资料来源：Stockton F.（2009）

比，美国展览业2008年下降3.1%。2008年第3季度和第4季度分别下降了6%和5.7%。自从2000年开始有CEIR指数后，美国展览业一直处于增长态势，综合年度增长率为1.8%。但在2008年，美国展览业却随着美国GDP的下降而下降(Stockton，2009)。美国展览业自2002年以来的首次下降反映了美国2008年经济形势的疲软和恶化。

（五）城市建设的加速器

要发展一个地区的会展业，必然要求这个城市和地区具备发展会展业所需要的种种条件，其中，规模宏大、基础设施齐全、交通便捷、服务优良的硬件条件——会展场馆建设更是必不可少的。所以会展业的发展必然能带动城市基础设施的建设，能带动机场、车站、高速公路、饭店、展览中心、城市绿地与环保、商务楼建设与管理等等。

会展业的开发和发展是一个国家和一个城市综合面貌的重要体现，在很大程度上，也是一个国家与一个城市兴旺发达和综合实力的象征和体现。德国是世界上主要的展览会举办国。在德国举办的国际展览会分布在大约20个城市，每个城市都具备国际水平的展览会场地，展厅面积总共达到220万平方米。仅以德国重要的经济文化中心、下萨克森州首府汉诺威市为例，全世界最大的工业博览会在该市举行，那里的100多万平方米展览中心面积居世界展博览业之首，其中各自独立的26个展厅和一个宽阔的露天场地在国际展览业中达到最高水平，在那里，每年举办的大约60个博览会和展览会吸引着世界各地100多个国家的2.3万个参展商、230万观众和1.6万名新闻界人士，使得这个只有50万人口的小城市——汉诺威蜚声全球，获得了“展览会国”的称号。其展览会设施和其他相应的基础设施的建设，都大大地加速了城市的建设和发展。

在我国上海的浦东新区，1999年有两件大事：投资8亿多元人民币、占地3.2万平方米、总建筑面积11万平方米、设备先进、功能齐全的上海国际会议中心，在9月敞开大门与世界握手；同年11月，亚太地区最大的博览中心——总面积达25万平方米的上海新国际博览中心奠基开始兴建。经过十年的建设，上海新国际博览中心截至2009年已拥有11个无柱展厅，面积达126500平方米，室外展览面积10万平方米。2010年上海新国际博览中心完成全面建设计划后，将达到室内面积20万平方米，室外面积13万平方米(上海新国际博览中心，2009)。世纪之交的这两大工程表明，浦东会展“功能开发”已真正启动。能够举办重要国际会议和一流的展览会，是跻身现代化国际大都市必不可少的标志。为了具备这些标志，上海经过了近20年的努力，造桥、开路、盖楼，大大地改变了浦东市政设施的面貌，2010年，上海中心城区在原有10处越江隧道、共计54条机动车道的基础上，再新增7条越江通道，使越江通行能力提高80%左右。根据上海“十一五”城市发展规划，上海2010年建成11条线、运营里程超过400公里的轨道交通基本网络，使浦东从上海交通最落后的地区成为上海交通最好的地区之一。还有星罗棋布的星级饭店。这些都说明浦东会展功能的开发与完善大大地激发了人气，带动了相关市政环境建设，推动了上海经济发展。

还有2008年北京奥运会也是说明这一问题的又一生动事例。它的胜利召开和圆满成功大大地加速了北京的城市建设和其经济发展。2008年8月3日，北京市发展和改革委员会副主任、新闻发言人王海平于北京国际新闻中心举行的“北京经济发展战略及实施情况”新闻发布会上，就“奥运对中国经济的影响”回答记者提问时指出：“奥运的作用主要是提供了一种机会，加速了北京发展的步伐和进程。使得我们原来要在更长的时间办完的事情，这几年提前了。”为了说明北京奥运的这一作用，他列举了详尽的事实：“比如说，在奥运筹办期间，北京建成了世界上单体规模最大的T3航站楼。首都机场的可吞吐能力已达7600万人次，比以前翻了一番，还建设了北京南站的改造工程和配套工程，京津城际客运专线的工程，京沪高速铁路的开工建设，以及北京站到北京西客站的地下联络线工程等等。另外，共建成了146公里长的五条新的轨道交通线，改造了两条轨道交通线。更换了车辆，改善了乘车的环境。还新建了578公里的高速公路，实现了区区通高速的目标，同时也极大地拓展了北京和外埠的交通能力。还有很多，列举下去的话恐怕一个小时也列举不完”(李昉，2008)。王海平答记者问的发言用充分的事实有力地说明了会展业是城市建设的快进键和加速器。

思考题

1. 当代会展业在世界各大洲发展的基本状况如何？

2. 会展业的定义是什么？会展业的内涵应包括哪些细分市场？会展业的活动活动形式包括哪些内容？

3. 会展业的产业属性是什么？它主要提供哪些产品？

4. 会展业的发展需要哪些条件？不具备这些条件的地区是否也可以发展会展业？为什么？

5. 如何正确看待发达国家与不发达国家会展业的发展？如何辩证地看待和正确处理我国东部地区和西部地区会展业的发展？

6. 一个城市和地区会展业发展正确定位的重要性有哪些？如何为城市和地区会展业的发展正确定位？

7. 会展业在国际上又被称为什么？这个称呼的英文代表什么意思？

8. 会展业有哪些特点？请举例说明。为什么要关注和研究这些特点？

9. 会展业的作用有哪些？请具体说明。

第二章

会展业与旅游业

在发展会展业的过程中，正确认识和处理会展业与旅游业的关系，对会展业的健康快速发展有着至关重要的作用。本章从会展业与旅游业的关系、会展业与旅游业的结合、会展旅游与会展旅游者的特点和需求四个方面加以论述，以澄清一些认识上的误区，正确全面地了解会展业、会展旅游和会展旅游者，从而更好地调动各方面的积极性，加快发展会展业。

第一节　会展业与旅游业的关系

由于会议和展览业务的发展，形成了会展业，随着会展业不断地发展和其内涵的开拓，会展业的产业架构不仅包括了会议和展览，还涵盖了奖励旅游和节事活动。全球会展业经历了一个由弱小不断走向成熟的过程，随着经济全球化趋势的加快，跨国公司的迅猛发展以及新的信息技术、网络技术的出现，会展业得到了飞速的发展，如今，不论是会展规模，还是科技水平，都有了极大的提高。会展业以大型国际性的会议和展览举办为中心，带动了交通、通讯、旅游、商贸、物流、广告、装潢、餐饮、房地产、保险等相关产业的发展，已经形成了相当的产业规模。推动着全球经济的发展。

会展业的定义、内涵、活动形式、发展条件、产品、特点和作用已在本书第一章中阐述，通过学习和了解这些内容，我们知道会展业和旅游业既有相同的共性，又有不同的特性。

它们的共性主要体现在：

(1) 同属第三产业——服务业。

(2) 都需要食、住、行、游、娱、购六大要素的支持。

(3) 提供的都是无形的服务产品。

(4) 对相关产业的联动性强。

(5) 经济和社会效益的高收益性。

会展业不同于旅游业的特性主要体现在:

(1) 会展活动的参与者主要以工作为主要目的。

(2) 有强烈的经贸属性,架起的是供应商与市场的桥梁。

(3) 相当一部分会展活动的主办者和参与者不是旅游者。

(4) 会展业发展一定要有相当规模的会展设施。

(5) 会展业和旅游业的目标市场有所不同。

1985 年世界旅游组织对国内旅游者作了下列定义:"任何以消遣、闲暇、度假、体育、商务、公务、会议、疗养、学习和宗教等为目的,而在其居住国,不论其国籍如何,所有进行 24 小时以上、一年之内旅行的人均称为国内旅行者"。1991 年在加拿大召开的世界旅游组织"旅游统计国际大会"上通过的《旅游统计国际大会建议书》中,曾按旅游目的将旅游者作了以下分类:

(1) 闲暇:休假、文化、参与体育、探团亲访友。

(2) 专业:会议、宗教、商务。

(3) 其他:求学、就业过境。

还有,根据联合国对旅游者所作的定义,旅游者是为了休闲和商务(包括会议)的目的离家居住超过一夜而少于一年的人;他们不包括军人、外交人员、移民和学校录取的学生。

国际著名的旅游专著《旅游体系》(The Tourism System)和《旅游业——国际性产业》(Tourism—The International Business)的作者们也明确指出:"商务旅游市场分为三个部分:一般的商务旅游、同各种会议展示活动有关的商务旅游和奖励旅游。"

从上述国际旅游权威组织和专家对旅游者和旅游市场所作的定义和论断中,我们可以看出会展业活动中来自异地的主办者和参与者符合旅游者的定义,他们本身就应是旅游者,而且事实上他们早就被世界上公认为商务旅游市场的重要组成部分——商务旅游市场中的会展旅游者。他们同休闲观光旅游者不同的,只不过是参加的旅游活动不一样。休闲观光旅游者参加的是观光休闲旅游活动,而会展旅游者所进行的活动却是会展旅游活动。所以我们不能简单地认为"会展旅游就是将会展活动和观光休闲活动结合在一起",也不能笼统地认为"会展活动参与者一定要通过安排什么旅游活动才可将他们变成旅游者";而应认为,即使会后展后、会前展前、会中展中没有什么休闲观光旅游活动的安排,会展活动本身对于会展旅游者来说就是他们所进行的一种的旅游活动。

在会展活动的策划主办者和参与者中间，准确和客观地说，除了来自异地的会展旅游者之外，还有相当一部分会展活动的主办者和参与者并不是来自异地他乡的，他们不符合旅游者的定义，他们所进行的会展活动也不能说是旅游活动。更有相当一部分会展活动压根儿就是当地企事业单位和协会主办并由当地人员参与的，而没有会展旅游者参加的地方性活动。这也是我们不能简单地说“会展业就是旅游业”或笼统地认为“会议组织者、承办者或参加者都是旅游者”的原因之一。但有一点我们可以说的就是，即使没有异地的会展旅游者参加的会展活动，也经常需要在旅游设施（如饭店、会展中心）中进行，他们离不开旅游产业所提供的服务支持。

会展业需要食、住、行、游、娱、购这旅游六大要素的强烈支持。可以这样说：举办会议展览就必然涉及旅游六大要素。如果在任何会展活动的策划与主办过程中，不认识、不重视、不考虑和不落实旅游六大要素，如果不注意客源市场的人气、如果不重视旅游市场的作用和参与，都必然直接影响到会展活动的成功。正如本书主编在作为上海旅游业世博会考察团成员于2000年夏考察汉诺威世博会时，听到汉诺威世博会旅游与票务处主任沃尔特·科罗姆贝奇先生在同上海旅游业世博会考察团谈到汉诺威世博会赤字原因时坦率地批评道：“汉诺威世博会从一开始就只把精力集中在办展上，而没有考虑如何同旅游结合，没有考虑如何吸引旅游者，没有把宣传、促销和招徕旅游者放到一定的重要位置上，没有用大型广告把周围景点结合在一起向世界展示。”结果使人类最重要的会展活动之一——世博会失去了旅游业的支撑和依托，导致人流严重偏离预测数据一半以上，以至亏损额高达24亿马克。所以从这个角度上讲，所有的会展活动在申办、筹办和举办的各个阶段，都要将旅游六大要素一以贯之地放到显著地位来加以考虑。否则必然会影响到会展活动的申办与举办的成功。

会展业的发展离不开食、住、行、游、娱、购这旅游六大要素和旅游业的发展，旅游业的发展也离不开会展业这一重要的客源细分市场；反过来，旅游业的发展又促进了旅游六大要素的成熟和繁荣，并进而推动了会展业的发展；与此同时，会展业的发展和会展旅游者的不断增加亦大大地推动了旅游业的飞速发展。

同样，旅游业也离不开会展业，因为会展业已经成了旅游业不可缺少的重要市场。据国际大会和会议协会（ICCA）统计，美国作为世界最大的国际会议主办国，其航空客运量的22.4%、饭店入住率的33.8%，来自国际会议及奖励旅游（杨荷卿、庄伟光，2006）。香港会展中心前主席麦高德曾经指出：“调查显示会展业在香港旅游业中扮演着重要角色，展览业每赚取1港元，便为零售、酒店、餐饮和运输带来5港元的收益。”有“展览之都”美名的中国香港，每年举办1300项会展活动，海外参加者有170万人，旅游收益达110亿港元(陈青松，2009)。2007年香港共举办了55场大型展览，不论是吸引的参展商人数还是展览总收入都有双位数的增长(郑磊，2008)。香港会展中心市务及业务策划总监杜妙仪指出：2007年因参加会展而访港的旅客中，超过一半是来自欧美等地的外国旅客(裴闯、孙浩，2008)。在2008年9月，金融海啸迅速席卷全球、访港游客急速下跌时，香港旅游发展局充分重视旅游业的会展市场，在同年11月成立了香港会议及展览拓展部(“Meetings & Exhibitions Hong Kong” Office—MEHK Office)，加强政府和业界的合作，深化会展旅游的推广，建立新的业务联系，保持香港在全球会展旅游市场的竞争力，对香港旅游业稳健发展起到了积极的推动作用(HKTDC, 2009；陈青松，2009)。为了支持香港旅游业开发会展市场，推广会展旅游产品，香港财政司司长曾俊华(John Tsang)保证，特区政府在2008—2009财政年度拨款1.5亿港元，大力在海外推广香港会展旅游，提升香港会展旅游目的地的国际地位(HKTDC, 2009)。

当今天全球80%的会议和30%的展会在饭店举行时，当饭店不只为会展活动提供接待服务，而且还为会议提供专业会议组织者(Professional Convention Organizer—PCO)的策划和组织服务时，当饭店成立自己的目的地管理公司(Destination Management Company—DMC)并提供相应的服务时，当现在越来越多的旅游公司纷纷成立了会展部或干脆就发展成DMC时，这些旅游产业架构中的主要组成部分——饭店和旅游公司就成了会展产业架构中的重要组成部分——会展场馆、PCO和DMC了。

所以，我们更可见会展业与旅游业的关系绝不是简单的等同或从属的关系，也不是可以分割和互不相关的两个绝对独立产业；而是相对独立却又互相关联和互相交融的两个产业。它们两者相互依存，相互促进，相互支持，相互推动。那种从我国原有的计划经济和条块分割管理体制下产生的“将会展业与旅游业分割开来”的思想和言论，显然是对会展业的片面理解和错误认识，是十分不利于我国会展业健康发展的。

第二节　会展业与旅游业的结合

会展业和旅游业所具有的相互关联和相互交融的关系，使会展业和旅游业之间有着一种内在的产业联系，这种内在的联系也就是会展业和旅游业之间的一种天然的和固有的局部结合。而我们现在讲的会展业与旅游业的结合，就是将这种结合从初级的、被动的和局部的阶段提升到高级的、主动的和全面的阶段。由此我们可将会展业与旅游业的结合分为下列三个阶段：

一、旅游业的被动受益阶段

在这一阶段，会展业和旅游业的相互关联和相互交融的关系，使二者有一种固有的内在的局部结合。这种结合是一种初级阶段的被动结合。它主要体现在会展业给旅游业带来了大量的客源，即来自异地的会展主办者和参与者，而这些客源所带来的旅游需求又使旅游业中的饭店业和旅游公司得益丰厚。但在会展业为旅游业带来的潮水般的客源面前，旅游业没有充分的认识，准备不足，十分被动，无论是旅游企业中的饭店还是旅游公司，无论是它们的数量、质量还是服务项目，都不能满足会展业发展的需求，更不要说主动推出会展服务项目或去开发会展业发展所需要的产品和服务了。比如;住宿与会议厅是举办大型国际会议的重要条件，而上海浦东新区以前没什么高档饭店，陆家嘴更几乎是空白，因而，浦东开发初期，由于缺乏合适场地，不少大型项目的签约仪式不得不在浦西举行。在 1998 年前的几年中，上海曾申请主办世界公认的世界大型国际论坛等，但均未成功，其重要原因之一就是上海饭店的类型、功能、设施与服务还达不到国际要求。所以在会展业和旅游业结合的第一阶段，会展业的发展常常受制于旅游业。

二、旅游业的积极参与和配合阶段

第二阶段是指会展业与旅游业的结合突破了原有的那种内在固有的局部联系，会展业的发展给旅游业带来的经济和社会效益，使旅游业开始认识到会展业对旅游业的重要性，从而使旅游业从被动消极的局部结合转入积极的参与和配合阶段。第二阶段的主要表现为：会展业发展产生的大量特殊需求给旅游产业创造了许多的商机，旅游业从仅对来自异地的会展主办者与参与者，即会展旅游者提供服务，转向对各种会展活动的全面接待服务。会展成为旅游业新的兴奋点，旅游业纷纷推出为会展业服务的产品，即满足了会展业发展过程中的需求，推动了会展业的发展，也促进了旅游业的自身发展。

例如：饭店可以为会展业提供会展场所和设施，并为会展活动的主办者和参与者提供会展现场的住宿、餐饮、商务和礼仪服务等。

早在1938年，美国发表的《饭店红皮书》就把具有会议设施的饭店单独立项，其中近700家是在美国。美国出版的《饭店与餐馆经营管理》(*The Hotel and Restaurant Business*，第6版)一书的作者、美国加利福尼亚州立大学饭店管理学院前院长唐纳德·伦德博格(Donald E. Landberg)指出："对于位于带有会展中心和旅游景观的城市的饭店和餐馆来讲，大型国际会议、公司会议和贸易展具有特别重要的意义"。"公司会议与大型会议团队，以及国内外的奖励旅游团队都是大型饭店的目标市场。""会议客人要占酒店商务客人的38%，占酒店全部客人的17%。""绝大多数大型城市酒店至少40%业务来自于大型会议和公司会议，在某些饭店，会议业务要占业务总量的90%(1994)。"

1996年美国饭店业协会(American Hotel & Motel Association)的统计显示，美国饭店住客中会展客人已达26%，根据1996年《会议和奖励》杂志对商务饭店的调查结果也显示，国际主要饭店集团都将会议和奖励旅游作为发展的细分市场。威斯汀(Westin)饭店集团预测，其全球范围的30%业务来源于会议和奖励旅游，洲际饭店集团(InterContinental Hotel Group—IHG)总收入的18%源于会议和奖励旅游。

1997年美国饭店业协会对其下属的6000多家成员饭店进行分类时，其中一个类别就是接待团体、会议的会议饭店(Convention Hotel)。在美国，有15%的饭店客房可以划分为度假饭店(Resort Hotel)，而度假地(Resort)与度假饭店(Resort Hotel)的市场则是由三部分组成：(1)度假休闲的散客、家庭和团队；(2)会议团队。商务和会议细分市场占度假饭店客源市场的30%；(3)奖励旅游市场：这个细分市场的产出则要占每个度假地和度假饭店收入的25%之多。从这里我们也可明确地看出旅游业对会展业的积极参与！

在2007年美国饭店业协会教育学院(The Educational Institute of American Hotel & Lodging Association)出版的《接待业的今天(Hospitality Today)》(第6版)一书中，作者又指出："绝大多数会议都是在饭店和汽车饭店举行，在有1000间以上客房的饭店中，50%以上的业务来自于会议团队(Angelo和Vladimir，2007)。"洲际饭店集团(IHG)亚太地区销售与营销高级副总裁的盖瑞·罗生(Gary Rosen)先生也指出："研究表明亚太地区近50%的会议都是在城市饭店和度假饭店举行的(TTG Asia Media Pte Ltd，2008)。"

国际上的许多机构都将商务活动及会议、展览选择在中国香港举行，亚太区商务旅行杂志早在1998年的一项调查中就将香港列为"从事商务活动的最佳城市"。国际会议协会也做过类似的评价。香港之所以能成为举办会议和展览的理想场所，是因为它除了有香港会展中心、香港国际贸易展览中心等世界级的设施外，还有附设高级会议室和宴会厅的众多中高档饭店。当然，还有我们前面提到的会展业发展的其他条件。

上海在经历了会展业的发展受制于旅游业的初级阶段之后，新建了上海东方滨江大酒店（上海国际会议中心）和许多带有会议设施的新饭店，老饭店也纷纷在改造翻新的过程中想方设法地增添会议设施来满足会展业发展的需要。上海饭店业新的会展产品和服务的不断推出，促进了上海会展业的迅猛发展，同时，会展业的飞速发展反过来又使上海饭店业得益并不断地前进。2002 年 3 月上海第十二届华交会举办期间，海外客商住满了 70 多家中高档商务饭店，千鹤宾馆的 300 多套房间早在几个月前就被预订一空，新亚大酒店和华东大酒店的客房出租率分别比平日上升了 50％和 40％，锦沧文华和老锦江等许多五星级饭店也纷纷挂出“客满”招牌。在通常所说的旅游淡季 3—4 月份，浦东各大饭店却因为各种公司会议、机构研讨会和产品发布会等将房间都租了出去。星级饭店成了国内外会展的主战场。

在会展业与旅游业结合的第二阶段中，除了饭店外，还有旅行社也开始设计以会展业为中心的产品，并通过与会展承办者和会展客源地旅行社合作，组织和接待大量的会展旅游团，同时为会展旅游者提供票务和会前或会后的观光游览休闲旅游服务。另外，因为国内的厂商出国参展比较困难，据统计，一次境外会展曾大约有 40％的厂商因为出国手续方面的原因而不能成行，所以旅行社也为出国参展厂商提供出国手续代办业务。

总之，在这一阶段中，大量的旅游企业积极参与到会展业当中去，并将服务对象从异地的会展主办者和参与者扩大到整个会展业，使旅游业受益水平比第一阶段有很大的提高，但是，众多旅游企业仅以提供服务这种相同的方式参与会展业，势必导致产品雷同，形成过度竞争，重演价格战的噩梦，由于旅游企业在这一阶段还没有承担会展的策划和组织的功能，因此不能从根本上改变旅游业的被动受益。而且，由于许多旅游企业单兵作战，供给能力有限，也难以形成规模经济。由此可见，会展业与旅游业在这一阶段的结合仍然还是局部和浅层次的。

三、会展业与旅游业的完全融合阶段

会展业与旅游业结合的第三阶段是两者结合的高级阶段，这一阶段是指两者的结合突破了原来内在固有的局部联系，旅游企业不仅突破了对异地会展活动举办者和参与者的接待服务，也突破了对整个会展业的服务接待局限，开始承担会展的策划和组织工作，成为会展业产业架构的主要组成部分——PCO和DMC。越来越多的旅游企业为了提高自己在会展业中的竞争力，开始通过收购兼并走集团化发展道路，发展规模经济，全方位地同会展业结合，开发会展市场的业务。

比如，香港从20世纪70年代开始发展会展业，用了10—15年的时间，才和纽约、伦敦和巴黎看齐，成为国际会展目的地。香港理工大学饭店及旅游业管理学院荣誉教授陈郑绮艳女士在“2006沈阳：中国优秀旅游城市国际营销峰会”的演讲中，谈到香港成功的原因时指出：“会展的主办者期望一流的设施，正如我刚才提到的功能齐备的会议中心和会议酒店。然而光靠这些硬件设施是不能满足这些要求苛刻的客户需求的。除了基础设施之外，他们期望的是专业化程度、创新意识和高服务质量。”香港的各类饭店和其他旅游企业就如陈郑绮艳女士所指出的那样：早就突破了对整个会展业的服务接待局限，成熟的PCO和DMC为国际会展客户提供着满意的专业化的会展策划和组织工作。正是香港旅游业与会展业的完全融合才使香港成为著名的国际会展目的地，这种融合不仅持续地巩固着香港会展业在国际上的地位，同时也大大促进了香港旅游业的飞速发展，2008年香港又荣获著名的《亚太会奖杂志(CEI Asia Pacific Magazine)》组织评选的“最佳会展城市奖(The Best MICE City Award)”，到2008年11月为止，香港共有146家饭店，可提供53993间客房(见表2-1)，与2004年的101家饭店和39128间客房相比，5年中分别增长了44.6%和38%(HKTDC，2009)。

表2-1　香港的饭店(2008年11月)

	高价A类饭店	高价B类饭店	中价饭店	未分类饭店	全部饭店
饭店数量	23	48	66	9	146
客房数量	13177	18468	16741	5607	53993
平均房价(1—11月)	272美元	126美元	US$75美元	—	158美元

资料来源：香港旅游局(HKTB)，(HKTDC，2009)。

还有，在上海浦东的162家星级饭店中，高星级饭店就有53家，客房总数为16695间。全世界著名品牌饭店基本上在浦东都落户(上海市浦东新区经济委员会和上海财经大学旅游管理系，2009)。所有的这些饭店都特别注重会议功能，均有较大规模的宴会厅，其中，香格里拉的无柱大宴会厅面积达1530

平方米，为上海饭店之最。这些饭店还分别有设施一流的各种规格的会议厅3000多间。但更重要的是，这些饭店如今不仅接待会议，而且为了提高自己在会议市场中的竞争力和扩大在会展市场的分享率，还积极地为许多会展客户策划和组织会议，成了PCO。2003年1月，北京市统计局联合中国国际贸易促进委员会北京市分会、北京市发展计划委员会、北京市旅游局、北京市公安局、北京市工商行政管理局5家单位共同开展的首都会展业调查结果表明，北京市会展业发展的特点之一就是宾馆、展馆竞相办展，双轮驱动共同发展。2002年北京市共举办展览916个，其中在展览馆举办的有481个，占总数的52.5%，在宾馆饭店举办的展览占47.5%。2006年4月，北京市统计局、国家统计局北京调查总队又开展了“2005年北京市会展活动调查”。这次调查结果显示了，2005年北京市会展业四大活动主体(宾馆饭店、大型展览场馆、各类会展主办单位及会展服务企业)呈同步发展趋势。其中，以接待会议为主的宾馆饭店继续占据主导地位。全年主要宾馆饭店实现会展收入31.5亿元，占北京会展业总收入的51.6%，其中，会议收入30.3亿元，展览收入1.3亿元(见图2-1)，全市主要宾馆饭店、场馆共承接会议17.4万个，承接展览2367个，其中场馆承接展览492个(北京市统计局，2006)。从举办展览的数量上看，北京市宾馆饭店2005年举办了1875个展览会。已占到北京市宾馆饭店和场馆承接展览总数的79.21%。北京市两次会展活动调查的结果充分地说明了北京旅游业同会展业的融合。

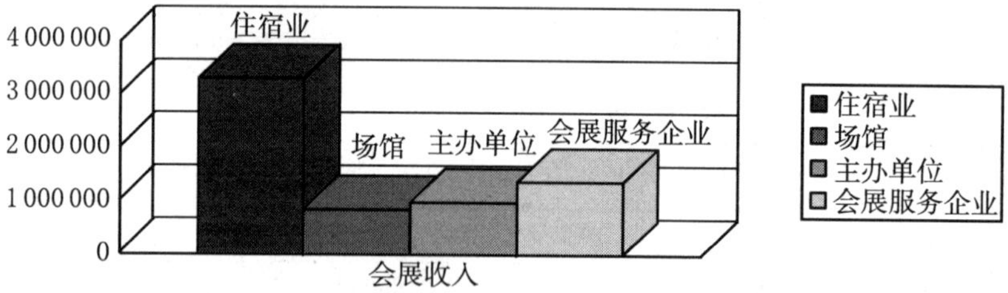

图2-1 北京会展活动主体行业会展收入构成图(单位:千元)

资料来源:北京市统计局，2006。

同饭店一样，在会展业与旅游业结合的第三阶段中，旅游公司也已突破了传统的业务发展模式，开始将销售的对象改为以城市为单位，提供有关该城市的一切旅游管理和一站式的服务，成了DMC。总部设在美国科罗拉多州丹佛市的全球最大的DMC——美国灰线在全球五大洲设有150家分公司，覆盖了世界200个主要旅游目的地，共有25000辆灰线巴士在这些地方往来穿梭，年接待游客2500万人，营业额达到30亿美元。其国际战略联盟伙伴有美国AAA国际(全球8000万会员)、欧洲ARC、加拿大航空公司(Air Canada)、代尔塔航空公司(Delta)、最佳西方(Best Western)饭店集团和硬石餐厅(Hard Rock Café)等。全球200000个旅游代理商同时销售灰线公司的1000多个旅游产品。灰线公司的产品手册《旅游指南》(*Travel Guide*)被誉为世界旅游业界的“圣经”(Gary Line or Gary Line Shanghai, 2009)。像美国灰线这样的旅游集团纷纷以良好信誉、高知名度，强融资力、专业服务、运作规范、高质人才，广泛关系、优惠价格成为了会展活动的承办者和组织者，成了会展业的生力军。2002年下半年刚通过品牌授权的方式进入中国的灰线国际，在2003年1月就在上海组织了1000人的国际会议“Hello Moto”，然后在3月份，又在北京承接了300人的世界医学研究会(李玲，2003)。目前，美国灰线国际已在我国北京、上海、广州、桂林等地与中国旅游企业通过品牌输出的方式开展合作，发展DMC业务。上海春秋国际旅游总公司为了更好地使自己同会展业结合，专门成立了春秋国旅下属的具有法人资格的会展经济实体——上海春秋国际会议展览服务有限公司，并在1998年就加入了国际会议协会(ICCA)，上海春秋国际会议展览服务有限公司积极培训专业人员和开发国内外会展市场，每年都派专业人员参加国际会议协会年会和培训，并拥有我国唯一经过国际专业会议组织者协会(IAPCO)培训的专业队伍。上海春秋国际会议展览服务有限公司参加世界上所有与会展业相关的专业展览会(欧洲的EIBTM，美洲的ITME以及亚洲的ITCMA)，将争取到的每一个会展业务，都当做精品来操作。多年来，上海春秋国际会议展览公司成功地举办和承办了许多著名的会展活动，如：2000民营企业高级论坛、第53、54和55届世界小姐总决赛、2004、2005和2006F1中国大奖赛票务代理及宣传推广活动、日本大金公司中国海南千人经销商年会，第1、2、3和4届上海会展奖专业旅游展(SIBTM)及国际风景名胜展等，赢得了业界的瞩目，并被国际会议协会(ICCA)的主席和秘书长赞誉为“中国最活跃的会员”(温艳，2004和上海春秋会议展览服务有限公司，2009)。

除了上述灰线国际和上海春秋国旅集团下属的上海春秋国际会议展览公司外，还有国旅集团、中旅集团、中青旅集团、锦江旅游集团，首都旅游集团等我国主要旅游集团和他们在各地的分公司也都先后成立了会展公司和会展部，成了我国会展行业的有生力量，如：中青旅(北京)国际会议展览有限公司自2002年成立以来，已先后成功承办了：医药行业、电子行业、保险行业、电器行业、汽车行业和证券行业国内外著名企业年会、国外奖励会议和旅游、客户大会和全球巡展中国展活动、“为中国喝彩”大型文化交流法国、日本巡演活动、2006年第五届中国企业领袖年会、第49届世界五金大会、第九届世界华商大会、某奥运会合作伙伴2008年北京奥运会客户款待项目和2009年北京世界设计大会等大型会展活动(中青旅(北京)国际会议展览有限公司,2009)。目前中青旅已占据北京会展旅游市场60%的份额(光大证券股份有限公司,2008)。

今天,旅游企业或集团向会展业进军,投资、策划、组织、主办和承办会展,使会展业与旅游业的结合进入了一个全面融入和合作的高级阶段,这种结合不但增强了会展业的产业规模,推动了会展业的发展,而且同时也增强了旅游企业的综合竞争力,无形中推动了旅游企业的优胜劣汰。提高了旅游业的整体素质,加快了旅游产业化的进程。

第三节　会展旅游

会展旅游是由于会展活动的举办而产生的一种旅游活动形式。从旅游需求看,会展旅游是指特定个人和群体到特定地方去参加各类会议、展览、奖励旅游、节事活动及可能附带相关的参观、游览及考察内容的一种旅游活动形式;从旅游供给看,会展旅游是指特定机构或企业以组织参与各类会展奖励旅游和节事活动为目的而推出的一种专业旅游产品。从旅游市场看,会展旅游应是旅游市场中商务旅游市场的主要组成部分。

会展旅游不等于会展业,也不能把所有的会展活动参与者和主办者都当成会展旅游者。会展活动的本地参与者和主办者就不是会展旅游者,因为他们不符合旅游者的条件。会展旅游也不是会展活动和会前或会中或会后观光游览的简单相加,来自异地的会展活动参与者或主办者即使在会展活动举办地没有参加任何观光休闲旅游活动,而仅是参展、观展或开会,那他们也是会展旅游者。会展业是构成会展旅游的核心基础;没有会展就没有会展旅游,没有旅游业也就无法开展会展活动并进行会展旅游。

会展旅游作为商务旅游市场的重要组成部分,在目的追求上和发生要素上都不同于人们熟知的休闲旅游。它与休闲旅游相比,具有客人档次高、消费水平高、停留时间长、组团规模大、利润丰厚、行业互动性强等特点。

会展旅游的主要参与者可以分为会展旅游组织者、会展旅游接待服务者及会展旅游者三大类。会展旅游要研究会展旅游组织者选择会展旅游目的地的行为过程和决策过程及影响因素、会展旅游目的地的市场营销工作和会展旅游者的特点以及他们的需求等关系到会展旅游发展的方方面面的问题。

会展旅游是一种高级的、特殊的旅游活动方式，是会展经济发展的必然产物，是会展产业链的一个重要环节。在国际上，会展旅游作为一种专门的旅游和会展经济活动，引起人们的注意已经有一百多年的时间了。美国的底特律市早在1896年就成立了一个名为会议局(Convention Bureau—CB)的组织，目的是为了招揽和吸引会议组织者将会议地点定在底特律(visitdetroit. com，2009)。1914年，国际会议局协会(International Association of Convention Bureau—IACB)在美国成立，旨在促进对会议和旅游的吸引和服务。1957年，为了更好地反映休闲旅游重要性的日益增长，国际会议局协会(IACB)改名为国际会议与观光局协会或国际会议与旅游局协会(International Association of Convention & Visitor Bureau—IACVB)。2005年8月2日，该组织为了更好地适应旅游业和会展业不断发展的需求，加强会展和旅游目的地营销，以绝对票数表决通过，又改名为：国际目的地营销协会(Destination Marketing Association International—DMAI)(DMAI，2009)。从国际目的地营销协会(DMAI)这个组织的演变过程和数次改名也可看出会展和旅游的交融性和关联性以及会展旅游的重要了。目前，国际目的地营销协会(DMAI)在北美和欧洲设立办事处，该组织的成员包括来自于超过28个国家的650个目的地营销组织的2300多名专业人士(DMAI，2009)。世界上其他会展旅游开展得比较成功的国家和地区也大多成立了类似的组织机构，在亚洲，来自于中国内地、中国香港、中国澳门、韩国、马来西亚、菲律宾、新加坡和泰国的8个会议观光局于2009年5月聚会重新启动亚洲会议观光局协会(the Asian Association of Convention and Visitor Bureaus—AACVB)来推动亚洲会展业的发展和提高亚洲在全球会展业的市场分享率(Redaktion，2009)。有的地方干脆就将有关的会展管理或营销机构设在旅游局里，如中国香港的旅游发展局内设有香港会议及展览拓展部(MEHK Office)，而新加坡展览与会议署(The Singapore Exhibition & Convention Bureau—SECB)则是新加坡旅游局(Singapore Tourism Board—STB)商务旅行与会展部门(Business Travel & MICE Group-BTMG)的一个机构。还有上海市旅游局下设上海市旅游会展推广中心等。这些在政府旅游管理部门内设立的会展管理和营销机构主要负责会展旅游产品的营销。此外，也负责会展奖励旅游的组织和协调。

目前，世界上会展业发达的国家也是会展旅游发达的国家，它们绝大多数位于欧美。自1992年以来，美国的会展旅游花费以年均9%速度增长。据国际商业信息系统(IBIS)World Industry Report(2007)预测,到2012年美国会展旅游业的收入将达1306亿美元,提供就业机会85979个(李旭和马跃峰,2009)。除美国外,法国、西班牙、德国、荷兰、比利时、英国这些会展发达国家的会展旅游也排在世界前列。世界上许多国家将会展旅游作为一种高产出的旅游项目予以大力扶持和发展,有的国家还利用开发会展旅游产品来抵消其他旅游产品的下滑给本国旅游业和经济所造成的影响。因此,世界会展旅游市场的竞争也随之激烈起来。

我国发展会展旅游的历史相对较短,应该说,它是随着我国会展业的发展而发展起来的。我国真正开始主办国际会议和展览是在20世纪80年代后,1985年北京试验性地主办了几个国际会展,标志着北京会展旅游进入快速发展阶段,1993年4月召开的亚洲会议与观光局协会(AACVB)第十次年会,是我国会展旅游发展的里程碑,它使我们初步认识到会展旅游的重要性以及它所能带来的巨大经济效益。在过去的二十多年中,会展旅游越来越引起各方的关注和重视,会展旅游得到了飞快的发展。它所带来的经济效益和社会效益也在全国范围内造成了巨大的冲击和影响,让国人包括旅游业界和相关政府部门真切地认识到了会展旅游的价值。

目前虽然我国已步入世界旅游大国的行列,但会展旅游产品的开发还处在和旅游大国不相称的地位。与会展旅游发达国家相比,我国还处在相对落后的阶段,至今还没有国际上承认的著名的专业DMC和PCO品牌,也见不到全国会展旅游的统计数字。会展旅游还没有真正地全方位地建立市场化运作的管理体制和经营机制,在国际会展旅游市场上的地位和市场分享率还非常低。

可是正因为如此,会展旅游在我国的发展空间才广大,前景才光明,会展旅游才有望成为我国旅游业的一个拳头产品。正如ICCA主席所预测的那样:中国有可能成为21世纪国际会展旅游的首要目的地。

我们学习会展业,必须了解认识会展旅游,因为认识会展旅游可以帮助我们更好地了解会展与旅游的关系,正确地处理两者之间的关系,推动会展业和旅游业的持续发展。

第四节　会展旅游者的特点和需求

在了解了会展业与旅游业的关系、会展业与旅游业的结合及会展旅游之后，我们还应该了解，构成这个会展旅游市场的客源层——会展旅游者有哪些特点，他们是怎样的一个旅游客源层。

一、会展旅游者的特点

（一）消费高

会展旅游者作为商务旅游者，有不同于非商务旅游者的需求和消费模式。其中的一个重要方面就是，他们的需求并不会因为航空机票、目的地位置、用餐和其他旅行费用的变动而产生过大的变化。他们选择快捷的交通工具、方便的饭店位置和条件，而不过多地考虑其价格，因为它是由工作需要而决定的。一般客人外出旅行都是费用自理，省吃俭用、精打细算，以节约开支。而国内外会展旅游者，其各种消费基本上是由政府、企业、事业或国际组织等支付，标准很高，无需自掏腰包，而且其在一地的逗留时间也长，均高于其他旅游目的的旅游者。所以会展旅游者在住宿、通讯、宴请、饮食、交通等各方面都比较讲究，其人均天消费情况按 2007 年国家旅游局统计位于按目的分的入境旅游者人均天消费排位表的第一，高于为了其他目的而成行的旅游者（见表 2-2、2-3）。香港会展业协会（the Hong Kong Exhibition and Convention Industry Association—HKECIA）所做的调查显示：2004 年展览访客虽只占全年访港过夜旅客的 3.3%，然而他们在港的消费则占过夜旅客消费总额的 7.8%（戴力，2006）。由香港会展业协会（HKECIA）委托 KPMG 事务咨询服务有限公司（KPMG Transaction Advisory Services Limited.）所作的 2006 年经济影响研究报告（The Economic Impact Study Report-2006）又显示：香港境外展商和展览访客每次参展或观展分别平均要花费 10106 港元（折合 1376 元美金）和 10732 港元（折合 1376 美元），而访港过夜旅客仅消费 4799 港元（折合 615 美元）。也就是说香港境外展商和展览访客在港平均消费要比访港过夜旅客分别多 110%和 120%（MEME，2007）。2008 年，香港旅游发展局主席田北俊在接受《理财周刊》杂志记者姚舜的访谈中也明确指出：根据旅发局的统计，与一般游客平均消费 5000 至 6000 港元相比，会展旅客平均要超过 10000 港元（姚舜，2008）。所以，会展旅游者的特点决定了他们是旅游市场结构中的高客源层次。如果我们国家、城市和地区抓住了这个高客源层次，就有助于提高旅游业的效益，如果我们的饭店抓住了这个高客源层次，就能使饭店提高客房出租率，并能大大提高饭店的营业收入和利润率。抓住了会展业和会展旅游，等于抓住了市场开拓的主要环节和旅游发展的牛鼻子。

表 2-2　2007 年我国入境旅游者人均天消费情况(按旅游目的分)

单位:美元/人天

	人均天花费(美元/人天)	外国人	香港同胞	澳门同胞	台湾同胞
观光游览	173.70	180.57	137.85	137.15	182.00
休闲度假	166.26	184.55	121.99	127.58	171.18
探亲访友	152.40	209.80	84.98	82.60	141.00
商　务	204.29	217.07	174.90	129.28	176.63
会　议	211.45	216.96	204.84	89.27	200.17
宗教朝拜	161.91	206.84	56.43	45.39	107.52
文化/体育/科技交流	177.85	188.52	148.51	146.90	134.08
其　他	160.99	168.53	103.75	115.27	957.19

资料来源:中国旅游统计年鉴(国家旅游局,2008)。

表 2-3　2007 年我国城镇居民出游花费情况(按旅游目的分)

单位:元/人

旅游目的	人均花费
观光旅游	1037.30
探亲访友	887.80
商　务	2012.10
公务会议	2061.60
度假/休闲	594.30
宗教/朝拜	411.80
文化/教育/科技交流	1311.20
其　他	636.10

资料来源:中国旅游统计年鉴(国家旅游局,2008)。

(二) 主要集中在大、中城市和经济比较发达的地区

在我们分析会展业发展条件时曾指出,会展业发展的首要条件就是要有稳定的社会环境、活跃的政治活动和繁荣发展的经济,其次还需要交通、住宿、会展、通讯等设施及其他如金融、货运、保险等一系列配套服务。而这些综合设施配套和综合服务齐全的地方,一般都是大、中城市和经济比较发达的地区。所以,会展旅游者也就自然集中在这些城市和地区,我们从表 2-4《我国主要会展城市分布表》可看出这一特点。

表 2-4 我国主要会展城市分布表

珠江三角洲会展经济区域	长江三角洲会展经济区域	环渤海会展经济区域	东 北会展经济区域	中西部会展经济区域
广 州	上 海	北 京	大 连	重 庆
深 圳	南 京	天 津	长 春	郑 州
东 莞	苏 州	青 岛	哈尔滨	长 沙
顺 德	南 通	济 南	沈 阳	西 安
珠 海	合 肥	烟 台	吉 林	成 都
中 山	杭 州	潍 坊	—	昆 明
福 州	宁 波	威 海	—	西 宁
厦 门	温 州	石家庄	—	乌鲁木齐
香 港	义 乌	唐 山	—	兰 州
澳 门	—	廊 坊	—	酒 泉
—	—	—	—	南 宁

资料来源：百度知道，2009。

(三) 多为重游客

会展旅游者不同于有其他旅游目的的游客，他们旅游的根本目的都是为了工作的需要，不像一般观光旅游者去过的地方就不去了。只要是工作需要，会展旅游者就得一而再，再而三地重访旧地，这是由他们工作性质和来访目的所决定的。他们无法自己选择会展旅游的时间和地点，只能被动地按照要求进行会展旅游，不管是否去过这个地方，也不管是否还喜欢去这个城市或地区，所以，会展旅游者多为重游客、再访者和回头客。例如，据国家旅游局的有关资料表明：会展旅游者首次来华的只占 32.6%，而重复来华的要占 67.4%，其中第 2、3 次来华的占 32.1%，4 次及 4 次以上来华的也要占 35.3%。

(四) 平均停留天数长

由于会展旅游者在一地是为了会议、展览、奖励旅游和节事活动的原因，所以逗留时间也不能由个人随意决定。一般地讲，在一地停留的时间较长，由于许多会展旅游者又利用活动开始前或结束后的时间进行一些观光和游览活动，这样又自然延长了他们的平均停留天数。由香港会展业协会(HKECIA)委托 KPMG 事务咨询服务有限公司(KPMG Transaction Advisory Services Limited.)所作的 2006 年经济影响研究报告(The Economic Impact Study Report-2006)指出：香港境外展商和展览访客在港逗留时间要长于访港过夜旅客。香港境外展商和展览访客在港典型逗留时间平均要比访港过夜旅客分别长70%和30%(MEME, 2007)。

(五)受过良好教育,文化程度高,年龄有年轻化趋势,见多识广,要求高,影响面大

大多数会展旅游者是干练而精明的年轻人,大多是企业的中上层雇员或销售代表。由于现代知识经济的发展和市场竞争的需要,企业对他们的学历和知识层次的要求越来越高,如今,在跨国公司和大企业中,获得工商管理学硕士(MBA)学位和其他专业博士、硕士研究生毕业的管理工作人员已屡见不鲜,这些人经常被企业委以重任。由于企业的全球化,为了工作的需要,他们必然经常进行国际或国内旅行,去许多地方参加各种形式和内容的会展活动,这又使得他们见多识广。对所需要的会展旅游服务的产品与质量自然也会有比较,因此要求也就随之升高。还有,有机会进行国内会展旅游,尤其是进行国际会展旅游的会展旅游者,往往在企业中担任着一定的领导职务,其中许多人又处在企业的决策层,所以他们的影响力和影响面都比一般观光旅游者与探亲访友者要大得多。

(六)你中有我,我中有你,交叉进行,同时发生,相继结束

现今会展业交融性的特点决定了会展旅游者参加的各种规模、形式和内容的会议、展览、奖励旅游或节事活动必然紧密相连,而展博览会期间会举行各种各样的会议和活动,会议中又会举办展会和活动;即使现在的奖励旅游,也不再是消遣娱乐为主的旅行。50%多的奖励旅游中包括各种会议,40%多的奖励旅游安排某种对工厂、业务场所的考察,这就使得会展旅游者所进行的活动往往是你中有我,我中有你,交叉进行,经常同时发生,相继结束。

(七)工作决定了需求

会展旅游者旅行的目的是为了工作,因此他们对饭店位置、客房设施、服务内容与速度等旅游产品的需求与评价都是由他们工作目的和是否有助于他们很好地完成工作任务所决定的。正因为这样,他们对价格和季节等因素的反映也就不如其他旅游细分市场的旅游客源那样敏感了。

比如,对于国际展商和专业观众来说,去马来西亚的费用要比去新加坡便宜得多,尽管前往两地的机票支出相差无几,但前者的酒店住宿和餐饮价格却要低得多。虽然如此,他们仍对新加坡情有独钟,因为他们的工作与业务与新加坡密不可分。会展旅游者考虑最多的是工作,而非价格,他们需要必要的办公设备。在新加坡,便携式电脑、电话、传真以及打印服务设施十分便利,所有这些都会增加旅行费用,然而,会展旅游者不使用这些设施,就无法工作。

一个国家、一个城市、一个地区房价和其他物价昂贵,甚至币值上扬,并不能阻挡会展旅游者的到来。

在饭店内用餐显然要比在当地餐馆用餐费用高得多,但会展旅游者为了工作,图个方便,常选择在饭店内用餐,同时,饭店内熟悉的环境也会令他们倍感愉快。

(八) 时间安排紧,活动节奏快,需要快速、优质服务

因为商务旅行费用的高昂,尤其是近年来西方国家市场的不景气及东南亚金融危机的影响,越来越多的企业对属于商务旅游市场的会展旅游费用有所控制;而会展旅游费用的控制又必然要求会展旅游者加快活动节奏,压缩会展旅游日程,紧凑会展旅游日程安排,于是,随之而来的就是会展旅游者对提供商务会展旅游产品与服务的饭店、旅行社、航空公司等企业顺理成章地提出了需要快速优质服务的要求。

(九) 女性会展旅游者逐渐增多

近年来,国际上妇女就业比例日益提高。因此女性会展旅游者也随着女性就业人数比例的提高而增加。今天40%的商务旅游者已是女性,而30年前,女性行政管理人员只占商务旅游者的1%(Lagace, 2005)。英国酒店业的一项市场调查表明,如果忽视对女性客人的服务,就会失去40%的客源(方洪莲,2008)。在这种情况下,作为女性会展旅游者的女性商务客自然也逐渐引起人们的重视,为了更好地了解女性商务客市场的特点,美国的几所大学联合对精选出来的1000名女性商务人员和专业人士进行了一次系统的抽样调查(见表2-5和表2-6)。调查所反映的女性商务客的特点,对会展业和旅游业了解女性会展旅游者的需求并据此提供个性化服务,有着重要参考价值。

表2-5　被调查女性商务客特征(美国女性商务人员和专业人士抽样调查结果)

受教育水平	%	年　龄	%	家庭年收入(万)	%	饭店档次	%
中　学	3.7	<25岁	1.8	2.5以下	3.3	经济型	6.7
大　专	5.8	25—24	25.9	2.5—5.0	31.8	中　档	49.9
大学毕业	20.6	35—44	35.6	5.0—7.5	27.5	豪　华	17.7
学士学位	35	45—54	30	7.5—10.0	15.3		
更高学位	22	55—64	5.5	10.0—15.0	14.6		
专业职称	12.8	>64岁	1.2	15.0以上	7.4		

（续表）

婚姻状况	%	旅行每晚花费	%	旅行逗留时间	%
单身/离异	46.4	<74 美元	36.3	1 天	15.1
寡居/分居		75—100	44.6	2 天	35.6
已婚无子女	20.8	>100 美元	19.1	3 天	26.9
已婚有子女	32.8			4 天以上	15.6

资料来源：(中国旅游报，2000)。

表 2-6　不同社会阶层的女性对各要素的重视程度
(美国女性商务人员和专业人士抽样调查结果)

受教育程度	舒适	家庭年收入(万元)	停车	价格敏感	保安
高　　中	4.44	2.0 以下	4.50	4.18	4.01
专　　科	4.50	2.5—5.0	4.42	4.09	
大　　专	4.42	5.0—7.5	4.38	4.12	4.32
学士学位	4.38	7.5—10.0	4.44	4.93	
更高学位	4.44	10.0—15.0	4.09	3.95	
专业职称		15.0 以上	4.41	3.62	

注：计分标准 1"根本不重要"到 5"非常重要"
资料来源：(中国旅游报，2000)。

随着我国国民经济的迅速发展，国内会展旅游者如同国际会展旅游者一样，也愈来愈成为饭店业的重要客源之一。不少专家、学者和旅行社、饭店营销部门的工作人员，在重视包括国际会展旅游者在内的国际商务旅游者、研究他们的特点与消费特性的同时，也开始对国内商务散客的消费特性进行研究。研究这些特性，对了解国内商务旅游者中的国内会展旅游者特点，有着重要的参考作用。《中外饭店》杂志上刊登的《国内商务散客的消费特点与营销对策》一文的作者，曾经以接待国内商务散客为主的一家饭店作为调查对象，查阅了近 700 名商务散客的入住材料，归纳出商务散客的基本特征：

(1) 年龄

20 岁以下	0.6%
20—30 岁之间	41%
30—40 岁之间	27.6%
40—50 岁之间	22.2%

50 岁以上　　8.8%

(2) 性别

男　　87.1%

女　　12.9%

(3) 就职企事业

国有企业　　14.8%

集团公司　　27.4%

银行证券　　8.7%

建筑企业　　8.1%

政府机关　　13.9%

个体户　　27.1%

(4) 逗留时间

1 天　　44.1%

2—3 天　　35.9%

4—5 天　　13.3%

6 天以上　　6.13%

这里要指出的是，就国内会展旅游者而言，除了他们具有上述国内商务旅游者共同特点之外，由于他们的地位、层次、经济条件、文化背景不同，又会使他们产生不同的个性特点。那些认为凡是会展旅游者就都有买高档物品、过奢侈生活、住豪华酒店、吃高级美味特点的观点，是片面的和不正确的。不管是国际会展旅游者还是国内会展旅游者，他们自身的特点和消费特性都必然随着社会和国内外经济形势的变化而不断地变化，我们从事旅游业计划管理、营销与服务、教学与培训工作的人，都有必要注意观察并坚持调查研究，以便具体人员具体分析，更好地了解他们的共性和个性特点及消费特性的变化，因为他们的特点和消费特性的变化将决定着他们的需求和我们应该为他们提供的服务。

二、会展旅游者的需求

国内外大多数饭店的经营者在被问到其饭店的目标市场时，都会毫不犹豫地将包括会展旅游者在内的商务旅游者放在第一位，并将他们作为自己的主要客源。面对这样一个庞大而有力的市场，仅了解他们的特点是远远不够的。要能满足这一市场的需求，能使他们满意和高兴，就还要了解他们在旅游中的需要和偏爱，这对于旅游业的各有关行业的经营管理人员和服务人员来说，也是至关重要的。

会展旅游属于商务旅游市场的范畴，所以，英国瑞德旅游公司（Reed Travel）对英国、法国、德国、意大利、美国、澳大利亚、新加坡、日本和中国香港等国家和地区5250多名商务客的旅游习惯和择向所作的一项调查，对旅行社了解会展旅游者的需求来说很有参考价值。瑞德旅游公司的调查结果显示，大多数商务客是通过旅行商预订旅行的。在美国、澳大利亚和新加坡，65%的商务客喜欢让旅行商来安排他们的旅行。在日本，有50%的商务客让旅行商安排旅行，在新加坡、香港和意大利，商务客喜欢让秘书安排旅行。调查发现，大多数商务客不喜欢让当地的业务伙伴或朋友预订机票和客房，而希望通过旅行商来做，通过旅行商来预订客房和机票的比例高达62%和36%（见表2-7）。

表2-7　1997年商务客预订机票和客房所采用的方式

方　　式	机　　票(%)	酒店客房(%)
旅行商	62	36
秘书	30	32
公司旅游部	17	13
当地业务伙伴/朋友	7	31
CRS(电脑预订系统)	5	4
PC软件	6	3
航空时刻表/酒店小册子	29	17
旅游指南	21	16
机票/饭店预订部	18	19

资料来源：英国瑞德旅游公司。

时至今日，商务游客采用的上述预订方式，随着互联网和电子商务的快速普及又有了新的变化，其中尤其是网上预订的业务迅猛发展，2005年我国网上旅游预订市场规模超过8亿元，较2004年增加39%，2008年人民邮电报曾刊登了“我国旅游业信息化的发展现状与趋势调查”一文，该文预测到2010年我国网上预订市场将有望突破37亿元。并预计2010年我国使用网上旅游预订的用户数量将突破700万，约占网民总数的3%左右（人民邮电报，2008）。电子商务的广泛应用促使商务游客网上旅游预订用户规模迅速扩大，网上旅游预订在给包括会展游客在内的商务游客带来方便的同时也必将成为一种他们喜爱的常用预订方式。

由于企业的全球化趋势和商务的需要，绝大部分企业均须定期派员在国内或到国外参加各种会议及各种展博览会，或组织各种奖励旅游活动。只要旅行社提供的服务质量稳定，一般客户变动的几率就不大，因此对旅行社来说，属于商务旅游市场的会展客户，同一般的商务散客一样是旅行社的相对固定客源，他们的会展活动和会展旅行就是旅行社的一项相当可观的收入来源。会展旅游者对旅行社所作的各项安排要求严格周全，对他们所提供的服务要求精致细微，所以，旅行社从事会展旅游业务的工作人员不但要有较高的专业知识，更要有高度的接待技巧。大约有 60%的商务旅行经确定后的行程会改变。会展旅行的变动虽然不会像商务旅行的变动那样大，但会展旅游者的行程也常须配合其会展活动的变化而更改。所以，相关的旅行安排也就必须相应地更改，这相当复杂，并需要有高度技巧和能力的工作人员来加以妥善处理。由于各种会展活动都受到一定财务预算的限制，客户企业商务旅游费用的支出在其公司的经营成本中又占着重要的比重，所以，如何配合客户会展活动预算和企业政策变化而营运，又是旅行社从事会展旅游业务者所不能忽略的问题。

对于航空公司来来讲，必须认识到：会展旅游者对航空公司产品的感受是从到机场准备登机时就开始了，因此机场的工作秩序、服务态度、工作效率、方便程度、候机环境都影响着他们对产品的整体感觉；那么，他们对机场设施有什么要求呢？对这一问题，维斯特拉普调研机构在哥本哈根、都伯林和巴黎的几个机场对来自 9 个国家的 1700 名旅游者(其中 600 多名商务旅游者)的一项调查中，得到了包括会展旅游者在内的商务旅游者的回答。25%被调查的商务旅游者在欧洲机场真正需要的是儿童游玩的地方，20%的商务旅游者需要机场为其在休息厅准备个人使用的电视，近 20%的商务客需要能变成床的椅子，可以稍事休息。另外调查发现，商务旅游者在机场最常光顾的地方是免税商店和卫生间。许多商务旅游者在机场并不像人们所想象的那样，在候机时还打开膝头的卷宗工作，美国商务旅游者是最勤奋的，但即使是他们，也只有 39%的人经常利用候机的时间办公，而 66%的西班牙人从不在候机的时候工作。商务客除了要求更多、更好的卫生设施外(德国的商务客尤其是这样)，最需要儿童娱乐设施和家庭设施的人占被调查者总数的 25%。他们把对这个设施的需求放在别的需求之前，这主要是因为他们希望在旅行时孩子不要妨碍工作。调查还发现，商务客在机场的平均逗留时间为 90 分钟，11%的商务旅游者的逗留时间超过了 3 个小时。他们在机场逗留期间的行为因国别不同而差别很大，总的讲，60%人去逛免税商店，55%的人去喝酒。瑞典人最喜欢逛免税商店，他们也是机场酒吧中最大的啤酒和葡萄酒的消费者。法国商务客最爱买报纸、杂志和书，还喜欢用快餐，约有20%的法国人说他们愿意与一个有魅力的陌生人共度候机时光。他们最不愿意，最讨厌的就是各种各样的排队，而希望见到舒适的环境、方便的出租车、城市间的特快列车和各种餐馆。

至于对航空公司客机机舱内的设施和服务要求来讲，在英国瑞德旅游公司的调查中，发现91%的人喜欢前后座位之间有较大的伸腿空间，72%的人则喜欢座位靠背可调整角度，希望在远程旅行中有较好的休息设施(见表2-8)。商务旅游者对机舱内设施与服务的这些要求，自然也包括了会展旅游者对航空公司的要求。

表2-8　1997年商务客选择飞机内服务趋向表

机内要求	要求提供此项设施与服务的商务客所占比例(%)
前后座位之间的活动空间	91
可调整角度式的座位	72
可按客人要求提供餐饮	28
靠背/手拿式的电视	21
提供枕头/毛毯	20
休息床	12
电话	8

资料来源：瑞德旅游公司。

美国联合航空公司正是认识到日益增长的包括会展旅游在内的商务旅游市场的需求，决心投入7.1亿美元，来改善商务旅游条件(见图2-2)，其中2130万美元用作更新壁纸和地毯，创造全新的内部空间，1.775亿美元用来全面更新客舱座椅，4260万美元安装笔记型电脑插座，提供机用个人专属电话，3.55亿美元用作建设人性化的机场，舒适的迎宾大厅，提供简便登机手续和轻松通关检查，还用1.136亿美元安装机上个人专用电视荧幕，提供更多的电影节目。美国联合航空公司在它们的广告中说："为了回馈全部顾客，使各得所需，我们正全面更新客舱座椅，让娱乐节目的选择更多元，装设笔记本电脑的电源插座以及其他更多更多的设备来供您享用，这就是我们每天要为您做的事。不断开创新的一片天，配合您的需要，而且超乎您的想象，联合航空将充分利用这7.1亿美元，使您从进入机场开始，一直到抵达目的地，都能享受得到您想要的，而成为一个快乐的顾客。"

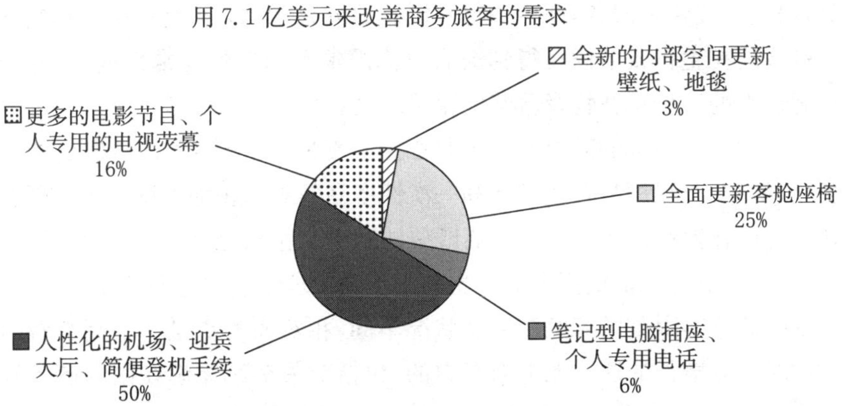

图 2-2　美国联合航空公司改善商务旅游产品和服务的计划

资料来源：美国联合航空公司（the United Airlines）广告。

除了航空公司提供的机场和机舱内必要的设施和服务外，航空公司更必须明白，航空公司所创造的一切价值都是根植在时间价值上，航空服务的最好品质是旅行的高效率，所以行李处置能力和运送正点率、常客计划、联盟优势、航班频率、准点率、计划航班执行率、航线安排合理性、舱内互联网服务、飞行奖励计划等也都直接影响着会展旅游者的旅行质量。

对于饭店来说，因为会展旅游者属于商务旅游市场，同时又被视作商务旅游者，所以下列商务旅游者的需求也自然应看作是会展旅游者的需求。

在《中外饭店》杂志上刊登的〈国内商务散客的消费特点及营销对策〉一文的作者在了解国内商务散客的基本特征时，也从对700名商务散客的调查中发现了国内商务客人对饭店有以下的基本需求：

(1) 客房类型：要求标准客房，但一个人出差时希望住单人房，要求安全、隐私，不愿与不相识的人共住。

(2) 设施设备：要有卫生间、空调、长途电话、遥控电视。

(3) 布置用品：日用日换，保持清洁整齐。

(4) 一次性用品：配备牙具、梳子、洗发浴用品，备有信封、信纸、简易用笔。

(5) 商务服务：提供复印、打字、传真等商务服务，订火车票、飞机票、船票等业务。

(6) 接受价位：100—200元之间

(7) 选择偏好：喜欢熟悉的饭店，对服务要求较高，希望物有所值，讲究地理位置。

(8) 愿望：商务散客出差在外，工作压力大，生活上希望能有一种在家的感觉，得到个性化的服务，并希望得到饭店的关心，例如：得到一张免费赠送的熨衣券或能在生日或节假日得到饭店对你需求和期望的经常性询问，并能得到饭店送上的一份小礼物及营造的温馨的气氛。

上述国内商务客的需求也并不是固定不变的，而是随着社会发展的变化而变化，如：对布置用品日用日换和一次性用品的需求正随着绿色环保理念的深入人心而在悄悄地改变着。饭店既要注意满足包括会展客人在内的国内商务客需求，也要注意他们需求的变化和用正确的理念引导他们的需求。

国际商务客因其国家经济发展状况不同，相对而言更是一个高消费的群体。面对日益增长的这一庞大而有力的、包括会展奖励旅游在内的商务旅游市场，了解客人在商务旅游中的需要和偏好对于旅游经营者至关重要的关系，被国内外越来越多的饭店所认识，它们为了了解和把握包括会展旅游者在内的商务客人的偏好和选择，直接对商务客进行调查，并把这作为市场调研的一部分，视为制定营销计划和营销总体战略的前提。

例：美国 Crescent Court 饭店曾对 2858 名商务常客开展过问卷调查，得到了表 2-9 所显示的结果

表 2-9　美国 Crescent Court 饭店对商务客抽样调查结果表

商务客每天在客房工作时间	71%	1—2 小时
	16%	3—4 小时
	1%	5 小时以上
	16%	不在房间里工作
商务客选择饭店入住因素	68%	室内语音信箱非常重要
	57%	认为商务中心非常重要
	52%	相信室内调制解调器很有用
	47%	室内传真机重要
	90%	需要 24 小时洗熨衣物服务
	71%	认为提供免费交通到附近商务约会地点非常吸引人
	55%	喜欢选择家乡菜
	50%	把美容装饰服务看得十分重要
	50%	选择优质晚餐
	45%	喜欢品尝新口味
	30%	喜欢客房用餐
	3%	选方便晚餐

资料来源：饭店和汽车饭店杂志(Hotel & Motel)，1995。

前面提到的1997年英国瑞德旅游公司对来自于英、法、德、意、美等国家和地区的5250名包括会展旅游者在内的商务旅客进行的调查，在了解了他们对飞机上服务要求的同时，也调查了解了他们对饭店客房服务的要求(见表2-10)。

表2-10　1997年英国瑞德旅游公司对商务客客房服务要求的调查

	要求提供此项设施与服务的商务客所占比例(%)
卫视/有线电视	58
24小时客房用餐服务	46
商务设施	40
健身娱乐部/游泳池	30
客房内配有酒吧	28
客房内配有传真机	22

资料来源:英国瑞德旅游公司。

1998年，原上海衡山集团扬子饭店(现名:上海朗廷扬子精品酒店)销售部也曾对上海50家中小型外商机构作了调查，发现外商企业业主与员工在进行包括会展旅游在内的商务旅游时，对饭店的商务功能有他们的基本要求(见表2-11)。同时，他们还将上海商务客人的择店标准与1994年美国饭店基金会对美国旅游市场商务旅游常客的择店标准作了比较(见表2-12)，发现合理价格和优良服务都是大家所共同需求的。

表2-11　外商企业对饭店商务功能基本要求调查结果

客房设施	75%	传真机
	67%	办公室
	64%	充足照明
	56%	电水壶
	56%	电吹风
	53%	保险箱
	39%	英特网络
	31%	电脑接口
公告信息	89%	航班信息
	67%	气象信息
	47%	金融信息

（续表）

需要商务客房类型	50%	单人房
	19%	套房
	11%	双人房
公共综合设施与服务	67%	桑拿
	53%	个人电脑出租
	47%	健身房
	33%	商务文秘
	31%	楼层洽谈室

资料来源：原上海衡山集团扬子饭店（现名：上海朗廷扬子精品酒店）。
注：有20%调查对象未作选择

表 2-12　上海、美国商务客择店标准比较

排名	扬子饭店调查结果	美国饭店基金会调查结果
1	良好的饭店地理位置	清洁安静的客房和环境
2	合理的价格和良好的服务	合理的价格
3	商务设施和预订服务	很好的服务

资料来源：原上海衡山集团扬子饭店（现名：上海朗廷扬子精品酒店）。

1999年《亚洲华尔街日报》也对505名商务客读者进行了一次调查，调查结果（见表2-13）说明了商务客对饭店和航空公司需求的新变化。

表 2-13　《亚洲华尔街日报》1999年商务客调查结果

平均每年进行	11.7次商务旅行/2.8次休闲旅行
商务旅行途中时间	大部分一年有15—60天
选择航空公司和饭店	大部分选择熟悉。有些改变以往过程主要原因为了“省钱”
最佳商务饭店	奥克兰喜来登，墨尔本凯悦，曼谷东方，新德里奥贝罗，北京王府，汉城凯悦，孟买奥贝罗，上海静安希尔顿，香港半岛，新加坡香格里拉，雅加达凯悦，悉尼凯悦，吉隆坡香格里拉，台北凯悦，马尼拉香格里拉，东京皇家
服务最好的饭店连锁公司	1. 香格里拉　2. 凯悦　3. 文华东方
设施最好的饭店连锁公司	1. 香格里拉　2. 凯悦　3. 文华东方
最物有所值的饭店连锁公司	1. 香格里拉　2. 希尔顿　3. 凯悦

（续表）

整体评价最高的饭店	1.香格里拉　2.凯悦　3.希尔顿
亚洲最佳度假饭店	泰国普吉悦榕度假饭店，印尼巴厘凯悦饭店和四季饭店
亚洲最好的机场	1.新加坡樟宜机场　2.香港赤腊角国际机场　3.马来西亚吉隆坡国际机场
整体评价最高的航空公司	1.新加坡航空公司　2.香港国泰航空公司　3.美国联合航空公司
选择航空公司考虑要素	1.安全　2.价格（2/3被调查者表示如果航空公司有30%折扣率，即使安全记录不是很好他们也会考虑）
商务舱选择	在飞行时间超过4小时航线中，商务舱选择率高
选择饭店考虑因素	1.位置　2.价格
对通讯网络要求	希望饭店提供数据专线，国际电话网络和手机漫游服务的商务客明显比前一年增加，是否能及时和随时随地提供国际通讯上网服务和设施已成为商务客选择饭店的主要考虑因素

资料来源：《中国旅游报》2000年10月11日C3版。

美国《饭店接待业》《Lodging Hospitality》杂志曾用了3年的时间，一直在对包括会展旅游者在内的商务客人喜欢什么样的商务饭店进行抽样调查，他们设计的调查项目除了了解商务客对客房的具体要求外，还包括饭店的其他区域，如商务中心、餐饮、健身房、游泳池等娱乐场所，从表2-14中反映的调查结果，你应该不难看出什么样的饭店才深受会展旅游者欢迎。

表2-14　商务客人对饭店产品的需求调查表

选择饭店要考虑的要素	80%以上	地点
	50%左右	价格
	7%	受促销活动影响
预订方式	40%	通过旅行社或中间商
	29%	通过免费电话预订系统
	28%	直接饭店预订
	3%	使用网络预订
是否会使用网络预订	28%	会使用，认为速度快方便易获取信息进行价格比较
	72%	不感兴趣，认为网络预订不安全，太复杂，还是喜欢人与人接触

（续表）

办理住店手续	63%	喜欢前台服务员面对面服务
	19%	认为只需使用本人信用卡便可
	14%	要求提供快速登记入住手续
对客房要求	50%	喜爱住国王床的大房间
	其次	王后床的大房间和套房
	13%	双床大房间
解开行李住下后最喜欢和最常用的饭店设施	92%	在餐厅吃喝
	50%以上	选择咖啡厅
	41%	选择装潢舒适的餐厅
	53%	在大厅休息处小憩
	41%	享用房内用膳和饭店游泳池
喜欢的常用饭店设施和服务	第一	餐厅
	第二	休息厅
	第三	房内用膳
	第四	游泳池
	第五	会议室
	第六	健身房
	第七	洗衣服务
	第八	商务楼层
	第九	大厅服务
	第十	商务中心
喜欢办公地点	90%以上	在房内办公
	4%	选择商务中心等其他地方
	4%	商务旅行途中不在饭店办公
在客房内办公的商务客中（右边所需设施被认为是 90 年代商务饭店最基本设施）	79%	希望饭店提供宽大的办公桌
	61%	希望房内装置传真机
	59%	希望办公桌上灯光明亮
	53%	要求办公桌上放电话
	49%	希望提供舒适的办公座椅
喜欢在商务中心办公的商务客中	93%	希望提供传真机
	93%	希望提供复印机
	46%	希望提供打印机
	39%	要求有计算机
	26%	要求提供 Internet

（续表）

最不满意的是		烦恼的价格问题，特别是电话费、停车费以及其他一些附加费用
		饭店的噪音
		难闻气味和不合适温度
		住离店手续时间太长
		床位不舒适、不干净

资料来源：美国《饭店接待业》(Lodging Hospitality)。

这次调查结果还表明饭店客房常存在下列问题：

(1) 客房千篇一律布置和雷同摆设使客人感到厌倦。

(2) 挡光窗帘遮光性不好，透光窗帘或窗帘外围均可射入光线。

(3) 床头灯亮度不够，若只开床头灯，则光线不足以在床上看书。

(4) 椅子高度不够，不利于在客房用餐。

(5) 写字台未装电话，客人在写字台工作时，不得不起身到床头柜边进行电话联系。

2007 年，谢萌在《商业时代》杂志第 12 期发表的《我国酒店吸引入境商务旅游者的策略》一文运用问卷调查所获信息又揭示了我国入境商务旅游者对我国现有饭店产品与服务的反映和最新需求(见表 2-15)：

表 2-15　我国入境商务旅游者对饭店产品与服务需求和反映问卷调查信息归纳表

具体项目	调查内容	调查反映
客房内布置和装饰让您身心愉悦	入境商务旅游者对酒店的期望值和感受值以及两者之间的差距	正　数
24 个调查项目，除上述一项为正数外，其余 23 项均为负数，下列 7 项差距较大，均超过 0.30		
入住登记/退房手续快速方便	入境商务旅游者对酒店的期望值和感受值以及两者之间的差距	−0.37
员工快捷迅速服务/服务员随叫随到		−0.37
预订酒店的房间十分方便		−0.33
专业秘书服务/同声翻译服务		−0.31
酒店提供功能强大的信息资料库		−0.30
客房内有专用的办公桌及基本办公工具		−0.30
提供打包出售客房与会议室的服务		−0.30

（续表）

结合问卷调查和访谈所获信息，作者认为：		
酒店欠缺	具体内容	调查反映
硬件设施细节考虑	饭店配备的商务设施	比较满足
	客房设置互联网入口	少数酒店没有
	会议室数量和大小	基本满足需求
	配备设施	缺少细节考虑
	电子保险箱	无法放手提电脑
	电源电压和插头	有时由于规格不同无法使用
	宴会厅菜单	只有中英文，无图片说明
软件服务水平	服务主动性	有所欠缺
	服务技巧性	有所欠缺
	服务效率	有所欠缺
针对商务旅游者的专业服务	满足程度	不高
	配专人帮助联络客户	没有
	配专业策划人员帮助组织会议	没有
	商贸信息资料库或咨询服务	没有专为商务客设置
	专业翻译和同声翻译业务水平	不高
	专业宴会组织水平和能力	达不到标准
	鸡尾酒会和一些沙龙的组织能力	稍弱

资料来源：谢萌，2007。

2009 年 1 月 15 日，由《旅游休闲》和《旅游休闲 GOLF》杂志社共同发起举办的“2008 最佳商务酒店 TOP55＋5”评选活动在北京涵珍园国际酒店举行了颁奖盛典，在中国大陆和港澳台地区报名参选的 300 多家饭店中，经过历时一年的评选工作，通过广大读者的推荐、主办媒体编辑记者的调查、商旅常客等第三方宾客的入住体验和权威专家人士的综合评定，最后由上海世茂皇家艾美酒店、南京维景国际大酒店、郑州索菲特国际饭店、厦门翔鹭国际大酒店、厦门悦华酒店、厦门海悦山庄酒店、厦门喜来登酒店、成都香格里拉大酒店、贵阳喜来登贵航酒店、苏州御庭精品酒店、大连日航饭店、台湾台北西华饭店等 55 家商务饭店和 5 家精品设计饭店获此殊荣。

这些饭店被选上的主要因素可概括为：

(1) 地理优势。

(2) 全面的质量。

(3) 硬件设施的配备。

(4) 商务环境及商务活动的便捷性和私密性。

(5) 服务设施的舒适性与房间的精致品质。

(6) 顶级服务理念。

(7) 服务操作流程。

(8) 个性化服务。

(9) 在设施与服务上对细节的追求。

(10) 合理的价格。

从上述《旅游休闲》与《旅游休闲 Golf》杂志举办的“2008 最佳商务酒店 Top 55＋5”的评选因素再次使我们看到,包括会展旅游者在内的商务客人走南闯北,公务繁忙,他们对饭店设备与服务有着特殊需求。

在本章第四节中,我们介绍了美国几所大学对包括女性会展旅游者在内的女性商务旅游者特点所做的调查结果,为了更好地对旅游业和饭店业提供指导信息,该调查组在调查女性商务客特点的同时,还将调查涉及的 150 个问题归纳为十大要素(舒适、停车、保安、服务、赠品、价格敏感、安全个性化、公共区和消防)进行分析,结果发现,来自不同社会阶层的女性商务客对各要素的要求不同(见表 2-16)。而且这些要素的重要程度都与他们的旅行特点有关。

表 2-16　不同旅行特点的女性对各要素的重视程度

不同旅行特点平均逗留天数	停　车	服　务	价格敏感	安　全
1 天		3.82		4.37
2 天		4.03		4.61
3 天		4.20		4.66
4 天以上(含 4 天)		4.09		4.76
平均每晚花费				
25—74 美元	4.47	3.96	4.17	
75—100 美元	4.40	4.04	3.98	
100 美元以上	3.95	4.36	3.87	
饭店档次				
豪华		4.37	3.95	
中档		3.96	4.00	
经济型		4.02	4.38	

资料来源:《中国旅游报》2000 年 5 月 17 日。

调查发现舒适和安全是女性商务选择饭店的决定性因素，其中以下几点被90%的被调查者认为最重要的：

（1）饭店的干净程度。

（2）舒适的床和枕头。

（3）客房内烟雾探测器。

（4）防盗门链和门锁。

（5）停车场照明。

了解女性商务客的上述要求对我们满足女性会展旅游者的要求有很大的参考意义和价值。不论是特色女性饭店还是设立女士楼层的饭店，在服务设施配置上都应紧扣女性的本质特征和消费需求这个主题，努力营造一种女性气息浓郁的个性鲜明的饭店氛围，以女性的视角考虑提供她们切实需要的或感兴趣的下列设施物品和服务措施（见表2-17）（酒店论坛，2009）。

表2-17　女性需要或感兴趣饭店设施物品和服务措施

饭店区域或部门	设施用品配置和服务措施	说　　明
客房房间	高档雅致的品牌家具	提供与国际接轨的中产阶级生活方式，满足女性自恋心态，兼顾生活与生理基本需求，营造小资情调，免费上网服务。
	彩壳电器	
	环绕音响系统（配时装光碟等）	
	提供电脑出租和必要的技术服务	
	互联网接口	
	宽大舒适的床	
	色彩明快的沙发和靠垫	
	明亮时尚的走入式衣柜	
	走入式衣柜内备熨衣板、电熨斗	
	宽大的全身镜	
	家居化的高品质床上用品	
	精致的饮具和花草茶等饮品	
	精美的时尚类杂志	
	香熏器	
	盆栽花木、鲜花或干花	
	时令水果	
	按需选派经验丰富的服务人员提供“贴身管家”服务	

（续表）

饭店区域或部门	设施用品配置和服务措施	说　　明
客房卫生间	光源调节器	面积宽敞，光线明亮，装饰典雅满足女性化妆及生理方面需要
	化妆镜与化妆凳	
	品牌洗浴卫生用品	
	女性专用卫生包	
餐　饮	女性客人就餐专区	安全，不受异性骚扰，便于女性间交流与沟通。
	精美餐具	
	葡萄酒及低酒精饮料	
	提供时鲜卫生、低脂肪低热量、美容保健或地方特色明显的菜式	
	客房中放置为女性客人“度身定制”的送餐菜单	
休闲娱乐	健康美容中心	追逐时尚、保持良好体形，保健、美容、减肥，消除精神疲劳，缓解工作压力，创造优雅的社交氛围。
	女性沙龙或女性吧	
	香熏理疗、土耳其洗浴设施	
	桑拿或中式保健按摩设施	
	舞蹈、舍宾、瑜伽、跆拳道设施	
安全保卫	秘密登记入住，房间钥匙上不标明具体房间号	安全始终是每一个女性最关心的问题。女性大多比较胆小、敏感，加之单身女性独来独往的习惯，更需要饭店尽量为她们提供一个安心、称心、舒心的住宿环境，确保其个人人身、财物、心理与隐私等各个方面的安全，并在接待服务的各个细节上感觉受到尊重和理解。
	排房时尽量将她们安排到靠近电梯的房间，并派服务员将女性客人送进房。	
	最好配备凭住客磁卡钥匙才能启动的智能化电梯	
	客房内设置紧急呼叫按钮	
	保证客房隔音良好	
	除住客事先约定同意接听电话外，提供电话保密服务	
	女士楼层内一律配备女性服务员和女性保安人员	
	客房内放置针对女性客人的安全提示说明	
	告诫员工不向外界透露任何有关本饭店接待的单身女性客人的饮食、住宿、娱乐等方面的习惯、癖好，维护客人隐私和人身安全	

（续表）

饭店区域或部门	设施用品配置和服务措施	说　　明
安全保卫	设立女性专用停车位（比一般停车位要宽），或提供代客泊车服务	安全始终是每一个女性最关心的问题。女性大多比较胆小、敏感，加之单身女性独来独往的习惯，更需要饭店尽量为她们提供一个安心、称心、舒心的住宿环境，确保其个人人身、财物、心理与隐私等各个方面的安全，并在接待服务的各个细节上感觉受到尊重和理解。
	良好的灯光照明和保安服务，尤其是室外公共区域，如停车场	
	限制外来访客活动范围	
	在饭店公共区域设立单独接待区域，方便女性住客接待来访宾客，避免可能对其他女性客人带来的干扰与不安全因素	

此表根据“酒店女性客源市场的特点（酒店论坛，2009）”一文内容整理而成。

总之，对于作为商务旅游者的重要组成部分——会展旅游者来讲，饭店的地点位置和内部设施至关重要，而饭店服务的一贯性和可靠性也不容忽视。优越的地点位置对刚刚步入商界的会展旅游者来说尤为重要。如果饭店远离会展中心，不管饭店设施多么豪华，也难以吸引参展商和展会的专业观众。美国 Nikko 饭店集团销售总监说：“人们很难找到两个完全相同的 Nikko 饭店，但每个 Nikko 的饭店都为商务客人选择了合适的位置。”该饭店集团管理的一家纽约饭店位于纽约中央公园，夏威夷檀香山和洛杉矶的 Nikko 饭店也都位于当地的商业区。在世界上，许多著名饭店都不仅提供完美的服务，而且还具有无可比拟的优越的地段环境。它们往往位于市中心，又靠近会展中心和文化中心，离主要大公司的总部只有几步之遥。

会展旅游者是商务客人，他们要求饭店能为他们提供一系列的服务，包括健身中心、一个以上的优雅的餐厅、快捷的住店登记和离店手续。他们还需要提供全方位服务的商务中心以及能够使他们得心应手地处理一切事务的氛围和所需的专业服务，服务的一贯性和可靠性最为重要。他们希望饭店所提供的任何服务都能保持一成不变。正如纽约的 Mark 饭店总经理 Raymond Bickson 所说的那样：“商务客人认为饭店应该为他们提供所需的任何服务，他们往往不想听饭店的解释。如果饭店总是不能满足他们的话，那么他们将永不再来。”

思考题

1. 会展业与旅游业是什么关系？

2. 会展业与旅游业是如何结合的？经历了哪几个阶段？

3. 什么是会展旅游？会展业是否就是会展旅游？为什么？

4. 会议局最早在哪个国家成立？后来成立的国际会议观光局协会(IACVB)的主要功能是什么？该组织在2005年改名后的名称是什么？国际会议观光局协会为何改名？

5. 为什么我国发展会展旅游的空间很大？

6. 会展旅游者有哪些特点？他们旅游的目的是什么？

7. 会展旅游者有什么具体需求？他们的需求是由什么决定的？

8. 会展旅游者的特点和需求和会展业经营管理有什么关系？

9. 旅游企业经营管理者应该从会展旅游者的需求中得到什么启发？

第三章

会　议　业

会议业是会展业的重要组成部分，是世界政治生活与经济生活不可缺少的组成部分，世界各国高度重视会议业并竞相举办各种国际会议，推动了国际会展业的发展。

本章从会议业概述、会议种类和各类会议特点、会议举办机构和会议组织者的主要责任来加以阐述，通过对会议业的这些基本介绍，帮助大家了解会展业的这一重要细分市场，全面认识和发展会展业。

第一节　会议业概述

20 世纪 50 年代，几乎没有人使用“会议业”这个术语，饭店接待业也还认为会议市场服务是避不开的讨厌事，会议业被认为是市场中相当无关重要的部分，即使在发达的西方国家，如美国，除了一些像迈阿密海滨，拉斯维加斯和一些大城市的主要饭店外，几乎没有什么地方适合举行大型会议。可提供的会议设施也有限，通常局限于舞厅，视听设施即使有的话，也是最低限度的，而且几乎没有什么饭店设有会议部来帮助会议策划或者来吸引会议业务。但 20 世纪 60 年代后，情况就大不一样了。尤其自 20 世纪 70 年代中期以来，会议业已发生了巨大的变化，进入了新的阶段。今天人们每天都在举行大大小小的会议（见图 3-1），这是一项重要的，高开支的业务，它直接或间接地雇用了成千上万的人，会议业因其广泛的影响，高额的利润和巨大的潜力，引起了越来越多的国家和地区的注意，市场竞争亦愈演愈烈，现在世界上每个有点规模的城镇都把自己看作是一个可以举办会议的地方，并为本地举行各种会议宣传自己的设施。这些城镇至少已注意到在会议策划者中寻找朋友，欢迎他们的代表，并提供公开或不公开的优惠。

图 3-1 蒸蒸日上的会议市场

按照联合国世界旅游组织(UNWTO)对会议的定义,会议是指 10 人或 10 人以上的人群在一个签约场地至少 4 个小时以上时间的集会。集会的目的是为了做生意、分享彼此的想法、互相学习和就专业、科学和业务上的问题展开讨论这样的共同目的而将人们集合在一起(Convention Industry Council-CIC, 2011)。按照联合国世界旅游组织对会议的定义,会议必须符合下列标准才可列入统计范围:

1. 会议长度:至少 4 个小时(即半天)
2. 会议场地:签约场馆(单位内部会议场地除外)
3. 会议规模:至少 10 个出席者(CIC, 2011)

由于会议市场的复杂多变,会议市场规模究竟有多大,究竟有多少人参加,谁也不能准确地说出来,而就这一花费成千上万美元的会议业务来说,到目前为止,还没有一个比较权威的国际统计数字。但随着世界经济的复苏,根据国际会议协会(ICCA)的统计,每年全世界的会议收入约在 2800 亿美元以上,其中国际会议收入为 76.2 亿美元,会议出席者在会议场所每投入 10 美分,就要在旅行、饭店业、餐饮、商业等相关行业消费 90 美分,也就是说,会议业和会议相关产业的连动效应为 1∶9。会议业每年以 8%—10%左右的速度在增长,世界会议发展的趋势将是 90%的会议是国内会议,只有 10%为国际会议。

尽管国际会议只有 10%,但人们还是花那么多的钱将自己的城镇作为会议目的地加以宣传,来争取这 10%的国际会议。这就是由于像国际会议协会(ICCA)前主席范·胡芬(Van de Hoeven)所说的:"国际会议影响面大,档次高,利润大。"

欧美会议业发展较早,产品较成熟,市场机制健全,操作规范,国际会议市场份额较大(见表 3-1 和图 3-2)。

表 3-1　2008 年度全球各区域国际会议市场分享情况表

名次	国际协会联盟(UIA)		国际会议协会(ICCA)	
	区　　域	国际市场分享率	区　　域	国际市场分享率
1	欧　　洲	52.73%	欧　　洲	55.4%
2	亚　　洲	21.67%	亚洲和中东	18.6%
3	美洲(北美和南美)	17.83%	北　　美	11.4%
4	非　　洲	4.70%	拉丁美洲	约 9.2%
5	澳大利西亚/太平洋	3.07%	澳　　州	3%
6			非　　洲	约 2.5%

资料来源:国际协会联盟(UIA，2009),国际会议协会(ICCA，2009)。

20 世纪 90 年代以来,亚洲经济一度持续发展,洲内洲际交往日益增多,各国和各地区也都开始重视会议产品的开发、宣传和促销,纷纷设立专门机构,命名会议城市,增加经费,采取倾斜政策,招徕会议,会议活动迅速增加。所以,虽然欧美的会议业务占世界国际会议市场一半以上,但份额已明显减少,与此同时,亚洲的国际会议市场份额却稳步增长(见表 3-1 和图 3-2),总体

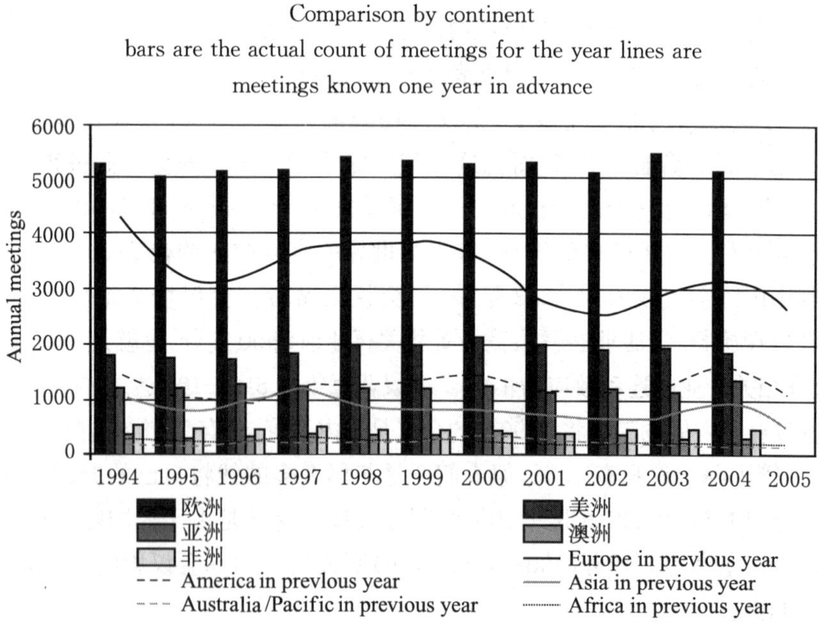

图 3-2　各大洲国际会议数量比较图

资料来源:国际协会联盟(UIA)

来讲，亚太地区因其高质量的会议产品令人瞩目。亚洲在各方面，包括服务在内，使欧洲相形见绌。亚洲有最佳的会议产品和最现代化的会议中心，但劣势也有，那就是协会基础较弱，软件素质有待提高，亚太会议市场正处于快速发展阶段，亚洲面临着机遇和挑战。与此同时，非洲和澳洲/太平洋地区的国际会议市场分享率也有所增长。

据国际会议协会(ICCA)统计，2007 年、2008 年和 2009 年，按国家举办国际会议数量排位，美国在世界国际会议市场连续三年名列榜首。全年举办的国际会议已从 2007 年的 467 个上升到 2009 年的 595 个(见表 3-2)。欧洲会议城市联盟市场营销部主任杰伟理·史密斯先生更直截了当地说："美国是举办国际会议最多的国家。"2007 年，美国的国际会议不仅在数量上排名第一，而且，在参会总人数上也排第一，达到了 427556 人次(楚有才，2008)。

在表 3-2 中，德国和西班牙从 2007 至 2009 年连续三年名列在举办国际会议数量最多国家的前三位，而法国、英国、意大利、日本和巴西连续三年处于举办国际会议数量最多国家的前十位、荷兰和中国在三年时间内按照国际会议协会(ICCA)统计数据排列的世界主要举办国际会议国家排位表上的名次，也随着各自举办国际会议数量的增加而上升。在 2009 年，中国已进入世界主要举办国际会议国家排位表上的前十名，排在第九位(见表 3-2)。从上述国家举办国际会议的情况还可看出，世界在进入 21 世纪后，国际会议的数量大大地增加，这也标志着 21 世纪国际会议业的飞速发展。

国际会议协会(ICCA)2007、2008 和 2009 年度的统计还表明维也纳连续三年是世界上举办国际会议最多的城市，其次是巴黎和巴塞罗那(见表 3-3)。以上这 3 个城市，再加上柏林、新加坡，里斯本和阿姆斯特丹在三年中都一直名列世界主要国际会议城市的前十位。而哥本哈根和斯德哥尔摩也因举办国际会议数量的增长，在 2009 年进入了世界主要国际会议城市的前十位。

我国首都北京随着我国在国际舞台上政治及经济影响力的不断增强，举办国际会议的数量也在不断地增加，因而北京在 2007、2008 和 2009 这三年中也分别被排在世界主要国际会议城市的第八位、第十四位和第十位(见表 3-3)。

除国际会议协会(ICCA)每年发表的国际会议统计数据反映了国际会议业的发展状况外，国际协会联盟(UIA)每年发表的国际会议统计数据，也展示着全球会议业的发展(见表 3-1、表 3-4 和图 3-2)。

国际会议协会(ICCA)统计的 2007、2008 和 2009 年度世界主要举办国际会议国家和城市排位表(表 3-2 和表 3-3)和国际协会联盟(UIA)统计的 2008 年度和 2009 年度世界主要国际会议国家和城市排位表(表 3-4)既反映了国际会议市场的最新发展变化和激烈竞争，又反映了我国会议业的快速发展及与世界主要会议国家和城市之间存在的差距。

如今亚洲的日本、中国、新加坡和韩国成了新兴的世界国际会议目的地国家，新加坡、首尔、北京、东京和香港，还有曼谷也成了世界上受欢迎的国际会议目的地城市，其中，尤其是作为亚洲会议的“大哥大”，新加坡在国际会议市场中占了重要的地位。在世界主要国际会议城市排位中，按照国际会议协会(ICCA)统计，它已从2001年的第八位，上升到2007年的第三位，并在2008年和2009年仍保持在前五位(见表3-3)。同时，按照国际协会联盟(UIA)统计，它在2008年世界主要国际会议城市排位表上也已位居榜首。

表3-2 国际会议协会(ICCA)统计的
2007、2008和2009年度世界主要国际会议国家排位表

排名＼项目	2007		2008		2009	
	国家	数量	国家	数量	国家	数量
1	美国	467	美国	507	美国	595
2	德国	429	德国	402	德国	458
3	西班牙	303	西班牙	347	西班牙	360
4	英国	281	法国	334	意大利	350
5	法国	255	英国	322	英国	345
6	意大利	250	意大利	296	法国	341
7	日本	215	巴西	254	巴西	293
8	巴西	209	日本	247	日本	257
9	奥地利	204	加拿大	231	中国	245
10	加拿大	197	荷兰	227	奥地利/荷兰	236
11	荷兰/中国	195	中国	223	＼	＼
12	＼	＼	奥地利	196	瑞士	214
13	澳大利亚	194	瑞士	194	加拿大	213
14	瑞士	175	澳大利亚	182	瑞典	184
15	葡萄牙	153	葡萄牙	177	韩国	176
16	瑞典	137	韩国	169	澳大利亚	169
17	比利时	124	瑞典	163	葡萄牙	168
18	芬兰	122	芬兰	142	丹麦	151
19	新加坡/韩国	120	希腊	123	阿根廷	145
20	＼	＼	比利时	122	比利时	130

资料来源：国际会议协会(ICCA)，2008，2009，2010。

表 3-3 国际会议协会(ICCA)统计的
2007、2008 和 2009 年度世界主要国际会议城市排位表

排名＼项目	2007 城市	2007 数量	2008 城市	2008 数量	2009 城市	2009 数量
1	维也纳	154	巴黎/维也纳	139	维也纳	160
2	柏 林	123			巴塞罗那	135
3	新加坡	120	巴塞罗那	136	巴 黎	131
4	巴 黎	115	新加坡	118	柏 林	129
5	巴塞罗那	106	柏 林	100	新加坡	119
6	布达佩斯/里斯本	90	布达佩斯	95	哥本哈根	103
7			阿姆斯特丹	89	斯德哥尔摩	102
8	北 京	87	斯德哥尔摩	87	阿姆斯特丹/里斯本	98
9	阿姆斯特丹	82	首 尔	84		
10	马德里	77	里斯本	83	北 京	96
11	哥本哈根	76	哥本哈根	82	布宜诺斯艾利斯/首尔	90
12	布拉格/香港	72	圣保罗	75		
13			布拉格	74	布达佩斯/马德里	87
14	首尔/斯德哥尔摩/曼谷	70	北 京	73		
15			雅典/布宜诺斯艾利斯/伊斯坦布尔	72	布拉格	86
16					伦 敦	83
17	伦 敦	69			伊斯坦布尔	80
18	台 北	67	曼 谷	71	圣保罗	79
19	吉隆坡/伊斯坦布尔/布鲁塞尔	66	伦敦/东京	68	曼 谷	76
20					雅 典	75

资料来源:国际会议协会(ICCA),2008,2009,2010。

表 3-4 国际协会联盟(UIA)统计的
2008 和 2009 年度世界主要国际会议国家和城市排位表

项目 排名	2008 年世界主要国际会议国家排位			2009 年世界主要国际会议国家排位		
	国家	举办会议数量	国际会议市场分享率	国家	举办会议数量	国际会议市场分享率
1	美国	1079	9.73%	美国	1085	9.4%
2	法国	797	7.19%	新加坡	689	6.0%
3	新加坡	637	5.75%	法国	632	5.5%
4	日本	575	5.19%	德国	555	4.8%
5	西班牙	467	4.21%	日本	538	4.7%
6	德国	440	3.97%	比利时	470	4.1%
7	荷兰	428	3.86%	荷兰	458	4.0%
8	意大利	413	3.73%	奥地利	421	3.7%
9	比利时	383	3.46%	意大利	391	3.4%
10	英国	349	3.15%	西班牙	365	3.2%
项目 排名	2008 年世界主要国际会议城市排位			2009 年世界主要国际会议城市排位		
	城市	举办会议数量	国际会议市场分享率	城市	举办会议数量	国际会议市场分享率
1	新加坡	637	5.75%	新加坡	689	6.0%
2	巴黎	419	3.78%	布鲁塞尔	395	3.4%
3	布鲁塞尔	299	2.70%	巴黎	316	2.8%
4	维也纳	249	2.25%	维也纳	311	2.7%
5	巴塞罗那	193	1.74%	日内瓦	183	1.6%
6	东京	150	1.35%	柏林	171	1.5%
7	首尔	125	1.13%	布拉格	170	1.5%
8	布达佩斯	116	1.05%	斯德哥尔摩	159	1.4%
9	哥本哈根	104	0.94%	首尔	151	1.3%
10	伦敦	103	0.93%	巴塞罗那	148	1.3%

资料来源:国际协会联盟(UIA, 2009, 2010)

据国际会议协会(ICCA)国际会议统计数据,除前述我国首都北京在世界主要国际会议城市中排位的不断提升外,台北和上海也分别于 2007 年被排在第十八位和第二十九位,还有南京、厦门、西安等城市也首次进入 ICCA 的排名(楚有才,2008)。这反映了我国会展业在全面快速地发展。

注:国际会议协会(ICCA)以及国际协会联盟(UIA)的有关国际会议统计结果不一致,是因为它们的统计数据是建立在各自建立的国际会议统计标准之上的。只有符合 ICCA 或 UIA 统计标准的会议,才能列入它们的统计范围,这些权威性国际组织的统计数字是非常有说服力的,对于我国会展业的发展具有指导性和参照性的作用。

下面介绍几个国际权威组织和国家的关于国际会议的统计标准。

一、国际协会联盟(UIA)会议部统计标准(UIA, 2009)

1. 列入“国际组织会议(A 类)”项下统计的会议应该达到的标准

(1) 应该由“国际性组织”组织或赞助的会议。

(2) 出席人数至少 50 人,或者出席人数未知。

注意:这里的“国际性组织”含义包括理事会成员的分布,会议的选址、秘书长的轮换、资金的来源和其成员。

2. 列入“其他国际会议(B 类)”项下统计的会议应该达到的标准:

(1) 不是由“国际组织”组织或赞助的会议,但是具有明显的国际性。这些会议应由某个国家的全国性组织和国际组织在该国的分支机构组织的。

(2) 40%的参会者应来自于主办国以外的国家,并且参会者国籍至少来自五个国家。

(3) 会期至少 3 天或者会期未知。

(4) 会议有一个同时举行的展览会或者至少有 300 位参会者。

3. 列入“其他国际会议(C 类)”项下统计的会议应该达到的标准

(1) 不是由“国际组织”组织或赞助的会议,但是具有明显的国际性,这些会议应由全国性组织和国际组织在国内的分支机构组织的。

(2) 40%的参会者应来自于主办国以外的国家,并且参会者国籍至少有五个国家。

(3) 会期至少 2 天或者会期未知。

(4) 会议要么有一个同时举行的展览会,要么至少有 250 位参会者。

4. 下列会议不包括在 UIA 统计数据范围

(1) 国内会议和宗教、说教、政治、商业和体育性质的会议。

(2) 有严格参加限制的会议,如:内部附设的法规制定机构、委员会,专家委员会等召开的会议,而且这些会议的大多数是在设在纽约、日内瓦、布鲁塞尔、维也纳等地大的政府性国际组织总部举办的政府间层次的会议。

(3) 公司和奖励会议。

二、国际会议协会(ICCA)统计标准(ICCA, 2009)

进入ICCA数据部统计范围的会议是国际协会会议,并且必须符合下列严格条件:

(1) 会议必须定期组织举行,每年1次或两年1次等,一次性会议不能列入统计范围。

(2) 会议必须在至少三个国家之间轮流举办。

(3) 会议必须至少能吸引50位参会者。

三、荷兰旅游会议局(Netherlands Board of Tourism & Convention—NBTC)统计标准(NBTC, 2009)

荷兰旅游会议局(NBTC)统计的在荷兰举办的国际会议必须符合下列条件:

(1) 会议必须持续两天,至少要在荷兰逗留一夜。

(2) 参会者必须至少40人。

(3) 至少三分之一的参会者必须居住在外国。

(4) 会议必须是在酒店或会议中心这样的对外部开放的接待设施(包括大学、学术医疗中心等)举行。

(5) 对外部开放会议目的必须是传播交流信息。

四、比利时会议办公署大型国际会议的统计标准

(1) 参会者在300人以上。

(2) 至少要有40%的参会者来自五个以上的其他国家。

第二节　会议种类和各类会议特点

一、会议种类

"会议"是一个笼统的名词,实际上各种会议有其共同点,但又不完全一

样。根据美国詹姆斯·艾比《会议销售与服务》一书中对会议的分类，结合我国的实际情况，我们可把会议分为下列类型：

(一) 按规模、形式分类

1. 大会(convention)

在会议业中最常用的英语词汇是 convention，即“大会”的意思。字典告诉我们，convention 这样的大会是一种就特殊事件采取行动的代表会议，这些事件可以是政治的、贸易的或科学技术的。今天，大会(convention)通常由一般性大会和补充性的小型会议组成，这种大会的召开可以有，也可以没有展览。绝大多数这种大会有重复性的周期，最通常的是一年一次。报告市场情况，介绍新产品和描述公司发展战略，是这种大会的一些通常目的。

这种大会中的一般性大会，通常需要一个可供全体成员出席的大礼堂或多功能厅。特殊的问题可由小组在一些分隔开的小厅或小会议室讨论。

2. (正式的)会议、讨论会、协商会(conference)

这种会议(conference)是近似于大会(convention)的同义词。通常要有许多的讨论和参与性活动。英文中 convention(大会)这个词，在贸易界是用来指一般性质的经常性的会议，而 conference 这个词虽然在贸易界也使用，但更经常用在科学技术领域内，它们的区别主要是在语义上，而不是实施中的差别。conference(会议)通常处理特殊性的问题或者是一些发展方面的问题，也可以或不必再分成更小范围的会议。出席人数也许是少量的，也许很多。

3. (代表)大会(congress)

即专业人员代表会议，在美国等一些国家，这个词被用来指立法机构(国会或议会)。中国的立法机构—中国人民代表大会中的“大会”英译文也使用 congress。此外，一些协会成员组织的代表大会也称为 congress。congress 这个词最常在欧洲和国际性活动中使用。它通常指在本质上同 conference 这样的会议相同的事件和活动。(代表)大会的出席人数差别很大。

4. 论坛(forum)

这种一般被专题讲演者或专门小组成员主持并以有许多反复深入的讨论为特征的会议，通常被称为“论坛”(forum)。它可以有许多听众参与，并可由专门小组成员和听众就问题的各方面发表意见和看法，两个或更多的讲演者可能持相反的立场，对听众发表讲演而不是互相讲给对方听。主持人主持讨论会并总结双方观点，允许听众提问，所以饭店必须对这种论坛会议提供多个无线话筒。

5. 座谈会、专题讨论会、酒会(正式宴会后以音乐及谈话为主)(symposium)

这种座谈会或专题讨论会除了更加正式外，与 forum 那样的论坛会议是一样的。不管个人还是专门小组参加，方法就是进行一种陈述讲演，有一些预订好的听众参加，但是一般讲要少一些论坛（forum）所拥有的那种平等交换意见的气氛和特征。

6. 讲座（lecture）：

讲座要更正式一些，更要有组织一些，经常由一名专家进行个别讲演。讲演之后可以有，也可以没有来自观众的提问。讲座的规模大小都有。

7. 研讨会、专家讨论会、讨论会（seminar）

这种研讨会形式通常有许多参与的活动，出席者有许多平等交换意见的机会，知识和经验被大家分享。研讨会通常是在讨论主持人的主持下进行的。这种形式明显地在相对小的范围内进行，当这样研讨会规模变大时，就变成了论坛 forum 或 symposium 这样的讨论会或专题讨论会了。

8. 专题讨论会（研究、写作等的）、实习班、实验班（workshop）

专题讨论会（workshop）的形式仅指处理专门问题或特殊分配任务的一般性的小组会议。不管 workshop 这个词是否被采用，但 workshop 这种形式是经常被培训部负责人用来进行技术培训的。参加者实际上互相学习，同时分享新的知识、技能和对问题的看法。很明显，它是以面对面商讨和参与性强为特征的。

9. 分析处理讨论会（clinic）

这种形式的会议在培训活动中经常被采用，分析处理讨论会为特殊的课题提供训练和指导，它几乎始终局限在小范围里。

10. 全体会议（General assembly or plenary session/meeting）：大会的全体参会者聚合在一起，听取一个或多个主旨演讲嘉宾（keynote speaker）的主旨讲演（keynote speech）的会议。全体会议在一个大会中至少要有一次。全体大会要根据出席人数选择在足够容纳会议全体出席人员的大会议厅举行，需要相应的多媒体演讲视听设备保证演讲嘉宾的演讲效果。

11. 分会（panel or concurrent sessions）：大会全体会议之后，大会组织者往往会按不同的议题，召开若干个分会，各分会就某一专题进行演讲和讨论，会议主办方安排提供观点或某一领域专门知识的分会讲演者（panel speaker）在分会演讲，并和参会者一起公开进行讨论。各分会均要安排主持人掌握。大会的参会者可自由选择感兴趣的议题听取分会演讲者的演讲和参加专题讨论。分会要安排在可容纳计划人数的小会议厅，也需要多媒体演讲视听设备或白板供分会演讲者演讲使用。不同议题的分会同时举行。

12. 小组会(breakout sessions):大会中的小组会不同于大会的分会,其主要原因就是大会中的各小组会讨论的议题是一样的,而大会中的各分会(panel or concurrent sessions)议题是不一样的(Boehme, 2003)。

13. 讲习会、讲座(institute)

会议、研讨会和专题讨论会常由学会和协会召开的,这些学会和协会在某一行业或专业范围内建立并提供进修和培训机会。institute 这个词常用来意指同一议题的系列会议。例如,一个协会也许会在一年的每个季度提供连续性的培训项目。

14. 隐秘会议(retreat)

隐秘会议通常是指为了参会者集中精力和排除外界干扰或为了保密,而在偏远位置和安静隐秘的环境下召开的会议,简单地讲就是为了摆脱干扰或保密而举行的小型隐秘会议。

15. 展览会(exhibition)、展示会(trade show):

展览会通常是指和大会(convention)相关联而举行的活动。展览会形式通常被经销商用来展示他们的商品和服务,它有着固有的观众,因为它常作为会议的一部分而举行。

展示会(trade show)这个词用来描述为了自己而举行的展览,在欧洲,这样的展览举行时一般没有什么程序,通常成为交易会(trade fair)。

另一个可以用来交换使用的词是 exposition(展示会、博览会),绝大多数的行业的、专业的和科学的展示会是不对公众开放的。当大型展览会对公众开放时,就是指为消费者而开的消费展(customer show)了,例如家具展、花卉园艺展、汽车展、船舶展。在这些展示会上,象征性地向参观者收取适当的入场费,因为为消费者而开的展示会主要是为本地消费者设计的。这些本地的观众不会为社区饭店带来大量的客房收入,但外地和国外的参展商还是诱人的饭店客源。此外,展示会观念对于会议策划者来说是常常有吸引力的。因为要向参展商收取摊位费,所以会议费用可以用从他们那里得来的收入来支付,同时,展示大量新设备、技术和设想的市场观念也提高了会议出席率。一个和展示会并列提出的会议计划会形成一个强大的磁场,吸引着更多的参会者和参展商参加带有展示会的会议,它能为会议和展示会的组织者、参展商和参会者及参观者更好地服务。

在过去几年里,展示会的范围扩大了,像每年举行的 Comdex 电脑展,吸引着 10 万观众。展览会的这一增长产生了新的行业结构,其中就包括展示会策划专家,会议策划服务,提供设备和所需工作人员的辅助公司等。

主办并管理展示会的个人和公司常是国际展览与项目协会(IAEE)和国际展览业协会(UFI)的成员。

16. 会议(meeting):

上述我们明确定义的词都代表某一种会议,当似乎没有什么词好用时,可简单地叫做会议(meeting),当单一组织成员作为会议的参加者在讨论组织内部事务时,情况就是这样,像股东会议、董事会议等等。这些会议可吸引当地和外地的客户,范围可从几个参会者到大型团体。

为了掌握客户正在试图举行的活动并帮助会议策划者有效地策划举办好会议,了解上述会议术语的不同差别是非常重要的,而且这和策划会议形象也有很大关系。当会议描述不是太科学、太严格而且还可交换使用时,恰当的术语就能帮助人一起工作,并创造活动的气氛和形象。从这个角度来讲,用词是重要的,例如,研讨会意味着比大会(convention)更需要用大脑。芝加哥的会议(conference)也许在日内瓦被称为 congress。一个会议(conference)可以使人想象出小型团体就衬衫袖子而召开的会,而讲座(lecture)则承诺对被动听众提供正式得多的讲演。在会议策划、筹备和举办的过程中,正确沟通是成功的必要条件,而使用正确的术语则是正确沟通的基础,在这一领域中的从业人员应该了解描述会议的不同词汇,并正确地运用它们,以便为老练的会议策划者提供他们所期待的更职业化和更专业化的服务。

(二) 按会议发起者和举办机构来分类:

会议供应商区分市场的主要标准是会议的发起者和举办者。发起者和举办者决定举办何种会议和需要何种供应商服务。当用发起者和举办者作为标准来区分会议市场时,我们可把会议分为:

1. 协会会议(association meeting)

协会是由具有共同兴趣和利益的专业人员或机构组成,通过它来交流、协商、研讨或解决本行业的最新发展、市场策略以及存在的问题。全球有各种国际协会,如:国际会议协会(ICCA)、国际展览与项目协会(IAEE)和国际饭店协会(IHA)等,仅国际协会联盟(UIA)一年一度出版的《国际组织年鉴》就收入了全球300多个国家和地区的,涉及各个领域的60000多个非营利性的国际民间社会组织的信息(UIA, 2009);在国内,随着我国社会主义市场经济的发展,包括行业协会在内的各种社团组织也日益增多,如:中国展览馆协会、中国饭店业协会、中国旅游协会、中国记者协会、中国作家协会、中国外商投资企业协会等,各种国际和国内协会每年都要举行许多会议。根据国际会议协会统计,2009年全球就举办了8294个国际协会会议(ICCA, 2010)。这些协会会议一般又可分为：

(1) 年会(annual conference)：对于协会来讲，年会是最大型的会议，几乎每个协会每年都要举行1次年会，在所有各种协会里，不管是国际性、全国性的还是地方性的协会，年会已成了一种例行的程序。根据美国《会议杂志》(*Meetings & Conventions*)发表的2008年协会会议市场研究报告(Braley，2008)，90%多的被调查协会举办年会，75%的被调查协会每年举办1次年会，13%的被调查协会一年举办2次，还有5%的被调查协会每隔一年举办1次，年会出席情况不同，有些年会规模很大，美国化学协会要吸引2000到3000人出席年会，但有的协会年会出席人员都不到100人。在美国，协会年会平均出席人数约为846人，其中男性515人、女性331人。虽然，各种协会的年会规模不一样，有大有小，但都有着相似的宗旨和动机。表3-5反映的是美国会议杂志(Meeting & Conventions)曾进行的美国市场调查研究的情况，可供我们参考。

表3-5 协会年会代表出席情况表

少于100人	14%
100—149	23%
150—299	15%
300—499	14%
500—999	13%
1000—1999	9%
2000人以上	
	100%

平均出席代表数：846人(其中：男性515人，女性331人)
资料来源：美国会议杂志(Meeting & Conventions)。

(2) 地区性会议(regional convention)：全国性组织召开的区域性会议和地区性协会召开的区域性会议的区别就是发起者和主办者不同，省市协会通常在省市范围内为其成员召开会议，虽然近年省市协会有时也大胆越过省市范围请一些人参加，而许多全国性协会召开区域性会议是对他们召开的全国性会议所做的补充，很重要的是，协会区域性会议最近有较大的增长，尤其在经济不景气时，许多协会成员不参加大型年会，而参加离家较近的小型短期会议。地区性会议通常比全国性会议在出席人数和会议规模上都要小，地区性会议比全国性会议举行的展示活动规模也要小，而且有的地区性会议有展示活动，有的就没有，没有一定的规律。按照美国协会会议趋势报告，仅有10%的区域性会议出席人数超过1000人，17%的区域性会议出席人数为500—1000人，而75%的区域性会议出席人数只有500人不到，这是小型饭店很理想的市场。

(3) 大会(convention)：协会除了举行年会以外，还根据工作的进展，及时地就某些具体的活动与项目经常召开各种大会。具体到某一行业，大会数量当然就不一样，在科技专业领域内，大会已经变得极为平常了，电子工业、医疗领域的突破或公司法及税法的改变常会引起一连串大会。

(4) 专题研讨会(seminar & workshop)：专题研讨会在性质上同大会(convention)有密切联系，但范围规模都要小些，协会专题研讨会通常和培训及继续教育联系在一起，像培训科学工程人员或培训工匠徒弟，阐述某一行业营销的最新发展，这样的专题研讨会在全国巡回举行，每次参加人数不多，几乎在任何规模的饭店内都可进行。

(5) 理事会和委员会会议(board & committee meeting)：各种协会的业务经常需要协会召开小型会议，理事会也许要定期碰头，不必一定在协会办公所在地的城市，这些会议常常被安排在吸引人的地点举行。理事会会议出席人数一般在10至12人直到200人左右。理事会开会所选择的饭店正好处于将饭店首先销售给全国性大会和销售给理事会成员单位的极好地位。委员会会议的规模可从10人至50人。这些会议召开的频率不一样，而且也能在任何大小的饭店举行，只要这个饭店适合开会。

2. 公司会议(corporate or company meeting)

为了企业自身的发展，应付日趋激烈的竞争，计划和协调企业的发展目标、策略及各项指标等，各类公司每年都要举行各种会议，公司会议业务比任何其他市场都要增长得快，各类公司全年要在全国或世界各地举行成千上万次会议。出席会议的范围十分广泛，通常召开的公司会议有下列类型：

(1) 国际、全国和地区性销售会议(international、national & regional sales meeting/conference)：国际、全国和地区性销售会议是最主要的公司会议，并且是最大的公司会议市场之一。市场的激烈竞争决定了开会是自然的事宜，这些会议随着一直出现的新产品和销售的新进展而在全世界和全国各地不断地召开。各层次的销售队伍需要不断地会面，评估总结以往的销售工作，给予奖励和表扬以便激励士气；或商谈未来的销售大事。在各种各样的销售会议中，有各种销售人员均需参加的公司国际和全国销售会议，有地区销售经理需参加的会议及地区销售经理需主持的区域性销售会议。全国销售会议平均出席人员均为150人左右，时间约为3至4天。而区域销售会议规模就小了，平均50人，时间2至3天，召开这些销售会议的原因有很多。一次会议可以有一个或几个目的。例如：销售年会就是鼓舞士气的会议，通过这个会议来激励销售人员为了新的成功的一年而齐心奋斗，销售年会也会涉及介绍新产品及新政策、听取意见和征求建议等多个目的。销售会议通常由公司的营销部以各种规模和不同形式在一年的任何时间召开。对于饭店来讲，销售会议是经常性的回头生意。

(2) 新产品介绍会和零售会议(product launch/dealer meeting)：企业的销售总监和销售人员经常召开全国性和区域性会议与零售商和批发商或相关专业人士会面，在这些会议中，新产品介绍亦是非常重要的，新产品的销售介绍和广告促销活动主张，要将信息一直传送到市场的每一个角落，这就必然要在全国各地召开许多会议，按照销售会议情况来看，零售商会议可能非常小，如在一个晚上举行一次有大约有 12 人参加的鸡尾酒会，但也可能大到几十人参加，举行 3 至 5 天的活动。美国福特汽车公司曾花几百万美元，在大型的美国拉斯维加斯会议中心，举行了百老汇式的舞台剧现场演出，并配上多媒体的解说，这次活动进行了好几天的排练，接送的包机连续两星期往返于全国各地，演出可与任何百老汇演出相比美，但仅持续了 2 个星期，如果会议的目的达到了，会议就是一个成功，付出的代价也就是必要的和值得的了。销售商会议除了销售人员参加外，也吸引着公司的高层管理人员，持股人和新闻界参加。

(3) 专业技术会议(professional/technical meeting)：今天人类已进入知识经济时代，科技人员知识更新的需求逐年剧增，技术发展与发明创造量之大，速度之快，均令人难以估算和预测。在过去的一百年间，仅仅四代人的时间，人类已发明创造了汽车、飞机、宇宙飞船、激光、晶体管、电脑等。一个工程师或科学家不能停止学习，否则的话，他很快就要被淘汰。通用电器公司雇佣了大约 3 万名工程师，说明该公司在需要不断进行知识更新的技术人才上的巨大投资，专业技术会议便是防止知识老化，人才淘汰的一种良方妙药，公司的专业技术会议经常请顾问，专家、学者，甚至零售商参加，通常都以专题研讨会的形式召开。

(4) 管理会议(management meeting)：就像销售和技术人员要开会一样，各级管理人员也要定期或不定期地召开各种会议，研究处理公司各项行政管理业务，从高层管理人员到基层管理人员无一例外。像董事会这样的会议已成例行公事了，或者按需召开。通常这些管理会议都是小型会议，但对住宿和服务的要求都是很高的。管理会议最通常的持续 2 天，没有特定的选址规律。从容易到达的市中心或机场所在地到偏远的度假地及山林小屋，都可能成为公司管理会议的召开之地。

(5) 培训会议(training meeting/session):培训会议一般由公司的人力资源部负责策划和组织召开,一般根据公司的发展目标和公司内部人力资源的实际状况,定期或不定期地聘请有专业知识和技能的专业培训者就一个或多个专题对公司内部管理人员或员工开展培训,此类会议互动性强,目的性明确。公司各级人员的培训是公司的一项重要活动。例如:公司要对其雇员进行掌握、使用、保养、维修办公室自动化设备及提高打字速度等技能的培训,电脑及信息系统的发展更需要召开行之有效的培训会议,还有,销售及行政管理人员都需要接受培训,尤其对后者的培训项目,还要涉及人员招聘、中层管理、一直到新管理干部的培训。许多培训活动,特别是对公司职工的培训就安排在公司所在地或工作现场进行,实质上就是工作中进行的岗位培训,但大约也有一半培训部经理在公司外面安排培训。这种培训参加人员不多,不到 50 人,绝大多数情况都在 30 人左右,10—15 人左右的培训班也并不少见,培训会议召开的时间从 1 天到几个星期不等,一般在 3 天左右,小饭店就能接待安排这样的会议。

(6) 股东/公关会议(stockholder/public relation meeting):公司还感到经常有必要为非公司雇员召开会议,其中一个经常想到要召开的会就是股东年会(annual meeting)。有时这是一部分人参加的一种纯粹流于形式的会议,而大多数时间,股东年会却是许多人参加的、相当活跃的一整天活动,中午要安排午餐,下午要安排供应茶点的休息,而股东年会的具体活动随着经济形式的变化又会有所不同,另外,公关部门也召开会议,举行展示会来完成他们的使命,他们召开的这些会议也自然增加了公司会议的数量。

(7) 奖励会议(incentive meeting):每年都会有优秀的员工和经销商因为他们杰出的业绩而受到公司的奖励,还有幸运的客户也可能因为他们对企业品牌的忠诚和公司的促销政策得到公司的奖励。这种奖励可能是被安排进行一次旅行,而 80%的奖励旅行都会包括一次表彰激励员工、经销商或客户的会议。于是这种会议便被称为“奖励会议”。作为一种业务激励工具,奖励会议被认为是可以改进员工和经销商的工作表现,也可用来激励客户和非销售人员。

(8) 公司隐蔽会议(corporate retreat):此类会议可为包括制定公司重大决策,修改公司规章制度,评估员工表现在内的许多原因而召开(参见本节所述隐蔽会议)。

(9) 董事会会议(board meeting):董事会会议是由公司董事会成员出席,这种会议经常在公司总部或指定的会议室举行。主要是讨论制定公司重大决策。

(10) 节假日聚会(holiday party):通常是为公司管理人员,客户和服务供应商举办。

公司每年都要在公司内外举行上述的董事会、销售会、管理会议、人员培训会、股东会议、公关会议及奖励会议等等。除此之外，我们还可按照会议召开的区域范围，将公司会议分为国际、地区和国内会议。

总之，协会会议和公司会议是会议市场的主力军，是各会议目的地重点吸引和争夺的细分目标市场，该市场最有利可图，对它们的竞争也最为激烈，随着世界经济的复苏和发展，这一市场将会继续有较大的扩展。

3. 国际组织和政府会议(international organization & government meeting & conference)

出于政治、经济、文化等原因，联合国、各国际组织如世界贸易组织(WTO)、世界卫生组织(WHO)、世界旅游组织(OMT)等，各种国际组织和各国政府每年都要组织举办各种类型、规模和档次的国际性大会、论坛、研讨会等。一般来讲，此类会议都会受到主办国和地区的重视，影响比较大，多是新闻媒体追踪报道的焦点。

各国政府的会议业务是经常易被忽视的细分市场，与其他会议细分市场相比，政府会议市场营利微薄。但是这一细分市场却是会议业务的主要来源，特别是政府机构与企业、商务团体的交流，更是经常通过召开各种规模、形式的会议进行的。我们很难对来自政府机构的此类会议业务进行概括，因为这类业务变化差异很大，从中央政府部门到地方政府部门，会议的规模、范围、档次、内容差别都相当大。如果出席会议的成员是政府的雇员，那么了解雇员每天出差补助有多少对于开拓这一会议市场是有帮助的，另外，了解政府部门有关举办会议的廉政规定，对于作好这一市场的营销工作也是有益的。如果饭店提供的会议综合包价(包括住宿费、餐饮费和场地设备会务费)在政府部门会议预算之内的话，那将有助于吸引这一细分市场。

会议费用一直是我国各级政府部门每年一笔较大的支出项目。为了防止腐败，保持廉洁，近年来各级政府部门已逐渐将政府会议纳入政府采购进行管理，会展企业应学习和了解政府采购的相关政策和规定，在开发好会议产品的同时，在政府采购相关政策和规定的范围内，积极地做好营销工作，开发好这一重要的会议细分市场。

在会议市场的划分中，也有将政府会议划归为协会会议的分法。如：国际会议协会(ICCA)对于国际会议的分类法就将政府组织会议划入协会会议一类(见图 3-3)。本书还是按照我们对协会的理解，将国际组织和政府会议单独划为一类。

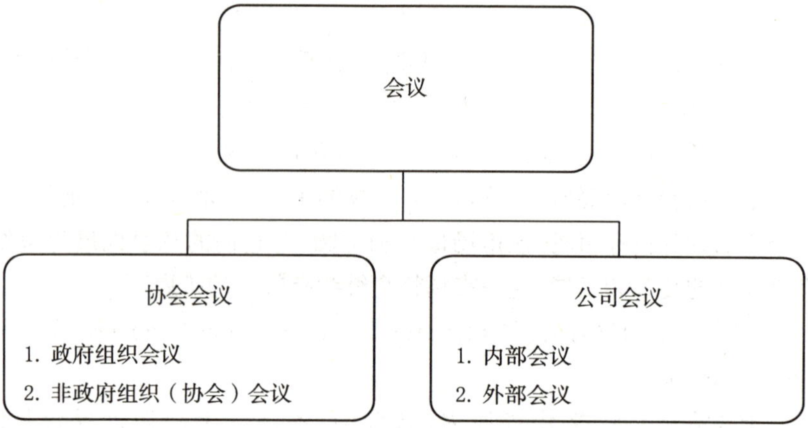

图 3-3　政府会议划归为协会会议的分类法(国际会议协会对国际会议的分类法)

资料来源:国际会议协会(ICCA),2009。

4. 展销会与博览会(exhibition & exposition)

展销会与博览会主要是陈列展示商品,向客户和潜在的客户介绍、推销产品和服务,规模不一。经济越是发达的地区,此类活动也就越多。这种活动通常伴随着许多小型的产品发布会、研讨会等,因此会中套会的现象在此类活动中已习以为常(详细阐述见本书第四章第三节)。

5. 其他会议(other meetings)

如宗教会议等。

(三) 按会议内容所属专业的范围分类:

为了使会议市场更专业化,同时也有利于统计和归类,许多国际协会都将会议进一步按其内容所属专业范围来进行划分,国际会议协会(ICCA)和亚洲会议观光局协会(AACVB)便是按此原则制订其对会议的细分标准,详见如下:

1. 协会会议(association meeting & conference)

农业(包括渔业、林业、农垦和土地科学)

建筑(包括设计、园林美化)

艺术和文化(包括音乐、摄影、艺术、手工艺品保护、剧场、哲学、伦理道德、宗教、服务性俱乐部、狮子会)

商业(包括广告、零售、地产、贸易)

生态环境(包括动物保护、污染、资源、植物)

银行金融(包括税收与保险)

教育(包括语言与文学)

制造业(包括化学、冶金、石化、印刷、出版)
专业(包括法律、财会、其他细分市场不包括的需资格认定的专业)
管理(包括行政、市场、人事、公共关系、劳工)
医学科学
矿产/采掘
安全(包括军事、国防)
科学(包括图书馆学、统计、数学、天文、生物、化学、地理、物理)
社会科学(包括人类学、政治、心理学、社会学、福利、历史、地理)
体育休闲
技术
运输、通讯(包括广播、通讯、信息技术、航空、陆运、海运)
旅游
政府
其他

2. 公司会议(corporate meeting)

银行
商业和贸易
化工及相关产品
建筑、工程、设计
消费者产品
计算机及办公设备
电器及配件
金融及财会
保险
加工制造
石油
制药/医学
服务
通讯
旅游
其他

3. 展览会/展销会(exhibition & trade show)

教育/文化

时装及服饰
金融及投资
日常用品
珠宝、钟表
医疗、保健
科学、技术
玩具、休闲
旅游贸易
其他

二、各类会议特点

由于我们可按照会议的规模形式，会议举办者和会议的专业范围将会议划分成多种类别，因此了解各类会议的特点，对于我们开拓会议市场的各细分市场，有的放矢地作好会议的策划、销售和服务工作，就显得十分重要和迫切了。

（一）公司会议的特点

任何会议都应该有一个明确的目的，一个合乎逻辑的出席群体以及适合这一活动的地点及场地。当我们讨论公司会议的特点时，我们要记住，我们谈论的是多种规模和形式、多种开会原因以及(除了极少数例外)都是由多种人员进行策划和组织的许多不同种类的会议。

每一个会展企业、会展中心和饭店都能按照会议的特点和自身的条件，找到适合自己的会议市场，只有最无能的会展企业、最没有想象力的会展营销人员和最简陋的饭店才会找不到能够销售和服务好的某一会议市场。一个会展企业、会展中心和饭店在对会议市场的销售中，应该暂时不管你可能缺少的某些条件和设施，而集中在你所有的条件和设施上，选择可以作为你营销目标的会议细分市场，打电话给你自己的营销对象，按照你自己策划的销售活动和可以接待的会议市场的特点，来进行思考和工作。

因此，为了做好工作，你必须了解公司会议的下列特点：

1. 时间周期(time cycle)

公司全年都有可能举行会议，一般会议多在每周工作日时间举行(见表 3-6)。一是因为公司会议是公司经营活动的一个重要组成部分，二是因为公司的管理人员和职工不喜欢占用他们的休息时间开会。当然，也有公司高层不希望会议影响员工的正常工作而占用他们的休息时间来开会的。

公司会议基本上是按照公司经营活动的需求而不是按固定的时间周期来举行的,一般公司都是在经营需要时策划和组织会议的,不管怎么说公司会议不像协会那样需要在某一时间举行,以保证会议的出席率。公司如要保证每一个人都出席会议,那只需公司高级管理人员下一个简单的指令或通知就行了。

表 3-6 公司会议举行的时间

公司不同季节召开的会议比例	
1 月、2 月、3 月	25.9%
4 月、5 月、6 月	24.9%
7 月、8 月、9 月	25.3%
10 月、11 月、12 月	23.9%
公司每周不同时间召开会议比例	
工作日(星期一至星期五)	59.8%
周末(星期五至星期日)	16.8%
工作日+周末(星期一至星期日)	23.5%

资料来源:2005《成功会议》(Successful Meetings)杂志的产业状况报告(2005 Successful Meeting State of Industry Report)(Golden-Romero, 2007)。

2. 前期准备时间(lead time)

公司会议的策划时间相对来说较短,很少长于一年的。如果是奖励旅游的话,应事先 8 至 12 个月就要考虑所要去目的地,但是,这与协会会议使用的前期策划时间相比,还是短得多。

销售年会在召开前通常要策划 8 至 12 个月。在开会这一问题上,公司的决策程序较简单,通常由某一或某几个中层管理人员提出建议,经过对饭店的调查和筛选,再把定下的开会场所——选好的饭店上报给某一高层管理人员或总经理,由他们做出最后决定。在有些公司中,也有一个人从选址到最后拍板全包了。这样肯定可以缩短会议的前期准备时间,当然这其中差异是很大的。

绝大多数公司会议前期准备时间都很短(见表 3-7),大型会议准备时间 3 至 6 个月。每一个公司的高级管理人员都能够回忆起明天就需要开会的例子。这就是我们所指的那种紧急会议(crisis meeting),当公司的高级管理人员说:“让我们尽快地把每个人召集在一起,把这件事讲一讲。”这就需要召开这类紧急会议。对于会展企业或饭店来讲,这时才开始向公司争取这个会议的业务就太晚了。如果你早已在那里向这个公司展开营销工作的话,或者以前曾策划或接待过这个公司的会议业务的话,你也许就能争取到这次业务机会。当然对于公司来讲,任何人都没有时间再到处寻找可策划会议的会展企业或可开会的饭店,紧急会议的情况就是要快速行动,所以这种会议一般就找以前为公司策划过会议的会展企业或到公司以前开过会的饭店去开,或者这笔业务就让某一个机警的、一直在公司进行促销的饭店销售人员争取到了。

表 3-7　公司会议前期准备时间

公司会议类型	2004 年	2005 年
管理会议	6 个月	3 个月
培训会议	6 个月	12 个月
销售会议	3 个月	6 个月
奖励旅游	12 个月	6 个月

资料来源:《成功会议》杂志(2005)(Golden-Romero, 2007)。

公司会议是会展营销人员需要不断去开发的业务,突如其来的公司销售会议,需要面对经销商和批发商的紧急情况,需要对售后服务人员进行的应变培训,所有这些紧急或突发情况都会为公司会议业务带来机会,而这些情况往往是会展营销人员在同公司负责会议管理人员洽谈时他们所不讨论的问题。但是你在开展会展销售工作时,就必须努力给他们留下深刻的印象,并强调在下次紧急或突发情况发生并需要开会时,请他们和你联系。让你所在的会展公司或所在的饭店为他们提供服务。

3. 地理位置(location)

对于公司会议来讲,没有笼统的地理模式。首先,通常没有理由像协会所做的那样,需要通过变更地理位置来吸引会议出席人员。当负责销售的公司副总裁要在月初于上海召开会议时,很自然地,到时候他在上海就要看到该公司的全体销售人员。

公司会议选址主要是考虑会址的口碑声誉和是否适合公司业务和需要。如苏州明显地要比桂林更能成为华东六省一市区域性销售会议的会址。时间、交通费用和便捷程度都是影响会议选址的因素(见表 3-8)。如果一个企业的会议策划者要为全国销售人员召开一系列区域会议,他可以策划在北京、上海、沈阳、广州、昆明、西安等地开会,但是他也可以到杭州而不到上海,到珠海而不到广州,到桂林而不到昆明,到大连而不到沈阳等,这就是各地会展营销人员要做的工作。各地旅游局、会展公司、目的地管理公司(DMC)、航空公司和饭店会展营销人员在平时应重视城市形象建设和宣传,开展联合促销,积极地介绍你的城市、会展中心、饭店或其他设施,也就是说要重视和相关政府部门及会展相关企业合作,一起开展好目的地营销,而不是单打独斗。在开展会议目的地营销过程中,会展营销人员要善于将你处的不利条件转变成一种有利的因素,例如,杭州没有上海那么繁华,但这却使杭州美丽的环境较少喧闹和污染,空气更为清新,会展营销人员应该将促销重点放在所在城市的积极因素方面,扬长避短,而不应老是为自己城市的不足之处提心吊胆。

表 3-8　公司会议选址的影响因素

序号	影 响 因 素	影响系数(按重要程度排列 1—5)
1	口碑或声誉	4.28
2	住宿质量	4.16
3	住宿成本	4.14
4	目的地吸引力	4.01
5	会议接待服务人员质量	4.00
6	餐饮质量	3.90
7	机票费用	3.83
8	安全	3.70
9	客房内互联网的连通	3.70
10	会议厅/室互联网的连通	3.70
11	能否空运	3.47
12	会议厅内的电脑端口	3.22
13	双线电话/数据端口	3.03
14	饭店礼宾服务水平	2.79
15	配偶/家庭活动	2.76
16	水疗服务	2.53
17	积分计划	2.36

资料来源:2005 行业状况报告(State of the Industry Report)(Successful Meetings, 2005)。

公司不像许多协会,很少对召开会议有什么限制。公司总裁和董事会主席也许为了保持他们为公司设计的形象不赞成某些地方,但这不同于写进章程的限制。稍加注意就可知道，公司的政策和公司总裁也在变化，地区和城市的形象也在改变，我国的旅游局、商业局、国外的会议局等有关政府部门、地方商业机构及企业的政策或努力也都会导致选址的变化。

表 3-8 是美国《成功会议》(Successful Meetings)杂志的行业状况研究报告(State of the Industry Report)中揭示的美国公司会议选址的影响因素，可供我国企业开会选址参考。

4. 选择的饭店类型(types of hotels for corporate conventions & meetings)

公司比较喜欢在什么类型的饭店开会呢？因为公司召开的会议多种多样，所以对这个问题的回答也多种多样。一般来说，公司会议使用的饭店类型，首先是市区饭店，然后是度假饭店和郊区饭店(见表 3-9)，要记住，开会的目的是影响公司会议选择饭店的关键因素。

表 3-9　绝大多数公司会议使用的会议设施类型

使用会议设施类型	公　司
几个连锁饭店公司	61%
会议中心大饭店	49%
独立饭店	45%
会展中心	35%
特殊场所	23%
时尚精品饭店	18%
没有特定类型	14%
一个特定的连锁饭店公司	1%

资料来源：2005 会议市场报告(2005 Meeting Market Report)(Golden-Romero，2007)。

公司会议策划者在选择会议饭店和设施时，应考虑食品服务质量，会议厅的数量、大小和质量，可谈判的餐饮和客房价格，客房的数量、大小和质量等因素(见表 3-10 和表 3-11)，使公司会议从饭店的地点、场所和吸引力中得益。

适合奖励旅游和零售商年会的饭店，不一定是紧急会议和培训会议的明智选择。聪明的会议策划者会仔细地选择合适的饭店作为他的会址。有些因素会影响会议策划者作出理想的选择。数量不大的高级管理精英也许会在一个非常普通的市区饭店聚会，这种情况就说明了会议策划者对会议的定调没有做任何的工作。

表 3-10 公司会议策划者选择饭店考虑的重要因素

认为非常重要的考虑因素	公司会议策划者
会议厅的数量、大小和质量	84%
饭店或会议设施的费用	82%
可谈判的餐饮和客房价格	79%
食品服务质量	76%
客房的数量、大小和质量	74%
有否会议支持服务和设备，如：视听设备	59%
结账手续的效率	58%
是否指定一人负责处理各项会议事务	54%
以前安排设施和员工的经验	53%
办理入店和离店手续的效率	49%
高速的互联网通道	42%
具有多个高速电话线和电脑接口的会议室	40%
套房的数量、大小和质量	30%
靠近机场	28%

资料来源：美国《会议杂志》(Meetings & Conventions)发表的 2004 会议市场研究报告(2004 Meeting Market Report)(Golden-Romero，2007)。

表 3-11 公司和协会会议策划者选择饭店考虑的最重要因素

认为非常重要的考虑因素	公司会议策划者	协会会议策划者
会议厅的数量、大小和质量	93%	69%
饭店或会议设施的费用	81%	80%
可谈判的餐饮和客房价格	80%	80%
客房的数量、大小和质量	79%	54%
食品服务质量	70%	63%

资料来源：美国《会议杂志》发表的 2006 会议市场研究报告(2004 Meeting Market Report)(Reid and Bojanic. 2009)。

一般讲，如果原来开会使用过的饭店服务得好的话，就没有理由不回原来曾开过会的那个饭店。就会议策划者和他的上司而言，另外再作选择的主要原因纯粹是厌倦了原来的会址。当然，具体还要看开什么会，喧闹非常的并高唱公司歌曲的年会，也许每年需要换个地方，但是仓促急速组织的会议就不需要了。实际上，可以在上次开过会并证明靠得住的饭店再开会，或者至少可以在那些一直努力争取你们公司会议业务的饭店内开会。

特别是培训部负责人，喜欢再三地和同一饭店打交道，一些人觉得只给饭店小型会议业务是不够的，只有通过承诺经常提供业务，他们的公司才能取得饭店重要客户的地位，并获得较优惠的价位。此外绝大多数培训部负责人还需要一个能提供良好多媒体视听设备和卓越服务，并能不受娱乐活动干扰的纯教室型的场所。一旦他们在适合的饭店安排了会议，就不喜欢变更场所，这是可以理解的。

对于成功的饭店营销人员来讲，就要帮助你的客户开好他想要开的那种会议。要争取能在你的饭店开好的会议，并应放弃那些只能在其他饭店才能开好的会议。

要仔细考虑哪一类会议最适合在你的饭店召开。你的饭店是否是在市中心的城区饭店？如果是的，那么就应强调它便捷的位置。特别是对于一些只参加会议部分活动的出席者来讲，舒服、便捷、熟悉的城区设施就是他们经常的选择。

如果你的饭店是一个郊区饭店或者是汽车饭店，如果交通方便并能提供停车场，那就应该强调饭店的随意和无拘无束的非正式气氛。许多公司会议策划者还认为，在公司会议举办期间，公司要召开的会议是否是你饭店接待的唯一会议，这也是他们考虑是否要将会议业务交给你这个饭店的一个非常重要的因素。

如果你的饭店是一个机场饭店，当会议出席者坐飞机来时，那么你饭店的明显长处就是方便，再加上你还具有郊区饭店的特点。过去的机场饭店都是一些小型饭店，而今天则有各种规模的机场饭店可供会议策划者进行选择。

如果你的饭店是一个度假饭店，那么非常明显，它应该是奖励会议的选址，但也常用作避开城市繁华喧嚣的隐蔽会议的会址。度假饭店在淡季时能提供非常低的价格，同时又有迷人的魅力，独特的诱人之处，专业的保安，美丽的建筑物和良好的形象。

上述仅讲了几种类型饭店的一些特点，饭店会议销售人员应该在了解公司各类会议的特点后，再将所在饭店作为最适合某个公司会议的饭店，积极地向最恰当的客户进行介绍。

5. 出席情况(attendance)：

根据美国2005年会议市场报告(2005 Meetings Market Report)反映的公司会议出席情况，多数公司会议的参与人数少与50人，也有近半数的被调查公司召开 51—100 人的会议。而会议出席人员在 1000 人以上的会议还是很少数(见表 3-12)(Golden-Romero, 2007)。

表 3-12　公司会议的大约出席情况

公司会议大约出席人数	公司
1—50	55%
51—100	49%
101—200	40%
201—300	30%
301—500	25%
501—750	12%
751—1000	13%
1000 以上	13%

资料来源:2005 会议市场报告(2005 Meetings Market Report)(Golden-Romero, 2007)。

饭店从业人员喜欢公司会议业务的原因之一,就是公司会议出席情况有可预测性,不管是一人住一间客房或者和配偶住双人房,出席情况都是可靠的。公司内部人员出席的会议几乎总是指令性和强制性的,而且会议出席人员的客房和餐费一般也都是由公司统一支付的。除了不幸的灾祸和疾病之外,订好的客房而结果不来是极少的现象。饭店可在得到充分保证的情况下安排客房并得到付款。因为公司会议的可预测性是其指令和强制性所决定的,所以在公司会议接待与服务中,做好贵宾和公司高级管理人员的接待服务,其重要性是显而易见的。

6. 会议期限(length of conventions & meetings)

绝大多数公司会议是 1 至 2 天的短会,某些会议仅限制在 1 天;培训或奖励会议的会期可长达 3 至 5 天,这一类型的会议最普遍的是大约 3 天,最经常的是客人在会议开始前一天的晚上到达,这样在第二天上午会议就可早点开始。

7. 展览(exhibitions & expositions)

展览是协会的标志性活动,然而绝大多数公司会议也经常有展示活动,这些会议展示新产品,或者进行大规模现场演示说明活动,这也已习以为常了。所以,在为公司会议提供服务时,亦要准备满足需提供展台设施或展示面积的要求。

8. 会议厅要求(convention hall & meeting room)

由于公司会议规模大小不一,所以公司会要求饭店做到大小会议厅都能提供。具体需要什么会议厅要因具体活动而定,有些会议要求有小会议厅,在许多培训活动中,出席人员有时要分成10人一个小组分头开会,然后再在大会议厅集合开大会。大多数会议组织更喜欢饭店有可随意分割的会议厅。有这样会议厅的饭店就可能招徕这样的会议业务。如果一个饭店只能让出席会议的人员在一个大会议厅里围着几个台子开小组会,而其他竞争饭店却能提供更为合适的安排时,没有可随意分割会议厅的饭店当然就很难吸引到这笔会议业务了。

9. 会议策划和决策(convention planning & decision)

有的公司有为整个企业服务的专职会议策划人员,但这种情况毕竟很少。一个要开大量会议的部门也许有专职的会议策划者,但即使这样,对另外一个部门来讲,通常也几乎得不到这个部门的帮助和咨询服务。例如,销售部一个非常繁忙的专职会议专家也许安排了许多销售和分销商会议,但他和人力资源部的培训会议却几乎根本没有什么关系。这就是说,会展营销人员如果在某个公司的一个部门进行促销时,就应该知道在同一公司的其他部门也还可能有着业务机会。想一想,像通用电器这样的大公司,你也许从销售部这一个部门得到了所有的会展业务,但从另外一个部门,也许什么业务也没得到。即使这些不同的部门都在一个城市内,情况也是这样的。大企业的各分公司各部门之间常常几乎互相没有什么联系,很少会了解公司内部其他部门和你这个会展公司或饭店曾经有过的好经历。所以,如果好好挖掘一下,你就会发现在同一公司里还会有许多潜在的业务机会。

另一方面,在一个公司里进行促销相对要容易,因为决策是集中的,通常只是一个人或者两个人的责任。所以你只需向这些人员做好促销工作就能取得业务。然而公司大型会议和奖励旅游的决策程序就不一样了,各部门的负责人必须首先向高层管理人员提出建议,让他们先选择会议或者奖励旅游的地点,再考虑选择饭店。这样,饭店销售人员的促销工作也应该相应改变。

要记住,绝大多数大型公司,有不少人能对他们在全国各地召开的会议做出决策。公司会议的策划和决策者一般包括公司的高层管理人员(CEO和他的助手们)、各部门负责人和他们的助手们、市场营销部、人力资源总监或经理、公司专职会议策划者、会展公司和旅游目的地管理公司(DMC)。他们也许为整个一个公司,也许为一个部门,也许为一个部门中的分支机构做出会议策划或决策,具体会议的策划和决策者是谁,要看会议的类型、规模和层次。

因此会展营销人员对公司会议业务的招徕，即使在一个公司内，也应该多层次、多方位地进行。

10. 会议的多次预订(reservation for conventions & meetings)

对于大型公司来讲，有时一个会议要在全国各地几个地方反复召开。这对于饭店连锁公司来说是件大好事。公司会议决策者如果需要在几个地方预订会议，只需将他的要求解释一次，便可让饭店连锁公司在各地的饭店里为所召开的会议提供同样的服务，把这反复召开的会议开好。

那么，这对于仅处一地的独立饭店又意味着什么呢？为了同饭店连锁公司所属的饭店去进行竞争，独立饭店必须证实它是在该城市开会的最佳选择。最理想的就是这个独立饭店能让公司会议策划者在一般情况下，为其公司在各地重复召开同样会议选择一个饭店连锁公司时，到了你这个城市能打破惯例，而选择你这个独立的饭店。

许多明智的独立饭店销售人员也会和在其他城市独立饭店工作的同行合作，他们尽可能经常地使会议策划者能预订独立饭店开会，并通过推荐和业务传送使这变得容易了。一个发展趋势就是，独立饭店的销售代表固定地和各地的一些独立饭店保持联系，建立松散的合作联盟和良好的合作关系，统一会展产品、服务标准和价格，开展联合促销，以便像饭店连锁公司那样为公司会议提供同样的"一地统办"服务。

11. 一次会议、一张支票(one master bill for one convention or one meeting)

一个饭店允许用一张支票支付所有的服务项目，这是一种很好的会议结账方式。也是会议业务的一种要求，许多公司为他们的雇员支付会议期间在饭店的一切费用，但有的公司也有不同的准则，你必须和会议策划者讨论和明确总账单结算付款所包括的内容和参加会议的个人在办理离店手续(check-out)时所必须支付的账目，双方一致同意的意见应写入会议业务合同并且还要通知总台。此外饭店还应要求公司会议客户应事先通知公司会议出席人员，哪些费用将进入公司总账单由公司承担支付，哪些费用将要有出席公司会议的个人自己支付，以免会议出席人员离店结账时发生不必要的争执和不愉快。饭店的信用经理应在和客户讨论之前，对客户(公司)的信用状况做一些调查了解，并且还要提出一个以支付订金为开始的付款计划和建议日期。作为饭店的公司会议业务，还是给公司客户一个总账单让他们一起付款结账比较好。

12. 会议业务会带出其他业务(other businesses generated from convention & meeting business)

接待公司会议可有促销宴会、娱乐、会前、会间或会后观光游览、配偶活动和酒吧等其他业务的机会，例如，公司举办的鸡尾酒招待会和/或公司在饭店酒吧举行的轻松活动，增加了饭店在公司会议业务方面的利润。

每个公司会议出席者因为已经尝试了你的饭店，如果印象好，不管什么时候，如果再到你这个城市逗留时，你这个饭店也许就成了他的首选，或者你这个饭店还会得益于这个会议出席者在公司内外的推荐，只要你顺利地帮助召开了一次盛会，你就可获得将来的业务。口碑的广告宣传是最为有效的，但这也要从两方面看，会议接待质量提高了，会议出席者就说好，如果会议接待被搞砸了，那你就等于发动了一股反对你的强大势力。在开会时，发生了问题和出了差错，那就看饭店会议服务人员如何处理了。这些令人头痛的问题和差错，让饭店在受到批评、攻击和责难的同时，也为饭店管理人员和会议服务人员提供了展现专长、发挥能力和赢得客户的机会。总之，当事情出问题时，不能被别人认为“无力对付”和“无法处理”。

13. 不易收集背景资料(difficult to identify background information)

因为市场竞争的激烈，一般公司的内部会议都是讨论企业内部事务，会议的议题和内容应该说是公司的商业机密，不易对外披露。既使是公司的外部会议，如销售会议，其出席对象也是经过严格选择的。所以会展公司或饭店的营销人员很难收集公司会议的背景资料并将此作为会展营销的依据。

（二）协会会议的特点

各种类型的协会会议都遵循着相当统一的模式，了解这些模式和特点，将有助于我们组织接待好协会会议并作好会议市场的销售工作。

1. 时间和周期(time & cycle)

大型会议是按照固定的时间周期举行的，虽然有些协会一年召开两次大会，亦有些协会每两年召开一次会议，但最通常的是每年一次的年会，全国性组织内以一年为周期的会议，有规模小些的一次、两次或者三次的地区性会议作为补充。根据国际会议协会(ICCA)的报告，在2008年举办的国际协会会议中，55%是协会年会。24%是协会两年举办一次的会议，举办协会会议最活跃的时间在9月，然后依次为6月、10月和5月(ICCA，2009)。美国协会管理人员学会(American Society Association Executives—ASAE)的研究表明，美国协会年会或会议举办最活跃的会议月份为：4月、5月、6月、9月、10月(Golden-Romero，2007)。

在美国，大型会议最经常从星期日开始，开到星期三，或者从星期四开到星期日，开完结账离开饭店(见图3-4)。这种时间模式在美国通行的原因是，绝大多数美国航空公司要求乘客如果要购买便宜机票的话，必须星期六在外过夜。于是,以前在星期一开始的会议,只要可能的话,都被移到星期日进行大会登记,这样会议的出席者就可以利用廉价机票了。这也使得许多市内饭店的周末客房率直线上升,而以前周末则被这些市内饭店视为它们业务清淡的时间(Astroff and Abbey, 2006)。

但近年也有美国学者认为美国协会会议报到日期通常在星期一,协会会议的会期通常安排在星期一到星期四,业余爱好性协会的会议除外,它们通常在周末开会(Golden-Romero, 2007)。

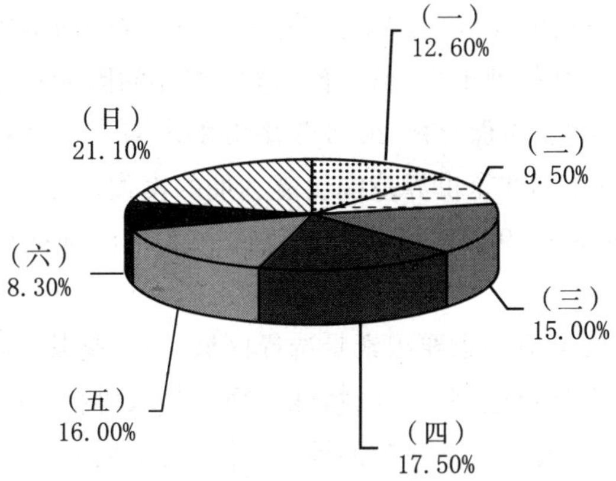

图 3-4 美国协会会议起始时间安排模式图

资料来源:《成功会议》杂志。

然而对于一些度假饭店,因为会议业务到周末才结束,这样星期六过夜的要求就产生了消极的影响,美国阿美列岛种植园度假饭店营销副总裁吉姆·泰尼说:“只有当人们星期六在外过夜,机票才大幅降价,这样在过去的几年,对会议业务的要求已经转移到了周末,这使得我的度假饭店和像我们一样的其他度假饭店在客房收入上付出了很大的代价。按照比我们每天市场价低的团体价格预订的会议,取代了一般在周末支付的比团队价格多得多的社会或过境散客业务。另外,星期日到星期四的会议业务,由于机票价高,造成了在这段时间的会议费用总预算的提高。为了吸引从这段时间的会议业务,我们发觉我们自己还不得不通过谈判,给客户提供比我们通常房价更低的折扣价,这就造成了我们每个星期两头的收入都减少了。”

在我国,协会的会议一般安排在星期一到星期五的工作日,因为人们不愿在周末休息时间开会,而且在我国工作日与双休日的机票也无区别,尤其是郊区的度假饭店是人们度双休周末的所去之地,饭店更不愿牺牲高收入而接待只愿支付团队价的会议业务。但是协会考虑到让会议出席者在会议之后进行一些休闲游览娱乐活动，所以经常会将会议安排在下半周，这样会开完后正好是周末，不管是协会组织活动还是会议出席者自由活动，在时间上都便于进行安排。饭店应在进行会议促销时，做好饭店休闲娱乐设施及饭店所在地的旅游景点介绍。

2. 选择会址的地理模式和其他因素(geographical model & other factors for site selection)

在会议的选址上，协会举行的会议也显示了一种明显的地理模式。在选址时，绝大多数国际协会在各大州之间轮流选择，国内协会则在东西部之间，或者在南北之间交替轮换地进行选择。这里重要的因素首先是轮流，在国际会议协会(ICCA)数据库保存的 2008 年举办的所有会议资料中可看出，2008 年，49.5%的会议使用在全世界范围轮流选址的模式，30.4%的会议仅在在欧洲国家之间轮流举办，9.2%的会议在亚洲和太平洋地区轮流选址(ICCA, 2009)。

协会会议选址的另一重要因素是选择区域，而不是某一特定的城市，许多选择取决于协会会员对地理区域的特殊兴趣。如果协会会员没有特殊兴趣的话，会址选择者便会提供一个有趣的地方，并将这个地方作为会议的又一吸引人之处。

对于协会举行的区域性会议活动，坦率的讲，一些会员不会特地为了这次会议活动而旅行到太远的地方去，一个协会负责人说，他的工作记录显示，每年不管在哪开会，固定来开会的总是协会的主要核心成员，这一群体加上来自于离会议地点近距离的其他成员的补充，便形成了出席协会区域性会议的群体，非常明显，协会召开区域性会议就是要使协会的成员都能够参加会议。仔细研究会议选址的地理模式，可以帮助你了解协会团体下一次开会选址的可能区域。

在美国，许多协会章程明文规定协会会议只能在协会所在地的州内或在美国各州轮流举行(Golden-Romero, 2007)。在我国，许多省市协会的章程也同样规定，协会必须把它们的会议活动选址局限在自己省市范围之内。因为这是由协会业务的性质或者协会活动范围的局限性所决定的，也许还会由其他进一步的限制所决定。会展企业和设施在投入时间和金钱吸引协会会议之前，应该了解各协会有关选址的规定、要求和轮流模式。

最近几年，协会对这样严格的规定有些松动。协会负责人打破这种局限性的一种方法，是与另外一个省市协会签署一个互惠协议。上海的分会此年到浙江开会，浙江的分会彼年到上海来开会，这样既可对本地经济有好处，又可对协会成员提供一个刺激会议出席率的理想会址。

在选择会议的地理位置时，要让与会者感到交通的方便，又要考虑协会负责人的感觉。如果协会负责人认为这个位置能吸引更多的与会者，那么协会负责人就会选择这个地方。

表 3-13 协会会议选址的影响因素

序号	影响因素	影响系数(按重要程度排列 1—5)
1	口碑或声誉	4.40
2	住宿成本	4.31
3	住宿质量	4.20
4	目的地吸引力	4.19
5	会议接待服务人员质量	4.05
6	餐饮质量	3.98
7	安全	3.62
8	机票费用	3.49
9	客房内互联网的连通	3.37
10	能否空运	3.29
11	会议厅/室互联网的连通	3.26
12	配偶/家庭活动	2.98
13	会议厅内的电脑端口	2.73
14	饭店礼宾服务水平	2.67
15	双线电话/数据端口	2.61
16	水疗服务	2.33
17	积分计划	2.02

资料来源：2005 行业状况报告(State of the Industry Report)(Successful Meetings, 2005)。

选择会址的地理位置时还涉及其他因素(见表 3 13)，如会议目的地的口碑和声誉、城市形象和吸引力、住宿及餐饮设施和质量、气候、环境、安全、旅游景点和旅行成本等。许多协会还想利用度假地来增加会议出席率，如果选择迈阿密、拉斯维加斯或者选择桂林及杭州，就能吸引更多的会议出席者，这就是个策略问题。有许多方法可使按常规安排的会议更为活跃。安排刺激性的内容是个理想的方法，但是很难落实。通常是将会议安排在一个可爱的度假胜地，并让会议参加者接触美丽的风光和景点，再适当地组织一些观光游览及娱乐活动，这些都会让你的会议出席者更加快乐。

体育在会议选址中也起着作用，会议主办方和策划者在分析他们的会议出席者时，高尔夫、网球、游泳和划船也会成为他们考虑的因素。协会理事会或董事会中的一些成员如果热衷于高尔夫运动的话，他们就可能会选择有著名高尔夫球场和良好环境气候的饭店里开会。

表 3-13 是美国《成功会议》杂志所作的 2005 行业状况报告（State of the Industry Report）反映的协会会议选址影响因数，可供我们协会会议选址决策参考。

3. 前期时间（lead time）

协会会议都是先计划好的。通常来讲，协会会议平均提前准备年限为：年会 1 至 4 年，大型会议 35 个月，其他类型的协会会议也要 8 个月到 1 年的时间。即使提前几年作的最后决策，那也是花了数年之久研究和讨论的结果。总之协会越大，会议规模就越大，前期时间也就越长。有的特大型协会的年会要有 5 年或更多的前期时间。会议策划者要清楚地意识到，不是每个饭店都适合他们举行会议的。他们需要时间在决策前去进行现场考察，向该饭店以前的客户核查曾在此召开会议的情况，并考察其他可供挑选的饭店。

这一漫长的前期时间可能不太令饭店的高层管理人员和销售经理愉快，但对于协会会议举办者来讲，这是必然要做的事，而且这清楚的操作模式也能使饭店会议销售经理决定何时是推荐饭店赢得会展业务的最佳时机。

4. 协会会议选择的会议设施类型（types of the facilities for association conventions & meetings）

考虑到不同的协会和协会所举行的不同会议，协会是不会都在同类会议设施举行会议的，这一事实并不奇怪，要求总是选择同类的会议设施是不可能的，所以任何会议设施都能为协会的某一种会议活动提供服务。

会议是在不同类型的会议设施中举行的（见表 3-14），具体地讲，会议在何种类型的会议设施中举行，要取决于会议的规模、性质和期限。不同类型会议选择不同类型的会议场所。

表 3-14 绝大多数协会会议使用的会议设施类型

使用会议设施类型	协会
几个饭店连锁公司	74%
独立饭店	46%
会展中心	46%
会议中心大饭店	35%
时尚精品饭店	24%
特殊场所	19%
没有特定类型	14%
一个特定的饭店连锁公司	1%

资料来源:2005 会议市场报告(2005 Meeting Market Report)(Golden-Romero, 2007)。

会议场所的选择一般反映了协会的规模,复杂的程度和成员的经济水平。很明显的,200 个客房的饭店不会被考虑用做 500 人会议的选择,除非这个饭店和其他饭店进行合作。一般地讲,协会要求包括饭店在内的各类会议设施有充足并合理搭配的大小会议场所、足够的客房数量、一定规模的展示场地、吸引人的地理位置和良好的服务(见表 3-15 和表 3-16),总之会议设施必须达到开会最基本的要求。

表 3-15 协会会议对会议设施选择的考虑因素
(1—5 按重要程度小至大列出重要系数)

考虑因素	一般会议(meetings)	大会(convention)
会议厅/室设施	1	2
客房设施	1—2	1—2
整体吸引力	1	1
航空交通	2	2
城市形象(对协会会员的吸引力)	2	2—3
费用的可承担性	1—2	2
餐饮/娱乐	2	2—3
气候	2—3	2—3
文娱设施	2—3	3
展览设施	1—2	4—5
高速公路的可到达性	2—3	2—3

资料来源:Abbey, 2003 and Golden-Romero, 2007。

表 3-16　协会会议策划者选择会议设施考虑因素状况表
(按考虑左侧因素的会议策划者百分比计算)

大会(convention)		一般会议(meetings)	
会议厅/室的数量、大小和质量	90%	饭店或会议设施的费用	76%
可谈判的餐饮和客房价格	84%	可谈判的餐饮和客房价格	70%
饭店或会议设施的费用	83%	会议厅/室的数量、大小和质量	67%
客房的数量、大小和质量	78%	食品服务质量	61%
食品服务质量	70%	客房的数量、大小和质量	59%

资料来源：Meetings & Conventions' 2008 Meetings Market Report and Braley, 2008。

5. 出席是自愿的(willing to attend meeting)

由于协会组织是自愿参加的，协会组织和协会成员之间不存在行政隶属的关系，所以协会不能用命令或强制的方法让协会成员参加协会活动。是否出席协会会议，一般由协会成员自己作出选择。协会会议策划者只能吸引协会成员来参加年会活动。也许有人认为商务和专业兴趣足够起到磁石的作用，毫无疑问，它们确实是吸引了相当数量的成员，但是亦有未确定数量的骑墙派。他们今年是参加年会活动还是不参加呢？会议选址对于他们最后的决定将会起到重要的作用。

他也许要求他的商务需要和度假愿望都能得到满足。如果你的饭店所在区域有旅游名胜，这些旅游名胜就应该成为饭店对会展市场促销的内容。不管是北京的长城、桂林的山水还是上海南京路、淮海路的购物商场，以及饭店内部的吸引物，从某种角度上讲，都比饭店装饰和设施更为重要。这就要求饭店员工了解饭店所有正面的和积极的因素，因为销售时要依靠它们。

记录表明，如果选址吸引与会者时，他们的配偶也会跟着来，这就赢得了会议出席者逗留期的延长和饭店双人房收入的增加。会议加休闲度假的安排有助于增加会议出席者的人数。

6. 会议期限(the length of meeting)

2009 年发布的国际会议协会 1999—2008 国际协会会议市场统计报告表明，在过去的十年中，国际协会会议时间变短了，1999 年平均国际协会会议期限为 4.4 天，然而在过去的三年中，国际协会会议平均期限已经缩短到 3.9 天(ICCA, 2009)。对于全国性会议活动来讲，协会会议平均期限 3 至 5 天，小型活动也许只需要 2 至 3 天，研讨会、委员会类似的会议 1 至 2 天也就行了，绝大多数带有展示活动的会议不少于 3 天(见表 3-17)。因为许多参展企业在这类会议活动前还要举行销售会议。所以这类会议的结果还会使饭店能获得相当多的额外业务，对于协会理事会和许多委员会来讲也能获得额外的商机和收入。

表 3-17 不同类型协会会议的期限和出席人员规模

协会会议类型	会议期限(天)	出席人员规模(人)
理事会会议	1—2	20—40
教育研讨会	2—3	110—130
专业/技术会议	2—3	130—140
地方和区域会议	2—3	130—150
其他类型会议	2—3	150—170

资料来源：Abbey & Astroff, 2003 and Golden-Romero, 2007。

7. 价格(price)

饭店的价格是协会负责人选择会议场所的一个重要考虑因素，我们主要指的是饭店客房价格，虽然会议厅的出租费，餐费等也要在会议费用和个人活动费用中反映出来，但影响不如客房费用大，客房价必须同参加会议的人员的支付能力相配，这就是各类饭店在协会会议业务中可以开展竞争的地方。

许多协会会议组织者因为价格的原因，坚持选择传统的市区饭店，那些很多年前以低价或抵押贷款建造的老饭店常常能提供低价，一些市内新建的饭店为了打开市场和取得市场分享率以及郊区的宾馆为了弥补地理位置的不足，亦提供低房价争取会议业务。低房价对某些协会并不能起作用，但对某些协会来讲那就可能是决定是否选择你这个饭店的重要因素。价格肯定是饭店的一个竞争因素，但要记住它不是唯一的和最重要的竞争因素。

对有关协会在哪里开会作一些研究，将有助于我们认识协会会议的价格特点。如果协会过去的会议史证明了在上海花园大酒店或北京的丽都假日这样的饭店开会很成功的话，那么你就可以非常肯定，这个协会会议组织者要为他的会议出席者选择最佳地点，并且他们是习惯支付这些饭店所定价格的。但另一方面，会议组织者也会告诉你，他们组织的会议出席者是一些中层的雇员，传统上是他们自己支付会议费用，如果他们预订在价格较高的饭店开会的话，就会从协会会员那里得到越来越多的意见和抱怨。

所以不存在一个标准的饭店会议价格水平，这个价格必须适应饭店的销售对象，或者更精确地讲，它必须适应协会负责人心中要邀请的会议出席者的情况。

8. 容易收集背景资料(easy to obtain the background information)

协会是行业社团组织,为了吸引更多的协会成员参加会议,有关会议的背景资料必须向协会会员公开宣传,因此收集有关协会会议的相关背景资料要容易的多。

9. 协会会议费用(expenditure)

美国会议杂志(Meetings & Conventions)所发表的 2008 会议市场报告(Meetings Market Report 2008)揭示了美国协会会议费用的具体支出分配比例(Braley, 2008),请见下表 3-18 和 3-19。

表 3-18　2007 年美国协会大会会议费用支出分配表

2007 美国协会会议费用支出项目	占会议总费用的百分比
食品和饮料	35%
饭店	18%
演讲嘉宾、娱乐和视听设备	15%
会议场地	8%
展示场地	7%
第三方费用	4%
地面交通	3%
其他	10%

资料来源:Meetings & Conventions' 2008 Meetings Market Report and Braley, 2008。

表 3-19　2007 年美国协会除大会外其他会议的费用支出分配表

2007 美国协会会议费用支出项目	占会议总费用的百分比
食品和饮料	37%
饭店	27%
演讲嘉宾、娱乐和视听设备	12%
航空交通	8%
地面交通	3%
第三方费用	3%
其他	10%

资料来源:Meetings & Conventions' 2008 Meetings Market Report and Braley, 2008。

如果协会会员是企业、政府部门或某一机构，那派出参加协会会议的代表与会费用就由派出单位负责，但绝大多数专业协会会员是个人会员，他们参加协会会议的与会费用就得由他们自行支付。这也就是为什么协会会议的策划组织者要控制协会会议费用的一个原因。

为了控制协会会议的费用，降低协会会议与会者需交纳的会务费，同时又要考虑到协会会议出席代表的不同层次的多样化住宿需求，协会会议会务费往往不包括住宿费，但协会会议组织方可提供多样性的住宿设施预订服务，最后由与会者和住宿设施自行结账。

10. 需要当地分会的邀请(need for invitation from local chapter)

国际协会在选择某一个国家举办年会或其他会议时，考虑的因素之一就是这个国家是否有本协会的分会或会员。国际协会是不会在一个没有它会员的国家开会的，即使某个国家有它的会员或分会，但如果他们没有向国际协会发出邀请到这个国家去开会，那么国际协会也是不会考虑选择这个国家的。

11. 协会大会的规模(size of conventions)

协会每年要举行理事会、委员会和年会等多种会议，其中对于协会来讲，最重要的会议是协会年会(annual convention)，这是协会全体成员都应出席的大会，所以也是协会会议中规模最大的会议。根据美国500个召开年会的协会报道情况来看，出席人数在100人以下的年会占12%，出席人员在100—149人的年会占23%，出席人员在150—199人的年会要占53%，出席人员在200人以上的年会只占12%(Golden-Romero，2007)。协会年会的出席人数反映了协会年会的会议规模，应该讲，这是会展企业值得开发和争取的一个重要会议细分市场。

第三节 会议举办机构

谁是各种规模、档次和类型的会议举办机构呢?《1995年亚太会议市场报告》调查结果曾显示，在亚太地区，加工制造业举办的会议比其他任何行业都多;接下来是批发零售业和专业服务业等专业组织、电讯业、医疗保健业、教育、金融业、政府、交通运输业等也是举办会议的大户(见表3-20)。

表 3-20　不同行业举办会议的比例

加工制造业	40%
批发零售业	15%
专业组织	13%
专业会议组织者	7%
电讯业	6%
银行/金融	4%
医疗保健	4%
教育	4%
政府	3%
交通运输	3%
旅行商	2%
保险	2%
贸易	2%

资料来源:《会议杂志》亚太版的《亚太会议市场报告》。

为了方便起见,国际上一般把会议举办机构分成下列三类:(1)公司;(2)协会;(3)非营利组织。其中公司和协会是两个最主要的会议举办机构。公司和协会举办的会议占整个会议市场的80%。

一、公司(corporation)

公司举办的会议在会议市场上处于特别重要的地位,在欧洲,公司举办的会议占整个会议市场的90%。公司为了业务和工作的需要,举办不同规模和各种层次的会议。公司管理人员经常强调企业内部沟通,而公司内部沟通的最基本方法之一就是会议。

《会议杂志》把公司举办的会议细分成9个细分市场,按照开会的次数,公司会议可细分成:

(1) 管理会议;

(2) 区域销售会议;

(3) 新产品介绍会议;

(4) 全国销售会议;

(5) 培训研讨会;

(6) 奖励旅行；

(7) 专业技术会议；

(8) 股东会议；

(9) 其他会议。

个人出席公司举办的会议肯定是一种业务活动，所以像交通、食宿、招待客户和会议注册费用都可作为业务费用向公司报销。而为经销商或自己雇员举行会议的公司，也可把这些活动的费用作为业务费用计入成本。这对公司举办的会议是一个有力的刺激。但在企业竞争日益激烈的今天，控制成本日益重要，这样。会议费用自然也就成了公司进行会议选址的一个重要考虑因素。

在所有的公司中，哪一类公司是举办会议的大户呢？从公司召开会议的情况来看，有点向大公司倾斜(营业额超过 1 亿美元)，但总的讲分布还比较平衡，请看 1995 年从《会议杂志》亚太地区版读者(平均有六年半的时间负责计划和组织商业性会议)中得到的调查反馈(见表 3-21)：

表 3-21 调查反馈者公司的销售额(美元)

1000000 以下	15%
1000000—4999999	17%
5000000—9999999	12%
10000000—49999999	19%
50000000—99999999	10%
100000000 以上	28%

资料来源：《会议杂志》，1995。

调查表反馈者公司中有 43%公司员工少于 100 人，而只有 11%的公司人数超过 5000(见表 3-22)。

表 3-22 调查反馈者公司职工人数(人)

100 以下	43%
100—249	13%
250—499	12%
500—999	7%
1000—4999	14%
5000 人以上	11%

资料来源：同上表。

总的来说，调查显示超过 1/4 的人在营业额超过 1 亿美元的大公司中工作，会议举行的规模、档次、次数一般同公司的规模应该成正比。

公司会议（大多数由公司自己召集）通常为公司内部事务，带有保密和隐私的性质，其成本、账户和决策几乎都不公开。因为它相当具有竞争性，所以也没有哪家饭店和会议设施的业主会公布有关数字。

公司会议有相当数量是在企业外部召开的（见表 3-23），除了公司管理层到公司之外去开会外，公司在工作场所之外开会还有许多其他原因。《1995 年亚太会议市场报告》显示，大约一半的反馈者认为，在公司之外召开会议的第二原因是为了职工培训，此外还因为销售的原因到公司之外开销售会和展示会（见表 3-23）。

表 3-23　1994 年公司在工作场所外举行的各种类型会议

类　型	国外/海外会议	国内会议
管理会议	30%	55%
培训研讨	26%	49%
销售会议	25%	41%
展销会/大会	27%	40%
专业/技术会议	21%	34%
新产品介绍会	11%	24%
奖励旅游	26%	19%
股东会议	5%	14%

资料来源：同上表。

国际上，在公司之外举办会议时，出席者经常有配偶陪伴。早在 1979 年，《会议杂志》在北美进行的调查中，就估计那年出席 614000 个公司会议的 3920 万雇员中，有 380 万配偶陪着进行会议旅行。这意味着大约 10 个公司会议的出席者中有 1 个带着他或她的配偶一起进行会议旅行。

我国经济为了实现两个具有全局意义的根本转变，即从传统的计划经济体制向社会主义市场经济体制转变，经济增长方式从粗放型向集约型转变。我们在体制上实行了政企分开，并深入进行了企业所有制的改革，越来越多企业走集约化发展的道路。在实行规模经济、效益经济的发展过程中，越来越多外资企业，中外合资企业，中资企业必然举办各种规模、各种层次、各种类型的会议，使会议业更加活跃，更加繁荣。

二、协会(association)

最明显的会议举办机构还有协会。协会的规模和性质有所不同,它们的规模可从小的地区性协会,到全国性协会,一直到大的国际协会。

在美国,80%多的协会每年都要为全体成员举行一次年会。对美国饭店销售部经理来讲,最著名的团体就是美国协会管理者学会(American Society of Association Executives)。这个团体由各协会的关键决策者和会议策划者构成。他们在为他们举办的协会会议选择城市和饭店时发挥着主要的作用。

在国际上,协会一般分成下列几个类型:

(1) 行业协会。

(2) 专业和科学协会。

(3) 退伍军人和军事协会。

(4) 教育协会。

(5) 技术协会。

在这些协会中,行业协会通常被认为是最值得作会议市场的营销目标,因为行业协会的成员绝大部分都是由各公司的管理人员组成的,他们是业务的决策者,而且在举行行业协会会议时,常同时举办展览会。

在旅游接待业中最好的一个例子就是美国餐馆协会,它每年在芝加哥聚会时出席者要达 11 万人左右。会议期间,餐馆厨房和餐厅设备供货商还要进行大量的招待活动。世界上几乎没有一个行业是没有本行业协会的,许多行业甚至有几个涉及行业中不同层次的协会。每一个行业的制造商通常都有他们的协会,批发及销售商也有他们的协会,还有零售商也有他们的协会。所有这些组织都是这个行业中的协会。

在专业和科学领域内无数的协会也是会议的经常举办者(见表 3-24),它们的会议主题十分广泛。

表 3-24　国际协会举办国际会议的前十个专业领域(按占总数的比例统计)

名　次	专业领域	占总数比例(%)
1	医学科学	27.2
2	科　　学	11.7
3	技　　术	9.2
4	工　　业	7.8

（续表）

名　次	专业领域	占总数比例(%)
5	农　业	4.9
6	社会科学	4.1
7	经　济	4.0
8	教　育	4.0
9	商　业	3.7
10	管　理	3.0

资料来源：国际会议协会(ICCA)。

每个专业既有全国性协会，也有区域性分会。如饭店接待业国际营销协会(The Hospitality Sales & Marketing Association International—HSMAI)就是国际饭店接待业中的好例子；美国医学协会(American Medical Association)在美国也几乎家喻户晓。这些专业和科学领域内的协会，除了每年有一次主要的聚会外，一年中还要举行几次区域性的工作研讨会。还有技术领域方面的协会，如上海职工技术协会也举行他们的年会。实际上，你在任何一个专业都可以至少找到一个协会。图书馆管理员、教师、医院行政管理人员、工程师等等都有自己的协会，甚至禁烟者都有自己的协会，如中国控制吸烟协会（原名：中国吸烟与健康协会）。该协会成立以来已召开了13届全国吸烟与健康学术研讨会；还于1997年8月24日至28日和中华医学会一起在北京成功地主办了主题为"烟草——不断蔓延的瘟疫"的第十届世界烟草或健康大会，来自于世界114个国家的1800名代表参加了会议。2007年10月，在和台湾地区控烟非政府组织—台湾财团法人董氏基金会的共同努力下，又成功地举办了首届两岸四地烟害防制交流研讨会（百度百科和索光华，2009）。根据国际会议协会(ICCA)2009年发布的资料，在过去的十年间，医学科学领域是国际协会举办会议最多的一个领域，从2003年开始，技术、科学和工业领域一直处于第二、第三和第四位（参见表3-24）(ICCA，2009)。

在欧美发达国家，退伍军人和军人协会也经常举行会议，一般讲，这些协会聚会时，钱总是花得比较多，尤其是退伍军人的聚会。退伍军人和军人协会每年要举行大型会议，而且总是对选择度假地作为会议场所比较感兴趣。

小学、中学和高等院校的教师，还有其他参加各项学术活动的有关人员，也是会议业的主要客源，他们每年要举行许多全国性会议。许多省市也有某种教师协会，甚至饭店餐饮业教育者也有自己的协会，如美国饭店餐饮公共机构餐饮教育委员会(The Council on Hotel, Restaurant & Institutional Education—CHRIE)。教育应用会议业务对许多饭店特别有吸引力的是他们的开会时间,虽然他们不是富裕的消费者,但是他们经常选择在饭店的淡季举行会议。

在国际上,协会除了按性质分成行业协会、专业和科学协会、退伍军人和军人协会、教育协会、技术协会这 5 类协会外,还可按地理区域将协会分成国际性、洲内性、全国性和地区性这 4 种协会。

国际性协会一般要有两个以上的国家作为正式成员参加。国际协会于 1947 年成立了自己的组织——国际协会联盟(UIA),该总部设在布鲁塞尔。国际协会联盟一年一度出版的《国际组织年鉴》(The Yearbook of International Organizations)使我们能对大约 35000 多个各类活跃的国际协会和国际组织有所了解(UIA, 2009),其中 10000 多个不仅有简历,而且还有历史介绍。国际协会联盟(UIA)和国际会议协会(ICCA)数据库提供的信息,显示了各种国际组织的总部在世界各大洲的分布情况(见表 3-25):

表 3-25 国际组织总部的分布

所在地区	国际会议协会统计的 2008 年组织国际会议的国际协会和组织总部(%)
欧　洲	60
北 美 洲	23.4
亚洲和中东地区	9.4
其他地区	3

资料来源:国际会议协会(ICCA), 2009。

根据国际协会联盟(UIA)数据库的最新资料,全球国际协会和国际组织于 2008 年在全球 193 个国家的 1664 个城市举行了 11423 个国际会议(Fischer, 2009)。参加成员可包括正式成员和非正式成员,这一类协会总的来讲是非营利性的。国际协会举办的会议吸引着对某一领域具有共同兴趣的人们,是非政府性的活动。这种国际范围的、专业的或职业性协会组织的年会,从数量上讲只占整个会议市场的一小部分,但这样的会议在会议市场中受到各国、各城市和市政当局的高度重视,因为国际性会议尽管人数相对少些,但其威信、影响、名声和职业地位都很高。国际协会联盟(UIA)每年都要按照国家和城市排列公布召开国际会议的主要目的地(详见本章会议业概述)。根据 UIA 于 2009 年 6 月发布的有关 2008 年国际会议统计数据的新闻稿,国际协会和其他国际组织于2008年在各洲举办的国际会议占国际协会会议市场的百分比分别为:欧洲52.73%;亚洲21.67%;北美和南美17.83%;非洲4.70%;澳大利西亚/太平洋3.07%(Fischer, 2009)。

洲内协会是指某一洲内范围的组织,洲内协会会议参加者也仅局限在一个洲的范围内,例如在北美的旅游研究协会(Travel & Tourism Research Association—TTRA)每年要举行的年会,便是洲内协会会议的恰当例子。它要么在美国举行,要么在加拿大举行,参加TTRA年会成员就是来自北美这两个国家。

全球国家性和地方性的协会也是各国开会大户。在美国,美国协会管理人协会(ASAE)和协会领导中心(The Center for Association Leadership-CAL)这两个组织提供服务的协会就要达到10000多家(ASAE & CAL, 2009)。这些协会每年召开的会议是美国会议市场的一个重要组成部分。在我国,目前,仅在上海登记注册的2975家社会团体中,企业协会就达到730家,包括行业协会、商会、经济类社团、专业性协会,其中,行业协会达到214家,拥有会员单位近4.5万,涉及工业制造、商业流通、现代服务、建设交通等领域(姚丽萍和章文峰,2009)。随着市场经济和开放改革的不断发展,行业协会与党政机关人员、机构、财务、资产的"四分开"和协会作用的不断增强,我国协会会议将日益增多。我国各省市的协会一般地在他们自己的区域范围内举行会议。如我国华东六省一市记者协会便是区域性协会,华东记协每年在华东六省一市轮流召开年会、交流工作情况和经验,开展业务讨论,进行新闻评奖活动,研究与港澳台地区和外国新闻界友好交往事宜,讨论进一步作好记协工作的新思路,在为新闻宣传大局服务,为新闻工作者服务方面做出了积极的贡献。

三、非营利组织(non-profit organization)

当讲到会议业时,还有许多不属于公司或协会的非营利组织,这些非营利组织在会议业中虽然并不处于主要地位,但也是很重要的。我们在电视上经常看到党团组织、政府部门、社会团体举办会议的报导,饭店也经常接待关于社会与环境问题的研讨会,非营利组织举办的会议就像那些协会会议一样,对他们的销售服务也应该像对待协会会议的销售服务一样。许多政府机构部门都要在政府办公场所之外的地方为政府雇员和公众举行会议,世界卫生组织(WHO)、世界贸易组织(WTO)和联合国(UN)各分支机构等也是国际会议的主要举办单位，它们介于商业性协会和半政府机构之间，这些机构用许多办法来筹得奖金，但主要靠会员的会费，还有许多政府机构如国家商务部、国家科技部等，它们用的钱当然是公费，对于从事会展业的人来讲，这些机构的钱来自哪里并不是最重要的，最重要的还是要了解这些机构是怎样运转的，它们的会议需求是什么，以及你该怎样有效地对它们进行销售和服务。这里有一点要提醒的就是，在接触国外协会或国际机构时，他们喜欢用缩略语，而这些缩略语有时会代表不同的组织和机构，让我们不知所措，例如 AMA，它既可代表美国医学会(American Medical Association)，也可代表美国管理协会(American Management Association)；还有世界旅游组织原来的英语缩略语是 WTO(World Tourism Organization)，但这个英语缩略语又可让人理解为世界贸易组织(WTO)，为了避免与世界贸易组织的简称混淆，世界旅游组织的缩略语现已改为法语的缩略语 OMT(Organisation Mondiale du Tourisme)。我们应该了解和熟悉会展业中经常使用的各种缩略语，在同国外机构打交道时要听得仔细一点，记好笔记，不要脱离上下文，这样你很快就能用缩略语同外方打交道了。

大的工会也已成为世界上最重要的经济力量之一，最大的工会组织在建筑行业、制造业和运输业。工会组织分为四级，即地方级、省市和地区级、国家级、国际级。各级工会组织都要召开数不清的会议，给饭店提供了很大的市场，工会的活动经费有限，但根据工作需要，它们还是不定期地举行各种表彰会、讨论会、交流会等形形色色的活动，给饭店提供了相当可观的业务。

另外一个也经常开会的非营利组织是全国各地的许多社会团体，像其他非营利组织一样，他们不是大消费者，但它们也是可观的市场，它们经常是一些研讨会和论坛的主办者。

在国际上，人们把这些非营利组织称为 SMERF，它代表社会(Social)、军人(Military)、教育(Educational)、宗教(Religious)和兄弟会(Fraternal)。甚至还可以在 SMERF 后面再加个 S，代表体育(Sports)(Feiertag, 2004)。亚太地区主要旅游商新加坡 Abacus 国际公司总裁和首席执行长官唐·伯奇(Don Birch)先生说："SMERFS 从总体上来说，构成了一个巨大的市场，对于开发和恢复亚洲旅游市场具有很大的潜力。Abacus 国际公司估计仅香港、泰国和新加坡三地的 SMERFS 市场一年价值为 17 亿美元，根据一个公认的美国公式，SMERF 市场相当于 1/3 的会展(MICE)市场。(Abacus International, 2006)"

对于国际上的许多饭店来讲，SMERF 群体代表了饭店业的一个主要细分市场，因为它们每年都要订大量的客房，而且又多数在饭店淡季时用房。SMERF 群体有 3 个明显的特点：(1)价格敏感性强；(2)喜欢淡季用房；(3)经常使用非专业性的会议策划者，而且每年更换。虽然 SMERF 群体对价格很敏感，会议出席者常两个人甚至三个人住一间客房，又大多数在饭店外用餐，在娱乐场所里花钱也很少，但事实证明了它们对饭店的日益重要性，前喜来登公司芝加哥销售处全国财务经理巴伯拉·麦克唐纳先生(Barbara Mcdonald)说："SMERF 群体业务曾是报价最低的业务，现在情况并不完全是这样，SMERF 群体是在我们没有生意时给我们带来业务的，事情就这么简单，而且小的 SMERF 业务还可能带来更大的业务。"曾任凯悦饭店公司美国全国销售副总裁助理沃伦·布鲁克斯先生(Warren Breaux)也说过："饭店至少要有 70%住房率才能收回饭店建筑投资。周末、假日、旺季加在一起约 4 个半月的时间很难让饭店住满，但 SMERF 群体是一个能帮助饭店住满的市场，我们当然情愿以合理的低价让客房住满，而不是让这些客房空着。当然我们不能一年 365 天都使用这一策略。"SMERF 群体和一般业务不一样，它们会到处要求削价以便获得最好价格，但它们在饭店淡季时却给饭店提供了最好的收入来源。一个愿意提供折扣价的饭店，一个愿意帮助主要是非专业会议策划者的饭店，就能知道 SMERF 群体会对饭店的收入有多大的影响。

第四节　会议策划组织者的主要责任

任何公司、协会或其他非营利组织一旦决定召开会议了，它们就必然指定内部工作人员或聘请外部专业会议策划组织者具体实施会议的策划和组织工作。任何会议的策划组织者在这时都必须明确自己的责任，那就是参加策划和组织会议的各项具体活动。会议策划组织者的主要责任包括目标和主题策划、时间和地点确定，预算制定和管理、交通安排协调、环境布置与视听设备落实、登记注册、活动策划与落实、嘉宾的邀请与接待、餐饮策划与安排，及现场管理等等。美国《成功会议》杂志的 2005 行业状况报告揭示了会议策划和组织者的主要责任(见表 3-26)。

表 3-26 会议策划组织者的主要责任

会址选择(城市)	89.4%
会议饭店选择	87.3%
谈判与合同签订	86.0%
费用管理	80.6%
后勤管理	80.2%
会议营销与促销	75.0%
登记注册与客房分配	70.7%
餐饮策划与落实	68.6%
会前/会后旅游策划安排	63.4%
航空交通安排	62.0%
教育项目策划与落实	60.1%
展览策划与销售	57.2%
地面交通服务	55.7%
嘉宾与配偶活动策划与安排	53.7%
法律责任	49.6%
奖励旅游策划与落实	34.0%

资料来源:〈成功会议(Successful Meetings)〉杂志,2005。

在这些主要责任中最重要的就是负责选择会议活动的地点、饭店或设施及确定预算。

在会议策划组织者选择会议目的地时,成本是肯定要考虑的要素,到目的地的交通便利程度,饭店和其他设施情况等也十分重要。当然价格并不是唯一重要的,也不是衡量会议目的地是否恰当的唯一尺度。表 3-27 可见选择目的地需考虑的要素。

表 3-27 影响会议目的地选择的要素(按影响程度大小排列)

排序	协会选择考虑条件	公司选择考虑条件
1	位置	位置
2	价格和货币币值	会议场馆曾接待会议的经验
3	到达的便捷性(陆路,铁路、航空)	价格和货币币值
4	会议设施的容量	可用性

（续表）

排序	协会选择考虑条件	公司选择考虑条件
5	可用性	服务质量
6	服务质量	到达的便捷性(陆路,铁路、航空)
7	员工对会议需求的了解	会议设施的质量
8	食品质量	会议设施的容量
9	会议设施质量	休闲设施的提供
10	会议场馆的清洁度	员工对会议需求的了解

资料来源:英国 2004 会议市场研究和 Davidson & Rogers，2006。

香港理工大学酒店及旅游业管理学院院长田桂程教授在 2003 年上海旅委举办的会展研习班上将会议目的地选择标准又归纳为：

(1) 普遍的看法和信誉。

(2) 出发点的地理关系。

(3) 航班服务和机票价格。

(4) 整体旅游成本和当地的花费。

(5) 住宿和设备。

(6) 安全和保安。

(7) 政治和经济的稳定。

(8) 卫生标准。

本章表 3-2、3-3 和 3-4 由国际会议协会(ICCA)和国际协会联盟(UIA)排列的世界主要会议国家和城市,说明了这些国家和城市就是世界最受欢迎的会议目的地国家和城市,符合上述的标准。

在亚太地区,新加坡、香港、北京、曼谷、东京、首尔、台北、上海、悉尼则是该地区最受欢迎的会议目的地。其中,新加坡面积很小,但接待的海外会议却很多,连续 24 年是亚洲首选会议目的地的事实非常值得我们思考。

考虑到会议的总成本,到达目的地的便利交通,会议代表距离目的地的距离,所需要的旅行时间,交通费用等都是目的地选择的考虑要素,这样邻近国家和地区往往是首要考虑的目标。多数亚洲国家之所以成为受欢迎的目的地,是缘于其相邻的国家或地区,例如中国大陆是香港地区排在第一位的会议目的地,马来西亚是新加坡的会议目的地,而新西兰又是澳大利亚的会议目的地。

在会议目的地(城市)的选择要素中还有一个重要的要素是接待会议的饭

店和设施，所以会议组织者在做最后决定之前通常要四处考察，《会议杂志》亚太版在读者中进行的调查中，46%的调查反馈者说在会议前他们要平均考察3—4 家饭店；17%考察 1—2 家；16%考察 5—6 家；只有 6%忙碌穿梭饭店之间，参观 6—7 家饭店；15%的人根本不考察。

美国《成功会议》杂志对专职会议策划者的一个研究反映了他们在考察饭店过程中，选择饭店的标准要素(见下表 3-28)。

表 3-28　会议策划者选择饭店的标准(按重要性排列)

标准要素	百分比
位置	23%
服务	18%
价格	16%
质量声誉	15%
员工态度	11%
员工素质	6%
设施用品	5%
销售人员水平	3%
连锁公司从属情况	1%

资料来源：Wright & Siwek，2005。

国际专业会议组织者协会(International Association of Professional Congress Organizers-IAPCO)也向我们提供了选择会议饭店的下列标准：

(1) 饭店员工必须表现出他们的灵活性并能对饭店客人正常服务的日常管理工作做出调整。

(2) 饭店管理人员和员工要熟悉了解会议组织者的特殊需求。

(3) 饭店必须提供真实的信息资料并做出承诺。

(4) 在会议的协调和运作阶段，饭店必须向专业会议组织者提供会议经理。

(5) 专业会议组织者(PCO)和出席会议的代表必须给予礼遇和贵宾服务。

(6) 至少有一个可以接受的最大容量会议厅可用。另外，饭店也要提供会议所需要的小型会议室。

(7) 所有的会议厅/室都需有适当的照明装置、电力服务、室内控制(如：

调光器)、充足的电源插座、良好的音响系统和高速上网接入。

(8) 会议厅/室必须能调节到放投影的亮度。

(9) 会议/厅室天花板要有足够的高度,投影时需要保持清晰的视线。

(10) 主会议厅必须配有室内控制的扩声器。

(11) 主会议厅必须提供足够的舞台装置、升降器、指挥台和讲台。

(12) 会议厅/室要有适当数量的电源和电话插座及高速数据接口。

(13) 饭店必须自备或通过外部承包商提供会议常需的投影机,液晶显示器、屏幕、视频和音频设备/配件。

(14) 饭店必须提供在会议服务方面训练有素的,并能时刻准备为满足演讲嘉宾需求做出快速反应的技术人员。

(15) 饭店需为会议组织者在主会议厅/室的附近提供办公室或工作室。

(16) 饭店须有提供价格合理复印服务的功能齐全的商务中心。

(17) 主会议厅要有足够密度的可移动隔断墙保持可接受的隔音效果。饭店需提供安全的储藏间,钥匙仅限专业会议组织者(PCO)和安全保卫人员保管(Wright & Siwek, 2005)。

美国《成功会议》杂志所作的有关会议策划者选择饭店要素的研究(表3-29)和上述国际专业会议组织者协会(IAPCO)提出的专业会议组织者(PCO)选择饭店的标准,以及本章中表3-11、3-16、3-17所揭示的公司会议和协会会议选择饭店和会议设施考虑的重要因素,非常值得会议策划组织者在工作中参考借鉴并可作为会议组织者在选择会议饭店和会议设施进行决策时的依据,而且这些要素和标准对于饭店改进硬件设施,改善服务质量,占领会展市场有很大的参考价值。

在这些要素和标准中,饭店的容量(包括客房和会议厅/室)及预算是两个最重要的因素,如果饭店没有足够数量的客房和足够面积和数量的会议厅/室提供给会议组织者支配和使用,那饭店其他条件再好也是没用的,同样的,饭店各项条件再好,如果会议预算不能承担饭店费用,那会议策划组织者也只能忍痛割爱,另选他处。

制定会议预算也是会议组织者的重要责任之一。会议预算一般由会议组织者的财力和实力、会议的规模和档次、活动的内容、离目的地的远近、设施和服务的规模、会议的时间等因素来决定的。一般来讲,公司会议的预算比较宽松,而政府部门和协会的会议预算比较紧。国际会议比国内会议的预算要多。在制定会议预算时,可参考国际或以往同类会议的费用支出,还要考虑到物价上涨因素并注意留有余地。

表 3-29　美国 2004 年每个会议的平均支出费用

会议费用支出项目	平均支出费用(美元)	占总费用的百分比(%)
餐饮	24844	25.46
住宿	18108	18.56
航空交通	17100	17.53
视听设备和服务	8510	8.73
展览服务和装饰布展	7581	7.77
展览场地租赁	6972	7.15
演讲嘉宾/培训者	5838	5.99
现场会务工作人员	3043	3.12
地面交通	2808	2.88
会议场地租赁	2773	2.85

资料来源:Successful Meetings, 2005。

根据美国《成功会议》杂志 2005 年发表的行业状况研究报告(State of Industry Report)的研究标明,2004 年美国每个会议的平均支出费用中,主要费用是用在餐饮、住宿和航空交通上(见表 3-29)。餐饮和住宿的支出几乎达总预算的 44%左右,17.53%花在机票上,再加上地面交通费 2.88%,交通费用也要占 20%左右。除此以外,会议支援服务和齐全的设施设备非常重要,相当一部分预算要花在主讲人的出场费、招待费和视听设备费用上,最后还要有一定的预算可分配使用到其他方面。

根据美国会议产业委员会(CIC)2011 年 2 月 17 日发布的美国会议产业委员会对美国会议产业的经济影响研究报告,美国会议消费主要花在下列十个方面:

(1) 餐饮(347 亿美元)。

(2) 视听设备、主席台/讲台服务(125 亿美元)。

(3) 会议场地租赁(102 亿美元)。

(4) 会议组织费用(97 亿美元)。

(5) 管理费用(62 亿美元)。

(6) 娱乐演出费用(61 亿美元)。

(7) 会议组织人员费用(42 亿美元)。

(8) 讲演者/培训者和其他赞助的出席者费用(39 亿美元)。

(9) 会议劳务费用(36 亿美元)。

(10) 团队交通运输费用 34 亿美元(CIC, 2011)。

这一研究结果也可供会议策划组织者了解会议的消费和制定会议预算参考。

预算的制定和使用分配并不是千篇一律和固定不变的,我们可以参考国内外同类会议的预算,但会议的预算制定和使用分配上还要根据会议主办方的经济实力和融资的能力、会议规模与档次、饭店规格、目的地距离、演讲嘉宾层次和会议活动内容等具体情况灵活地合理调节。会展企业或会议主办方在制定预算时可留有余地,但一旦预算决定后,执行时就必须严格按照预算办会,否则会议费用就要超支。

会议预算虽然有时也会因为经济萧条、机构精简、差旅成本控制及其他原因而减少、但根据全世界企业全球化和经济一体化的发展趋势,随着我国经济的日益繁荣和入世后的进一步发展,还有近年来全球物价上涨的因素,我们可以预言,公司、协会、甚至于各种非营利组织的会议预算将会有很大的提高。

除上述三项重要责任外,其他的会议组织者责任还包括安排日程、制定目标、拟好包括邀请信,会议决议在内的各种文件、落实出席对象等等。会议组织者必须牢记自己的责任,精心地策划和安排每一次会议。

会议业充满生机,蒸蒸日上。这对于我国会展业的市场繁荣和发展无疑是一个很大的推动和促进。

思考题:

1. 为什么会议业会引起越来越多的国家和地区的注意?国际会议只占会议市场的 10%,为什么人们还要花那么多力气去争取这小比例的国际会议?

2. 请简述欧美和亚洲会议市场的基本情况。

3. UIA 和 ICCA 对大型国际会议的统计标准分别是什么?

4. 会议的类型有几种区分法?请分别给予说明。

5. 大会(convention)的目的和特点是什么?它和会议(conference)有何区别?Congress 在哪个国家有何特种意义?

6. 什么会议被称为论坛?这种会议有何形式与特点?Symposium 和 forum 有何相同和不同之处?Seminar 和 forum 或 symposium 的主要区别又是什么?Workshop 是指什么会议?又有何特点?

7. 展览会和交易会是否是会议形式的一种?

8. 了解会议业的正确术语和省略语有何意义?

9. 协会会议和公司会议各有何特点?会展营销人员应如何根据其各自特点分别做好协会会议和公司会议的市场开发工作?

10. 政府会议有何特点?怎样做有助于吸引这一细分市场?

11. 饭店是否应该去争取所有的会议?为什么?饭店应该如何根据自己不同的地理位置去争取不同的公司会议?在公司会议的接待与服务中,为什么做好公司高层管理人员的接待服务分外重要?

12. 独立饭店如何争取大公司的多地重复会议的业务?

13. 在国际上,会议主办机构分为哪几个类型?谁是最主要的会议主办机构?在亚太地区,哪个行业组织的会议最多?在不同类型的协会中,哪一类协会最值得作为会议市场的营销目标?

14. SMERFS代表什么?该群体有什么特点?SMERFS在会议市场中的重要性如何?

15. 会议策划组织者的主要责任是什么?会议策划组织者选择会议目的地和饭店需考虑的因素分别有哪些?你认为会议组织者在选择会议目的地时,除考虑饭店及会议设施这些基础设施外,他们更期望的是什么?

16. 会议预算是由哪些因素来决定的?会议预算各项分配的参考比例如何考虑?制定预算的原则有哪些?

第四章

展 览 业

展览业是会展业的又一重要组成部分。展览业有其强烈的经贸特性，是世界经济发展不可缺少的重要服务行业之一。我国的展览业在改革开放后取得了惊人的发展，但在世界展览业中，我国才刚刚起步，并存在不少问题。

要参与和推动我国展览业的健康发展，了解国内外展览业的发展情况，展览会的主办与承办机构，展览会开发与经营和我国展览业发展目前存在的问题，是十分必要的。本章将从这几个方面介绍展览业，分析和阐述我国展览业的发展。

第一节　展览业概述

一、展览业的发展

世界展览业的历史源远流长。在人类社会发展的历史长河中，随着社会生产力的不断进步和发展，社会出现了分工和剩余产品，从而产生了物物交换的集市和古代城市之间定期举行的大型集市庙会。公元 5 世纪，波斯举办了第一个超越集市功能的展览会，当时的波斯国王以陈列财物来炫耀本国的财力和物力，以期威慑邻国。在 14 世纪到 17 世纪的欧洲文艺复兴时期，陈列各种出版物的法兰克福书市和很大的商品博览会就已出现在人们通往罗马的旅途上，并成为旅游者喜爱的停留之处。

18 世纪末，人们逐渐想到举办与集市相似、但只展不卖的展览会。这一新的想法于 1791 年在捷克的布拉格首开先河。早期的集市是在产品社会向商品社会转变的过程中、为了商品的交换而诞生的。但是，原始的、自发的、松散的、小型的集市无法满足日益发展的大规模工业经济和商品经济的流通需要，而且初级的、小型的、局部的具有先工业社会形态和初级商品经济特征的一般展览会，也缺乏市场的功能和作用。因此，社会的进步，经济的发展，特别是商品经济和市场经济的逐步演化，催生了现代形式的贸易展览会和世界博览会。

展览业的诞生、成长和发展是与世界经济的增长与发展密不可分的。随着工业革命的到来，社会生产力的提高，科学技术的进步，国际交通的发展，举办世界性展览的条件亦逐渐成熟。到了19世纪中期，展览会上的展品和参展商超出了单一国家的范围。世人所公认的第一个真正的世界性博览会，于1851年5月1日在英国伦敦开幕，当时维多利亚女王通过外交途径邀请各国参展。博览会由国家举办、国家元首发出邀请，表明它是政府行为，从而使得世界博览会的规格和意义都超出了一般的国际贸易博览会。这次世界博览会不仅是一次“眼花缭乱，丰富多彩”的陈列，而且成为以后数十年的自由贸易先驱，其展品代表和体现了现代工业的发展和人类无限的想象力与创造力。此次博览会还成为启动20世纪科学与进步的巨大动力，它的辉煌成功使以后的世界博览会与奥林匹克运动会一样成为全球规模的盛会。

从英国伦敦1851年世界博览会与1889年在德国莱比锡举行的第一届专业展览会——自行车和汽车展，到1928年35个国家在巴黎缔约，制定出世界博览会举办方法的若干规定；从1938年成立负责管理世博会有关事务的国际展览局(BIE—the Bureau International des Expositions)，到1993年5月3日，中国正式加入国际展览局，成为该组织的正式成员，并于1999年在我国昆明首次举办专业性的园艺世界博览会，再到中国于2010年5月—10月在上海举办的主题为“城市，让生活更美好(Better City, Better Life)”的综合性世界博览会。现代形式的贸易展览会和世界博览会已走过了近160年的发展历史。在这期间，仅展览会最高层次和形式的世界博览会就被国际展览局的各成员国先后举办了40多次。展览业既是一个历史悠久，博大精深的行业，又是一个方兴未艾，亟待发展的新兴行业。进入20世纪80年代以来，国际展览业的发展，由于其和社会与经济发展密不可分的关系，随着世界经济一体化和企业全球化的发展，更是表现出突飞猛进的发展趋势。2007年，全世界展览业直接收入已达3000亿美元(冯源。2008)。如今，仅国际展览与项目协会(IAEE)就有1300个团体会员和8500个个人会员(IAEE, 2009)。而另一个国际展览业专业组织国际展览业协会(UFI)拥有位于世界六大洲83个国家208个城市的534个团体会员单位，他们每年在世界各地要策划主办4500多个著名展览会和交易会(UFI, 2009)。这些各种类型的国际展览会越来越发挥其对经济贸易活动的加速和刺激作用。成为推动和促进世界各国和地区经济蓬勃发展的加速器和助推器。例如,20世纪80年代中期,新加坡饭店建造失控,客房入住率和房价一度下降,新加坡虽曾以“购物天堂”盛誉著称于世,但因通货膨胀,物价上涨的原因,减少了光彩。但新加坡抓住了始于70年代初的展览业,经过40年的努力,取得了巨大的发展。如今,在该国每年举办的各种展览和会议等大型活动就达3200多个(中国贸促会驻新加坡代表处,2008),新加坡展览业估计价值近11亿3千万美元,就业人数达15000人左右(ASEAN, 2009),新加坡展览业国际化程度相当高,海外展会主办方占据着新加坡展览业的60%多的江山(Tan, Hock & Piaw, 2004)。齐全的设施、专业化的运作、国际化的经营和良好的服务使新加坡展览业在国际上享有盛誉,新加坡在世界展览业的地位受到了有关国际组织的承认,早在20世纪末,新加坡获得国际展览业协会(UFI)认证的展会就占亚洲获得UFI认证展会的1/3(Tan, Hock & Piaw, 2004)。2008年,设在布鲁塞尔的国际协会联盟(UIA)已连续25年将新加坡推选为亚洲排名第一的国际会议国家与城市(Iswaran, 2009)。2009年,国际展览业协会(UFI)宣布新加坡已被挑选为2010年11月国际展览业协会(UFI)第77届代表大会的举办地,有来自50多个国家的UFI成员代表前来参加大会(Whiteling, 2009)。新加坡就是这样通过发展展览业,再加上每年举办的国际会议和奖励旅游活动,使旅游业形成了自己的特色,不仅成为著名的国际会展之都,而且使饭店客房率一直保持在80%以上,大大地促进了新加坡的经济发展,取得了巨大的成功。还有,日本在1970年于大阪首次举办了世界博览会。日本人称之为“万国博览会”,体现了“人类的进步与和谐”,向观众展示了继东京奥运会之后,日本在各方面的发展和成就。日本大大得益于这次博览会,自那以后,日本10年内的经济发展一直保持着强劲的势头。

从1949年新中国成立至1978年改革开放前,我国竟然没有举办过一次国际贸易博览会。1978年10月,在北京全国农业展览馆举办的十二国来华农业机械展首开我国商业展先河。随着改革开放的不断深入,我国展览业亦如同世界上许多国家的展览业一样取得了飞速的发展。据统计,仅1995年,北京、上海、广州就举办了469个国际展。展览面积28.1万平方米。从1985年到1996年,仅在位于北京的中国国际展览中心举办的展览会就达321次。根据有关统计的数字还显示,1997年中国内地举办博览会总数为1063个,1998年为1262个,1999年为1326个,2000年迅速上升到1684个。进入21世纪以来,中国内地展览会的数量继续以平均每年20%的比例飞速增长,

2001年为2381个,2002年为3075个,2003年为3298个,2004年为3560个,2005年为3800个(张伟,2007),一直到2008年,境内展会达到5000余个,参展商近400万,采购商2000万左右;展览项目数量全球第一,中国已经超过美国、德国,成为展览业总体规模与数量第一的世界第一展览大国(孙德良,2009)。中国展览业飞速的发展令世人惊异(见表4-1)!

表4-1 中国展览业进入21世纪以来相关发展数据
(国内展览项目总数、出国展项目数、展览收入)

年　　度	2001	2002	2003	2004	2005	2008
国内展览项目总数(个)	2381	3075	3298	3560	3800	5000
年　　度	2001	2002	2003	2004	2005	2006
出国办展项目数(个)	476	591	612	749	950	1200
年　　度	2001	2002	2003	2004	2005	2006
展览收入(亿元人民币)	74.6	90.3	86.4	108	127.5	140

资料来源:张伟,2007、邓志斌,2007和孙德良,2009。

据中国国际贸易促进委员会副会长王锦珍介绍,2006年,中国内地各类展览会的直接收入已达140多亿元人民币(吴宇和、李何子,2007),按1元展会收入拉动9元社会产出计算,产生综合经济效益约在1260亿元人民币,展览业正在对我国经济社会发展产生日益明显的推动作用。如今,全球拥有的展览会主题,在中国市场上都能找到,包括德国、美国等世界前10名的国际展览公司都不同程度地参与了中国展览市场。中国国际展览中心总经理陈若薇女士在Interexpo China 2000研讨会上的讲话中曾经指出:"在中国内地举办展会中,国际性展览约占48%,国内展览约占52%。就国际展而言,专业性展览约占95%以上。"从2000年至今,十年过去了,国际展和专业展的数量、规模和国际化与专业化的程度又有了很大的提高,仅2007年在上海,国际展会的数量和总展出面积就分别比2006年增长了4.8%和9.5%(龚维刚、曾亚强,2008)。我国的专业展,如国际机床展,汽车展、国际通信展、纺机展、印刷展、冶金铸造展等目前在国内外影响都比较大,并在其同类中占有重要的地位,在亚洲乃至世界均有一定的影响。2009年,国内车展排行老三的广州车展在规模上就大大超过了国际老牌车展之一的东京车展(胡晓晶,2009)。

据中国贸易促进委员会的《中国会展经济发展报告2006》显示,截至2006年底,全国正式注册并具有举办经济技术展览会条件的展览馆已达170家,可用于展览的总面积超过536.5万平方米,其中,室外面积为350万平方米,约占可用于展览总面积的 2/3，室内面积为 190 万平方米，约占可用于展览总面积的 1/3，以上展馆不包括可用展览面积在 2000 平方米以下的会展中心和展览场馆(吴宇、李何子，2007 和龚维刚、曾亚强，2007)。

图 4-1　中国主要展览场馆分布图

从这 170 家展览馆的地域分布来看，东部沿海十省市(北京、河北、天津、山东、江苏、上海、浙江、福建、广东、海南)占了 60%，共有 102 家。中部六省占了 11.76%，东北三省占了 8.24%，西部十二省市自治区占了 20%。在各省市中，广东展馆最多，有 24 家，其次是江苏 16 家，浙江 14 家，北京 10 家，山东 9 家，上海 8 家(见图 4-1)。从展馆面积来看，广东以 160 万平方米居全国第一，其次是山东 38 万平方米，江苏 36 万平方米，浙江 32 万平方米，上海以 30 万平方米排名第五位，北京以 20 万平方米排名第八位(龚维刚、曾亚强，2007)。

截至 2007 年，全国主营展览公司 3800 家左右，从业人员近百万人(高校招生杂志网，2009)，形成了从业、培训和教育的良性体系和产业链条。就展览地域来说，由于市场和运输费用等因素的影响，中国展会主要分布在北京、上海、广州、大连、成都、深圳、厦门等东部沿海和经济发达城市。随着全面提高中国西部地区开发开放水平和东北老工业基地的全面振兴，我国西部地区和东北地区的展会数量也在不断增长。

长期以来，内地举办展会数量最多城市的前三位是北京、上海和广州。北京一直处于领先地位。但是在 2007 年，中国国际贸易促进会正式发布的《中国会展经济发展报告(2006)》报告披露，2006 年三个重要会展城市北京、上海、广州大约共举办了 864 个展览会。其中，又以上海办展数量最多，我国经济发展最为活跃的上海在举办展会数量上超过了北京，占总数的 40％；北京次之，占 39％；广州第三，占 21％(邹品娥，2007)。2007 年，上海又举办了 515 个展会，展会总面积达到 571.9 万平方米，其中国际展会有 309 个项目，总展出面积 474.6 万平方米(龚维刚、曾亚强，2008)。2008 年，到 3 月，上海批准的 2008 年国际展览就已有 316 个，展出面积要达 505 万平方米，都比 2007 年有所增加，考虑到 2008 年北京举办奥运会部分展会移师上海的因素，2008 年上海实际举办国际展会的数量还会有所增加(世华财讯，2008)。

1999 年我国在云南昆明成功地举办了为期 184 天的专业性的园艺世博会和 2002 年 12 月 3 日我国成功申办 2010 年上海世博会，标志了我国展览业已发展到了一个新的高峰，如今，在世界各国政府和人民的积极支持下，经过中国政府和人民的努力和认真准备，2010 年上海世博会已在上海成功举办，全世界共有 189 个国家和 57 个国际组织实际参展，参展方的数量创历史新高(金晶，2010)。本届世博会参展人数达到 7000 万人次。2010 上海世博会成功举办的经验、留下的宝贵物质和精神财富以及世博会的衍生效应将继续推动我国向展览业发展史上更新高峰的攀登。

国内外展览业飞快的发展速度日益引起人们的重视和瞩目。它正以其崭新的形象和会议业、奖励旅游与节事活动一起使会展业迅速地成长为第三产业中一个举足轻重的新兴行业，为我国国民经济的持续发展做出越来越大的贡献！

二、展览业的发展特点

随着企业全球化和经济一体化的发展，国际展览业发展迅猛异常，对世界经济发展的贡献也随着展览业自身的发展而日益增长。在我国，自改革开放以来，展览业也取得了巨大的成就，但与世界展览业发达国家相比，我国的展览业还处于发展阶段，为了更圆满地做好对展览业的管理、开发、销售与服务工作，从而更好地推动我国展览业的健康发展，并使其更好地为我国的改革开放和我国经济发展服务，我们应该学习、研究和了解下列展览业的发展特点。

(一) 国际化程度越来越浓

因为世界经济一体化和企业发展全球化的必然趋势，以及会展业所具有的无与伦比的功能和不可替代的作用，世界各国政府与企业越来越重视展览会的举办与参与。从举办者来说，都想把展览会办成影响面大、参与国多、经济效益好的展览会。从参展商的角度来讲，越来越多的企业走向国际市场，它们把眼光瞄准全球，绝不轻易放过任何一个可以宣传自己企业与产品、参与竞争、争夺市场、谋求发展的机会。这就决定了展览国际化程度的不断提高，使国际化成了世界展览业发展方向之一。这一特点具体表现在以下四个方面：

1. 国外展商和海外专业观众不断增加

展览业国际化程度越来越浓这一特点首先表现在国外展商和海外专业观众的不断增加。比如，新加坡的展览会，参展商和观众的国际化程度不断增加，1994 年国外专业观众人数平均为 35%，1995 年达 43%，但到 2004 年，根据新加坡旅游局对会展业的统计数据(表 4-2)，国外的参展商和参观观众均占总数的 50%以上了。除本土观众外，来自于东南亚观众最多，占总数近 30%，而国外参展商主要来自欧洲、北亚和东南亚(刘鸣，2008)。著名的两年一度的法国国际展览会是世界食品交流的重要场所，2006 年该展会共有来自世界 99 个国家的 5256 家参展商、全球 183 个国家共 136374 名专业人士到会洽谈，2008 年展会约有全世界 100 多个国家的 5300 多家参展商的产品到会参展。法国国际食品展是面向全球和专业人士的贸易盛会，有将近 55%的观众是来自国外的参观者，国家数量多达 191 个(北京沃德博森国际商务展览有限公司，2009)。2009 年 2 月在德国法兰克福举办的世界顶级纸制品、办公用品和文具展览会上，61 个国家的 2255 名参展商带来了他们最新的产品和下一季的流行趋势。本届展会的国际化程度又有了进一步的提高。2009 年观众数量比去年增长了 3%，其中 57%来自德国以外的国家(上海欧甲宝会展服务有限公司，2009)。

表 4-2　2004 年新加坡展览会参展商及观众统计

地　区	观众人数	比　例	参展商人数	比　例
新加坡	91569	49.8%	23012	46.0%
东南亚	54894	29.8%	6660	13.3%
北　亚	14434	7.8%	7506	15.0%
西　亚	4237	2.3%	700	1.4%
南　亚	5204	2.8%	847	1.7%
欧　洲	7134	3.9%	9380	18.7%
大洋洲	5773	3.1%	1812	3.6%
非　洲	756	0.4%	144	0.3%

资料来源：新加坡旅游局展览与会议署(刘鸣，2008)。

除了一般的国际贸易展览会，还应该提到的是非贸易性的全球性展（博）览会。由于这类展览会的宗旨是促进世界各国经济、文化、科学技术的交流与发展，使每个参展国家能够利用这个机会向全世界宣传展示在各个领域里取得的成就，因而它们往往更加引起世界各国政府的重视并吸引它们的参与，所以这类展览会的高度国际化更大地提高了整个展览业的国际化程度。如1999年在我国昆明举办的中国"99昆明园艺博览会"参展国家和国际组织达到95个。这些国家中包括了有影响力的大国、周边国家和园林园艺特色鲜明的国家。他们和参展的国际组织着重展示了各自的园林成就和传统特色，加强了彼此之间的交流和合作。2000年6月1日至10月31日在德国北部城市汉诺威举行的汉诺威世界博览会，吸引了187个国家和国际组织参展，其中包括172个国家和15个国际组织，并在153天的展出中，共接待了世界各地的观众1850万人次（搜索百科，2009）。2010上海世博会更是吸引了192个国家和50个国际组织参展，这一数字早已打破了德国汉诺威世博会保持的国家和国际组织参展纪录，真正体现了世博会广泛的国际性。实现了全球参博展现精彩世界（叶蔚，2009）。

2. 海外展商参展面积不断增加

展览业的国际化程度越来越浓这一特点其次表现在海外展商实际参展面积不断地增加。法国爱博展览集团和（中国）商业发展中心共同主办的第六届中国国际食品和饮料展览会——SIALCHINA2005，不仅有来自全球50多个国家和地区的国际展商报名参展，而且据主办方介绍，海外企业的参展面积比上年增加了66%（子琦，2005）。2009年，在深圳举行的第十一届高新技术成果交易会（高交会）海外展团的规模及数量超越往届，共有美国、德国、韩国、芬兰、法国和俄罗斯等17个国家组织了26个展团参展，参展面积比2008年又大幅增加46%（熊君慧、李昌鸿和郑海龙，2009）。

3. 国际展会数量不断增加

展览业国际化程度越来越浓这一特点还表现在国际展会数量的不断增加。国际展会数量不断增加是由企业全球化和世界经济一体化的发展趋势所决定的。在过去的二十多年，这一现象在我国尤为突出。随着我国加入世贸组织和开放改革的不断深入，在我国境内举办的国际展会和我国组团赴海外参展的国际展会数量日益增多，2001年北京举办国际展会323个，但三年之后，北京举办的国际展会就增加到420个，增速相当明显（北京旅游局规划统计处，2008）。而在上海，展览业的发展过程更是充分地展示了国际展会数量不断增加的这一现象。1997年，上海国际展会首次突破了100个，1999年达到150个，是1990年的近4倍。到2000年上海国际展会超过了200个，其后，2001年达到252个，2003年达到248个，2004年达到284个，2005年276个，2006年295个，2007年309个(龚炜刚、曾亚强，2007和2008)。除了在我国境内举办的国际展会数量每年都在递升外，我国出国办展数量也在不断增加。中国贸促会张伟副会长在第73届UFI年会演讲中指出：2001年中国举办出国展476个，2002年591个，2003年612个，2004年749个，2005年950个，五年间，中国出国办展数量就从476个增加到950个，翻了一倍(张伟，2007)。

4. 跨国会展公司加速向国际市场拓展

展览业国际化程度越来越浓这一特点表现的第四个方面就是跨国会展公司加速向国际市场拓展。由于会展经济的理念在全球迅速传播，会展业正被越来越多的国家重视，国际会展业随之而来的就是结构的调整和市场的转移，发达国家的展览集团纷纷将发展目标瞄准海外，他们通过移植品牌，资本输出、合作办展、战略联盟和并购的方法进行海外开发，提高竞争力，扩大规模和抢占市场份额，这就大大地增加了展览业的国际化程度。德国杜塞尔多夫国际展览(中国)公司总经理冯培喜先生就曾表示："上世纪末，在经济全球化一体化浪潮的影响下，德国公司纷纷到世界上极具发展潜力的成长地区投资。全球化也正是世界五大展览主办者之一的德国杜塞尔多夫机构的精髓所在，在保持其20多个世界第一展览品牌的同时，德国杜塞尔多夫机构还致力于区域性的、尤其是新兴地区的展览业发展。"(连若离，2008)德国法兰克福展览有限公司也已把每年春秋两季在德国举办的国际消费品展览会(Ambiente)移植到了国外，分别在中国、日本和俄罗斯举办了以Ambiente命名的展览会。新加坡的Reed和SES等大公司到中、马、泰、印度和印尼等国巡展。瑞德(Reed)公司和世界上另一家著名的展览企业克劳斯(E. J. Krise)公司合作联姻，共同开发了通讯计算机展览市场(上海商务委员会，2009)。德国著名的汉诺威展览公司同样努力扩大其国际商业活动，更加集中于国外发展市场。在汉诺威展览公司的国外商业活动中，中国占有中心地位，他们已经在中国成立了汉诺威国际展览会(中国)有限公司，并投资2000万马克，和德国的展览业合作伙伴一道在上海浦东投资，和中方共建他们永久性的展示场地——上海浦东上海新国际展览中心(详见本章第二节)。不仅如此，汉诺威展览公司还和意大利米兰展览公司签订了合作协议，联手开拓中国、印度、俄罗斯和巴西四大新兴会展市场。其中，中国被作为首选市场(中国机床网，2009)。德国慕尼黑博览会公司也和中国国际展览公司合资成立了京幕国际展览有限公司。新加坡毕克公司在北京、上海和广州也分别成立了合资的展览工程公司。不少在发展中国家举办的规模较大，水平较高的展览会，也都是由发达国家展览公司参与管理，甚至直接控制的。

（二）规模化程度越来越大

目前国际展览业的另一特点是朝规模化和集约化的方向发展。具体体现在：

1. 场馆大型化

例如，德国展览业的发展就是极好的范例。在德国这个世界会展强国现有的 24 个大型会展场馆中，有 9 个会展场馆的室内展览面积超过 10 万平方米（见表 4-3），而且随着展会面积的增加，展览场馆还在不断的扩大。现在世界最大的 5 个展览中心，有 4 个就在德国（见表 1-2）。目前国外新建会展中心占地一般都会超过 100 万平方米，室内展览面积超过 20 万平方米，比如：米兰展览中心占地超过 140 万平方米，巴黎博览会占地和预留面积共达 360 万平方米。

表 4-3　德国会展场馆的展览面积排名

排名	会展场馆	室内展览面积（平方米）	室外展览面积（平方米）
1	汉诺威	495265	58070
2	法兰克福	321750	83700
3	科隆	284000	100000
4	杜塞尔多夫	251038	32500
5	慕尼黑（新馆）	180000	255000
6	柏林	160000	100000
7	纽伦堡	160000	60000
8	埃森	110000	20000
9	莱比锡	101200	69998
10	腓特烈港	69700	11800
11	巴德萨尔佐夫伦	70000	
12	汉堡	59682	8500
13	多特蒙德	59235	
14	奥格斯堡	57000	18000
15	斯图加特	54500	10000
16	卡尔斯鲁厄	52000	10000

（续表）

排名	会展场馆	室内展览面积（平方米）	室外展览面积（平方米）
17	辛斯海姆	40160	10000
18	不来梅	39050	100000
19	皮尔马森斯	38400	30000
20	慕尼黑（旧馆）	30000	
21	索尔布吕肯	24519	27400
22	弗莱堡	21500	134900
23	奥芬堡	19725	37877
24	奥芬巴赫	18000	

资料来源：德国展览管理协会（AUMA）（2007）。

2. 展会规模化

德国不仅有大面积的展馆，而且举办展会的规模也最大，效益也最好，实力也最强，全球 2/3 著名的专业贸易展览会都在德国举办，按营业额排序的全球十大知名展览公司中，德国就占了 6 家。德国每年只举办 130 多个国际性贸易展览会，但净展出面积竟达 690 万平方米，参展商可达 17 万多家，参观者逾千万。上海现代国际展览公司主办的上海国际广告技术设备展至 2010 年已举办了 18 届，规模越搞越大，展览面积从第 1 届的 2000 平方米已发展到目前的 15 万平方米，而且汇集了 1400 余家国内外顶尖广告、印刷、包装设备领域的供应商，吸引了来自全球 97 个国家和地区的 102800 万余人次的专业观众，其中海外买家就达 21588 万多人次（百度贴吧，2008）。在参展商、展品、观众数目及层次上每年均有着不同程度的提高。

3. 品牌集约化

越来越多的展会主办机构为了形成自己的展会品牌，增强展览会的竞争性和规模效益，通过市场公平竞争、兼并，把相关的几个中小展览会合并成一个。有的主办机构尽量把同类或相关的展览会，放在同一个屋檐下，同时展出，此即所谓的“Two in One”，“Four in One”。例如，新加坡展览服务公司（Singapore Exhibition Service Pte Ltd—SES）主办的第 15 届国际数字多媒体和娱乐技术展览会（BroadcastAsia2010—The 15th International Digital Multimedia & Entertainment Technology Exhibition & Conference）和另外三个展会：第 4 届互动数字媒体与娱乐展览会（InteractiveDME2010—The 4th International Interactive Digital Media & Entertainment Exhibition & Conference)、第 21 届国际通讯和信息技术展览会(Communic Asia2010—The 21st International Communications & Information Technology Exhibition & Conference)和第 7 届国际企业信息技术展览会(EnterpriseIT2010—The 7th International Information Technology Exhibition & Conference for the Enterprise)就同时在同一地点一起召开(Broadcast Asia2010, 2010)。1999 年 3 月 18 日至 24 日于德国汉诺威举办的国际信息技术与通讯博览会(CeBit),把所有有关通讯技术、软件及电讯技术的展品都展现在来自世界各地的参观者的面前,展出面积超过 40 万平方米,参展商达 8000 家,如今一年一度的 Cebit 已成为全球最大的电脑及通讯设备展,吸引着世界各地这一领域的制造商和采购商。中国电子器材总公司(原电子工业部销售局)大胆进取,锐意改革,也从 1999 年开始,将每年秋季的全国电子产品展销会和上海国际电子展以及国际视听产品展览会三合一合并举行,逐步将展览会建成亚洲地区最有影响力的展事之一。

4. 企业集团化

目前世界著名大型会展公司采取战略联盟和并购方式来扩大规模,提高竞争力,抢占市场份额,形成集团化趋势,例如:英国的励展博览集团(Reed Exhibitions)、蒙哥马利集团(The Montgomery Group)、英国国际贸易展览公司即 ITE 集团(ITE-International Trade Exhibition)、国研会展集团(IIR Exhibitions)、塔苏斯集团(Tarsus Group)和欧洲博闻集团(United Business Media Limited);荷兰的皇家展览集团(Royal Exhibition Group);德国的德国展览集团(GEC)、海德堡展览贸易集团(FairTrade)、美沙展览集团(Mesago Holding)、多特蒙德展览集团(Borussia Dortmund Exhibition Group)、杜塞尔多夫展览集团(Dusseldorf Exhibition Group);法国的爱博集团(Groupe Exposium)和新加坡的新加坡国际展览集团(Singex Group)、环球联系展览集团(HQ Link Pte Ltd)和 MP 国际集团(MP International)等。目前,我国也有以展馆为中心形成的会展企业集团,如中国国际展览中心集团、江苏新国际会展集团、西安曲江国际会展集团、廊坊国际展览集团、厦门国际会展集团和成都会展旅游集团,也有通过改制,从贸促机构或外经贸系统中独立出来的会展企业集团,如长春百瑞会展集团等,还有国资建立的上海世博集团等。企业集团化明显已成为国际展览业朝规模化和集约化方向发展的重要标志。

(三) 专业化程度越来越强

本书第一章中讲到的会展业的特点之一是专业性强,这一特点也必然反映在展览业的发展过程中。展览业的专业化发展特点具体体现在:

1. 管理专业化

展览业作为会展业的一部分，自然具有很强的专业性。一个好的展会同其他会议、奖励旅游和节事活动一样，从申办策划到筹备运作也都是系统工程，需要专业组织协调管理和帮助支持。全球或亚洲展览业中著名的国际专业组织有国际展览局(BIE)、国际展览与项目协会(IAEE)、国际展览业协会(UFI)、国际博览会和展览会协会(IAFE)、国际展览服务联合会(IFES)、亚太地区会展场地管理协会(VMA)、贸易展览商协会(TSEA)和亚太地区展览会及会议联合会(APECE)等。在展览业的专业化发展过程中，办展机构也日趋专业化，大型的专门举办展览会的跨国公司在不断地崛起和发展，这些专业展览公司使展会的专业化管理程度不断地得到提高。

2. 人才专业化

展览业很强的专业性也必然要求它的从业人员具备专业化的知识和素质。国际上展览业发达国家，如德国、美国和英国等国家都设有会展管理专业，系统地教授展览理论知识，同时，展览业的行业组织，如德国展览委员会(AUMA)和美国国际展览与项目协会(IAEE)等也都开展对展览业从业人员的专业培训和资格认证。如IAEE就提供注册展览经理(CEM)的系列培训课程和认证。

3. 展会专业化

在国际上，专业性的展会已成为展览业的主流，与一般展会相比，专业展会具有针对性强、观众质量高和参展效果好等优点。因此，近年来许多综合性展会逐渐地转为专业展，有些综合性展会已经被细分成若干个专业展，如汉诺威工博会就由机器人展、自动化立体仓库展、铸件展、低压电器展、灯具展、仪器仪表展和液压气动元件展等若干个专业展组成。有些同一主题的展会也被细分成许多小的专业展，如：国际著名的慕尼黑"国际电子元器件和组件贸易博览会"就已经分成国际电子生产设备贸易博览会、国际应用激光和电子技术贸易博览会及国际信息技术和通讯贸易博览会。所以国际上综合性展会数量日益减少，专业性展会日益增加。据统计，目前世界各地举办的展会中，98%是专业展，即使在我国，专业展会数量占全部展会数量的比重也已达95%以上。

(四) 科技化程度越来越高

科技化程度越来越高的特点主要体现在：

1. 有关科学技术的展览会越来越多

例如，据新加坡旅游促进局统计，早在1995年举办的100多个国际展览会中，有关科学技术的展览会就已占51%，而且在展览会期间，技术贸易的成交额也远远超过商品贸易额。在我国政府“科教兴国”的战略思想的指导下，为了推广和宣传我国科技成就，进一步提高科技知识、提高科技水平，有关科学技术展览会也越来越多了(见图4-2)。例如，上海的“中国(上海)国际电子工业展览会”、“中国(上海)国际医疗器械展览会”、北京的“中国国际信息技术展览会暨信息产业发展成就展”、“2010第二届中国国际工业节能减排科技创新大会及展览会”、珠海的“中国国际航空航天博览会”、深圳市的“高交会—中国国际高新技术成果交易会”等展会的相继举办都是很好的例证，其中，至2009年为止，举办了11届的中国国际高新技术成果交易会以科学技术成果交易为主要特色，成交额逐年上升，已成为中国最大的国际高新技术成果交易市场。

图4-2　又一个高薪科技展览会

2. 展览会举办手段和设施越来越现代化

例如，上海展团在高交会上借用电子技术使用了“虚拟展馆”的最新展出手段；“中国国际旅游交易会”运用声、光、电并举的展览手法形象逼真地将世界风光展示在每一个参观者面前。2010上海世博会更是集世界智慧，运用互动数字多媒体、3D动漫、影视组合、视频墙、互动型智能帷幕、三维影院、投影技术、高科技全息成像技术等世界各种最先进的高科技展示手段，诠释了“城市，让生活更美好”的主题。

上海浦东兴建的占地25万平方米的上海国际博览中心所具有的超前性，高标准及单层无柱式结构的展厅，还有享有“亚洲最大无柱展馆”美誉的2010上海世博会主题馆，都大大地提高了布展的灵活性与布展使用面积，满足了布展的要求。

3. 网络的参与和其功能的充分发挥

迅速崛起的网络技术和电脑科学的不断发展，已经使互联网和内联网(intranet)参与到展览业中，并开始将其“无所不能”的功能发挥在大大小小的展览会上，构架起新的展览会模式，大有“无网不成会”的趋势。越来越多的展览会设有自己的网站域名，通过互联网进行招展，大大地提高了展会的营销效益。

展览会运用网络技术，起初是一些电脑网络专业展的“一技之长”，国内举办的大型电脑网络应用展览会，无一例外地应用了网络技术，包括宣传，参观者登记和展区内的互联网应用等，现在，这种先进的展览会技术已不再是电脑网络专业展的专利了。广泛应用网络，不仅逐渐成为比较上规模展览会的主办者、参展者和参观者所具有的一种新思维，而且也成为新世纪展览会的特征了。

网络技术在展览业中的广泛应用主要在以下几个方面：

(1) 网上策划：展览会对主办者来说，是创造一个集中宣传企业和产品的舞台。为吸引更多的厂商和参观者，主办者个个煞费苦心，从确定主题到招商、组织参观者，稍有不慎，便可能前功尽弃。因此，各个环节的精心策划便成了展览会能否成功的关键。网络技术的出现与应用能够使展览会的主办者将网络技术应用到策划上去，进而使展览会的策划出现了一个崭新的局面。例如1999年5月举办的‘99上海国际投资洽谈会(’99 China Shanghai International Investment Fair)的整个展会策划就是构建在网络应用的基础上的。无论是展会前期的宣传还是展会期间的信息发布、查阅和商贸洽谈，甚至是展会会后的继续推广，无一例外地都纳入网络中，体现了主办者的超前意识，让人们体验了信息时代数字化生存的内涵并感受到了未来展会的模式。

(2) 网上宣传：展会主办者网络策划的第一步就是从域名开始，因为一个响亮而能够真实反映展览会内容的域名，可以达到网络宣传和应用的良好效果，像昆明世界园艺博览会，PECC国际贸易投资博览会，2010上海世博会等网址，都是为展览会专门注册的，以便让人们通过域名便知道这个站点是发布什么内容的信息。如果不知道展览会域名，现在习惯使用网络的人们也会通过一些专门搜索站点，来完成从无法计算的网页中查到展览会的信息。世界著名的搜索引擎 Yahoo 就收集了与展览会有关的 39500 万条信息，全方位地介绍了全世界的各展览会和有关展览会组织的信息。

为展览会起一个专门的域名，会大大方便参展商和参观者，2000 年德国汉诺威世界博览会主办者一口气注册了三个域名，目的就是为了让更多的人知道这个展览会，以便邀请到更多的宾客。由于网络向展览业的渗透，所以为举办某个展览会注册一个域名，进行网上宣传已成风尚。

(3) 网上招展：展会招展是所有展会成功与否的关键，如果没有国内外权威参展商的参与，那也就无所谓展会的举办和成功了，互联网为一切展会的招展又提供了一个新的平台和途径。网上招展具有快捷、便利、节约、直观，覆盖面广等优点，展会的主办方在设立了展会网站后，就可通过展会的网站宣传展会和招展的有关事项，并可让有兴趣的参展商在网上登记，预定摊位，办理参展手续。

(4) 网上交流：网络技术不仅使主办者形成新的网络策划意识，而且使展览会这个有效的信息交流方式淋漓尽致地得到发挥。对于主办者来说，现在无需再为印刷、邮寄宣传资料而烦恼，也不必担心无法确定的因素使信息误传，在互联网上发布的主页可以帮助主办者完成招展，参观者登记及所需信息的传送和更新。制作精美的主页，可运用多媒体的手段，将还未举办的展览会在网上进行全方位的展现，让人们充分感受视觉效应，以吸引更多的参展商和参观者。这些都是传统展会所无法办到的。对于参展者来说，网络也可以提供一个方便地获取各种各样信息的条件，因为主办者在引导参展商和参观者运用网络手段获取信息上做了大量工作，包括制作信息量达到相当规模的数据库，便于用户操作的界面和栏目，远程查询和现场查询，完善的功能设计等等，以满足用户的要求。就以前面所提到的"99 上海国际投资洽谈会"为例，主办者就首先考虑了满足远程查询信息和现场查阅信息的要求，建立了互联网和现场内联网系统，使参观者或参展商无论是在万里之外，还是在展览现场，都可以查阅到相同的信息。另外，还根据这次投资洽谈会的特征，主办者还设计了专门的网络功能，像网络中的 VIP 节目，就包含了浏览国内外最新资料的信息功能，查阅国内外有关投资项目和投资机构的背景资料以及在网上进行贸易洽谈等功能。参观者在使用这些功能时，只要根据引导进入该栏目，便可以浏览查阅相关的内容。考虑到洽谈项目的真实性和有效性，网络还对某些项目进行限制，要求参观者首先向展览会主办者注册，取得用户名和密码，在使用某些栏目时先通过身份核对，然后就可查阅和使用网络的所有功能，获取所需的各种信息。

展后的统计资料不仅是展会主办方评估和总结展会工作所需的，更是所有参展商和参观者所感兴趣的，现在网络能够及时地为展会主办方提供一个详尽的参展商和观众人数、职业、行业分布等报告，更多的展览会在会期结束后，将有关展览会的内容长期地在网络上发布，使有期限的展览会通过网络手段达到无限延伸，成为永不闭幕的展览会。越来越多的展览会为弥补常规展览会客观存在的不足和断层，特别是会前缺乏了解、现场沟通仓促、会后无法延续的现象，将展览进行全方位的有效的扩展，将整个展览会合理安排成“会前网络沟通”，“会中现场洽谈”，“会后延续服务”三个阶段，为海内外客商营造真实、有效的交流环境与渠道，“全程展览”的理念已得到广泛地接受和运用。

另外，在展览会的网站中，现在还设有客人留言簿，网络访问者可以自由地在网上发表自己对展会的看法。主办者甚至会辟出一系列展会专题讨论区，让展会网上访问者就某个问题展开讨论，例如，在 2010 上海世博会网页中，主办者就在网上开辟了“世博论坛”专栏，邀请各阶层人士就世博会举办的各项有关议题开展讨论。

(5) 网上服务：展览会通过网络亦可为参展商和参观者提供更为全面的服务，如今“网上订票”，“网上订房”的服务已是许多展览会为客商和专业参观者提供的服务项目。此外，考虑到参展商把参展与观光旅游活动结合在一起的要求，许多展览会纷纷在网页上提供有关风土人情、名胜古迹、观光游览和餐饮娱乐的资料，以期能够为远方的客商提供更大的方便，留下更好的印象。所有这一切，都体现了展览会主办者已试图利用网络在努力创造一个“以客为本”的亲和环境，让展览会更加贴近参展商和参观者。

科技是展览会永恒的旋律和魅力源泉，每一个成功的展览会都离不开科学技术的推动和支撑。科技化程度越来越高的特点在 2010 上海世博会上得到了最充分地体现。从展馆设计到建设、从建筑与布展材料选择到运用、从布展到展示手段运用、从宣传到营销、从服务到安保，2010 上海世博会无不因为科技而变得更精彩、更难忘。其创新亮点—网上世博会项目就满足了世界各国人民网上参观世博会的愿望。该项目在巴黎举行的国际展览局第 146 次全体代表大会上一正式亮相，就受到了国际展览局和与会代表的高度评价，被认为是“世界展览历史上一次革命性的创举”。更多的互联网技术，移动网络、多媒体技术，又让人们切身感受到了“信息世博”的魅力，使本届世博会成了人类社会迈向信息社会的一个里程碑。绿色展馆、低碳展馆和零碳展馆的建设和运营更是现代科技的结晶，揭示了世界经济的发展方向。

(五) 展中有会,会中套展

由于展览会的主要目的是为了推销产品,因此越来越多的展会参展商在展会期间,为了配合产品展销而举行许多相关的会议,如新闻发布会、新产品推广介绍会、研讨会、客户座谈会、业务洽谈会等等。而展会主办者同时为了提高展会效益与展会知名度并让参展商满意,也还会配合参展商的展销活动,就市场热点和行业发展趋势问题举办一些会议,如专家研讨会、新闻发布会及相关的专题论坛。在许多大型会议上,又常会有会议参加者陈列展示自己的产品,进行产品的宣传、介绍和促销。尤其是在协会举办的会议中,协会还会通过举办展会的手段,达到以展养会的目的。

因此,作为会议的一种特殊类型,展览会与其他类型的会议有着紧密的联系,两者形成了你中有我,我中有你,会议促展览,展览推会议的互相依赖,互相促进,不可分割的关系。展中有会、会中套展已成为国内外展览业的又一大鲜明特点。

许多会展业的学者和专家已注意到展览业这一现象和特点,并进行了总结,美国拉斯维加斯内华达大学饭店管理学院教授杰姆斯·阿比(James R. Abbey)博士和营销顾问米尔顿·阿斯特罗夫(Milton T. Astroff)合著的《会议销售与服务》(Convention Sales and Service)一书,将展览会与展示会列入会议的一个分类,并明确指出:"展览会通常是与大会(Convention)相关联而举行的一个活动。""一个与展览会并列而提的会议计划会是一个吸引力很强的磁铁,能吸引更多的会议出席者,并为展示会的组织者、参展商和观众服务。"他们还提到:"公司会议经常有展品,它们将新产品陈列出来进行大规模直观介绍,已经屡见不鲜了。"1996 年我国企业管理出版社出版的《现代旅游业实物全书》中也指出"商业展览会有时会和团体会议一起举行。"

如今,随着展览业的发展,展中会议涵盖的范围越来越广了,例如:新加坡港务局主办的"新加坡海事展"同时举行了有关海运、港口、造船与维修、集装箱、船舶燃油、海事科技与防御、中国运输前景等 10 个国际研讨会,成为国际交流的一大盛事,效果远远超过了单纯的展览会。每年于上海举办的中国国际工业博览会至 2009 年已经是第 10 届了,该博览会在展会举办期间召开的与展会主题相关的多项论坛已成为它的一大亮点和特色。如 2009 中国国际工业博览会就举办了"第六届中国产业国际竞争力论坛"、"第二届中国国际节能环保论坛"和"第四届中国国际隧道研讨会"等 68 个论坛会议(中国国际工业博览会,2009),这些博览会的专题活动,不仅为各届博览会主题相关领域的国内外企业家、专家学者和科技人员提供了对话与交流的平台,而且极大地提高了博览会的吸引力和无形资产的价值。展会面积25000平方米、吸引着50000名海内外专业观众的2009上海国际冶金工业展览会举办期间，主办方召开的“国际冶金技术及市场论坛”围绕其主题展开了一系列的研讨活动，从而打造了有效的行业信息平台和展会销售环境。受到了参展商和专业观众的欢迎和好评。由中国国际贸易促进委员会(CCPIT)、国际展览业协会(UFI)、国际展览和活动协会(IAEE)、独立组展商协会(The Society of Independent Show Organizers—SISO)和陕西省人民政府联合主办的第11届中国国际展览和会议展示会(The 11th China International Trade Show for Exhibition and Conference Industry)更是以其“主题报告会、研讨会、专题讲座”为鲜明的特色。在短短的两天展会期间，展会精心设计了本届展中展期间的会议和讲座活动，由业内大展主办商、世博会官员、行业专家、世博中标企业领导主持或主讲，采取对话交流等更加活泼的形式，就世博会、场馆运营管理、展览企业应对金融危机对策等行业热点话题展开讨论，通过对话充分达到专家和现场观众互动交流的目的；这些会议专业性强，覆盖面大，内容既有宏观又有微观，主讲者层次较高，传播信息与知识丰富，受到来自全国各地参展者的好评。展中办会，层出不穷，会中办展也屡见不鲜。第11届中国国际展览和会议展示会(展中展)就是作为中国国际贸易促进委员会等机构共同主办的《第六届中国会展经济国际合作论坛》的重要组成部分。由国际美容医学联盟(UIME)每两年举办一次的世界美容大会是世界最大规模的美容、美发界盛事。中国北京已成功申请到了2011年“第18次世界美容医学大会”的主办权，在这个大会的活动中，除包括专业交流研讨会、竞赛和颁奖活动外，还包括了展示会(Trade Show)活动。2003年在上海举办的第三届世界美容外科大会干脆和2003年中国国际美容外科技术及器材展览会一起办，将一系列学术交流会和产品技术展示活动结合在一起，吸引了近千名国内外知名美容整形外科的专家学者和美容外科设备生产商代表，受到了各方的好评，既扩大了会议的影响，也提高了展会的效益。

展览会和会议的有机结合不仅扩大了展览会或会议的功能，增强了会展业的魅力，而且也提高了会展业的社会效益和经济效益。因为展览业是今天会展市场的一个发展快速的盈利细分市场。尤其对协会来讲，在会议举行期间搞展示活动，还可以向陈列展品的会议参加者收取租赁展示面积的费用。协会收入这些费用，在经济上自然就支持了协会举办的这次会议活动。达到了协会以展养会的目的。同样，在展示会举办期间，举行各种类型的会议，也能通过提高展会的吸引力和扩大参展者的投入费用来提高展会主办者的经济收益。

从展览会和会议组织者来讲，在选择会议或展示举办场地时，一般都选择会议和展示活动能在一个屋檐下(all under one roof)举行的场所。所以，拥有展示场所的会议饭店在争取有着展示活动会议的竞争中，就能战胜那些只有展示面积但没有会议场所的展示中心和只有会议场所但没有展示面积的饭店，正因为这样，有着展示面积的会议饭店。即使在一个有着很大"会议中心"的城市，也能取得很大的成功。例如，美国拉斯维加斯市拥有 5009 间客房的美高美大酒店(The MGM Grand Hotel)有着 13933 平方米的展示面积，拥有 1508 间客房的恺撒宫大饭店(Caesars Palace)有着 8453 平方米的展示面积，拥有 3044 间客房的海市蜃楼大饭店(Mirage Hotel)也有展示面积 5573 平方米。正因为拉斯维加斯市有许多带有展示面积的饭店，所以该市不仅能吸引世界著名的大型国际展览会，如国际汽车展、国际电子通讯产品展览会，而且能吸引很多带有展示活动的会议。所以拉斯维加斯市除了是世界著名的娱乐城外，也成了世界著名的会展中心城市。

会议与展览业的关系给我们城市发展的规划者和决策者、饭店和展示中心的开发者和设计者一个启发，那就是建设饭店，尤其是建造会议饭店时，要考虑到展览业与会议的关系及展中有会、会中有展的特点，在设计和建造时应该考虑安排一定面积的展示场所。这对于形成饭店的特色，争取会展市场，将是十分主动和有利的。设有总统套房、商务套房以及标准间 200 余套的上海国际会议中心大酒店不仅拥有一个可容纳 800 人的会议厅、两个可容纳 200 人的会议厅和近 20 个多种规格的小型会场，同时还有 4300 平方米的多功能厅(集会议、展示、宴会功能于一体)和 4000 平方米的新闻中心，真正能让客人将所有的活动都置于一个屋檐下举行。这便是一个极好的范例。而同样地，在建造展览中心时，亦应考虑到要设计数量适当的，大小不一的会议厅，以便使展览会主办者在召开各种会议时所用。此外，展览中心应尽量建造在旅馆群附近，而不搞飞地建设。

第二节 展览会的主办与承办机构

一、展览会的主办机构

展览会的主办机构主要是负责策划和制定展览会组织和实施的方案，安排展览会的组织、招展、公关、广告策划、展场联系和落实、观众组织、财务管理以及落实一系列配套服务(包括为展商提供的货运、报关、检疫、布展、住宿、交通等)的机构,有相应的展览专业(包括策划、设计、组织、管理及外语)人员和具有完善的办展规章制度,还需有承担举办展览的民事责任能力并承担展览会的民事责任。因为世界各国的经济体制和具体国情各不一样,所以展览会的主办机构在各国的构成情况也不一样。纵观国际展览业,林林总总的主办机构大体可分为五种类型:

(一) 政府部门

世界上许多国家政府和政府有关部门都十分重视展览业的发展,它们不仅支持鼓励展览业的举办与发展,而且直接参与领导和主办一些大型的展博览会。以"城市,让生活更美好"为主题的2010上海世博会就是由中国政府于1999年12月在国际展览局(B. I. E.)第126次大会上正式宣布申办,于2001年5月和2002年1月30日,分别向国际展览局递交举办2010年上海世博会的申请函和申办报告;时任中共中央政治局常委、国务院副总理李岚清率中国代表团于2002年11月29日至12月5日参加国际展览局第132次全体大会并作申办陈述后,再通过国际展览局132次全体大会投票表决,中国政府才获得主办权的。中国政府获得2010上海世博会主办权后,中央政府成立2010年上海世界博览会组委会(简称组委会),作为全国筹办上海世博会的领导机构;组委会下设执委会,作为组委会具体工作的执行机构;执委会的日常办事机构是上海世博会事务协调局。具体完成世博会的场馆建设、招展和宣传等各项筹备及运营管理工作。2010上海世博会的申办和筹备及运营都是在党中央和国务院的直接领导和关怀下进行的。每年在上海和昆明交替举办的中国国际旅游交易会则是由中华人民共和国国家旅游局,云南省人民政府或上海市人民政府和中国民用航空总局共同举办的。还有每年春秋两季在广州举办的"中国进出口商品交易会"是由中华人民共和国商务部和广东省人民政府主办的。经常举办展览会的政府机构还有中央各部委及各省市的商委、科委、外经贸委、国际贸易促进委员会等。

除政府机构单独或联合主办的展览会外,还有政府和外国对口机构联合举办的双边展览会或者由政府机构和行业协会联合举办的展览会。例如,新加坡政府和印度尼西亚政府每年轮流在新加坡和雅加达举办一届新加坡—印尼展览会(Singapore—Indonesia Exhibition),除分别宣传自己国家的建设成就外,核心部分展示两国共同开发的印尼巴淡岛工业区及其他双边合作项目。展览会采用声、光、电等高科技手段,装饰富丽堂皇。开幕式由新加坡总理和印尼总统共同主持,期间配合双边政府高级磋商和企业界贸易洽谈,效果显著，已成为一年一度经贸交流的盛事。由武汉市政协经济委员会、武汉商业总会、湖北省印刷协会、武汉印刷行业协会和武汉商品市场协会联合主办的2007武汉印刷包装机械及纸张、物资（秋季）交易会（简称：2007中部印交会）是政府机构与行业协会联合办展的又一个例子。

政府部门除了在本国单独或联合办展外，也可鼓励外国政府前来举办单国展。例如，新加坡政府鼓励亚洲国家利用新加坡区域中心的地位，赴新加坡举办单国展，目前已举办“Made in Malaysia”，“Made in Indonesia”，“Made in India”等，每年一届，展出面积4000—5000平方米，参展公司100—150家。新加坡贸易发展局在展览会宣传广告、邀请国内外客户、组织双边及多边贸易及经济技术合作洽谈会上，投入了人力、物力，做了大量的工作，对持续举办两届的单国展览会，也考虑授予“特准国际展览会资格”（Approved International Fair—AIF）。新加坡的有关商会、协会、社群团体和宗教会馆从各方面予以赞助和配合。由于新加坡政府方面的有力支持，展览会的连续性，参展公司及产品的国家代表性和浓郁民族色彩，使这些展览会逐渐引人注目并在新加坡展览界开始占有一席之地。新加坡政府的这种操作方法完全可供我国政府有关部门借鉴并参考。

（二）行业协会、专业学会与商会

在国内外的展览会主办者中，国际与国内的行业协会、专业学会与商会都是重要的主办者成员。它们举办的展览会中，一类是不定期的综合性展览会，如新加坡中华总商会为配合其周年纪念或其他重大活动举办的“工商展览会”，第二类是行业性展览会，例新加坡家具厂商公会主办的全国规模最大、成交额最高、客流量最多、知名度最广的持久型传统专业商品交易盛会——全国五金商品交易会，中国纺织品商业协会主办的2010第92届中国针棉织品/家用纺织品交易会等等都是很好的例子。第三类是行业内部的展示会，一般在协会举办年会时举行，以便在达到展示扩大协会会员企业形象，增强协会会议吸引力的同时，实现以展养会的目的。

（三）专业性展览公司

此类公司因为专业从事展览的开发，主办管理与服务工作，虽然它们不如政府机构和行业协会那样有号召性、权威性，但一般讲具有丰富的会展或相关领域知识，经验与操作技能，举办的展览会多是定期的专业展，质量较高，效益较好，在许多国家中是展览业的主力军。新加坡是亚洲主要的展览中心之一，国际展览业协会（UFI）在亚洲认证的展览会1/3都在新加坡举行（刘鸣，2008）。在新加坡的展览业中，专业的展览公司起着功不可没的重要作用，是新加坡展览业的主力军。7家较大的展览公司掌握着新加坡展览市场的主要份额，它们分别是新加坡展览服务私人有限公司、杜赛尔多夫展览机构亚洲有限公司、励展博览公司、环球联系展览公司、新达综合媒体、会议与展览管理服务私人有限公司和新加坡国际会展投资公司。其中，新加坡展览服务私人有限公司（英国ALLWORLD展览协会的全资子公司）是新加坡最大的展览公司，其举办的展会数量最多，展会总面积也是最大的（这里不考虑励展公司的亚洲航空展），占新加坡展览市场份额的29%（刘鸣，2008）。

成立于1947年，总部位于德国汉诺威市的德国汉诺威展览公司是世界又一著名的专业展览公司，该公司拥有世界最大的展览场馆—汉诺威展览中心，总面积达到100万平方米，净展出面积可达49.7万平方米。作为世界领先的展览公司之一，其在全球的70个海外分公司和办事处共拥有790位员工。该公司的核心业务是在德国汉诺威及其选定的国家举办世界领先的国际贸易展览会。凭借丰富的办展经验和不断创新的办展理念，每年举办的专业贸易展逾50场，共吸引来自100多个国家的21000家展商参展和179万名观众及16000名记者观展，公司年收入达2.5亿欧元。汉诺威展览公司举办的旗舰展旨在反映行业最新动向，引领国际市场潮流，是展示先进应用技术、发布最新前沿科技和研发成果的平台，对国际观众和展商具有巨大的号召力。其中，汉诺威消费电子、信息及通信博览会（CeBIT）是世界最大的展览会，净展出面积超过40万平方米（汉诺威米兰展览会中国有限公司，2010）。

在其国外的商业活动中，中国占有中心地位。早在1986年，德国汉诺威展览公司就在北京设立了第一个办事处，一开始，办事处仅安排参加现有的展览会。1991年，它在中国组织了第一个贸易博览会：1991中国国际动力传动与控制技术博览会。这次博览会非常成功。从那以后，汉诺威展览公司在中国的活动年年扩大，展览会的数额与频率一直在不断地增加，仅在2009年就举行了第10届中国国际林业、木工机械与供应展览、中国国际生物技术和仪器设备博览会、第10届中国国际地面材料及铺装技术展览会、中国国际物料搬运与物流技术展览会、新能源与电力电工展和工业自动化展等14个国际专业展，以促进国际技术交流和国际贸易。

为了在中国市场的长远发展，德国汉诺威（Hannover）展览股份公司、杜塞尔多夫（Düsseldorf）展览有限责任公司、慕尼黑（Munich）展览有限责任公司和上海陆家嘴（集团）有限公司联合投资建造了上海新国际博览中心（SNIEC）。SNIEC的全面扩建计划于2010年完成，届时室内面积将达到20万平方米，室外面积13万平方米。可以相信和预计，随着这一工程的全面完工和投入使用后，德国汉诺威展览股份公司、杜塞尔多夫展览有限责任公司、慕尼黑展览有限责任公司等这样的国际专业展览公司将在我国的展览业的发展过程中发挥更大、更重要的作用。

随着改革开放的深入发展，在北京、上海、广州、福州、厦门、西安、南京、成都、武汉、天津、大连等许多城市也先后成立了许多专业展览公司，如中国国际展览中心集团、江苏新国际会展集团、西安曲江国际会展集团、廊坊国际展览集团、厦门国际会展集团和成都会展旅游集团，长城国际展览有限责任公司、中旅国际会议展览有限公司、上海世界展览会议有限公司、上海市国际展览公司、上海浦东国际展览公司、上海外经贸商务展览公司、上海博华国际展览有限公司、福州会展业有限公司、大连国际展览公司、大连工商业展览有限公司、珠海国际航展公司、上海现代国际展览有限公司、上海企龙展览服务有限公司和上海环球展览服务有限公司等等。这些专业展览公司在我国展览活动中也都十分活跃，是我国展览业飞速发展过程中不可缺少的主力军。

（四）大型企业

第四类展览会主办者则是大型企业，有时它们也为了技术交流、产品营销等原因单独或者与有关的协会与专业展览公司联合举办展览会。例如，广东省商业企业集团公司就和广东省制冷学会在 2005 年于广州交易会流花展馆联合举办了泛珠地区规模最大、档次最高的制冷空调行业技术交流及设备展览会。甚至一些实力强劲的企业如 IBM、惠普则不再委托展览公司，干脆自行办展，上海文广新闻传媒集团举办的“卡通总动员”、中国电子器材总公司主办的 2010 秋季(第 76 届)中国电子展，上海服装集团牵头主办的 2010 新春大联展也都是大型企业办展的范例。

（五）会展中心

在我国会议与展览业发展的过程中，已经并将继续建立规模不等的会展中心，如:已建的大连星海会展中心、中国国际展览中心、福州国际展览中心、上海新国际博览中心、北京国际展览中心、厦门国际会展中心、西安曲江会展中心、新北京国际展览中心、杭州西湖国际会议中心，及广州国际会展中心等等。这些会展中心也经常不通过展览公司，而自行主办和组织一些展览会，或和相关单位联合主办一些展会。如上海展览中心(集团)有限公司在 2008 年就自行主办了第一视觉上海国际面料展览会(春季)、2008 上海国际庆典产业贸易博览会、2008 上海国际膜与水处理技术与装备展览会、2008 上海社会公共安全产品国际博览会及专用运钞车展览会等 10 多个国际展会。又如中国轻工业展览中心和昆明国际会展中心主办的首届中国—东盟轻工产业博览会，青岛国际会展中心和青岛新闻网联合主办的2009青岛国际儿童及孕婴幼儿用品展览会暨儿童教育展览会，还有天津国际展览中心和天津市模具工业协会、北京模具协会及河北省模具工业协会联合主办的第10届北方国际模具、机床工具展览会也都是会展中心主办展会的例子。事实上，每一个会展中心都在自行主办或联合主办各种类型的展览会，它们不通过展览公司自行主办展览会或积极地和相关单位联合主办展览会，能让会展中心填补场地出租的空白档期，提高会展场馆的使用率，使会展场地和设施得到充分的运用，并为自己和参展商获取更大的收益。

以上五类展览会主办者并不总是单独主办展览会，它们也常常联合在一起，共同主办展览会，这样，政府机构、行业协会（或学会）、专业展览公司、大公司企业和会展中心便能发挥各自优势，用合力把展览会办得更好。

二、展览会承办机构

除了展览会的主办者外，还有展览会的承办者，展览会的承办者在展览会的组织和经营工作中的责任往往是负责和承担展览会的组织招展、服务、公关、广告宣传、布展、安全保卫及会务事项的具体工作。受主办单位委托，有关公司可以承办展览的单项业务（包括设计、布展、展览施工、广告）。尤其是在由政府部门主办的各类展览会里，主办者往往只是挂名发挥其号召力和影响力，并给予办展工作的具体支持和方便而已，实际具体工作都是由展览会的承办者来做的。这些承办者一般都是同政府有关部门有着密切联系的会展中心和展览公司。如第14届上海国际纺织工业展览会的主办单位是中国国际贸易促进委员会上海市分会、中国国际商会上海商会和上海纺织（控股）集团公司，而承办单位则是上海市国际展览有限公司、上海纺织技术服务展览中心和雅式展览服务有限公司。

了解谁是展览会的主办者和承办者，同了解谁是会议的组织者一样，对于会展中心、会展服务企业、航空公司，旅行社和饭店来讲都是同等重要的，因为它们是这些企业的重要会展客户。它们能为上述各类企业提供会展业务，如：场地和设施的出租，场馆展台的装饰布置，展品的运输保管，参展商和专业观众的商务、住宿、餐饮与旅游等服务以及国际、国内和当地的交通服务等等。所以，了解本地区哪些政府机构、哪些行业协会、哪些展览公司、哪些大企业与哪些会展中心在什么时间、举办什么展览会，或者了解本地区、本年度举办的各类展览会的主办者和承办者是谁，对于会展中心、会展服务企业、航空公司、旅行社及饭店的会展营销人员来讲，都是至关重要的。因为把这些问题搞清楚了，就可以找到自己的营销目标。所以，各类会展相关企业的管理与从业人员丝毫不能对此懈怠。

第三节 展览会的开发与经营

展览会的开发与经营是展览业能否健康快速发展的核心问题，必须完全按照市场规律办事。展览会在市场的激烈竞争中必然要优胜劣汰。因此要开发与经营好一个展览会，必须着重抓好下列环节：

一、通过调研，确定展题，找对主题

开发一个展览会，首先应提前 2—3 年就开始进行市场调研。通过调研，确定展题，找对主题；这是展会策划的首要和关键的工作，是成功开发与经营展览会的前提。展览主题是展览策划和活动的核心思想，展览的举办必须围绕它来进行，也就是说，展览主题必须贯穿于整个展览的全过程。在展览业发达的英、法、德等国一年内举办两场内容相同的展览是贻笑大方的事。通过调研，确定展题，找对主题，能防止内容雷同和重复办展，避免撞车，开展错位竞争。这无论对办展者、参展商及观展者都是一件利好的大事。只有这样，才能使展览办出特色、办出新意、办出品牌，并能赢得自己独特的展商群体和观展群体，才能展得热热闹闹，红红火火，使展览会参与各方得利。在确定展题、找对主题的过程中，一定要以调研为手段，以市场为依据、以事实为准绳，坚决摒弃纯营利的商业化炒作、急功近利的短期思想、人云亦云的盲目行为。

二、制定计划，办理立项审批手续

在市场经济国家，展览是促进产品销售的手段，是一种纯粹的市场行为，因此，目前国际上除极少数国家仍对出国展览实行政府审批之外，绝大多数市场经济国家对展览项目均不实行审批制，而实行登记备案制；展览业的管理不是通过政府部门采用行政手段来实施的，而是通过行业协会或贸易促进机构以行业自律的方式负责协调和规范的。但在计划经济体制下或在计划经济向市场经济转轨的国家，举办展览实行的是政府行为的项目审批制。我国目前

除对举办国内商品展销会执行的是登记备案制外，对展览面积在 1000 平方米以上的对外经济技术展览会，仍然保持着计划经济体制下形成的展览立项的政府审批制，实行分级审批管理。对面积在 1000 平方米以下的对外经济技术展览会，各单位可自行举办，但须报有关主管单位备案，因此，展会主办单位如要举办面积超过 1000 平方米的国际展，那就要在确定展题，找对主题后，制定展会项目计划书和其他所需的相关材料，并按照国务院下发的《国务院办公厅关于在我国境内举办对外经济技术展览会审批程序有关事项的复函》(国办函〔2002〕93 号)和《国务院办公厅关于对在我国境内举办对外经济技术展览会加强管理的通知》(国办发〔1997〕25 号)及《海关总署、商务部关于在我国境内举办对外经济技术展览会有关管理事宜的通知》(署监发〔2004〕2 号)文件的精神，向有关上级政府主管部门办理立项审批手续。审批机构除国务院外，商务部、科学技术部、文化部等也都可以办理。有的国际展览会在省、直辖市一级的主管部门就可以得到审批。而中国贸促会则是全国出展项目的审批主管部门。

如在上海，办展单位若要举办面积超过 1000 平方米的国际展，首先就需准备好下列办展申报所需材料：

1. 申请表。
2. 主办单位营业执照副本复印件或社团法人登记证副本复印件。
3. 展览项目招商招展方案。
4. 展览安全防范工作方案。
5. 场地租用证明。
6. 主办方与合作方的合作证明材料和主办单位责任承诺书。
7. 如为新展，另需提供办展可行性方案。
8. 如为历展，另需提供上届展会批准件(或同意函)复印件及展会小结或评估报告。

所有上述申报材料需原件或复印件盖红章，按要求装订成册，然后上报上海市商务委员会外贸发展处，该处就可以审批上海市各类国际展览项目。商委对各项理由充分、手续齐全的办展申请基本上均予以放行。今后这一政府审批制将会随着展览业的市场化进一步发展得到完善，逐步实现审批制向登记备案制过渡，真正实行市场化操作、走会展产业化之路。

三、学习了解相关法律，依法办展

学习了解相关法律，依法办展是展览会开发经营中的一个重要环节。中国自1993年5月3日成为国际展览局第46个正式成员国后，便正式参加了国际展览局各成员国共同制定和修改的《国际展览会公约》。此公约对举办国际性展览会（即世界博览会）的举办周期、主办者和参展者的权利和义务、申办和批准的程序、展出内容到运作规则等都作了规定，中国参加展览业的这一国际性公约标志着中国展览业开始与国际接轨。

为了保证展览业在我国健康发展，我国有关政府部门相继制定了一系列重要法规（法规名称详见本书附录二）。

此外，我国部分省市的政府部门也制定了一些有关展览业的地方法规。如：上海的《上海市展览业管理办法》、《加强展览会专利保护细则》、北京的《北京市展会知识产权保护办法》、广州的《广州市举办展销会管理条例》、大连的《大连市展览会管理暂行办法》、武汉的《武汉市工商行政管理避关于加强商品展销会管理的通知》、江苏的《江苏省关于对本省举办的大型会展实施知识产权监督管理的意见》、宁波的《关于加快宁波会展业发展的若干意见》、厦门的《关于促进会展业发展的若干意见》和合肥的《关于加快会展业发展的若干意见》等。

由于国际展览涉及各个领域，所以也受到相关领域法律如合同法、海关法、保险法、广告法、海商法、诉讼法、仲裁规则等的制约和保障。

这样，无论是国家的法规，还是地方的法规；无论是单项的法规，还是相关领域的法规，对于展览业的管理和从业人员来说，都应该学习了解并依法办展，因为它们是保障我国展览业有序进行和快速发展的法律基础。

比如，商品展销会的主办单位在取得立项批文后，必须按1998年1月1日开始实施的中国工商行政管理局颁布的《商品展销会管理办法》的规定办展。《办法》规定商品展销会的举办单位和参展经营者必须具有合法的经营资格，双方要签订正式的书面合同，举办单位应向举办地工商行政管理机关申请办理登记，领取《商品展销会登记证》后方可发布广告，进行招商，工商行政管理机关负责对展销会进行监督管理。参展经营者的经营行为损害消费者利益的，消费者可向参展经营者或举办单位要求赔偿。未经国务院有关行政主管部门批准，商品展销会的名称不得使用“中国”、“全国”字样。

由于展览会的开发经营要涉及主办单位、承办单位、支持单位、参展单位、展馆、展览服务单位，因此各方必须按照《中华人民共和国合同法》的规定签订契约，因为契约是明确参与展览业务各方的权利和义务的有效手段，也是参与方维护自身合法权益的有效手段。如两个以上的主办单位，互相之间须签订契约，明确各自应承担的法律责任、相互间的权利和义务关系。在主办单位是政府有关部门的情况下,承办单位容易忽视与政府部门之间的办展合同契约的签订。这也是一个误区,因为按照规定主办单位应该承担展览会的民事责任。如果没有契约的保障,一旦发生问题,那承办单位就十分被动了。在契约的签订中,应注意不要采用印刷好的格式合同,而应根据具体情况当场制作合同、经谈判协商、供对方修改后签订。否则一旦发生纠葛,格式合同如不清楚时,法院可做出对格式合同制定者不利的解释。展览会参与各方在合同谈判时应注意防止主办单位与承办单位责任倒挂,注意招展代理和招展独家代理的区别。注意展馆、主办单位和参展商应各自负责投保以及其他的一些常见的模糊问题。

总之,学法、守法、依法办展是展览会开发成功的关键。

四、抓住公关和营销、搞好招展工作

在取得上级政府主管部门的立项批文和主办地工商行政管理局登记批准颁发的《商品展销会登记证》后,抓住公关和营销、搞好招展工作,是展览会成功的又一关键。为了吸引著名国际企业并使它们将最好的产品参与展览会,展览会主办单位必须加强同有关政府主管部门、国际组织、行业协会的联系,并取得它们的支持。海外招商可和海外著名展览公司或企业合作,请它们作招商代理,亦可为了全面招展,自己组团赴海外开展宣传促销活动,还可直接通过国际商务机构与客商沟通,并通过我国驻外机构和各国驻华使领馆商务官员吸引更多的国际企业来华参展,努力提高国际参与度。随着网络技术的发展,网上招商已屡见不鲜。主办单位可尽早为展会注册域名,在互联网上建立自己的网页,宣传促销展会,并通过互联网办理网上招展、网上咨询、注册等一系列手续。在招展过程中,展览会的主办单位和组委会不能只顾经济利益而不管参展商质量。在积极进行海外招商和加强对内宣传、大力招展的同时,还必须对参展企业实行资格审查,确保参展单位的资质、品牌和信誉以及参展商品应有的质量。

五、加强管理、创新变革、抓好服务、创出品牌

展览会在组织方式、营销招展、观众组织、展品内容、展台布置、提高展场交易额和现场服务上要通过加强管理、不断创新变革、形成规范、创出品牌。展览会可结合展销活动组织各种高层次的专题研讨会,更好地进行信息交流

和行业发展研讨。参展商可按国际展览布展方法，突破平面格子布展的陈旧模式，采用特装手段，实行立体布展，还可运用声、光、电和多媒体技术等现代化高科技手段，提高展品展示效果；为了提高办展质量，主办单位可邀请专业展览服务公司，为参展商提供具体布展服务。主办单位要抓好展会的财务管理，压缩办展费用，严格控制并降低成本，努力做到服务第一、利润第二，减轻参展商的负担。要坚决克服急功近利的短期行为，不能把精力只放在招展上。因为只有做好展前、展期和展后的全部管理和服务工作，才能提高办展质量。也只有让参展商感到参加你的展览会有利可图，他们才会盯住你的展览会不放，你的展览会才会有生命力，否则你最多只是一时的买卖。从专业的角度来看，办展质量高一分，办展成本比例就会上升。但明智的主办者情愿少赚钱，也要替客户促成好事。他们知道，只有这样做他们才能让参展商心动满意。新加坡环球联系展览集团（HQ Link Pte Ltd）是新加坡本土领先的专业展览及会议主办机构，1989 年创办时只有 3 名员工，迄今已在亚洲地区成功举办超过 250 场展会，并在全球 30 多个国家和地区建立了商务联系，他们靠的就是“客户至上”和“了解客户需求，提供完美服务”的价值理念（新加坡环球联系展览集团，2010）。

展览会的主办者要转变观念，充分认识到展览会不仅是一种展示促销的经贸活动，同时也是商务旅游的重要组成部分和旅游活动的重要形式，参展商和观展者不仅需要展览会的内部服务，更需要会外的食、住、行、游、娱、购的服务，主办者能否加强同旅游饭店、交通运输部门、旅行社和文化娱乐部门的联系，为参展商和观展商提供良好的综合服务（package service）或灵活的单项服务，也是衡量展览会服务质量高低和成功与否的标准之一。

六、作好广告宣传，保证参观者数量与质量

没有客商的交易会，决不会是一个成功的交易会。专业观众的质量和多寡体现了商业展览的软环境。所以展会观众的质量和数量一直是展商衡量一个展会是否值得参加的重要因素。而专业观众的组织、海外观众的邀请也就成为展会主办方在展会准备期间的一个重要工作内容。

长期以来，国外和中国香港等地的展览会都十分重视专业观众的组织，并在展会的发展过程中，逐渐拥有了大批稳定的高质量的专业观众，这些专业观众主要是一些采购人员。他们和展览会的主办者或承办者保持着密切的联系，一有相应的展览会开幕，这些专业观众便蜂拥而至，到展览会上了解市场

信息，采购商品。香港有一些企业光在展览会上接订单，就能满足业务要求，欧美一些大型展览会的主办者，更是拥有来自世界各国的专业观众。比如：2007年法兰克福展览中心举办的Paperworld、Christmasworld、Beautyworld三大消费品展览会就组织了超过10万名高素质的专业观众，令来自66个国家的约4000家参展商非常满意，并使这些展会获得了巨大成功（朱敬，2007）。

展览会如果缺少专业观众，实际上就反映了展会缺乏真正意义上的"买手"。这必然会影响参展商对展览会的信心，减少他们参展的积极性和热情。时间长了，也就会严重地影响和制约展览业的迅速发展。

如果展览会的主办者要开发和经营好展览会，真正把展览会办成灵活高效的交易中心，增强展览会对参展商的吸引力，并通过展览会实现大市场的跨越，就应该将交易"网络"建立完善起来，但展览会的主办者或承办者必须要知道形成纵横交错、上下贯通的营销网络，是需要花很大力气去"编织"的。

我国开放改革后，越来越多的城市和地区、越来越多的展会主办方在展览业的发展过程中逐渐地认识到专业观众与展览会成功开发与经营的关系。他们从自身发展的经验和教训中认识到专业观众数量和质量在展会运营和品牌创建中的重要性。如中国华东进出口商品交易会（简称华交会）从1991年开始办展至今，一直坚持"两手抓"，一手抓参展单位，一手抓采购人员的组织，他们将每届华交会的专业观众资料输入数据库，运用现有网络组织国内商业企业观展采购，并努力将全世界各地的客商吸引到华交会来。经过坚持不懈的努力，2009年第19届华交会共吸引了来自全世界140多个国家和地区的境外客商1.8万余名，境内客商2.5万余名（华交会网站，2010），这些专业观众均把华交会视为一次成本最低、效率最高、实效最强的采购机会，终使第19届华交会出口成交总额在国际金融危机的形势下还达到22.41亿美元。2010年，截至2月21日，华交会主办方又向境内外客商发出邀请信10万封，发送邮件370万封，利用广交会发放宣传资料17.5万份。华交会网站累计点击次数为371万多次，客商在2010年第20届华交会的到会率好于上年（华交会工作委员会，2010）。专业观众数量和质量的不断上升，大大提高了参展商参展的热情，增强了对华交会的信心。这也是华交会越办越红火的主要原因之一。

七、充分重视展位设计

对展览会来讲，只要办出特色，办出新意，就能让展场魅力四射，取得成功。而要办出特色，办出新意，除了要摒弃盈利的商业化炒作，突出主题，赢得自己独特的观展群体外，还要充分重视展位的设计。

在展览会的经营与开发中，参展商应力求将其展位设计布置得十分讲究，充分体现自己的经营理念和个性特点。但是，许多首次参展的展商，甚至不少多次参展的展商在出展时，都未大胆地在提供给他们的展示面积内打破方格形的展位格局、去创造自己艺术化的空间，而只是仅仅局限在平面和常规的布置上，这样，展位就显得呆板、陈旧、缺乏生气和创新意识、缺乏活力和吸引力。在上海艺术博览会上，许多前来参展的国际展商，将他们的展位按布展需要，根据展品具体情况，重新进行了艺术化的设计，将展位布置得曲折迂回、垂直立体、错落有致、疏密得当，显得活泼而有生气、创新而有吸引力，相反那些未能打破方格形展位格局、扼守陈规的展位对比之下就显得十分呆板。所以参展商在布展上要充分重视并下大力气在有限的空间内给予创造性的、艺术性的布置，提供的展品质量也应更趋齐整。参展商如果自身缺乏专业性的设计人员，可以请展览服务公司与展位搭建商提供所需的服务。展位的设计要处理好四个方面的关系，即处理好参展企业与设计者的关系、处理好艺术与展览的关系、处理好展览与贸易的关系和处理好展览设计与展览其他工作的关系，并坚持五个原则，即目的性原则、艺术性原则、功能性原则、科学性原则和灵活性原则。设计人员要充分运用视觉、触觉、味觉等知觉来体现展位设计，要在充分了解展商参与展览会的核心目的和他们通过参展要向观众和客户传递何种信息的基础上决定自己的设计策略。可运用电脑设计软件，首先进行电脑设计和排版，然后进行现场搭建。展位设计和展品布置在发挥创造性时，要考虑观众的参与性，还要从环境保护与生态学的角度加以考虑。展位设计如不注意环境和生态保护，那就达不到参展的目的，因为没人愿意购买不注意环境与生态保护的企业所生产的产品。

在展位设计中，参展商还可运用型材创造出变换多姿的展台设计。如“天花板系统”对规模大的展位设计变得越来越重要，越来越多的展位设计者非常重视用尽量小的支撑体支持大型跨距结构，同时这种结构也必须满足在安全、力量和稳定方面的需求。最近几年，展位地板的设计也越来越受到重视。各种不同的平台高度，高级的地板涂层，灯光完美结合，不同高度的可调节的灯泡，高承受力和有效的绝音，又便于搭建、运输和储藏的地板，都为展位设计者提供了无限的机会。还有不断改进的完美的照明设备和由高质量材料制成，可调节不同高度、宽度和深度，并具有美观外形和不同承重力的展架，也有助于参展商设计出理想的展位，达到促进与客户沟通和产品销售的最佳效果。

对于展览会主办者和承办者来讲，应尽可能帮助参展商，在向他们提供布展所需要的各种现场服务的同时，按照展会的主题，精心策划和研究，重视展会整体环境的布置和氛围的创造。这对烘托各参展商展位的布置也是十分重要的。

第四节　我国展览业发展目前存在的问题

综观我国展览业，总的发展趋势日趋好转，但是，在同一时段进行横向比较，我国展览业从整体上讲，在国际上却还处于相对落后的地位。为此，我们应该理智地看到发展中的差距不可否认。与展览业发达国家和地区相比，我们必须正视现存的下列问题：

一、认识有误区，理念有差距

由于缺乏对展览业、会展业、旅游业的全面理解和正确认识，尤其是没有充分了解会展业的全部产业架构、发展条件及其活动，没有全面了解展览会的内容与发展特点，以及会展业与旅游业的关系；我们不少领导干部和从业人员错把展会当成会展，误认为展览业就是会展业，某些地方成立的会展行业协会，充其量也就是展览业协会，因为它们并没有对会展业的全部产业架构——会议业、展览业、奖励旅游和节事活动实施行业管理。有的虽从理论上也了解了会展业的全部产业架构，但在实际工作中，规划和思路、管理和运行、统计和评估就仅仅局限在展览业上，挂的是“会展”的牌。实际是只管“展”不管“会”；“展览业就是会展业”和“重展轻会”的现象比比皆是。

有的政府领导和展览业从业人员只看到展览会是一种贸易发展和市场促销的经济活动，而没有认识到举办展览会（尤其是国际展览会）必然涉及食、住、行、游、娱、购的旅游六大要数，也没有认识到各种会展活动就是商务旅游的重要组成部分和旅游活动的重要形式，以及这些活动的参加者就是旅游业的重要客源市场。他们不了解旅游业与会展业的交融性、及旅游业与会展业的结合的特点，因而片面地认为会展业是商委的事，与旅委没有关系。

也有不少地方政府部门和行业的领导和工作人员，由于对展览业发展的条件和定位，以及对展览业的经济联动效应和其产生的基础缺乏全面和正确的了解，导致了认识上存在不少误区，因而不顾本地区的实际情况，不管条件是否具备,热衷跟风,头脑发昏、错误定位、纷纷“盲目建馆”、“以展兴市”,处处“会展中心”和“国际会展区”。据了解,我国有 30 多个省市竞相把展览业确定为当地重点发展的行业,有的甚至定位“支柱产业”(沈丹阳,2008)。

更有甚者,有的政府部门和行业协会领导和工作人员,错把展览业当作“眼球经济”、“政绩工程”和“形象工程”,不顾实际条件和需求,一味贪图“大规模”、追求“轰动效应”,在浮夸心态驱动下促使展馆项目仓促上马,展会盲目攀比;更恶劣的是弄虚作假时有出现,与外商已经签订的合同,还要在展览会上再签一次;展览会还没开幕,就要求上报成交数字;为昭显展览会取得的成果,参展团“拿捏”贸易成交额已经成为某些地区展览行业里的“潜规则”(沈丹阳,2008)。

事实表明我国展览业在发展过程中,不仅在认识上存有误区,而且在理念上也有差距,例如:国外会展公司特别注重营销,国外会展公司在办展盈利后,不只是将钱放在口袋里,一般要将 20%以上的展会收入投放到展会的宣传上。另外,会展公司同样会投巨资在全世界各地建立分支机构,建立强大的数据库营销体系。而我们在这方面做得还很不够,连上海会展行业协会常务副会长龚维刚先生都说:“上海在这些方面做得还很不够,投入宣传的费用不足展会收入的 10%,国有会展公司在国外也没有设点。”(吴向九,2008)

诸如此类的认识误区和理念差距在我国不少地方还有不少,正因为这样,所以至今为止,许多地方还没有成立统一的政府会展管理部门,会展业也还处于盲目开发和原计划经济体制遗留下的条块分割的局面

二、多头管理未改,领导体制不顺

世界各国政府十分重视对展览业的管理,几乎所有发达国家都设有单一的国家展览管理机构,例如:德国的 AUMA(德国展览委员会)、法国的 CEFME-ACTIM(法国海外展览委员会技术、工业和经济合作署);意大利、西班牙、日本等国则把展览管理机构设在国家的贸易促进机构,如 ICE(意大利对外贸易委员会)、ICEX(西班牙外贸协会)、JETERO(日本贸易振兴会)等等。这些展览管理机构的职责可能会有差异,但它们的共同特点是唯一性、全国性和权威性。在这些国家里还看不到有能与这些机构平起平坐,职能类同的其他机构。但多年来我国一直未明确展览业的行业主管部门,目前对展览业的涉外经贸展览会实行的仍是延续多年“条块分割,内外分离”的“多头”审批管理体制。1997 年国务院办公厅下发《关于对在我国境内举办对外经济技

术展览会加强管理的通知》，要求根据展览举办主体的不同，实行分级、分类审批，由于目前全国尚无统一的展览管理部门和行业自律组织，国务院各部委及贸促会，还有各省市商务主管部门都具有审批资格，都能对其下属单位办展提供批文，核准办展。近年来，虽有一些地方已设立了统一的展览管理机构，如大连市建立了统一的展览管理机构"大连市展览管理办公室"，但绝大多数省市还没有统一的展览管理机构。我国至今也还没有建立全国性的统一的展览管理机构和展览行业协会。这种多头的管理和领导体制的不顺必然造成政出多门，本位主义、管理无序、多头办展、重复办展，形成恶性竞争、市场混乱的局面，而这种局面是十分不利于展览业健康发展的。

世界各国政府对展览业的管理，一般来讲，还由各国政府旅游机构下属的会展部门参与各国展览工作的领导、协调、组织、宣传，因为他们都明白各种规模和档次的展示会、交易会和博览会都是商务旅游中的重要组成部分。包括展博览会在内的 MICE 会展业务早被纳入旅游业的管理体制下，由旅游部门统一促销、参与管理。如：太平洋旅游协会(PATA)下设亚洲太平洋地区展览会及会议联合会(APECC)和亚洲会议旅游局协会(AACVB)；日本国家旅游机构—国际观光振兴会(JNTO)为官方指定的负责 MICE 业务的机构，韩国观光公社(KNTO)下设会议司；在新加坡，展览业最主要的管理机构是新加坡国际企业发展局(International Enterprise Singapore—IES，简称：企发局)，新加坡企发局是协助新加坡公司国际化的政府机构，其主要工作之一就是负责推动新加坡作为区域及国际会议与展览中心的发展。它从发展国际贸易、提升新加坡区域中心地位，扶持新加坡企业发展等宏观的角度，制订了一整套展览扶持、服务、规范、协调和发展的计划，企发局给在新加坡的国际展会进行评级。只有经过企发局严格挑选、具有国际成分的贸易展览会，才能获得该局颁发的"特许国际商展"认可。同时，新加坡旅游局(the Singapore Tourism Board—STB)下属的新加坡展览会议署(The Singapore Exhibition & Convention Bureau—SECB)也参与部分展览管理工作，当然新加坡展览会议署侧重于展览和会议的宣传、协调、帮助、信息提供和设施保障，更多的着眼于通过促销新加坡来推动国际会议和展览会在新加坡的发展并促进新加坡旅游的发展，例如参与一些重大国际活动的整体策划、包装、宣传以及为参展商、海外观众和代表提供服务。在新加坡举办国际展览和会议须申请"公共及娱乐活动准证"和"专业人员签证备案"(Professional Visa Pass Waiver)，而后者就必须向新加坡旅游局属下的新加坡展览会议署申办。新加坡展览会议署还向包括展会在内的重大会展活动的组织者、公司和协会提供财务支持。另一个参与展览业管理与服务的机构是新加坡会议展览组织者和供应商协会(The Singapore Association of Convention and Exhibition Organizers and Suppliers—SACEOS,简称:新加坡会展行业协会),该协会作为非营利组织,自 1979 年成立以来,为其成员提供了大量会展教育的机会、制定了行业标准,并为新加坡会展业与全球建立了广泛的业务联系。新加坡企发局和新加坡旅游局展览会议署都派代表参加 SACEOS 的执行委员会。新加坡企发局与新加坡旅游局的高级官员还经常一起合作在国际上就新加坡展览与会议市场的议题进行专题讲座,并受到与会听众的热烈欢迎。在香港,旅游发展局下设的香港会议及展览拓展部("Meetings & Exhibitions Hong Kong" Office—MEHK Office)专门负责促进香港的会展活动。在欧美许多国家干脆就将旅游局称为:"旅游与会议局"或者"会议观光局"。还有在国际上,会展管理的高等教育和科研工作一般都在著名的旅游高等院校内进行。如美国内华达大学饭店管理学院旅游与会议管理系就以培养高级会展管理人才而著名。综上所述,会展业在国际上公认的地位和管理体制都充分地说明了会展业强烈的旅游属性,与旅游业的关系及其应有的正确管理体制。而我们一些领导干部和从业人员,因为缺乏学习和对旅游业,尤其是对商务旅游及国际会展业的了解,所以认识不清,观念陈旧,有的受长期计划经济体制下条块分割的影响,思维僵化或狭隘地从本部门利益出发来考虑展览业的管理体制,这样就自然而然地把旅游部门排除在展览业的管理体制之外,形成了一些地区展览业领导体制不顺、不正常、不健全的局面。

三、市场机制不完善,展览竞争常无序

在从计划经济走向市场经济的转轨过程中,展览会管理的体制、制度和方法还没有进行充分与必要的变革,计划经济体制的惯性使得目前的体制、制度和方法仍然带有明显的计划经济特征和烙印,展览业发展过程中政府职能时有错位,管理手段和方式还不能完全适应市场经济的发展和需要,市场化机制的运作不完善,再加上管理部门和从业人员的观念滞后,并存在短期行为,经常导致展览无序竞争。

市场机制的不完善主要表现在:展览业在我国发展时至今日,政府职能仍时有错位。一方面,政府主导型展览会越办越多,不但地方政府办,中央政府部门也办。据初步了解,国务院有关部委每年在全国各地举办的大型展览活动多达 100 个以上,全国由各级政府机构主办、承办的各种展览恐怕谁也说不

清有多少。有的省一年由政府部门主办的展览要达160个(沈丹阳,2008)。过去"政府主导型展览会"一般属经贸洽谈会、博览会等综合性展会,现在一些如礼品展、电子展、汽车展等专业展览会,政府也大量介入;由于政府的办展理念和组织方式与商业办展有很大不同,政府为了"面子展"、"人情展"和"政治展",往往以行政命令的方式用"赎买"手段组织企业参展,企业有苦难言。广州本田汽车公司的黎暾经理反映,他们一年要参加15个各种汽车展览,参展费用每年高达1亿元人民币,除了几个知名的展览外,其他大多都不是自愿的(沈丹阳,2008)。原北京市陆昊副市长一针见血地指出:"现在政府在展览业发展中的角色定位不明确,政府大包大揽,无视市场化导向是一个突出的问题。""举办展览会,应该慎用政府资源。"深圳一位副市长也表达了同一个愿望,他认为,政府办展过多、过滥,既浪费了资源,又扭曲了市场;既挤压了展览企业的发展空间,又直接导致了展览业"泡沫"的形成(沈丹阳,2008)。政府职能时有错位的另一方面就是政府的管理与服务缺位。许多地方至今还缺乏政府对展览业的统筹规划和法律规范、政策引导和支持体系、统计和信息发布体系、及展览评估体系,还未能推动建立展览行业自律机制等。

市场机制不完善还表现在:政企难分,政企不分。许多展览活动虽由会展公司主办操作,但由于某些展览的主办机构实际上是政府某些部门的下属单位,从其注册资金到领导成员的任命都是由政府部门安排决定的,这些展览的经营者在以市场手段开展经营活动的背后,隐藏着对政府、行业主管部门的依托,因而政企难分,政企并没有分离。正因为这样,公开、公正、优胜劣汰的市场竞争原则就不可能得到完全地体现,"吃政策饭,靠政府批任务"常有所见。有的会展公司虽然缺乏实力和信誉,或缺乏专业素质一直无所发展,但由于善于搞关系、通路子,找有关部门作后盾,因而能搞到批文并且还得到一定的行政手段支持。

由于展览市场机制的不完善,再加上我国现行的展览管理办法注重的是展览会的立项审批,这就造成了展览企业一旦拿到批文,万事大吉。"批而不管,以批代管"的现象广泛存在,而审批机构除国务院外,经贸部、科技部、文化部等都可以办,有的展览会,省市一级就可以批,市里批不了,就到省里批,省里批不了就拉中央单位主办到部委批,"多头审批"必然造成各行各业竞相办展,竞争无序的局面。展题重复、时间撞车,质量不齐,档次低下,赠送展位,削价竞争,互相拉展等问题时有发生。近年来,全国每年举办的食品展就达130多个;国内每年大大小小的饮料展览会要超过100多个。2006年仅3月至8月间,国内主要展会城市广州、上海、深圳、北京、大连等相继举办的大型家具展会竟超过13个,展会争夺激烈不仅发生在主要城市之间。就是在同一城市,内容相同或相似的展会也会不期而遇。2007年七八月间广州市在不到一个月的时间内就有两个安防展、两个环保展先后登场(徐春林,2007)。北京2006年会展经济发展报告也曾指出“北京市重复办展现象比较严重,经常出现多个保健品展和礼品展同时举办的现象”(过聚荣,2007)。

目前,国际展览业都朝着专业化、定期化、规范化和集约化方向发展,通过市场公平竞争、兼并,把相关的几个中小展览会并成一个;而我国同类展会的重复办展、时间撞车、无序竞争必然导致我们有些省市地区展览会不是越办越大,越办越好,而是谁都办不大,谁都办不好,因为各自有各自相关政府部门做支撑后盾,所以谁也死不了,但谁也活不好,谁又都能继续办下去,使得参展公司无所适从,不知该参加哪一个才好才对。上述现象说明我国展览业的发展目前从全国来说仍然未脱离粗放型的经营阶段,这种“遍地开花的繁荣”只能是规模、档次不高的发展,不可能实现内涵的积累和质量的提高。

四、既缺产业政策,又少展览法规

与世界会展发达国家和地区相比,我国展览业的发展至今仍缺乏产业政策的支持,北京、广州、大连的展览企业纷纷感叹“是在夹缝中求生存”!尤其是中小展览企业深感政府政策扶持不够,普遍希望国家能尽快研究制定促进展览业发展的税收、投融资和信息、人才培训等公共服务政策(沈丹阳,2008)。此外,展览业至今还没有总体发展规划,还没有对全国会展中心城市、会展区域功能以及对外合作做出统一的战略布局,这也需要通过制定产业政策来加以解决。

虽然,随着展览业的发展,我国一些政府部门和展览业发展较早的省市已相应制定了一些相关的部门规章、行政和地方法规,但至今为止,我国还没有一部完整规范展览会的举办、监管、协调等有关各方职责、权利、义务的展览业专项法规。许多省、市、自治区也没有跟上展览业的发展速度及时地制定出展览业的地方性专项法规。我国展览业处于这种“既缺产业政策,又少展览法规”的状态,必然会造成许多问题并严重地影响展览业健康快速的发展。关于展会和展品的知识产权问题和参展商利益的保护问题,仅第97届广交会受理的知识产权投诉就有203宗,被投诉企业773家,认定涉嫌侵权企业425家。三菱公司在这届广交会上再次投诉36家参展企业涉嫌侵犯其另一款发动机发明专利权(沈丹阳,2008),非常重视知识产权保护的我国第一大展“广交会”

尚且如此，国内多如牛毛的小型展览，尤其是“假冒伪劣”展，在无展览业专项法规的约束下，知识产权保护工作更是无从谈起。

五、展馆建设盲目热，资源浪费效益低

由于我国展览业发展缺乏宏观政策的指导，也没有统一的全国行业发展规划，更没有行业发展的合理地域布局，再加上对展览业存在的认识误差，各地政府往往不能跳出地区局限，准确定位本地展览业发展，这就产生了我国展览场馆建设盲目过热的问题，它主要表现在以下几个方面：

一是展馆建设的盲目性。商务部商业改革发展司早就针对我国发展会展业的盲目性尖锐地指出：“全国各地从省会城市到地级市乃至县级市都在建设会展城市。（冯蕾，2005）”其中，相当一部分城市，没有与展会相关的特色产业，也不是某商品集散地，兴建大型展馆时，不考虑自身实际需求，不客观分析当地的会展资源、基础设施的配套情况，在盲目的态势下做出不切实际的错误判断和展馆建设的决策；由于我国展馆建设具有政府主导性较强的特性，传统体制遗留下来的思维惯性使展馆不仅是为展览会议市场服务，还成了一些地方政府的“形象工程”、“政绩工程”和“面子工程”。正如中国贸促会曾表示的那样：“当前展馆建设过程中，地方政府直接成为投资主体，缺乏市场考虑，贪大求全，希望一步到位，致使一些地方在展览场馆建设方面投入过大，缺乏考虑投资成本和收益。”（陈敏，2007）展馆建设一旦脱离了市场的项目建设，必然进入盲目的歧途。由于过分注重“形象”和展览以外的功能，再加上盲目攀比，展馆建设豪华倾向严重，一些新建展馆共同的特点是可供展览面积不大，服务功能不强，普遍“中看不中用”。已投入使用的深圳国际会展中心，投资 32 亿元，建筑面积 28 万平方米，展出面积仅 11 万平方米，馆内有 137 部电梯，极其豪华。大连世界博览广场二期工程建筑本身也称得上美轮美奂，但主要展厅却是柱子林立，许多展览公司认为很不实用。由于决策者和设计师不了解展馆的需求，盲目建设，号称世界第二、亚洲第一的广州琶洲展馆（广交会新馆）的配套服务功能也很差（沈丹阳，2008）。

二是展馆建设的总量过剩。据中国贸易促进委员会的《中国会展经济发展报告 2006》显示，截至 2006 年底，全国正式注册并具有举办经济技术展览会条件的展览馆已达 170 家，可用于展览的总面积超过 536.5 万平方米，以上展馆不包括可用展览面积在 2000 平方米以下的会展中心和展览场馆（吴宇、李何子，2007；龚维刚、曾亚强，2007）。而作为国际上展览业发展最好的国家

德国，其全国展览面积仅250万平方米(冯蕾，2005)。2006年度，场馆建设尽管受到宏观调控的影响，但是各地场馆建设温度未降。据不完全统计，全国各地2006年在建或规划在三年内建成展览场馆的展览面积还超过100万平方米(过聚荣，2007)。从总量上看，全国的展馆已明显供过于求。

三是展馆建设的布局和结构不合理。在北京、上海、广州等城市会展需求旺盛、展馆供不应求的情况下，我国相当一部分城市展馆使用率却十分低下，闲置率较高。据统计，全国绝大多数展览馆平均使用率只有10%左右(过聚荣，2007)，此外，德国展馆平均面积在10万平方米以上，而我国展馆单馆面积小，80%的现有会展场馆的面积都在2万平方米以下(冯蕾，2005)，明显地表明了我国展览馆建设布局和结构的不合理。

四是展馆建设的年递增率大于展会项目的年递增率。据商务部统计，2003年全国共有展馆数量比2001年增长81%。截至2003年底，全国已建成的展馆建筑面积和可供展出面积分别比2001年增长131%和133%(沈丹阳，2008)，而我国展会数量的年递增率远远地小于展馆建设的年递增率已是不争的事实。

按照业内一贯的评价标准，一个展馆的利用率达到60%至70%时，才能实现最佳的市场效益(陈敏，2007)。然而由于近年来，我国展馆建设的热度和盲目性不降，新主题的展会已少有余地可开发，要办展也只能是低水平的重复办展和恶性竞争，再加上展馆功能的单一化，新建场馆逃脱不掉因承接不到太多展会而饿肚子的命运。我国展馆建设的这种"盲目过热"必然直接导致了资源严重浪费和经济效益下降的恶性结果。近年来除北京、上海等极少数城市外，全国大部分地方展馆因展览项目少，面临"吃不饱"和平均使用率下滑的困境。我国展馆目前整体的利用率仅在20%左右(陈敏，2007)，有的地方展览馆一年只有一个像样专业的展览活动。展览场馆平均每平方米建筑面积的收入呈逐年下降的趋势，2001年以来，年年降幅超过25%。在不计折旧和投资资金成本的情况下，90%以上的新建展馆都处于亏损状态。以西安国际展览中心为例，该展馆2004年出租率仅为17%，收入500万元，而用于日常维护、人员工资和偿还银行贷款等费用则高达1200万元，每年亏损都在700万元以上。哈尔滨国际体育博览中心也有类似情况，展览中心每年亏损1000万元(沈丹阳，2008)。许多展馆已变成地方财政的负担，南方某市会展中心一年就办一个大型展览，招商难度很大。平时都空着，该展馆长期亏损，当地政府组织市场拍卖但最终因缺乏赢利点而流拍。为了不让资源闲置只得由政府出面争取展览项目(冯蕾，2005)，实在是"左右为难，欲罢不能"。

六、"数量""质量"都欠缺、人才瓶颈未突破

高素质的展览会主办者、高素质的展览会策划与组织人员是展览业健康快速发展的支柱,其素质的好坏,专业水平的高低直接影响着展览会的审办,组织与接待的成败。我国自改革开放以来,人才一直是影响展览业快速发展的瓶颈之一。尤其是最近几年,我国各大城市纷纷将会展业列为优先发展的重要产业,出台各项优惠政策予以扶持,各会展城市对会展专业人才的需求更是与日俱增。据国内某知名媒体2007年的调查,三大会展城市会展专业人才岗位需求与求职者的比例为:上海10比1、北京8比1、广州8比1(高校招生杂志网,2009)。虽然截至2007年,全国主营展览公司3800家左右,从业人员近百万人(高校招生杂志网,2009)。但在展览业发展过程中,我们展览公司普遍规模小,机制陈旧,展览业从业人员的专业技能和管理水平与发达国家相比有较大差距。无论是展会组织者、管理者、施工人员还是为展会提供其他服务的人员的素质总体来看不高,观念更新较慢,多是承袭前人的经验而缺乏创新精神。还有应该指出的是相当数量的展览主办机构实际是政府部门或者某一政府部门的"衍生机构","政企不分"现象十分严重,他们凭着所谓的"天时地利人和"靠渠道获得业务来维持经营,与国际上许多著名的展会主办机构相比,在管理模式、组织结构、技术创新、客户关系管理、会展服务等方面都有很大的差距。我国会展人才无论从数量上还是从质量上都非常欠缺。

我国展览业若要健康持续发展,必须突破人才瓶颈。这已成行业共识。自2003年教育部首次批准上海师范大学和上海对外贸易学院设立会展经济与管理本科专业至2009年,全国已有42所高校分别被批准设立会展经济与管理和会展艺术与技术本科专业(教育部,2003—2009)。这些院校加上在相关的专业内开设会展方向的高校和设立会展专业的高职高专,目前全国已有相当一批数量的高校涉足于会展学历教育工作,其中有的院校已开始向展览业输送毕业生。同时,各地展览业相关部门、行业协会及培训机构也开发了一些展览人才的培训和认证项目、这些会展专业的毕业生和接受培训的人员虽在一定程度上舒缓了展览业对专业人才的迫切需求,但是由于会展理论研究尚未深入,会展学科建设认识不一,而且尚处起步阶段,官、产、学还没有良好的沟通与联动,培养机制和体制尚在建立,以及会展培训项目混乱、培训师资水平不一、培训质量参差不齐,展览人才的瓶颈还远未突破。正如中国贸促会副会长高燕在参加全国出国经贸展览工作会议时所表示的那样:"我国会展业

发展亟需复合型人才。这种人才要了解、适应本行业并具有策划意识。而现在毕业生太过专业化，学术标准够，但符合市场需求的少；外语水平高，但多数行业知识贫乏，能胜任跨领域组织会展的很少。”（姜敏、吴铮，2006）

七、区域性行业协会稚嫩，全国性行业协会未建

在国际展览业的发展过程中，展览业发达国家的实践经验表明，民间行业协会是各国形成行业自律机制和有机协调管理体制必不可少的重要一环，它们作为非营利的社团组织，按照市场经济的要求提供行业服务，在实现行业内外信息共享、开展行业诚信建设、规范市场行业秩序、保证行业健康快速发展等方面起着至关重要的作用，在有些国家，行业协会的作用甚至超过了政府行政主管部门。国外展览行业协会的功能主要包括：开展行业统计，进行展览会技术数据审计，制定和推行行业服务标准，制定行业规章并监督执行，开展行业协调，检查和评估行业协会成员经营发展状况并为政府审批认证提供依据，收集展览业发展所需的信息，交流技术并培训人员，以及解决内外矛盾纠纷并制裁行业违规人员。行业协会既是会展企业的代言人，又是执行政府政策的可靠助手，是政府和企业间沟通的桥梁和纽带。它们不搞“条块分割”而搞“五湖四海”，广泛地吸纳涉及行业的相关企业和机构形成合力，来促进行业的发展。

近年来，我国一些地方相继成立了区域性的会展行业协会，这些已成立的区域性会展行业协会在促进信息交流、加强业内协调等方面起到了一定作用，但应该指出，由于会展业管理体制不顺，政府职能还未能按照社会主义市场经济发展的要求实行好调整，以及我国行业协会发展中先天不足的因素，区域性行业协会仍处于稚嫩阶段，其功能尚未得到充分发挥，在许多方面，政府部门还没有真正做到“政企分开”，而是拢着、抓着不放，或者藕断丝连。于是就出现了该由政府部门发挥主导作用却没有统一规划，主导不力或根本就没有主导；该由政府放手、政企分开的却抓住不放，管头管脚。在已建立会展行业协会的省市中，有的还没有打破长期计划经济体制下形成的条块分割局面，并没有将会展业所涉及的“五湖四海”汇集在会展协会的旗帜下，其属下的一些成员只是原经贸委下属的一些企业，并没有包括整个会展行业全部产业架构，所以不可能实施完整的全部行业管理工作和推动会展业的快速发展。从全国范围来说，区域性行业协会在发挥作用的表现方面地区差异较大，两极现象较为明显。与会展产业发达的地区相比较，有些地区有较大差距，要么未成立展览

行业协会，要么未发挥好作用。除了收缴会费，召开例会外，很少开展活动，发挥其应有的功能和作用。

时任国务院副总理吴仪在 2005 年 1 月 11 日首届中国会展经济国际合作论坛上明确指出："在政府职能转变过程中，政府部门逐步退出对展览活动的直接介入和微观参与，注意发挥行业协会、商会等中介组织在展览行业中的协调自律功能。"在 2008 年 1 月 28 日的全国贸促工作会议上，吴仪再次建议尽快研究成立全国展览业协会，着力搭建服务企业发展的良好平台。（朱菲娜，2008）为此，全国政协委员、中国贸促会会长万季飞在全国政协会议上提议，成立全国展览业协会促进我国展览业健康有序发展。但要非常遗憾地指出，至今为止，全国性展览行业协会或会展行业协会的建立问题虽呼吁多年，一直迟迟未能解决，全国性行业协会的缺位已成为影响我国展览业健康发展的顽疾。

八、缺乏品牌意识，展会质量不高

由于目前展览领域管理体制不顺，缺乏统一规划，各地盲目发展，竞相办展，导致展会定位不准，资源严重浪费。这不仅使参展商和采购商无所适从，而且也造成展会规模小，水平低，效益差，增长粗放，不利于展会品牌的培育，取不到预期的经济效益。2008 年。虽然我国国内展会数量已达 5000 个左右（孙德良，2009），而且还在快速增长中。但绝大多数展会规模都在 1 万平方米以下，展会总收入也只有 20 亿美元左右；而德国年均 600 个展览项目，却取得 30 多亿美元的收入（朱菲娜，2008）。在我国迅速膨胀的展会中，企业普遍反映国内服务好、效果好、有质量、高水平的展览会少而又少，因为在他们看来，在社会上有影响、有知名度的展会不一定就是品牌展会（沈丹阳，2008）。我国真正有影响力的品牌展会、知名的高质量展会是少之又少。在国际上有竞争力的展览品牌数更是屈指可数。

重复办展，无序竞争，再加上骗展侵权，服务欠缺，品牌意识淡薄，不能不影响到我国展会质量的提升。在沈阳某届"中俄贸易展览会"中，主办方向国内参展企业承诺将包专机从俄罗斯请客商来洽谈，结果事与愿违，没办法临时从外语学院找了一群留学生来充数，被参展企业识破后，引起了纠纷，真是令人啼笑皆非。有专家指出，"质量不高"已成制约我国会展业发展的三大问题之一（姜敏、吴铮，2006）。

对于我国展览业发展过程中所存在的上述问题，我们完全可以积极探索发展策略，在实现会展经济发展战略的过程中，通过一定的方法与途径一一加

以解决，从而实现我国展览业健康持续地发展。（详见第七章第三节中国会展经济发展战略）

思考题：

1. 现代形式的贸易展览会是怎样催生出来的？

2. 世界博览会是怎样发展起来的？第一个世人公认的世界博览会是在何时何地举办的？它有什么特点？确定世博会主题的原则是什么？2010年世博会在上海举办有何重大意义？它的成功之处有哪些？

3. 为什么展览业既是一个历史悠久博大精深的行业又是一个方兴未艾、亟待发展的行业？展览业在一个国家的发展中，有哪些重要作用？新加坡是如何通过发展展览业来使旅游业形成自己特色的？

4. 展览业发展有哪些特点？它能否健康快速发展的核心问题是什么？

5. 电子商务的发展是否会降低展览业的发展速度？

6. 展览会与会议有什么关系？这种关系会给饭店业带来什么机遇并给予什么启发？

7. 展览会的主办机构主要有哪些类型？主办机构的责任是什么？承办机构的责任是什么？参展商参展的目的是什么？

8. 开发经营好展览会应着重抓好哪些环节？

9.《国际展览会公约》对哪些问题作了规定？我国政府部门对展览业制定了哪些主要的部门规章？办展过程中要注意哪些有关的法律问题？

10. 如何认识并做好展览会公关营销工作，搞好招展？

11. 创新和品牌与成功办展是什么关系？

12. 为什么要重视展位设计？展位设计要注意那些问题？你认为应该如何设计好展位？谈谈你对展位设计要坚持5个原则和处理好4个方面关系的认识。

13. 如何认识和正确处理展览会观众的数量与质量的关系？

14. 我国展览业发展过程中目前主要存在哪些主要问题？谈谈你对解决这些问题的建议。

第五章

奖 励 旅 游

会展业在国际上被称为 MICE 产业，它的内涵远远大于仅从中文字面上理解的会议和展览，还应包括奖励旅游，即 MICE 中所代表的 Incentive Travel。奖励旅游同会议、展览和节事活动一样，也是会展产业架构中不可缺少的组成部分。本章从奖励旅游的起源和发展开始介绍，说明奖励旅游的策划、奖励旅游经营机构及成功的因素，对认识、了解和抓好奖励旅游的发展是非常重要的，也是全面发展会展业所不可忽视的一环。

第一节　奖励旅游的起源和发展

一、奖励旅游的起源和发展

早在 1906 年，美国"全国现金出纳机公司"(National Cash Register Company)为鼓励全体员工提高工作效率而提供了一次免费到位于俄亥俄州代顿(Dayton)公司总部的参观活动，开创了奖励旅游的先河。后来不少公司发现，承诺由公司支付费用到有异国情调的目的地去旅行，能成为非常有用的激励手段。当然这种想法最初基于这种奖励旅游应该是一种能生利还本的促销，即这种活动应该给公司产生足够的利润来支付奖励旅游的费用，并达到促销的目的。随着航空业的发展，美国的奖励旅游也就随之兴盛起来。由于乘机旅游比较方便，费用也不很高，企业也能承担，因而越来越多的公司便给那些已经完成公司规定目标的雇员提供旅游，并将此这作为一种奖励。也有公司为了提高销售额而在开展销售竞赛活动中，为销售人员规定了定额指标，只要超额完成销售定额，就有资格参加奖励旅游。奖励旅游在当代市场经济中起了非常重要的作用。每年，因为千百万人超额完成了他们的销售指标与工作目标而受到奖励，而奖励形式之一便是奖励旅游。美国1995年出版的《会议销售与服务》一书中指出："这种奖励旅游对旅游业来说意味着近40亿美元的收入，其中45%是花在旅馆饭店里的。"目前世界每年奖励旅游客源约达350万(刘勇，2009)。

如今，已有50%的美国公司都采用奖励旅游的方法来奖励员工(朱雪红，2009)。在世界每年奖励旅游客源中，美国要占到50%(刘勇，2009)。欧洲是美国奖励旅游最主要的海外目的地。当美国公司成功地将奖励旅游作为激励员工方式的观念输出到欧洲后，英国、德国、意大利和法国很快就成为欧洲推行奖励旅游最主要的国家。在英国，给员工的奖金中，有2/5是以奖励旅游的方式支付给员工的，而在法国和德国，一半以上的奖金是通过奖励旅游支付给员工的(朱雪红，2009)。四个欧洲主要奖励旅游客源市场国中只有英国将其90%多的奖励旅游团送往海外，而在德国、意大利和法国，约40%—50%的奖励旅游都是在本国进行的。随着经济的复苏，就中期而言，欧洲奖励旅游市场每年将以3%—4%的速度增长，基本上与世界旅游市场同步发展。但目前，欧洲奖励旅游市场还严重依赖美国的出境奖励旅游，美国出境奖励旅游市场几乎占到西欧的奖励旅游者中的一半。从市场角度讲，美国的奖励旅游几乎已经成熟，西欧则仍在发展阶段。

在亚洲，奖励旅游远没有美国、欧洲发展得那么早，那么快。在发展初期阶段，亚洲的奖励旅游正如1995年亚太地区会议市场报告中指出的那样："多数旅行是会议旅行，奖励旅游占很少部分。""奖励旅游团人数较少。国内奖励旅游团平均约103人，而调查反馈者组织的海外奖励旅游团规模更小，大约平均53人左右。"但进入21世纪后，风靡欧美的奖励旅游在亚洲各国受到重视并得到了快速的发展，亚洲的奖励旅游业务随着亚洲经济的崛起和旅游业的发展开始出现了较大的变化，如：泰国一直将推广奖励旅游作为泰国建成"亚洲旅游之都"计划的重要内容，中国香港旅游发展局也把奖励旅游客源视为焦点市场并推出了"想象香港"(Imagine Hong Kong)和香港奖赏(Hong Kong Rewards)等活动，新加坡作为国际顶级的会展之都，在过去的十多年中，奖励旅游市场每年都有较大的增长。自1994年起，平均每年约有3100个奖励旅游团体、超过12万名奖励旅游旅客前往新加坡。日本东京为了发展更多的奖励旅游市场，推出六本木商业区(Poppongo Hill Area)、品川商业区(Shinagawa Area)及新桥汐商业区(Shinbashi Shiodome Area)三处的重要建设计划，此外，印度、马来西亚等亚洲国家近年来也加大了奖励旅游市场的开发力度(大连康辉旅游网，2008)。在亚洲各国的努力下，亚洲的奖励旅游商和奖励旅游团越来越多，中国和印度成了奖励旅游增长最为迅速的两个亚洲国家，大家的注意力已不再只集中于北美和欧洲这些传统市场了。美国、加拿大、澳大利亚和欧洲部分地区在20世纪末和21世纪初的经济复苏中，也一度推动了亚洲奖励旅游的发展。一些奖励旅游策划者选择了亚洲作为他们的奖励旅游目的地，越来越多总部设在亚洲的跨国公司，特别是亚洲的日本、韩国、新加坡、中国、印度、中国香港和中国台湾等的大企业自己组织的洲内奖励旅游，更是推动了亚洲和全世界奖励旅游的发展。

在我国，20世纪50年代工会为那些超额完成任务或有重大发明创造的劳动模范组织安排去风景名胜地疗养院的休假疗养，也应属于奖励旅游。20世纪80年代，我国改革开放的浪潮推动了经济体制的改革，大大促进了奖励旅游的发展，越来越多的外商投资企业、国有企业和民营企业纷纷将奖励旅游作为调动雇员、客户与销售商忠诚度和积极性的一种激励手段。如今，我国奖励旅游团队主要来自外资企业，占到总数的60%以上，民营企业和股份制企业大约占到35%，而国有企业仅仅占到总数的5%(刘勇，2009)。奖励旅游团队的规模从上百人发展到上万人。2005年，安利中国公司13500人赴澳大利亚奖励旅游团成为中国奖励旅游史上的经典(杜然，2006)。中国内地奖励旅游境外客源地主要是欧美发达国家、澳大利亚、新西兰、亚洲的日本、韩国、印度、新加坡等国家及港澳台地区，而奖励旅游境内客源地主要是我国经济发达地区，尤其是外资企业和民营企业密集的长三角地区、珠三角地区和环渤海地区，中部地区和西部地区奖励旅游的发展则要相对缓慢得多。我国奖励旅游的目的地也从国内原有的旅游目的地发展到港澳台地区和东南亚，甚至于欧美和大洋洲地区。事实上，中国不仅已成为具有巨大发展潜力的国际奖励旅游的客源市场，而且也已成为世界主要的奖励旅游目的地之一。2004年欧洲会议、公务和奖励旅游展的抽样调查表明，未来全球最热的奖励旅游目的地，中国名列第五位(刘勇，2009)。在2006年底召开的“奖励旅游商协会(SITE)”全球大会上，该组织的负责人正式宣布在北京成立“奖励旅游商协会(SITE)中国分会”，这标志着，中国拿到了奖励旅游的国际通行证并进入了奖励旅游发展的新阶段。2009年11月1日在阿鲁巴举办的“2012年奖励旅游商协会(SITE)全球年会申办陈述”会议上，12名理事一致投票通过北京获得2012年SITE全球年会的主办权(中广网，2009)，这一表决结果再一次地说明了中国在全球奖励旅游发展中的地位和影响。

二、奖励方式的比较

奖励旅游的产生和发展说明了它必然有它存在的合理性和市场。为了更好地认识奖励旅游,我们有必要了解目前常采用的奖励方式和它们各自的优缺点。

古典管理理论认为:“经济因素和物质条件是重要的激励因素,相应的管理办法是严格奖惩。”行为科学理论认为:“社会因素和心理因素是首要的激励因素,相应的管理办法是优待员工。”而现代管理科学理论则认为:“人的贡献本身就是极有价值的东西,相应的管理办法是内在激励法。”一项对上海40家跨国企业的调查也显示,吸引员工重要因素分别为:员工发展计划(70%),对员工的奖励和肯定(60%),薪酬福利(56%),培训计划(40%),工作环境(28%),工作内容(25%)(刘少湃,2008)。奖励在其中排位第二。

可见,奖励已成为科学管理的一种重要手段和方法。在你需要时,通过一种刺激促进方法去改变、修正人们的行为,从而让他们做你想让他们做的,这就是奖励。无论是对个人还是对团体,这个概念都适用。奖励刺激的范围很广,奖励可以被用作实现任何商业目的。要提高销售量,增加产品的品种和数量,改进生产质量和水平,完善对顾客的服务质量,加强安全意识,或者使出勤率上升,都可作为实行奖励的理由。实际上,任何可以量化的业务目标,都可以利用奖励来促进实现。

由于确定的量化目标不同,以及由于实现这一量化目标后所带来的增值资金也有差别,因而,对奖励方式的选择也就有所不同。传统的并且常采用的奖励方式有:现金奖励、物质奖励、奖励旅游和工作成绩突出奖励。下面,我们对这几种奖励方式作一下比较:

(一) 现金奖励

现金奖励也就是通常人们所说的“发奖金”,把发放现金作为一种奖励可能是最受欢迎的,但这也是最没有效果的鼓励方式。使用现金奖励,开销可能很大,增加了支出费用,效果却一般。据一项研究表明:如果奖励品是现金的话,至少要送相当于年工资5%—8%的现金额才能改变雇员的行为,所以,象征性地发放奖金员工会不以为然,而太多的现金奖励企业又无法承受。但如果不是现金的话(即旅游或实物),则只需4%。如果在领奖前,还得领奖人交税的话,现金的价值就更小了。

现金也没有持续性价值,很简单,我们中的多数人,很快会忘记我们拿了奖金后是怎样将它花费的，我们可能把钱买了衣服，请朋友吃了饭，付了账，或者购买了别的日常必需品。现金奖励没有我们在旅游一次后所拥有的那种持续性价值，这种旅行所拥有的持续性价值体现在我们难忘的经历，永久的回忆，更加开阔的心胸和更丰富的知识中。即使不是旅行而是实物，也可使我们欣赏或使用多年。

把现金奖励当作鼓励手段的最大问题是，它会与惩罚相混，正如一位评论家所指出的那样，惩罚是一种权利，奖励则是一种奖赏。当二者相混时，可能就会对行为产生消极影响，雇员会把奖金当作收入的一部分，如果不发奖金了，他们会立刻觉得收入减少了，这样的效果与最初的设想正好相反。但是，在经济发展不稳定、不平衡，通货膨胀剧烈，经济萧条起伏不定、工资收入参差不齐、贫富不均的当今世界，人们，尤其是中等收入的工薪阶层往往都偏向于奖金，因为奖金可以提高收入，改善生活，所以，现金仍是一种主要的奖励方式。

（二）物质奖励

物质奖励即奖品实物奖励，发实物奖励尽管没有奖励旅游那样成功，但也是一种很成功的激励方法（见表 5-1）。发实物进行奖励的问题在于：大家对实物价值的看法有所不同，多数获奖者对实物的估价低于其实际价格，因为发奖人很可能用批发价或者接近于批发价的价格买到这批实物。而且，随着人们生活水平的持续提高和物质生活条件的不断改善，单一的物质奖励手段渐渐老化。

表 5-1　奖励礼物类别及受欢迎程度

奖励礼物类别		喜爱比重	奖励礼物类别		喜爱比重
1	成衣	61%	8	运动器材	37%
2	奖励、奖牌	60%	9	珠宝	31%
3	礼物券	59%	10	行李箱	29%
4	笔、文具	56%	11	皮具	28%
5	钟、表	51%	12	电脑、软件	28%
6	电子产品	41%	13	相机	27%
7	餐饮	39%	14	户外活动	27%

资料来源：2003 上海会展及奖励旅游管理专业培训班，由上海旅游事业管理委员会高级顾问、香港理工大学酒店及旅游业管理学院荣誉教授陈郑绮艳女士所作讲座：《国际会展旅游市场概况》。

不过，由于一些企业无法创建足够的增值利润，或者无法降低成本进行奖励旅游，因而发实物也不失为一种有效的鼓励性手段，在非销售领域的奖励方案中尤其如此。同样，在一个包含旅行奖励的梯形奖励方案中，发实物也是非常有效的。对那些因实现了销售额或购买额为公司赚了一大笔增值利润的人，可以用旅游作为一种奖励。而对那些取得了成绩，但在工作中又没有产生足够的、可进行一次旅游的增值利润的人，可以给他们实物奖励。

（三）奖励旅游

这种表示感谢，激励士气的有效工具迎合了个人得到承认和尊重的要求，不仅能使人们领略和了解大自然的千姿百态、世界范围的风土民情和生活习俗，以及政治、经济、教育、文化和历史等人类社会的方方面面，而且还能帮助人们丰富阅历，开阔视野，扩大心胸，增强民族兼容性和提高对文化差异的认识。从这个角度讲，奖励旅游这种奖励方式也就自然地延长了它的持续价值。美国 2005 年的一项调查也表明：80％的受访者认为获得奖励旅游要比现金更令人难忘（王云，2006）。

奖励旅游的主要对象一般包括本公司员工（工作有杰出成绩者）、经销商（销售成绩十分突出者）和消费者（忠实品牌者或幸运者）。奖励旅游在国际上又被分为国内团体旅游、国内散客旅游、国际豪华游船等多项类别并受到不同程度的喜爱。（见表 5-2）

表 5-2 奖励旅游类别及受欢迎程度

排　序	奖励旅游类别	受欢迎程度
1	国内团体旅游	39％
2	国内散客旅游	36％
3	特 色 活 动	36％
4	国际豪华游船	24％
5	旅　游　券	21％
6	海外团体旅游	21％
7	海外散客旅游	15％

资料来源：同上。

99％的奖励旅游是以团队形式出行的，而且团队规模较大。绝大多数奖励旅游团队的平均规模（人数）是 125 人（Astroff & Abbey，2002，2003 & 2006）。但在国际上，由于双薪家庭十分普遍，因而通常很难设计一种夫妇双方可以共享的奖励旅游方案，获奖者参加的团体旅行，他或她的配偶或客人常会因为时间的冲突、工作的缘故乃至家务的缠身而无法参加。在这种情况下，奖励旅游中的个体旅游奖励正在逐渐增多。使用这种个体旅游奖励方案，可使获奖的雇员自己决定最好在何时出行，也可让雇主根据工作情况分别安排受奖雇员旅游，因而不会造成受奖雇员同时出游影响工作的局面。

奖励旅游商协会的研究还表明：每一个客人的平均消费（仅指地面消费，不包括国际旅行费用）是3000美元（大连康辉旅游网，2008）。所以真正具有“奖励性质”的旅游是相当昂贵的，一般企业或机关的日常开支是不可能让许多人组成团体一起出游的，但为某个人或少数人策划一次奖励型的旅行方案则是完全有可能的。

（四）工作成绩突出奖励

其他各种刺激性奖赏都可称作工作成绩突出奖赏。这种刺激方法涵盖了企业和机关的各个方面，利用它可以提高企业的生产力和销售额，亦可提高机关的工作效益。这种奖励包括口头表彰、公开宣布奖励，提高雇员的福利或改变服务待遇。例如：发名誉奖章、花环、纪念品，给一个月的特别停车许可证，奖励赠送一顿晚餐，多休息一天或雇主出钱让你参加健身俱乐部等无数种方法，不论是哪一种，都表明它是你付出劳动努力的一种回报，但它的价值和价值持续性远不如奖励旅游那样大，而它受欢迎的程度也没有现金奖励那样大。

表5-3反映的是对分布在英国、德国、意大利和美国一些公司采用奖励方式情况的调查结果。奖金和业绩/效益挂钩奖金，是最基本的奖励方式，但仍是主要的奖励方式，而采用旅游方式奖励职工的公司占26%。

表5-3　西方公司采用奖励方式比较表(1996)

奖励方式	公司%
奖金	30
业绩/效益挂钩奖金	26
奖励旅游	26
商品、礼品	15
礼券	11
公司股票	6

资料来源：奖励旅游使用和影响研究（1996年）。
注：参加调查的公司分布在英国、德国、意大利和美国。

从上表也可看出，奖励旅游的发展具有很大的潜力，随着经济的不断发展，人们收入的不断提高，更多的企业和个人将会对奖励旅游产生兴趣。

第二节 奖励旅游的策划

奖励旅游有很大的发展潜力，为了进一步推动我国境内及出入境奖励旅游的健康发展，策划好每一次奖励旅游是非常重要的。要策划好每一次奖励旅游，首先就必须要了解奖励旅游的界定，奖励旅游的目的和奖励旅游市场的构成及需求，其次还要了解奖励旅游目的地的选择、奖励旅游策划的注意问题及策划奖励旅游的途径。

一、奖励旅游的定义

为了真正理解奖励旅游，策划好每一次奖励旅游，我们必须首先从定义上对它的内涵和外延加以限定。

在国际上，奖励旅游商协会(the Society of Incentive & Travel Executives—SITE，亦有人将其译为“奖励旅游管理者协会”和“国际奖励旅游协会”)，对奖励旅游下的定义是：“奖励旅游是一种向完成了显著目标的参与者提供旅游作为奖励，从而达到非凡目的的现代管理工具。”著名的美国营销顾问米而顿·阿斯托夫(Milton T. Astroff)在和美国拉斯维加斯内华达大学旅馆管理学院教授詹姆斯·阿比(James R. Abbey)博士联合撰写出版的《会议销售与服务》一书中指出：“什么是奖励旅游？它是作为奖励雇员和客户做出特别努力并达到活动赞助者制定的条件而提供的一种旅游奖励。这种奖励经常是一种豪华的、由旅行社全部代办的综合包价旅游。”(Astroff & Abbey，2002，2003 & 2006)

从奖励旅游的定义中我们可以看得出，这是一种因商务的原因而提供资金的休闲旅游。为奖励旅游提供的资金应来自于被奖励人员完成显著目标而产生的经济效益。参加奖励旅游的人员是员工和客户，也许是供应商、经销商、顾客、销售人员或其他人员，他们必须符合参加的条件，提供资金购买奖励旅游者却是以上这些人员为之工作的企业和机关。

二、奖励旅游的目的

从上面对奖励旅游作的分析，我们可以看出，奖励旅游对参与者有吸引力是有各种原因的。今天许多雇员总是感到被人忽视或不受重用，他们觉得公司对他们不感兴趣，而且有时确实如此。据美国奖励旅游商协会(SITE)国际基金会的调查表明，59%的回答者觉得他们的公司不愿听取他们的意见。这就告诉我们，许多公司由于没有很好地重视雇员的努力和认真地听取他们的意见，从而使雇员感到自己的人格没有得到尊重，感到自己微不足道，而奖励旅游正好迎合了个人要求得到承认和尊重的要求。这可以说是实行奖励旅游的非常重要的目的。

另一项研究表明，95%的受调查公司会对销售人员实行奖励旅游计划。这一点并不令人惊讶，自从奖励旅游在50年前发明以来，在销售业中使用它一直是传统的作法。但是现在许多非销售部门也在使用奖励旅游计划，且具有同等的效力。研究表明，61%的公司使用奖励旅游计划改善服务质量，50%的公司使用奖励旅游计划激励公司雇员。就在非销售部门使用奖励旅游计划的公司中，72%的公司将目标瞄准了办公室雇员，他们已成为排在销售人员之后最多受到旅游奖励的人员。概括起来讲：公司购买使用奖励旅游的目的可包括：

(1) 提高总销售量，增加市场分享率。

(2) 增强士气，鼓足干劲，提高雇员的生产效率和工作效益。

(3) 销售新产品。

(4) 介绍新产品。

(5) 销售滞销产品。

(6) 抵消竞争性的促销。

(7) 支持淡季销售。

(8) 帮助销售培训。

(9) 取得更多商店陈列品，支持客户促销。

(10) 减少事故发生率。

(11) 改进出勤率。

从使用奖励旅游的目的中可以看出，奖励旅游不仅可以促进销售(即增加销售额，推销新产品，处理掉旧的存货产品，增加市场分享率等等)和改善服务质量，承认工作人员所作出的工作努力，调动他们的积极性，增强他们的工作效益，提高企业业绩，而且还可以增强员工的荣誉感和向心力，加强团队建设，塑造企业文化，是达到企业管理目标、增强企业实力，促进其良性健康发展的重要手段；其次，大规模的奖励旅游还应视为企业一项重要的市场宣传活动，有助于树立企业的良好形象和扩大企业的知名度。正如《会议销售与服务》一书中所指出的那样："奖励旅游被用来改善士气，减少雇员流动率，及争取特殊的销售对象。奖励旅游也被用作让经销商集中在特定的品牌和增加购买额。奖励旅游被公认为有效的激励手段。"奖励旅游商协会国际基金会(SITE International Foundation)的研究结果也表明奖励旅游可以让部分员工的业绩提升20%(王云，2006)。

当我们讨论世界各地奖励旅游的状况时，必须注意到文化差异对奖励旅游目的所产生的明显影响。奖励旅游商协会国际基金会(SITE International Foundation)曾进行过一次名为"认识奖励旅游：新加坡"的研究。他们发现，使用奖励旅游的公司中只有11%的公司预先为奖励旅游者设立目标，而大多数公司使用奖励旅游的目的是为了答谢员工、经销商和客户并鼓舞士气。另外一项名为"认识奖励旅游：不列颠和爱尔兰"的研究发现，许多公司使用这种激励性的奖励旅游，是为了增强团队精神或者是为了对员工进行培训，以及诸如此类的目的。它们预先并不设定取得奖励旅游资格的目标，也不强调通过旅游可以获得经历，它们看重的是，通过旅游中的培训让同事间的感情变得更为融洽，并能更好地对产品加以了解。这种方式不同于传统的奖励旅游，却仍有激励作用。但是在美国，建立竞争性氛围一直是奖励旅游的主要目的，美国公司对奖励旅游者的资格审核严格，事先预设激励目标，重视竞争性氛围。可是在其他一些文化不同的国家，这样做就不一定有效。美国这种让人家明白存在一种虽未明确宣布，但是有可能得到的、潜在的奖赏的做法，还是非常有激励作用的。

所以，不同的文化对奖励旅游的目的显然有很大的影响。

三、奖励旅游市场的构成和需求

奖励旅游是会展业的一个细分市场，了解这一市场的构成和它的需求，能使我们策划出更有针对性的、受市场欢迎的奖励旅游的产品。

奖励旅游的使用者经常是汽车销售公司，电器销售公司，保险公司及其他的客户群体。下表5-4显示了奖励旅游在美国的前十位使用客户群，可供我们了解和分析国内外奖励旅游市场的构成。

表 5-4　奖励旅游前十位使用者　　（单位：百万）

1	保险业	$342.9	奖励旅游在美国的前十位使用者占整个美国奖励旅游市场的56%
2	汽车零配件业	$203.2	
3	电器、收音机、电视机业	$189.5	
4	汽车和卡车业	$149.8	
5	取暖器和空调机业	$123.3	
6	农场设备业	$108.6	
7	办公设备业	$101.6	
8	器具器材业	$78	
9	建筑业	$75.5	
10	化妆用品业	$66.7	

资料来源：奖励旅游商协会(SITE)。

我国奖励旅游使用比较集中的行业有保险、医药、IT、电子、直销公司等，还扩展到了汽车、房地产、银行、烟草、电力、教育等行业（陶颖、房欣，2008）。

奖励旅游市场构成情况因地而异，不会千篇一律，所以奖励旅游经营商应该很明确地对本国、本地区的客源市场作好调查研究和分析，通过奖励旅游策划者和组织者把奖励旅游的产品销售给奖励旅游客户。

奖励旅游策划者和组织者要把奖励旅游的产品很快地销售给它的最终客户，关键就在于必须要了解谁是奖励旅游的客户和奖励旅游客户的需求是什么，因为只有了解了奖励旅游的客户和他们的需求，才能策划和组织好受市场欢迎的奖励旅游。

首先，谁是奖励旅游的客户呢？奖励旅游的客户是指提供资金，购买奖励旅游这个现代化管理工具并希望通过使用奖励旅游达到非凡目的的企业、机关、学校和其他社会团体。千万不要将奖励旅游者误认为是奖励旅游客户。那么，奖励旅游客户的需求是什么呢？奖励旅游客户要求奖励旅游经营商从奖励旅游策划阶段到奖励旅游最后实施阶段都能在奖励旅游客户的预算范围内提供精心的策划、有力的宣传、良好的沟通、紧密的合作和第一流的服务，奖励旅游客户购买奖励旅游产品，为作出杰出贡献的经销商、员工和客户提供旅游的机会，将其作为对他们的奖励，当然需要追求最佳效果，希望所购买的奖励旅游能满足奖励旅游者的需求，达到答谢、激励和凝聚的目的。而奖励旅游者因为他们的杰出贡献，所以他们想得到特别的待遇。追求的是贵宾(VIP)的礼遇，得到的是备受重视的感觉。他们需要的是难忘的经历、温馨的服务和诸多的惊喜,最好是一路有惊喜,天天有高潮。如:特别构思的欢迎晚会,巧妙策划的主题宴会,认真安排的研讨会以及精心组织的惜别晚宴等。今天的奖励旅游者要求有更多的参与;理想的度假环境和气氛,美丽宜人的自然景点,令人兴奋的活动,甚至最好有些与公司和行业相关联的活动,这都能给他们留下难忘的印象和美好的回忆。

四、奖励旅游目的地的选择

奖励旅游策划者考虑到奖励旅游客户和奖励旅游者的需求和奖励旅游的目的,在选择奖励旅游目的地时所考虑的重要因素,与一般的公司会议策划者相比有所不同,见(表 5-5)。

表 5-5 奖励旅游策划者选择目的地的重要因素

非常重要的考虑因素	奖励旅游
有否像高尔夫、游泳池、网球场等这样的娱乐设施	72%
气候	67%
观光游览文化和其他娱乐消遣景点	62%
位置的魅力和大众形象	60%
有否旅馆或其他适合举行会议的设施	49%
交通费用	47%
赴/离目的地交通难易程度	44%
奖励旅游者到目的地的距离	22%

资料来源:美国会议杂志(Meetings & Conventions)进行的会议市场研究。

在国际上,选择奖励旅游目的地通行的标准包括:

(1) 配套完善的基础设施;

(2) 优质高水准的服务质量;

(3) 高度的开放性与广泛的对外联系和交往;

(4) 独具特色的旅游资源;

(5) 令人满意的专项活动的承办能力(张云中,2007)。

奖励旅游活动所选择的目的地必须令人兴奋,要有广泛的吸引力和某种自我促销性,也就是说,通常不需要什么促销,就能受到大众的欢迎。例如香港、夏威夷、拉斯维加斯、伦敦和巴黎这样的目的地。

比较而言，在经济景气时，美国奖励旅游不太关心成本，但重视地理方面的因素，如气候、娱乐设施、自然及文化景观。2009年2月，在奖励旅游商协会(SITE)应北京旅游局邀请在北京举行奖励旅游商协会(SITE)理事会年会时，美国 Pure Escape 有限公司 Jane Halsey 总裁却明确地表示，他们在挑选奖励旅游目的地时，首先会考虑价格，其次是安全，然后是饭店和活动的质量，以及航空公司的服务(李冰，2009)。Jane Halsey 总裁的考虑因素说明了，金融危机使美国企业改变了在经济景气时不关心成本的态度。“9·11”之后，北美的公司很在意安全问题，他们很关心一旦发生事情，接待地是否能够提供及时的帮助措施，接待方需要有应对危机的预案。Griffin 会奖公司 Tamara Nored 市场销售副董事长在会上更是将安全的重要性放在第一位，她强调地说：“对于美国市场来说，安全是公司关注的第一要素，会要求对方提供紧急防范措施的预案；第二是价格，中国物有所值，具有优势；第三是行程时间，北京和休士顿的直飞将有助于缩短美国东部和中国的距离。”(李冰，2009)从上述两个美国企业选择奖励旅游目的地考虑的要素中我们也可以看出，选择奖励旅游目的地的要素不是一成不变的，而是会随着政治、经济等因素的变化而变化。

Ovation 集团合作伙伴兼市场总监 Padraic Gilligan 先生在奖励旅游商协会(SITE)理事会2009年北京年会上谈到欧洲公司选择奖励旅游目的地时指出：“对于欧洲公司来说，选择奖励旅游目的地通常会涉及8个要素：

(1) 基础设施；

(2) 交通便利；

(3) 高质量的酒店；

(4) 目的地的特别体验；

(5) 价格；

(6) 安全，目的地的政治状况及相关背景很重要；

(7) 知名度，如果欧洲媒体对某目的地给予更多的关注，会对人们出行的选择带来影响；

(8) 公司与目的地国家是否有业务往来。”(李冰，2009)

对奖励旅游目的地的地理区位选择而言，美国最受欢迎的境内奖励旅游的目的地是夏威夷、拉斯维加斯、迈阿密、迪斯尼世界、旧金山、圣地亚哥和新奥尔良。美国最受欢迎的海外奖励旅游目的地则为：墨西哥、加勒比海地区、百慕大和欧洲。其中，到欧洲的美国奖励旅行团非常注重选择著名的国际旅游目的地和首都城市，如伦敦、爱丁堡、巴黎、阿姆斯特丹、马德里、柏林等。他们很少选择那些在美国人中名气不大的目的地，在选择决定欧洲奖励旅游目的地时，气候起着非常关键的作用。法国、意大利、西班牙、英国是奖励旅游团最中意的目的地。英国无法与欧洲内陆的“阳光和沙滩”相竞争，但它有悠久的历史，众多的古迹，如画的景色，丰富的体育和文化活动等。美国 Sunbelt 奖励旅游有限公司董事长兼首席执行官 Bill Boyd 先生在出席奖励旅游商协会(SITE)理事会 2009 年北京年会时就表示说：他们 20%的奖励旅游目的地是在美国本土，30%是在加勒比海，欧洲是他们传统的目的地市场(李冰，2009)。这基本反映了美国公司选择奖励旅游目的地的地理区位倾向。

欧洲奖励旅游的主要目的地仍是美国和欧洲，四个欧洲主要市场国中只有英国将其 90%多的奖励旅游团送往海外，而在德国、意大利、法国，约 40%—50%的奖励旅游在本国进行(刘士军，2007)。远东、澳大利亚、东欧、加勒比海为潜在的市场(见表 5-6)。

表 5-6　欧洲奖励旅游考虑的目的地(1996)

决定前考虑的目的地	公　司
法　国	57%
英　国	55%
德　国	46%
美　国	42%
苏格兰	39%
西班牙	38%
加勒比海	37%
远　东	36%
欧洲其他国家	31%
爱尔兰	27%
意大利	26%
游　船	13%

资料来源：奖励旅游使用和研究(1996)。

这些经常组织奖励旅游的公司还认为：伦敦是欧洲主要的奖励旅游目的地，考虑组织奖励旅游时，公司要挑选 3 个城市作参考，伦敦、维也纳、巴黎是最受欢迎的城市(见表 5-7)。

表 5-7 欧洲奖励旅游目的地的评分(1996)

欧洲奖励旅游目的地的魅力	评分
伦敦	7.5
巴黎	7.2
维也纳	7.2
罗马	7.0
法国里维埃拉	6.9
威尼斯	6.8
瑞士	6.6
雅典和希腊岛	6.6
巴塞罗那	6.5

资料来源:奖励旅游使用和影响研究。
注:10 分为满分。

在亚洲,《1995 年亚太会议市场报告》指出"奖励旅游,其成本非常关键,其他因素如便利的交通、观光、文化和自由活动等在决策中也起很重要的作用。"见(表 5-8)

表 5-8 亚太地区影响选择目的地的要素

影响因素	奖励旅游
总成本(包括酒店、餐饮等)	57%
目的地便利的交通	54%
交通费用	53%
文化观光及其他活动	53%
目的地的形象	50%
气候	49%
会议代表距目的地的距离/旅行时间	48%
娱乐健身设施(高尔夫、网球、游泳池等)	48%
接待的酒店和设施	47%

资料来源:1995 年亚太地区会议市场报告。

总之,不管在哪个地区,一个恰当地道的奖励旅游目的地选择不能取决于旅行代理商、销售经理或是奖励旅游公司管理人员的个人好恶,企业员工、经销商和客户的意见应该是考虑和选择奖励旅游目的地的重要因素，正像有的专家所指出的那样，如果是为了激励员工，选择目的地的因素应为：员工意见(40%)、观光资源(13%)、经费(10.5%)、奖励旅游天数(9%)及其他的一些因素。一个大型公司的雇员、经销商和客户有着不同的年龄、身体状况、宗教信仰，有着不同的个人兴趣爱好和不同的旅游选择，所以要尊重他们的意见，他们在奖励旅游的策划、组织和实施中，有着很大的决定权。为了保持他们的兴趣，奖励旅游活动中的目的地还必须不时地更换。

奖励旅游的策划者应该仔细地分析潜在客户的需求，决定什么样的目的地和活动能吸引最多的人参加，例如：在美国夏威夷瓦库拉希尔顿饭店，旅馆大厅以居住着海豚的环礁湖为特色，客人们要用船运达到他们的客房。这种“奇妙的度假地”在奖励旅游策划者中特别受到欢迎。

五、奖励旅游策划应注意的问题

奖励旅游策划不只是安排组织旅行，而是从策划制定激励目标就开始了，所以国际上这些专业奖励旅游公司非常重视帮助使用奖励旅游的公司进行奖励旅游的完整策划，从而使奖励旅游活动的使用公司能通过整个活动达到激励员工并产生经济效益的预期目的。不管由谁来策划和组织奖励旅游活动，都要注意下列问题：

（一）充足预算

没有充足的资金分配给奖励旅游活动的前期宣传工作和所要组织的奖励旅游活动，那结果可能非常令人失望。因为有了足够的预算，才能保持前期宣传的力度，使奖励旅游计划起到充分的激励作用，才能选择远程和理想的奖励旅游目的地。

（二）制定目标

策划奖励旅游先要为雇员、经销商和客户制定一个奋斗目标。只有达标的人才有资格成为奖励旅游者。新加坡欧力士租赁有限公司总裁王仕铭指出：要成功地推行奖励旅游计划，首先在新财政年度开始之前，公司必须制定个人、部门和公司的业绩目标。财政年度结算后，无论个人、部门或全公司雇员，如能达到或超越所定的目标，就应该成为奖励的对象(陈君南，2007)。这个需设定的目标应该让奖励旅游的使用者来树立，它应该既富有挑战性，又要能让雇员、经销商和客户来达到或超过，例如，增加一定百分比的生产量或销售额。奖励旅游使用者要通过增加生产和销售或降低成本来产生足够的额外利润，以支付奖励旅游活动的所有费用，研究一般认为，奖励旅游费用约为企业超额利润的30%左右（孙中伟、邵立威、武红，2006）。所以这个目标要量化，还要有时间限制。例如，一个电器公司到5月1日为止，家用空调要增加1000万元人民币的销售额。

（三）责任到人

奖励旅游使用公司要落实专人负责活动，奖励旅游公司也应该指定专门的财务管理人员，同奖励旅游使用公司的这名专门负责奖励旅游的工作人员一起工作。

（四）建立定额

建立生产和销售定额制度要比让参与者最前几位进行旅游的这种做法更具有激励性。制定定额的奖励旅游活动容许每个人只要完成规定的定额都可有资格接受奖励旅游。所以它的激励面和受益面会更宽更广。

（五）期限要短

奖励旅游活动的持续期限不是指旅行的开始到结束，而是指奖励旅游活动的宣布开始，包括雇员、经销商或客户为争取成为奖励旅游者所需要的达标时间。一般地讲，短期奖励旅游活动最为有效，这种活动如果持续时间长的话，人们易于遗忘，失去兴趣，或者变得心烦意乱。策划安排时，绝大多数奖励旅游活动一般在3至6个月之间，几乎没有什么奖励旅游活动会长达1年甚至更长时间。

（六）专业沟通

奖励计划的专业沟通和销售促销是至关重要的。如果公司里无人意识到这个奖励旅游活动或者无人为之而兴奋激动，那么，提供这样的奖励旅游活动就是毫无价值的。活动的成功取决于经常的沟通、仔细地选择时机、刺激性的激励技术及管理和营销部门全体成员的支持和热情。

正如新加坡欧力士租赁有限公司总裁王仕铭在广州日报主办的“第二届中国薪酬调研与应用高峰论坛”会上，根据自己公司推行奖励旅游的经验，谈到奖励旅游原则时所指出的那样：“一是在推行制度之前，必须把奖励目标清楚地传达给雇员；二是在遴选的过程必须保证透明度；三是在某些情况下，比如无法如期推行奖励计划，公司有必要给雇员一个完善的交代；四是听取雇员的意见，如奖励旅游的策划小组可以包括各阶层员工，让大家一起进行筹备工作；五是建立团队精神，各项目必须由管理层和员工一同参与，不分彼此。（陈君南，2007）”而这几点都必须建立在专业沟通的基础上。

（七）正确选时

奖励旅游应该安排在一年的某一个时间，在这个时间里的安排不应使奖励旅游使用公司的正常经营活动感到过分的紧张，此外，时机的选择既要利用淡季价格，又要安排在参与者想旅游的时间。可是，这样的要求有时会有冲突，所以必须有灵活性并能做出妥协。

（八）精心选择

要精心选择吸引人的并且与众不同的目的地。旅行目的地必须迎合参与者的兴趣，在选址前，有必要在参与者中间先进行一次调研。

（九）贵宾礼遇

奖励旅游应该让企业员工、经销商或客户在旅游时，享受到温馨的服务和贵宾的礼遇。航班上要有为奖励旅游团特制的菜单，饭店客房桌上要放着印有烫金的客人名字的信封和信纸，这都会让他们激动万分，感受到“奖励”的温暖。

（十）难忘经历

要注意通过主题活动的巧妙策划和各项活动的精心安排，使奖励旅游给奖励旅游者留下特有的、难忘的经历。不管是主题晚会还是专题研讨会，不管是欢迎宴会还是惜别晚宴，都要使参与者永不忘却。

（十一）强参与性

过去的旅游者常常满足于观赏，而今天新一代的旅游者是体验性的。他们更希望亲身经历不同文化和不同生活而丰富人生的阅历。这就使奖励旅游产生了新的概念，即高度的参与性，也就是说，强调在奖励旅游中通过组织参与性强的活动给奖励旅游者留下难忘的经历。

（十二）重视细节

细节是奖励旅游质量的重要体现。奖励旅游细节的精心策划非常重要，无论是飞机上的座椅和靠枕，还是奖励旅游中会议和晚宴中所有的餐巾、纸巾、座椅套等都应有公司的 logo，同时会场上也要用激光束打出公司的 logo、slogan 等，让他们记住这是公司的活动。从接待地的布景到导游的水平，到每一次典礼和晚宴的主题，还有酒店客房是否为奖励旅游者备有礼品，与众不同的每个细节都会是令参与者一生难忘、值得回味的经历。

（十三）强调创新

奖励旅游作为激励机制，其生命力在于“不易获得”、常变常新。所以，创新是打造奖励旅游核心竞争力的关键所在。对奖励旅游的线路和活动策划要不断地有新组合、新模式和新创意，要不断地针对不同的奖励旅游客户进行个性化的定制策划。例如在行程中增加颁奖典礼和讲座、参观企业、主题晚宴、拓展培训，企业首脑人物出席“与民同乐”或共商企业发展大计等更好地增加员工凝聚力的内容，不断地深化内涵，赋予奖励旅游新的内容和新的体验。

（十四）注意保密

奖励旅游计划提上日程后，最关键的是对奖励旅游行程活动安排要注意保密，并保持一份神秘感。这样就能在奖励旅行中，让奖励旅游者处处有惊奇，天天有高潮，更能使奖励旅游产生动人、难忘和事半功倍的效果。花旗银行在新加坡开奖励年会的时候，为了给前十名优秀业务员惊喜，秘密邀请受奖人的家人来到新加坡，让他们参加这次特殊的奖励旅游。据当事人回忆，当主持人邀请坐在台下的员工家属走上台与自己的亲人同享荣誉的一刻，员工与亲人抱成一团，泣不成声。这个特别设计的保密环节令受到奖励的员工备感骄傲(陈君南，2007)。

六、通过目的地管理公司(DMC)网络来策划奖励旅游

如果我们是奖励旅游的策划组织者，当企业决定进行奖励旅游时，我们往往会被要求在短时间内拿出多个不同目的地的、完备而又经济的计划，供企业的高层管理者进行最后决策时考虑和选择。

在这种情况下，如果我们的个人信息量有限，又要在规定的短时间内按要求提出多项可供进行选择的计划，那就必须寻求帮助。通常人们都是向旅游公司进行咨询并希望从他们那里获得帮助，而常常忽视了国际上常用的目的地管理公司(Destination Management Co. —DMC)网络这一联盟性的组织和它们所能给予的帮助。或者许多人就根本不知道目的地管理公司网络的存在，也不了解目的地管理公司网络能给人们带来什么帮助和带来多么巨大的利润。

目的地管理公司网络有大有小，有一些是国际性的，各大洲间相互联网，有一些是专属于某一地区的，如地中海、欧洲或美国。这些网络的任务是给奖励旅游组织提供信息，包括某一目的地的专门信息，推荐目的地管理公司，满足所策划的奖励旅游或者开会的需求。当我们不熟悉所选择的目的地时，尤其需要这样的帮助。如果我们被要求立即提出多个目的地的建议，我们首先就必须了解这些目的地，还必须知道这些目的地的价格是否在所限定的开支范围内，而这些信息我们通过目的地管理公司网络便可迅速地获得。

当我们首次同目的地管理公司网络联系时，要讲清我们的计划和对时间、

开支和住宿的要求，以及参加人员和公司的背景，还要讲清楚有无特殊要求。网络代表将会依次就目的地的各个方面与我们磋商并向我们介绍有关基础设施、旅馆饭店、娱乐活动和专门的会议设施等等。

目的地管理公司网络还出版其成员最新的文字形式的关税手册和团体旅游报价手册供客户使用。这些资料不仅可以立即派上用场，而且还可以作为参考资料在将来使用。一些地方的目的地管理公司网络还提供目的地促销资料。

我们可以通过与网络联系，找到目的地公司，并在电脑屏幕上浏览该公司的整个情况，包括该公司从事奖励旅游业务有多长，财政状况如何，信誉和创造力如何，对奖励旅游和会议有何认识。

我们也可以通过互联网搜寻或者查询黄页网（www. yellowpage. com. cn）了解目的地管理公司网络，还可以与奖励旅游商协会（SITE）联系，询问加入网络的目的地管理公司的名字。

我们还必须面对一个现实，那就是不能等到需要时，才去查询目的地管理公司网络，而是现在就应同目的地管理公司网络建立联系，让它为我们策划奖励旅游服务。

第三节 奖励旅游经营机构及成功因素

一、奖励旅游经营机构

奖励旅游的迅速发展导致了相应经营机构的建立。在美国，这些机构被称为“动力所”（motivational house）。这些机构不仅策划奖励旅游活动，而且还为需要购买奖励旅游的公司组织安排奖励旅游。许多组织奖励旅游的企业都属于它们自己的协会——奖励旅游商协会（SITE）。

奖励旅游公司为公司、机关团体从供应商那里购买旅游产品，作为奖励旅游的组织者，它们同航空公司、游船公司、旅馆饭店、汽车出租公司这样的供应商谈判，取得每次旅行活动的总成本。在这上面，它们通常再加15%—20%，这里包括它们的费用和利润，最后给奖励旅游购买者一个综合报价。所以我们说，奖励旅游的费用取决于奖励旅游公司同饭店、航空公司这样的供应商谈判所获得的价格。因为奖励旅游公司是作为一个旅游批发商代表奖励旅游购买公司来办事的，所以不必涉及为购买公司的雇员安排这次奖励旅游的所有细节。在许多情况下，这些奖励旅游公司只是帮助购买公司来宣传奖励旅游活动，从而调动公司雇员和客户的积极性。

在国际上，从事这类奖励旅游业务的机构有三类：

（一）全方位服务的奖励旅游公司(full-service incentive tour company)

这类专业公司在奖励旅游活动的各个阶段向客户提供全方位的服务和帮助，从策划到管理这次奖励旅游活动，从开展公司内部的沟通、鼓舞士气的销售动员会到定额的制定，还有从组织到指导这次奖励旅行。这些工作需要耗费数百个工时，再加上访问不同厂商与销售办事处所花费的费用，所以这类全方位服务公司工作的报酬是按专业服务费支出再加上交通和旅馆这样的旅游服务销售的通常佣金来收取的。

（二）单纯安排旅游的奖励旅游公司或称为完成型奖励旅游公司(fulfillment type of incentive tour company)

这类公司通常规模要小些，它们的业务专门集中于整个奖励活动的旅游部分的安排与销售上，而不提供奖励活动中需要付费的策划帮助。它们的收益就来自通常的旅游佣金。

（三）奖励旅游部(incentive tour department)

这是设在一些旅行社里从事奖励旅游的专门业务部门(incentive travel department)。这些旅行社的奖励旅游部也许为客户提供奖励活动策划部分的专业性援助。如果它们能提供的话，也常常按照全方位服务公司的收费标准来收费。

二、航空公司会奖部及其功能

（一）航空公司会奖部

由于越来越多的公司将旅游作为一种激励工具，因而许多航空公司亦把奖励旅游作为一项重要业务来抓。尤其是在今天的亚洲，很难发现哪家航空公司没有设立会议奖励旅游部门。最初这些部门只限于做会议旅行，它们着重强调的是自己国家作为会议举办地的吸引力，并积极支持申办具有重大影响的会议，但现在这些部门已将业务从会议旅游发展到了奖励旅游。

对奖励旅游的最终使用者而言，一般情况下都愿意把奖励旅游组织者或目的地管理公司作为中间人，而不愿意直接与航空公司打交道，所以本书未把航空公司会奖部列入上述奖励旅游经营机构之内，但也有奖励旅游的最终使用者会自己找上门，在这种情况下，航空公司都会给予热情的服务和周到的安排。

航空公司会议奖励旅游部经营范围的大小实际上取决于公司总部对于其作用的规定和其作用的大小，在这方面各航空公司之间是不一样的。

多数航空公司都有奖励旅游策划人员，他们会列出他们所提供的服务项目，策划人员对策划奖励旅游行程非常关键。有时候航空公司要做一些旅行代理人或旅行批发商不能提供的工作，如进行促销宣传、申办会议，为组织者提供免票，以及提供折扣的或免费的机票。

航空公司会奖部门必须了解奖励旅游最终使用者的基本详情，要知道团数、出发日期，以及有无特殊要求。团队越大，所需的准备时间就越长，通常的准备时间要 6 至 18 个月，这取决于团队规模。大的团队经常要运送几天才能完成。希望订包机的公司必须给航空公司时间，调配额外的班机。在旅游目的地机场已达到饱和的市场上，谈判包机至少需要 1 年时间。

（二）从亚洲航空公司会奖旅游部看其功能

下面是亚洲几家航空公司的会议奖励旅游部的简介。我们从中可更好地了解航空公司会奖部门的功能。

1. 国泰航空公司

该公司会议奖励旅游部成立于 1987 年，当时实际上只有两人，一个是经理助理，一个是部门主管，其主要功能是将香港作为一个会议奖励旅游的目的地予以宣传推广。1995 年，该部和旅行目的地市场推广部合并，而今天，设置于营收管理销售和分配部门（Revenue Management Sales and Distribution Department）内的会展奖励旅游团队（MICE Team），其促销的作用更进一步地加强了。

此外，向会议奖励旅游策划人员发行促销性的小册子、奖励旅游信息手册，以及其他有关目的地的资料，都是由该部制作的。

该部的另一个功能是在顾客和国泰其他部门间起联络作用。它会把与它联络的公司介绍给国泰驻海外的机构，在那里谈判票价，确定离程时间，满足其他一些基本的和特别的需求。例如，如果某公司需要一些特别的服务项目，航空公司的驻外机构就会把有关请求直接报给公司的接待部。

2. 马来西亚航空公司

马航于 1990 年建立了会议奖励旅游部，它的首要任务是向奖励旅游的最终使用者宣传推广目的地和马航。所有有关营销和促销的册子都由该部印行，且每两年更新一次。

此外，它还提供奖励旅游的投标、踩点、营销服务、折扣价、特殊价、包括航空、酒店住宿、机场接送和游览在内的综合报价、以及其他奖励旅游相关的咨询服务。

会奖部也是一个联络机构，它向有关部门传送最终使用者的请求。它还具体处置同奖励旅游有关的事宜。如为奖励旅游团队单独办理登机手续和预订座位，制作有公司名称的菜单和椅套，为公司录像，提供赠品和行李标签。如果接到请求，该部还会给奖励旅游客户寄送出版物、旅行计划、招贴画、彩色幻灯片、促销资料和录像带。

3. 新加坡航空公司

新航的会议/奖励旅游部建立于20世纪70年代中期，其职责权限也比较大，从会议和奖励旅游到举办展览，该部门的主任是负责广告和促销部门的经理助理。

和其他航空公司一样，该部宣传推广新加坡和新航，并帮助协调组织各种活动。在目的地促销活动中，它同新加坡会议局密切合作。

会奖部门还帮助有关部门机构进行成本管理、住宿和目的地管理，对景点进行监督，并与有关部门合作确定票价。新航还为奖励旅游者定做专门的菜单和椅套，发送促销性资料，帮助奖励旅游团注册、订位和认领行李。

今天，为便利新航的奖励旅游客户商谈业务，他们可以和就近的新航办事处联系并商谈有关的细节问题。

4. 泰国国际航空公司

泰航的会议/奖励旅游部成立于1977年，其主要作用也是宣传推广目的地。它发行有关目的地和泰航的促销资料，并同有关部门联系，提供特殊票价，团体提前预订，安排有关机上与机下服务。

三、奖励旅游机构成功的因素

奖励旅游机构经营取得成功决定于多种因素，但最重要的关键因素则包括：

（一）要具备并能够发挥创新能力

创新是打造奖励旅游核心竞争力的关键所在。奖励旅游机构的创新能力是指他们的产品创新能力、市场创新能力和管理创新能力，具备并能够发挥创新能力是奖励旅游机构能否赢得奖励旅游业务和取得经营成功的关键。在全球经济萧条，企业控制开支，尤其是旅行费用日益紧缩的情况下，在全球市场日益复杂，竞争日益激烈的今天，这一点更为重要。奖励旅游机构的策划人员和市场营销专业人员只有发挥想象力，才能制定出一种真正可以激励企业雇员、经销商和客户取得优异成绩的奖励旅游活动方案。不断创新，才会始终具有强大的力量。另外，我们还必须懂得，是否具备并能够发挥创新能力，对于减少开支也非常关键。利用想象力，经验和创新能力可以取得出乎意料的效果。

（二）愿意面对并利用变革

愿意面对变革并让变革了的情形向有利于成功的方向发展，是经营好奖励旅游的另一关键因素。世界正在以前所未有的速度发生着变化，奖励旅游业也不例外。市场在变，需求在变，奖励旅游目的地也在变，新的从业人员、新的经营规划、新的接待设施和新的价格不断出现。奖励旅行商应该如何迎接这些变革与挑战呢？首先，从事奖励旅游的旅游公司和旅行商应当重估自己的经营战略，自问一下是否还要开发经营这一市场，是否愿意跟上日益发展的奖励旅游市场。如果是的话，那么是否能够提供必要的服务。

一些在不景气年份里退出奖励旅游市场、集中精力去从事高收入行当的旅馆饭店和目的地管理公司（DMC），现在又试图重新打入该市场，因而对奖励旅游公司来说，选择富有经验和专业能力强的供应商就更为重要了。令人兴奋的是，在国际上许多奖励旅游供应商一直在坚持奖励旅游的经营，一些目的地管理公司（DMC）不仅继续通过世界性和地区性的展销会来扩大客源市场，而且同它们的大公司客户保持着联系，并且还不断改善和开发奖励旅游产品。

那些刚刚接触奖励旅游市场的公司在熟识了大的奖励旅游供应商后，还在选择和利用能够很好地为奖励旅游团服务的供应商，这样的选择可以向经验丰富的公司提供更好的付有所值的东西。

一直从事奖励旅游业务的公司的明显优势就在于，它们知道奖励旅游目前发展的特点和变革的情况，了解过去不少行之有效的奖励旅游计划已不再适合于今天的奖励旅游团，而那些涉足奖励旅游业务不久的公司，由于过去或过去几年没有组织奖励旅游团，可能不了解现在的市场，因而它们策划的奖励计划也许早就过时了。所以，凡是奖励旅游公司，不管新的和老的，都必须了解市场的变化和发展的趋势，也就是说要了解变革，要不断地调整自己的产品与服务，来满足奖励旅游者新的需求，开发因社会和经济变化所带来的新市场。

我们还必须在业务经营中采用新的技术，并要有超前的意识，要预测到21世纪将会出现的市场新变化和新需求。对于作好准备、面对变革和迎接挑战的人们来说，变革提供了机会。这不仅是公司和个人获得发展的机会，也是学习的机会、得到快乐的机会和取得成功的机会。

(三) 要有专业知识

要具有专业知识,除了要接受专业教育和训练外,我们亦可以从过去所犯的错误和避免错误的经验中获得专业知识。这种专业知识可以帮助我们了解最新的景点、最新的交通方式、最新的会议场所和最新的住宿和餐饮场所,亦可帮助我们得到国家旅游机构的支持,有利于我们充分将所有这一切资源集中起来,优化组合成向奖励旅游者提供的一流服务。

对于那些几乎没有任何组织奖励旅游经验的策划人员来说,获得奖励旅游的专业知识就更为关键了。他们必须懂得奖励旅游使用公司的要求,并准备拿出时间和精力为这些公司出谋划策并提供专门的服务,还要与有丰富经验的旅游供应商紧密合作。

(四) 必须控制成本,策划组织价廉物美的奖励旅游

20 世纪 90 年代初的经济不振曾使公司利润降低,各公司不得不实行紧缩政策,因而大量削减奖励旅游的开支。今天推销奖励旅游,主要的任务就是要使各公司相信,应当让它们公司取得重大成就的人去具有异国情调的目的地度假,同时提供价廉物美的奖励旅游计划给各公司进行选择。虽然随着后来经济的复苏和消费信心的恢复,奖励旅游业再度崛起,但近年来世界经济再度陷入疲软和萧条肯定会对今后奖励旅游业的发展带来一定的影响,今后公司不会再举办宏大铺张的奖励旅游活动了,也不会再开展大型豪华的主题活动了,而都在寻求物有所值的旅行方案。对奖励旅游供应商来讲,这就意味着需要推出更好、更具想象力、更省钱的旅行方案。新的趋势是:可以对小型的奖励旅游团队提供一些比较实际的奖赏或近程的奖励旅游,而对单个的成绩优异者及其伙伴,则可提供到远程目的地去的奖励旅游,这主要是因为全球出现了寻求更加独立自主旅行的趋势。今后 10 年的专项旅游和以自然为基础的旅行,在奖励方案中也将起着更重要的作用。

(五) 要与饭店、航空公司建立良好的关系

奖励旅游计划如果想获得成功,关键之一还得与航空公司和饭店建立良好的关系。航空公司和饭店是奖励旅游商品与服务的主要供应者,它们工作的好坏决定着奖励旅游商品和服务的质量,直接影响到奖励旅游计划的成功与否。没有航空公司的配合和安全优质的服务,奖励旅游团,尤其是大型旅游团在旅游旺季时是不可能轻易地解决机票问题,从而平安适时地到达奖励旅游目的地的。在饱和的民航市场上,如果需要包机服务,就更需要航空公司的协助和大力支持了。而参加奖励旅游团的客人到了饭店后,这时最重要的事就是饭店要提供上乘的产品和服务。饭店应该提供综合报价上所承诺的一

切，如果可能的话，还应该多做一些。如果全体工作人员，从总经理到服务员，能在奖励策划人员所提供的开支限度内，在不损害产品质量的前提下，尽最大、最认真的努力，不仅提供所承诺的一切，而且在不再另外收费的情况下提供一些额外的产品和服务，那么肯定会使奖励旅游者感到快乐，使奖励旅游计划获得圆满的成功。当然，没有饭店经营者的重视和全体员工的配合，这是不可能的。反之，如果让奖励旅游团的成员在房间里待上几小时才能拿到行李的话，那后果就可想而知了。

思考题：

1. 奖励的方式有几种？其主要优缺点各有哪些？
2. 什么是奖励旅游？实行奖励旅游的主要目的是什么？
3. 奖励旅游者在美国的前十位使用客户群是谁？
4. 奖励旅游客户的需要是什么？在国际上，选择奖励旅游目的地通行的标准包括哪些要素？欧洲公司选择奖励旅游目的地通常涉及哪些因素？亚太地区影响奖励旅游策划者选择目的地要素是什么？
5. 奖励旅游活动策划应注意哪些问题？
6. 为什么要通过目的地管理公司（DMC）策划奖励旅游？
7. 在国际上奖励旅游经营机构有哪几类？
8. 航空公司会奖部的功能是什么？
9. 奖励旅游经营机构取得成功的最重要因素有哪些？

第六章

节 事 活 动

随着社会和经济的不断发展，会展业的内涵也在不断地深入，并被赋予新的含义。如今，MICE 中的 E 不仅代表着博览会(Exposition)和展览会(Exhibition)，也还代表着节事活动(Event)。

本章首先介绍节事活动的基本概要，然后阐明节事活动主题和节事活动策划原则，最后论述节事活动发展的相关问题，以使大家更好地认识节事活动，了解节事活动，搞好节事活动，推动会展业和旅游业的发展，推动社会和经济的共同发展。

第一节 节事活动概述

一、节事活动的定义及其内涵

(一) 节事活动的定义

美国乔治华盛顿大学节事活动管理专业创始人及首任主任戈德布莱特博士(Dr. Goldblatt)在他的专著《现代节事活动管理的最佳实践(The Best Practice of Modern Event Management)》一书中，将节事活动定义为："为满足特殊需求，用仪式和典礼进行欢庆的特殊时刻。"

我们也可将它称为"能对人们产生吸引，并有可能被用来规划开发成消费对象的各类庆典和活动的总和(卢晓，2006)"。今天，它已成为世界各国发展旅游业和振兴经济的重要方式。在国际旅游研究中，节事活动专指以各种节日(festivals)盛事(special events，mega-events)的庆祝和举办为核心吸引力的一种特殊旅游形式。

在美国内华达大学饭店管理学院旅游和会展管理系的课程介绍中明确表

示：会展业包括节事活动(events)。美国乔治华盛顿大学于 1988 年推出的节事活动管理资格认证得到了世界许多国家的承认，目前，全球 20 多所大学采用了该校的认证课程。该校商学院旅游系也认为节事活动是会展业中的一个领域并在专业介绍中声称：节事活动和会议管理(Event and Meeting Management)专业是为有志于在会展业中的节事活动领域谋求发展的学生所设计(GWU，2010)。

与常规旅游活动相比，节事活动吸引旅游者为某一目的(如观看体育盛会等)从全世界或全国各地在短时间内集聚到旅游目的地，具有旅游团体规模大、停留时间长、消费水平较高等特点，使得举办活动的城市或地区旅游设施的综合利用率提高，具有强大的产业联动效应，它不仅能给城市带来场租费、搭建费、广告费、运输费等直接收入，还能创造住宿、餐饮、通信、购物、贸易等相关收入。更为重要的是，作为节事活动能汇聚更大的客源流、信息流、技术流、商品流和人才流，对一个城市或地区的国民经济和社会进步产生难以估量的影响和催化作用。

(二) 节事活动的内涵

对此，我们可以从以下五个方面来理解：

1. 目的

举办节事活动的主要目的是为了庆祝、教育、市场营销和重聚。对于旅游业来说，节事活动可以提高举办地的知名度，树立举办地的良好形象，促进当地旅游业的发展并以此带动经济的发展。

2. 内容

节事活动的内容一般从当地的特色和文化传统出发，经过精心策划和组织后形成的，它需要满足参与者社交性、体验性、娱乐性的要求，并能实现组织者商业性或公益性或社交性的目标。

3. 形式

由于节事活动参与者的目的是通过参加节事活动获得特殊的娱乐、社交和体验经历，因此节事活动的表现内容必然要求其形式具有活泼，亲和力强和参与性大的特点，而且作为市场经济中的一个产品，节事活动的内容组合形式必须严谨，环环相扣，围绕主题开展。

4. 功能

节事活动兼具文化价值和经济价值，是地区文化现象与经济内容的载体。随着节事活动的发展，人们越来越认识到节事活动的经济内容载体功能，并且意识到这种功能的潜在价值。

5. 实质

节事活动实质为经济性活动，大量的人流使举办地的零售业、娱乐业、住宿业、餐饮业和物流业等服务性行业收入大大增加，又促进交通、贸易、金融、通讯等行业的发展，整个市场销售量大幅度提升，刺激消费，商业活动频繁。更为重要的是节事活动有利于举办地塑造良好的形象和扩大其影响，并对举办地的经济和社会的发展产生巨大的推动作用。

二、节事活动的类型

节事活动按不同的分类方法可被分为多种类型，了解节事活动的类型对于开发和策划节事活动，推动会展业和旅游业的发展有着十分重要的意义。一般讲，节事活动可按下列方法分类。

(一) 按节事活动的规模和重要性分类

可分为特大型活动、标志型活动、重要型活动和中小型活动(卢晓，2006)。

1. 特大型

特大型节事活动(mega event)是指那些规模庞大以至于影响整个经济，并对参与者和媒体尤其是国际媒体有强烈的吸引力并引起反响的活动(卢晓，2006)。

从盖茨(Getz，1997)提出的特大型节事活动的2项定量指标和14项定性指标来看(见表6-1)，特大型节事活动包括奥运会、世博会、世界杯足球赛等规模宏大、参与国家和人数众多、经济影响明显的节事活动(卢晓，2006)。

特大型节事活动区别于大型节事活动，绝不仅和活动参与者数量有关。根据卡尔加里大学(The University of Calgary)的哈里·希勒(Harry H. Hiller)的研究，特大型节事活动首先有一个固定的持续时间，短期为主。特大型节事活动有着积极的正面形象，吸引着全世界的兴趣并产生持续和显著的经济效应(Mortenp，2007)。其结果并不一定必须盈利，但它从整体来讲，从短期和长远的角度来讲，必然对经济产生一定的影响，如：推动了旅游业、改进了基础设施，促进了就业率的提升。

特大型节事活动也涉及一个国家政府的政治决策和发展战略。哈里·希勒(Harry H. Hiller)认为，特大型节事活动是一个国家经济上积极主动的具体表现。

表 6-1　盖茨提出的特大型节事活动指标

指　标		标 准 和 含 义
定量指标	参观人次	＞100 万人次
	投资成本	＞5 亿美元
定性指标	目的多元化	目标的多样性
	节日精神	浓厚的节日气氛
	满足基本需要	满足相关利益主体(利益相关者、干系人)及观众的基本需要,提供相关的休闲和旅游机会
	独特性	“必看性”、“一生仅此一次”的独特性
	质量	高质量、超越观众的期望值并提高他们的满意度
	真实性	以本土文化价值为基础,活动的品质具有内在独特性
	传统	以社区及其传统为根源,并展示相关的神秘性
	适应性	基础设施、空间和时间的要求,对不断变化的市场需求和相关机构需要的适应性
	殷勤好客	使每一个活动观众和参与者体会贵客的感觉
	确切性	体验到目的地鲜明的主题相关资源的“特殊性”,包括文化、款待和自然资源方面的特点
	主题	鲜明的主题,体现最佳的节日精神、真实性、传统、互动及活动观众服务至上
	象征性	综合运用仪式和符号,以强化节日氛围
	供给能力	提供游客买得起的旅游、休闲、社会、教育和文化体验
	便利性	为参与者和观众提供各种特别的、不需要事先策划的休闲和社交活动机会,为以工作为中心、紧张忙碌的世人提供各种机会

资料来源:卢晓,2006,2010。

特大型节事活动并不一定非和体育有关,世博会就是一个范例。大型活动可以是年度和季度的,但特大型节事活动不是年度的。因为特大型节事活动的具有重要性,世界各地纷纷投标争相举办,所以对于举办地来说,它有着特有的一次性的性质。举办地不一定必须是以城市名义,也可以是一个以国家名义(Moretenp, 2007)。

2. 标志型

标志型活动(hallmark event)是指那些在某地重复举办,大多一年一次,并与一个乡镇、城市或地区的精神或风气如此相同，以至于成了举办地代名词并获得了广泛认同和知晓的活动（卢晓，2006）。也就是说只有那些能使举办地广为人知的节事活动或因其强大的表现力而成为举办地旅游主题的活动才能称之为标志型活动。对于举办地来说，它们具有传统，吸引力，形象和名声等方面的重要性（卢晓，2006）。它们包括交易博览会、节庆、文化和体育活动等。标志型节事活动在国际或地区性旅游营销战略中起着关键性的作用。它们提高和保证了举办地在旅游市场中的卓越声望（Hall，1989）。

西班牙斗牛节、奥地利维也纳新年音乐会、戛纳国际电影节、意大利威尼斯狂欢节、瑞士达沃斯世界经济论坛、德国慕尼黑啤酒节等都是国际著名的标志型节事活动。

3. 重要型

从范围和媒体关注的程度来说，重要型活动（major event）就是指那些能吸引大量参与者和媒体报道并具有较大经济利益的活动（卢晓，2006）。如：我国一年一度的春节庆祝活动、F1 中国大奖赛、ATP 网球大师杯赛和全球绿色经济财富论坛等。重要型节事活动对活跃举办地的政治经济和文化体育活动，树立举办地良好的社会形象、推动旅游业和举办地的经济发展也起着十分积极的作用。

4. 中小型

中小型节事活动（minor event）是指那些规模不大、参与人数少、影响范围有限的节事活动。在主题各异、形式多样的中小型节事活动中，各类庆典、评比认证、颁奖仪式、营销推广、文化宣传、体育赛事和公关社交等活动占据了大部分。

（二）按节事活动的内容分类

节事活动按活动内容可分为体育、娱乐、艺术和文化、商场市场营销和促销活动、会议和展览、节日庆祝活动、家庭活动、筹集活动等（Wagen，2004）。

1. 体育

世界各地蓬勃开展的体育活动，不仅能健身强体，而且能超越社会、种族、语言的界限，成为各国人民沟通和友谊发展的桥梁。同时，也提供了大量具有吸引力和富有竞争性的就业机会，对推动各地的经济发展起着重要的作用。在美国，体育产业已经是前 10 大产业之一，产值超过 1900 亿美元（卢晓，2006）。奥运会、各地的各类球类联赛（如：美国的 NBA 职业篮球联赛和美国职业棒球联盟明星赛、世界杯足球赛和各地的足球联赛、网球大师杯赛和公开赛）、F1 方程式大赛及世界花样滑冰锦标赛等体育活动不仅仅是体育活动，实际上也成了人们喜爱参与的娱乐活动，观看这些赛事早已成为人们喜闻乐见的休闲方式和日常生活的重要组成部分。如今，形式多样的体育活动不仅数量很多，而且规模越来越大。尤其是大型国际体育活动不仅有人数众多的运动员和教练员参加，而且还有随队工作人员、记者、以及大量的“拉拉队员”和观众参与。举办大型体育活动，可以提供发展旅游业的契机，带来更多的客源，最大限度地利用现有条件设施，还可以为一个城市树立新的形象提供良好机会，提高举办国和城市的知名度，并获得巨大的社会和经济效益。

2. 娱乐、艺术和文化

随着人们经济收入和生活水平的不断提高，人们对娱乐、艺术和文化活动的参与性不断增强，2010 年 5 月 6 日，中国社科院文化研究中心和社会科学文献出版社联合发布的《文化蓝皮书：2010 年中国文化产业发展报告》指出：根据国家统计局公布的数字和课题组的估算，2009 年中国城乡居民家庭文化娱乐用品及服务支出总额约 6076 亿元，政府公共财政文化消费支出 1095.74 亿元，文化产品和服务出口约 700 亿元人民币左右。上述三项相加，2009 年中国文化产业国内外市场规模大约为 8000 亿元人民币（中国新闻网，2010）。这些数据表明了我国文化、艺术和娱乐活动的蓬勃发展以及这些活动和人民生活的密切关系。中央电视台策划的《同一首歌》和《中华情》、以及各地的红歌大赛等就是知名度高、参与度广的娱乐、艺术和文化活动。

3. 市场营销和促销活动

市场营销是企业在变化的市场中，为满足消费者需要和实现企业目标，综合运用各种市场营销手段，把商品和服务整体地销售给消费者的一系列市场经营活动（王方华，黄沛，2003）。而其中的促销活动则是将有关企业和产品的信息传递给目标市场上的顾客，以达到销售的目的。在今天这样一个“信息爆炸”和“市场竞争日趋激烈”的时代，市场营销和促销活动对企业的生存至关重要。生产企业、消费者、潜在购买者、销售商、广告商、公关企业和媒体都可能是活动的参与者。

4. 会议和展览

从广义的活动含义来看，会议和展览当然也是活动的一种类型。有关会议和展览活动的详述可见本书第三章和第四章。

5. 节庆活动

节庆活动就是节日庆典活动，也就是说，在节日期间，人们出自于对生活的热爱，通过各种方式怀念先人、寄托思念、表达祝愿、放飞希望、狂欢庆祝的活动。节庆活动的起源和发展是一个逐渐形成，潜移默化慢慢渗入到社会生活的过程。尤其是传统节庆活动的形成,实际上已是一个民族或国家的历史文化长期积淀凝聚的过程。节庆活动亦被称为“有主题的公众庆典”和“平民参与的节日活动”,是一种能创造可观的社会和经济效应的特殊旅游产品和吸引物。

6. 家庭活动

家庭活动包括家庭舞会,家庭宴会、生日祝寿、婚礼庆典、野外旅行等活动。尤其在新年、中国的春节、西方的感恩节和圣诞节度是家庭成员团聚的好时光,人们会开展各种活动以示庆祝。

7. 筹集资金活动

筹集资金活动是邀请自愿参与者和非营利机构的支持者到同一个社交场合,以轻松愉快的方式向来宾介绍筹集资金的目的,并最终筹集到一定资金的活动。筹集活动一般通过早餐会、午餐会、晚餐会或招待会、义卖、慈善募捐晚会、高尔夫或网球比赛、慈善长跑、拍卖会、义演等形式实现筹集资金的目标。

《广告大观:综合版》2009 年第 11 期发表的“城市品牌视角下的中国重大节事活动的评估思考”一文以节事活动的内容为分类标准,则把节事活动分为休闲娱乐型、历史文化型、地方民俗型、自然景观型、美食文化型、商业活动型、运动体验型和综合活动型(广告大观,2009)。

(三)按节事活动产生属性分类

节事活动又可分为传统节日活动、现代庆典活动和其他重大活动三大类。

1. 传统节日活动

从传统节日的发展历史可分为古代传统型和近代纪念型:

(1) 古代传统型。这是指追溯历史文化、反映和弘扬民族传统文化的节事活动。重阳节的大型登山活动、端午节的赛龙舟活动、新春元宵节的逛花灯活动、庙会、圣诞节、复活节、狂欢节等,都属于这一类型的节事活动。

(2) 近代纪念型。这类是指各国国庆节、国际劳动节、儿童节、妇女节、美国纽约的玫瑰花节、奥尔良的圣女贞德节等这样的节日活动。

2. 现代庆典活动

(1) 与生产劳动紧密联系的节事活动。广州花会、深圳的荔枝节、菲律宾的捕鱼节、水牛节、阿尔及利亚的番茄节、摩洛哥的献羊节、意大利丰迪市的黄瓜节、新墨西哥州哈奇城的辣椒节、西班牙的鸡节等。

(2) 与生活紧密联系的节事活动。潍坊风筝节、上海旅游节、大连和上海的国际服装节、青岛啤酒节、浦东牛排节、西餐饮食文化节等美食节、各种影视文化和农民旅游节及浙江浦江书画水晶节、中国淳安的千岛湖秀水节、内蒙古蒙古族的那达慕大会、浦东国际烟花节等都是对美好生活满意的自然流露。

3. 其他活动

包括各类会议、展览和体育盛事等。

(四) 按节事活动的影响范围分类

节事活动可分为:国际性、全国性和地区性。

1. 国际性

具有世界影响的节事活动又可分为全世界性的和有限的国际性的,奥运会、世博会、世界杯足球赛、戛纳国际电影节等属于全世界性的;有限的国际性的,如深圳欢乐谷国际魔术节、三亚国际婚庆节、中国曲阜国际孔子文化节、长江三峡国际旅游节、上海国际电影节、上海国际艺术节、上海国际音乐节、上海国际文化服饰节等。

2. 全国性

全国性影响的活动有如国庆、五一劳动节、春节、清明节、端午节和中秋节等。

3. 地区性

许多地方的柑橘节、茶文化节、火把节、都市森林狂欢节、桃花节、森林旅游节、民俗文化节、庙会等都是在当地有广泛影响的节事活动。

(五) 按节事活动的组织者分类

节事活动就可分为政府性、民间性和企业性的。

1. 政府性

政府出面组织的公益节事活动可称为政府性节事活动,如春节或中秋的联谊活动,五一和国庆的联欢活动;上海市一年一度的旅游节等。

2. 民间性

这是指民间组织的自发节事活动,如彝族的火把节、傣族的泼水节、法国的狂跳暴饮节、意大利狂欢节等。

3. 企业性

这类活动是指企业组织的商业节事活动,包括公司庆典、企业年会、颁奖表彰、员工联欢、产品促销、企业公关等活动。如江西上饶市的"联华超市之夜上饶市首届戏剧艺术节"、辽宁大连市的中兴大连商业大厦的"敬送国旗"公关活动,上海新世界商厦"美丽绽放四月天 品牌荟萃新世界"营销活动等。

(六) 按节事活动的主题类型分类

可分为宗教性、文化性、商业性、体育性和政治性的节事活动。

1. 宗教性

如麦加朝圣、西藏晒大佛、伊斯兰教古尔邦节、复活节、佛教的观音菩萨生日等。

2. 文化性

如巴西嘉年华、哥伦布航海500年历史纪念日、柏林国际电影节、上海国际文化艺术节等。

3. 商业性

如五年一次的世界博览会、一年两次的广交会、一年一度的德国法兰克福书展等。

4. 体育性

如奥运会、世界杯足球赛、F1方程式大赛、网球大师杯赛等。

5. 政治性

如两国建立周年庆典、世界银行大会、APEC等。

(七) 按节事活动的涉及内容和形式多少分类

又可分为单一性和综合性的节事活动。

1. 单一性

单一性的节事活动是指活动内容和形式的单一。如瑞士伯尔尼的洋葱节、法国香槟节、徐家汇广场啤酒节、不夜城啤酒节、新加坡食品节等。

2. 综合性

综合性的节事活动是指活动内容和形式的综合广泛。如:杭州的西湖博览会,上海的旅游节等。

(八) 按节事活动参与者的参与程度分类

节事活动还可按照节事活动参与者的参与程度分为三大类,一是亲身参与型,如西班牙番茄节、我国傣族的泼水节等;二是观赏型,如戏剧节、电影节、舞蹈节、体育赛事等;三是混合型,既可亲身参与也可旁观欣赏,如西班牙的奔牛节。

(九) 按节事活动是否盈利来划分

以节事活动是否盈利为标准,可以将节事活动分为公益型和盈利型。公益型节事活动不以盈利为目的,为了广大公众的利益服务。如慈善募捐、每年的感动中国十大人物评选和颁奖活动等。盈利型节事活动是指以盈利为目的的节事活动。如购物节、电影节、NBA联赛等。目前,总体来看,盈利型的节事活动数量多于公益型的节事活动。

(十) 其他分类

梅耶按主题将节事活动分为体育节、工艺节、戏剧节、电影节、舞蹈节、音乐节、农业节等几种类型(Meyer, 1970)。

里奇将节事活动分为世界博览会和展示会，特殊游行、体育赛事、文化和宗教节事、历史里程碑事件纪念活动、古典商业和农业解释以及与某些政治任务有关的节事(卢晓，2006)。

三、节事活动的特点

虽然我们在本书的第一章阐述了会展业的特点，但作为会展业的一个部分，节事活动除了具有会展业各组成部分的共同特点外，它还具有它自己的一些特性。在了解了节事活动的分类后，我们还有必要全面认识一下节事活动的特点，因为这是策划组织节事活动和开发节事活动的前提和基础之一。归纳起来，节事活动有下列特点：

(一) 文化性

世界各地传统的节事活动都是在漫长的历史长河中，在各地文化的创造、交流和融合中形成，它们充分地体现和反映了节事活动的文化性。而现代的节事活动又都力争将当地的文化与旅游促销一体化。甚至于一些经济性的节事活动也无不注意与文化的结合，如服装文化节、啤酒文化节、房车文化节等。以文化特别是民族文化、地域文化、节日文化等为主导的节事活动，充满了文化气息、文化色彩和文化氛围。随着会展业和旅游业的发展，我国许多地方的节事活动开始逐步演化为以文化节事活动为载体，以旅游和经贸洽谈为内容的全方位的经济活动。浙江金华旅游节举办就是通过文化搭台，达到经济唱戏的目的。兰溪中国彩船会以积淀深厚的中国江南地区水文化和兰溪彩船文化为背景，以江浙地区的“母亲河”钱塘江上游的兰溪江和地处“三江之汇”、“六水之腰”的“彩船之城”兰溪为载体，通过举办“中华水上彩船台阁盛会”以及各种具有兰溪民俗特色的文化活动，促进中国彩船文化建设和社会主义精神文明建设，同时也将兰溪旅游综合成一个全面完整的旅游产品。还有，在国内外取得较大影响的上海国际服装文化节，对促进上海的经济发展、丰富市民的文化生活、提升市民的文化素养起到了积极的作用。节事活动具有突出的文化特色无可置疑。

(二) 地方性

节事活动带有明显的地方气息，随着旅游的发展，有些已成为反映旅游目的地形象的指代物。如山东潍坊的国际风筝节，大连的国际时装节，青岛的啤酒节等等，广州的广交会是其在国际市场推广广州形象的重要节事，而一年一度与中国传统佳节——春节相连的广州花会，则是体现花城广州之形象的地方性，深圳的荔枝节从无到有，已举办了20余届，如今每年6月28日至7月8日。深圳市以“荔枝”为主题开展各种形式的经贸和文化联谊活动，向国内外展示深圳人民经过艰苦创业所取得的伟大成就和特区欣欣向荣的景象。深圳荔枝节已成为深圳市市节。而深圳每年的“中国国际高新技术成果交易会”（高交会）也同样成为深圳的标志性节事。少数民族节日更是有其独特的地方性，节事活动的地方色彩更为浓厚。例如，泼水节总是与傣族的形象联系在一起，而那达慕大会也总是代表着内蒙古的形象。此外，宗教的固定传统节日，与庙会活动融合，又成为该地宗教圣地或该寺庙的代表，例如，福建、台湾等地的“妈祖诞辰”，几乎成为当地最隆重的节事活动。

（三）短期性

对于每一项节事活动来说，都有季节和时间的限制，都是在某一事先计划好的时段内进行的。当然，节事活动的时间不是随意决定的，往往要根据当地的气候、旅游淡旺季、交通情况、接待能力、主题确定、经费落实、策划组织需要的时间等条件，从实际情况出发来确定的，如上海的南汇桃花节只能在桃花盛开的阳春3月举办，桂花节只能在农历8月。在短暂的时间内要具有充足的饭店客房等旅游接待设施和便利的交通等基础设施，来接纳从四面八方潮涌而来的旅游者，这给举办节事活动的地区和城市带来了机遇，也带来了挑战。

（四）参与性

随着旅游业和休闲业的发展，旅游者和休闲者越来越注重活动的参与性，节事活动就是这样一种参与性很强的旅游和休闲活动。众多节事活动想方设法拉近与参与者的距离，如上海国际服装文化节使众多的服装企业、服装品牌能通过这一平台脱颖而出，造就了更多的中国时装设计大师，突出显示了广泛的参与性。节事活动的参与性主要表现在两个方面：一方面，节事活动可以让参与者进入自然与文化生态系统中去，亲自体验大型活动的魅力，从而更热爱大自然，更热爱生活，更崇尚高雅文化，更自觉地保护自然与文化资源。同时，通过参与而获得与众不同的经历和充分的实际体验。另一方面，节事活动又是旅游者、旅游经营者和政府、举办地居民、社团组织及策划人员广泛参与的一种旅游和休闲活动。所以节事活动还要求旅游者、旅游经营者和政府、举办地居民、社团组织及策划人员广泛参与节事活动的决策与管理之中，从而提高节事活动决策和管理的科学性、民主性，有利于地方经济和社会的发展。

（五）多样性

从节事活动的定义可以得知，节事活动是一个内涵非常广泛的集合概念，节事活动的吸引因素、主题、表现形式和活动内容均具有多样性的特点。它的活动形式可以是展博览会、会议庆典、宴会、土特产品展销、服装展示、画展及体育竞技赛事、又可以是戏剧、音乐舞蹈、杂技表演、花车或狂欢游行及各种形式的文化娱乐活动；它的主题可以是一种果实，也可以是纪念某个名人；可以是某个历史事件，也可以是当代的庆典。节事活动的内容可以涉及政治、经济、文化、体育、商业等多方面。如 2010 上海国际服装文化节就由展览展示、专业赛事、作品发布、学术论坛、上海时装周、商贸营销、时尚辐射长三角、世博特别呈献等 8 个大类 100 多项活动组成(虎门服装网，2010)。

（六）交融性

正是节事活动的多样性，决定了节事活动必然有强烈的交融性，许多大型的节事活动，如奥运会、世博会、旅游节、服装节、食品节等都包含了许多的会议、展示活动、宴会、晚会等等，而在许多会议、展览、奖励旅游中也包含着许多节事活动。节事活动和会展业的其他细分市场都有一个共同的特点，那就是你中有我、我中有你，这些活动互相交融，共添光彩，使节事活动更具吸引力。这也就是为什么会展业会包含节事活动的原因之一。

四、节事活动的特殊作用

节事活动作为会展业的一部分，除了在迅速提升举办地的知名度和美誉度、扩大信息交流、增强对外合作、推动旅游发展、加快城市建设、促进经济繁荣等方面具有会展业的共同作用之外，还具有自己的一些特殊作用，而这些特殊作用是其他会展业组成部分所没有的或者起码是不那么强烈和明显的。

分析起来，节事活动可有下列特殊作用：

（一）节事欢乐庆贺、丰富精神生活

会展业的核心部分——会议和展览是工作，针对的是商务旅游市场，不管是会议和展览的主办者，还是会议的出席者或展览的参展商及专业观众，会议和展览对他们讲都是紧张而又忙碌的工作，而节事活动则不一样，节事活动对于广大参与者来讲是一种放松和愉悦，参与者获得的是欢乐。一位希腊早期的学者就曾经这样说过："过节没有别的，就是欢乐。"人们在辛勤的劳动工作之余，适当的、有节制的放松并积极投入到节日庆贺之中，不仅有益于身心健康，而且也为欢乐之后带来工作效率的提高。

节事活动首先基本上是一种富裕的表征。当然，这种富裕与物质财富有一定关系，但花天酒地的生活方式也决非节事活动的真意。节事活动最主要的还是建筑在精神的富裕上。节事活动是对劳动成果和工作成就的庆祝，是精神财富的一部分。它的来源就是爱，因为人们热爱生活，热爱真、善、美。其次，节事活动可以采用一切可能的形式来让感情得到自由的宣泄。节事活动可以单独策划组织，也可以策划在会议展览举办期间，通过举办一个欢庆的节事活动，让参与者暂时避开和忘却工作的紧张和烦恼。没有欢乐的节事活动是令人不可思议的，真正的节事活动是用欢乐来填充的。获得并拥有自己所喜爱的东西，这就是欢乐。欢乐也是爱的一种表现。人们必须亲身体验并获得所喜爱的东西，节事活动才有意义。最后，节事活动所取得的欢乐可以使参与者精神愉快，从而更加热爱生活，大大提高工作的主动性和创造力，使人类生活走上良性循环的道路。“哪里有爱的欢欣，那里就有节庆的欢乐。”

（二）展现文化内涵，促进特色定位

与会展业的其他组成部分相比，节事活动更有强烈的文化特性，首先节事活动的举办基础就是文化，节事活动的强烈参与性、又体现了人与人交往的社交文化，而使节事活动成为狂欢、热闹、欢娱的代名词。通过举办节事活动，既开展各类动态文化娱乐休闲旅游活动，展现多姿的文化色彩和丰富的文化内涵。促进了举办地的文化特色定位。上海旅游节的举办便充分说明了这一点。上海旅游节强调体现三结合，即商旅结合、文旅结合、教旅结合，其中，文化是各种活动的基底，没有深厚的文化底蕴作依靠，节事活动只能是无源之水，无本之木，活不起来。世纪之交的 1999 年上海旅游节就与上海文化界共同联手，把上海国际艺术节和上海电影节 32 台优秀节目和近 100 项旅游项目促销到江苏、浙江等地 10 个城市，并第一次将旅游节节目直接带到香港地区，受到广泛而热烈的欢迎。如今，上海旅游节经历了 20 余年的锤炼，在传承文化中不断创新，已成了上海市 1800 万人民和国内外旅游者的一道丰盛的旅游文化大餐。现代节事活动需要有经济的“轮子”，但其核心是人文活动，而人文活动的最高境界是艺术化。旅游节事活动的艺术化与艺术节事活动的大众化，正是节事活动的切入点所在。大连国际服装节汇融了中西文化，也充分体现了大连城市的文化特色，使人们从服饰文化、展览文化中感受到更深层次的文化底蕴，提高了城市的文化品位，加快了城市文化基础设施的建设，促进了城市商业文化的合理走向，形成了大连独特的多层次的文化特色。

（三）针对休闲、商务两大市场，产生更大经济效益

会展业的核心——会议和展览主要针对的是商务市场，吸引的是商务活动参与者，而节事活动针对的却是休闲和商务两大市场，既吸引着商务活动参与者，又吸引着休闲活动参与者。正因为这个原因，所以节事活动产生的经济效益一般讲也更大。如：奥运会不仅是国际体育界的一次聚会，也同样是大规

模的世界盛事，它吸引的不仅是运动员，教练员、各国政府体育部门的官员、各类体育和消费用品的供应商，也同样吸引着全世界各国人民。事实证明，奥运会的成功举办不仅能推动旅游业，而且更能对一个主办城市和地区的经济发展产生难以估量的整体推动作用，其经济效益远远大于一般的会议和展览会。1988 年汉城奥运会，使得韩国旅游业在随后的两年里以 13%的速度递增；1992 年巴塞罗那奥运会前，西班牙巴塞罗那三星级以上饭店的住宿率不足 60%；一、二星级饭店的住宿率也只有 60%，而奥运会期间三星级以上豪华饭店客房的住宿率上升到 97%，一、二星级饭店的住宿率也达到 95%。1996 年美国亚特兰大奥运会给美国佐治亚州增加了 7.7 万个就业机会，为州政府产生了 1.76 亿美元的税收，给亚特兰大及其所在的佐治亚州带来了 51 亿美元的经济收入。澳大利亚认为，2000 年悉尼奥运会带给澳大利亚的不仅是 16 天运动会，而是 10 年的发展机遇。根据《中国经济周刊》报道：从 2003 年至 2010 年，北京奥运会产生的总体经济影响将达到 717.06 亿美元，其中直接影响为 419.32 亿美元。2008 年北京奥运会直接经济效益超过 20 亿美元(《中国经济周刊》，2008)。

第二节 节事活动主题和节事活动策划原则

一、节事活动主题

(一) 节事活动主题

主题是指节事活动的核心思想，节事活动的开展必须围绕着它来进行。只有这样，节事活动的组织工作才能有条不紊地展开；节事活动才会有鲜明的形象、生动的内容、高度的凝聚力和巨大的号召力。策划任何节事活动都必须首先确定活动主题，没有主题，就没有核心，没有核心，就必然无纲无目，一片混乱；鲜明确切的主题是申办和举办任何节事活动的关键。没有主题或主题不鲜明的节事活动都不可能取得申办和举办成功的。

(二) 节事活动主题确定要点

1. 体现特色

体现特色，就是说节事活动主题的选择要和主办地的特点有机地结合起来，以更新的观念和创新的勇气，因地制宜，紧紧抓住举办地的地理位置、政治、经济、自然、文化、发展等诸多方面所具有的最鲜明的特点，来确定体现举办地特色的主题，策划“独一无二”的节事活动项目。策划中坚持独特性原则，就能使节事活动开展错位竞争，以更为鲜明的主题、形式和内容，使节事活动产生更大的吸引力、更强的竞争力和更长的生命力。

凡是成功的节事活动的策划，都能体现独特性的原则。比如：葡萄牙里斯本是靠海的港口城市，里斯本的历史、社会、经济、人民生活与城市的发展都离不开海洋。为纪念航海家达·伽马开辟新的通往印度的贸易航海路线500周年，为告诫人们海洋不仅是人类过去的和现在的财富，更是人类未来的财富，教育人类要爱护保护海洋，因此，里斯本选择“海洋——未来的财富”为申办世博会的主题。又如：2007年，马来西亚旅游部依据自己国家地理风貌和国内节日、文化、宗教、庆典活动的特色，把民俗旅游和风光旅游结合在一起，推出2007马来西亚旅游观光年，并根据自己地理、历史、民族文化、宗教特点安排了50项庆典活动，不管是哪一种类型的大型活动总有特色鲜明的主题，如吉隆坡石油双峰塔举行的“马来西亚360度全视野”、黑风洞的“湿婆节”、兰卡威的“自行车之旅”、沙捞越的“热带雨林世界音乐节”等等，主题各不相同。由于每一项活动的主题都很有特色，这就使得整个2007马来西亚旅游观光年热闹非凡，终年不衰，取得了很大的成功(新加坡教育联盟网，2007)。

2. 表示共性

表示共性就是说节事活动的主题应该表示人们普遍关注的共性，这样能使人们尽管有不同的立场和利益，但仍然因为能从节事活动中获取共同的利益以及有益的信息和启迪而加以接受，并乐于参加。比如：德国汉诺威根据德国是一个科技高度发达国家的特点，确立2000年汉诺威世博会主题“人类——自然——技术”，这就充分地表现了人类当前最关心的共同问题：人类、自然环境和科学技术之间的关系。节事活动主题如缺乏共性，必然会影响它的吸引力。

3. 以人为本

以人为本，就是说节事活动的主题应体现对人类利益的关注和维护。人类是世界上最宝贵的财富，我们强调关注和维护人类的利益，归根结底是为了人类更好地生存与发展。以人为本的主题是各国人民共同关注与感兴趣的主题。刚才所举德国汉诺威世博会的主题就是既表示了人类共同关心的问题，也体现了对人类利益的充分关注和维护。

4. 发布信息

发布信息，就是说节事活动的主题应能向全国或全世界发布最明确的信息，表明节事活动的核心内容和举办地所要关注和努力的问题。2010上海世博会主题“城市，让生活更美好”(见表 6-2)就是充分注意以上四点的最好范例，这也就是 2010 上海世博会的主题能得到国际展览局成员国普遍接受和我国取得申办及举办成功的重要原因之一。

表 6-2 上海世博会的主题和副主题

主 题	城市，让生活更美好	Better City, Better Life
副主题	1. 多元文化的融合 2. 城市经济的繁荣 3. 城市科技的创新 4. 城市社区的塑造 5. 城市乡村的互动	1. Blending of Multiple Culture in the City 2. Prosperity of New Economy in the City 3. Innovation of Science and Technology in the City 4. Remolding of Harmonious Communities in the City 5. Interaction of the City and the Countryside

资料来源：卢晓，2006，2010。

（三）与节事活动主题相关的因素

节事活动策划的关键之一是主题的确定，但在主题确定前、中、后的时间内，还必须注意与节事活动主题相关的下列因素。这些因素同样应属于节事活动主题策划的内容。充分注意和考虑这些因素，会直接关系到确定的主题能否突出并能否充分发挥其作用。

1. 主题物品

节事活动一般应有与活动主题相吻合的具体实物，如潍坊风筝节的“风筝”，大连国际服装文化节的“服装”，青岛啤酒节的“啤酒”，余姚杨梅节的“杨梅”等，这些物品就是主题物品，它们是整个活动的灵魂与载体，承载着节事活动的主题内容。缺乏实实在在的主题物品的节事活动，不能有效地影响现代公众的心态与行为，公众无法感知、无法“拥有”，就会觉得活动有些抽象、虚幻、因而产生不了参与欲望。所以，节事活动如果缺乏可感人的、具体的主题物品，影响就比较有限，公众参与的人数也就有限，“以节兴市”的目的也不可能达到。

2. 主题吉祥物

吉祥物或象征图案是表达某种文化主题内容的物品或图案，是经过深思熟虑的、理想化设计的活动饰物。吉祥物或象征图案不是一般意义上的艺术作品，而是创作者基于公众审美情趣和思想境界所设计的专题作品。其中的创意构图以及色彩组合都蕴涵着丰富的内容，一经审定通过，一般就不轻易改动，具有相对的稳定性，并可能成为“圣物”。吉祥物或象征图案的主要效用是标示活动、展示活动主题、烘托活动气氛和诱导公众情趣，让公众或心潮澎湃，或庄重肃穆，或兴奋激动。为了形象直观地展示节事活动的主题，诱发公众的美好心理，在认真审视活动主题的前提下，应该根据公众的审美情趣创作具有文化韵味和形象特色的图案或实物，并将其定为节事活动吉祥物或象征图像。如2008北京奥运会的福娃、2010上海世博会的海宝和2010南非世界杯足球赛的豹娃“扎库米”。

3. 主题典故与趣闻

公众对于历史典故或趣闻，一般都比较感兴趣。无论社会节假日还是其他节庆日，都有自己的典故。根据节事活动的主题，挖掘出相关的典故和趣闻，有利于烘托整个节事活动的主题，提升活动的文化品位，增强活动的吸引力。如情人节，其典故就妙趣横生，充满了人文色彩和美好情趣。如果在节事活动中将这些典故整理成为一个个完整的故事，并形象地展示出来，就不仅可以烘托活动主题的文化品位，而且可以满足公众的求知心理，从而更好地达到节事活动的举办目的。

由于人文因素的介入，任何一种节事活动都有自己的趣闻，如举办地有关历史人物、历史事件、历史遗址及历史发展的趣闻等等，这些趣闻内容故事性强，能够有效地吸引公众，增强活动的吸引力。如在湖北兴山昭君旅游文化节中，组织者策划香溪河河灯展放会的创意灵感就是来源于“昭君别乡”这个古老的民间传说。

4. 主题仪式

策划节事活动时，既要重视硬件，又要重视软件。硬件的策划主要是指对节事活动举办地和举办场所的形象和具体物质条件的策划。软件的策划则指对节事活动程序和仪式的设计。主题仪式设计要注意以下两个方面：第一，要融合民族文化。就是说，要用文化眼光来对待活动的程序编排，从仪式上与民族文化仪式谋求融合，在活动的开幕及闭幕式上，编排一些国家性、民族性、地方性仪式；或在活动中间有意识地安排一些民族性文化娱乐项目，表现当地的民族文化风采。第二，要突出活动主题，就是说，策划节事活动程序和仪式。一是要设计相对稳定、寓意比较深刻、有一整套规范要求，能在每次活动中均要演示并通过演示还能影响公众文化性心态的主题仪式，二是要设计气氛活跃、娱乐性比较强而又符合节事活动主题要求的节目，以影响公众的休闲性文化心态。2008北京奥运会开闭幕式就是节事活动主题仪式成功策划的范例。

5. 主题氛围

节事活动的文化性表现于活动氛围，即基于某种文化理念而营造出来的场面特色，包括活动场地的基调、音乐音响和装饰色调等。节事活动的基调是欢快喜庆，同时突出文化性。在以节日文化魅力与欢庆为基调，开展节事活动的过程中，音乐、音响和装饰色调对于烘托节事活动的现场气氛、影响公众的欢快心态，具有重要的作用。所以在策划节事活动中，应高度重视音乐、音响和色调的选择和策划。

二、节事活动策划原则

（一）系统性、综合性和协调性原则

策划和举办节事活动，尤其是策划和举办大型的节事活动，是一个社会经济、政治、文化、环境的系统工程，要涉及交通、住宿、餐饮、通信、购物、贸易等许多相关行业，节事活动的策划过程是活动各部分和各要素系统化的过程，所以在策划中要从整体出发，使各环节、各部分、各层次相互制约和相互作用，有序进行。节事活动集环境、资源、资金、人力和潜力于一体，受多种因素的制约和干扰，所以需要搞清楚该系统的诸要素及诸要素之间的关系，从经济效益、社会效益和环境效益三者综合统一的角度，根据大型活动的主题、举办活动地的现实条件和未来发展的情况，动态地进行策划，以确定在活动举办中不同阶段的主题、目标、规模和手段。节事与旅游密切相关，而旅游是综合性的社会现象，在策划时，只有考虑各方面的关系和影响，才能在举办和管理上使旅游业良性循环，社会持续发展。系统性应贯穿整个规划过程，在不同层面上各构成部分、各部门有机组合、协调发展、综合考虑各要素间的关系，在整个系统中又有重点、有次序，构成完善的良性循环的大型活动策划系统。

（二）参与性原则

由于节事活动参与者的需求正向多样化、高层次的方向发展，因而将贸易、展览、会议与举办地的自然风光、名胜古迹、文化娱乐、购物等有机组合在一起，使节事活动更为丰富多彩，便已成一种趋势。如今，人们希望节事活动能有吸引力的文化、运动的内容和参与的机会，传统的走马观花的游览方式只是为人们提供了从旁观赏的机会，远远没有让人参与到活动项目中去那么亲切，那么激动人心，那么让人难以忘怀。参与性的活动能给参与者一种体验，而这种体验正是节事活动参与者所追求的。西班牙就十分强调开发具有地方和民族特色的各种参与性活动，利用各种可能的机会吸引游客。该国巴斯克地区的民间节庆和宗教活动很频繁，当地政府及文化部门对此十分重视，扶持利用当地的这些节事活动，大力推销当地的旅游资源、各种文化娱乐活动及郊野式参与活动，让节事活动的参与者感到趣味无穷，取得了较好的效果。所以

我们在策划节事活动的过程中应该考虑参与性原则，策划出能提供节事活动莅临者参与机会的各种活动，让他们通过亲身参与，留下难忘和美好的回忆。

（三）市场化原则

市场化原则就是要走出政府出钱包办的旧模式，把举办节事活动当成一个产业来经营，这样，在策划节事活动时就不仅要根据市场的需求来开发节事活动的产品和服务，而且要在调查现有市场的需求和其发展趋势的基础上找出消费的亮点，开发适合市场发展趋势的需求并具有前瞻性的节事活动产品和服务，来引导市场的需求和消费。这样策划出来的节事活动产品和服务就能受到市场的欢迎，并具有旺盛的生命力。精确的市场定位是节事活动成功策划的核心。

节事活动策划的市场化原则还要求按市场化运作的要求来策划节事活动的组织和经营，也就是说，要改变政府办节的做法，淡化政府行为，强化市场行为，坚持市场化规律，引入公平竞争机制，权责分明，既要追求远期的潜在效益，又要争取眼前的现实收益，既要充分考虑社会效益和环境效益，又要最大限度地追求经济效益。

节事活动策划的市场化原则还要考虑节事活动结束后的总结和市场评估，应该将节事活动当作一项产品一样，注意它的品牌注册和无形资产的维护。

目前，我国许多重大的节事活动已经改变了原来政府操办的模式，北京为奥运会，上海为世博会都成立了专门的会展公司，按市场化原则进行市场运作。

（四）针对性原则

节事活动策划一定要坚持针对性原则。也就是说，策划节事活动要针对节事活动的市场定位和参与对象来策划。这样策划出来的活动主题、内容和形式、产品价格和服务，就更会受到节事活动参与者的欢迎，更会增强节事活动的吸引力。因而，节事活动成功的可能性也就越大。

（五）可行性原则

节事活动策划需要遵循可行性原则，也就是说，要从实际情况出发，按照一定的程序，制定出最佳方案，以取得经济效益、社会效益和环境效益的统一，方案中的经济指标必须符合节事活动参与者的消费能力和市场的消费水平，方案的实施途径也必须切实可行，策划的活动内容和形式既具有前瞻性和吸引力，也不脱离实际，具有可操作性。切忌不顾民生，只求面子，不顾肚皮、超越实际、劳民伤财、舍本逐末。

(六) 个性化原则

节事活动策划要坚持的个性化原则是保证节事活动具有地方性和个性化特色的前提。个性化原则要求节事活动的举办地或举办单位要根据举办地的地理、民俗、文化、体育、经济各方面的特色或举办单位的具体特点策划出有别于其他地区和其他单位的节事活动。只有具有地方性和个性化特色的节事活动才会有其魅力和吸引力,只有具有差异性的节事活动才会有其生命力。

第三节　节事活动的发展

一、国际节事活动的发展状况

(一) 国际节事活动的历史回顾

从远古到19世纪初,在人类漫长的生活岁月里,形成了诸多丰富多彩、形式各异的节日风俗,这些节日风俗都是伴随着历史的发展而形成的,反映了各个民族生息、发展、进步的过程。节事活动最初就起源于人类的这些节日风俗。所谓"节",一般是针对一年的气候变化而言的,也有以纪念某一重大事件而称谓"节"的。节日风俗的形成过程,大致是根据生活的需要,经历了由不自觉到自觉,由不定型到定型,逐渐发展和补充的过程。其内容有生产方面的,有祭祀类的,有表彰、庆贺性质的等等。古代的节事活动吸引了来自四面八方和异国他乡的人们的参与,促进了古代人们的旅行,可以说,古代的旅行家、学者、商人和传教士等都可算做现代节事活动的先驱。但那一阶段的节事活动并没有带来真正意义上的节事旅游,因为那时,真正的旅游业还没有形成。

19世纪40年代以后,旅游作为一种广泛的社会现象在世界兴起,并逐渐成为人们日常生活不可缺少的部分。第二次世界大战后,特别是进入20世纪60年代以后,世界的旅游业进入高速发展时期,并迅速成为许多国家的重要产业或支柱产业。节事活动越来越受到人们的青睐,据最近的国际节事活动协会(IFEA—International Festival and Event Association)(亦译为:国际节日和活动协会)成员和行业研究推断,全球节事活动产业估计有4—5百万经常定期举办的节事活动[包括社区节日、游行、集市交易会、体育活动、汽车展、艺术展、航空表演、狂欢节、花展、公司节事活动、庆典、节日活动、首映(或首演)活动等等](IFEA, 2010)。每一个国家都有自己的多种节事活动,许多国家,如瑞士、印度等,甚至被称为"节日之国"。德国的狂欢节经过750多年的发展，这个基督教结束斋戒的宗教性节日已发生了巨大的变化，成为充满世俗风情的欢庆大典，“让大家都来欢乐”成为节日举办者的宗旨，每年吸引着数百万人参加，其中包括了大量涌入的各国游客。有着400多年历史的瑞士王国的芦苇节实为选妃盛典，当传统的内涵与现代的气息使其成为一年一度的盛大节日时，它同时也成了最吸引游客的一个热点。历史长达几个世纪的西班牙奔牛节使体育与旅游结合起来，突出的体育娱乐性使体育竞争被淡化，不仅使旅游者领略当地的民俗风情，感受到这个民族特有的精神风貌，得到了很好的放松，还适合了锻炼和保健的需要。

（二）国际节事活动的发展特点

1. 政府重视，推动节事、发展旅游

今天，世界各国政府都非常重视节事活动的发展。很多国家的大城市都纷纷争夺大型活动的举办权，并由政府领导人亲自出面参与申办世界大型节事活动，如奥运会、世博会、世界杯、F1方程式等。一些协会也纷纷举办各种大型活动，如博览会、节日庆典、市场促销、游行庆祝、周年纪念、文娱体育、慈善义卖等活动。许多重大的节事活动都影响着全世界。举办这类活动可以一举两得，既是旅游淡季吸引游客的有力手段，又能为举办地树立形象，提高其知名度。例如，1995年以来，韩国文化观光部一直非常重视地方旅游文化节事的促销作用。该部选定的地方节事活动在1997年仅10项，但到2000年就达到25项。从1999年开始，韩国观光公社为地方节事活动提供资金支持；从2000年起，中央政府针对这类项目的预算额度又大为增加。地方节事活动有力地带动了地方经济增长。韩国官方估计2002年地方节事活动所带来的收入达到4133亿韩元，约合4亿多美元。韩国文化观光部主要根据其主题的独特性和市场营销能力来选定各地的旅游节事。为了满足外国游客观光、体验、参与的多种需求，文化观光部、地方政府和文化旅游产品推销机构不遗余力地合作推出新颖的旅游节事活动。2002韩国旅游年期间，韩国政府充分调动了国民的旅游服务热情。政府首脑亲自参与旅游节日活动，地方政府积极举办旅游节庆。在2002韩国旅游年期间，韩国举办的十大节庆和会展活动包括：21世纪世界和平与团结节（汉城、仁川）、世界饮食文化节（光州）、全州世界声音节、济州世界岛屿文化节、世界陶瓷博览会（京畿道）、釜山国际电影和音乐节、世界跆拳道节（忠清南道、忠清北道）、纪念退溪先生诞辰500周年及国际儒教会议（庆尚北道）、雪国节（江原道）和大邱国际纤维时装节。这些国家级的节事活动突出了韩国鲜明的文化旅游形象，既显示了国际化的开放态势，又反映了韩国各地的地方特色（奇创网，2009）。

2. 节事发展、专业管理

随着节事活动的发展，节事活动管理一枝独秀，脱颖而出，运用现代化的手段进行专业管理和促销，促进了节事活动的发展，使节事活动的数量在不断增加，并不断地创造许多新的就业机会，吸纳着为活动提供服务的工作人员。与此同时，全年运行的节事活动组织也应运而生。并提供着教育和培训计划。如著名的国际节事活动协会（IFEA）提供的注册节事活动管理人员（CFEE—Certified Festival & Event Executive）认证项目和持续教育研讨会（Continuing Education Seminar）（IFEA，2010）。

3. 赞助商和志愿者、节事成功重要因素

由于节事活动的发展和规模的不断扩大，节事活动所需经费也在不断增加，于是，今天赞助就成了节事活动成功举办的重要因数，赞助商为节事活动的举办者提供资金，同时也取得相应的商业回报。没有赞助，地方、国家乃至国际活动都将难以维持，赞助已经成为重大的商业行为，

此外，因为节事活动的短期性特点和费用控制等原因，其主办者不可能长期雇用一批工作人员，而必须依靠大量的志愿者来保证节事活动短期内对大量工作人员的需要。这样，高素质的志愿者也成了取得节事活动成功的关键因素。根据国际节事活动协会（IFEA）提供的报告，美国周末大型节事活动参与者平均每周为22.2万人次，他们需要大量志愿者做大量的工作才能保证活动的顺利进行，没有志愿者，大多数活动将无法进行。2008年北京奥运会组委会共录用了来自98个国家和地区的74615名志愿者（赖臻，2008），而在2010上海世博会期间，约有200万名来自各行各业的人们加入了志愿者行列。其中包括7.7万名园区志愿者，13万名左右的城市服务站点志愿者和约197万名的城市文明志愿者（陈辉楠，2010）。

（三）国际节事活动发展的若干趋势

1. 节事活动将更受人们欢迎

就全球范围而言，各国对节事活动和节事旅游的重视程度在迅速提高。许多瑞士大旅游批发商认为，传统的团体多地观光游览在这里已经失宠，越来越多地被散客旅游、家庭小团体和专项旅游所取代。目前的消费倾向正在明显地向专项旅游发展。一些重大的专项节事活动产品，如大型节庆活动，及音乐、文化等活动受到大、小旅游批发商们的普遍重视。有些大旅游批发商为节事活动开设了专职部门，如ITV旅行社设了文化旅游部。瑞士公民目前17种旅游方式中“经历节事活动”这一项位居第七，可见节事活动的概念已深入民心。节事活动和由此而产生的节事旅游，已成了人们度过休闲时间的最佳

方式之一，随着社会的进步，越来越多的人将参与到放松、休闲、娱乐的节事活动中去。

2. 节事活动将更为综合性和多样化

发展节事活动很重要的一点就是挖掘当地的民族文化。因为体验异国他乡的民情风俗是促使旅游者出游的主要动机。民俗风情作为一个民族或一个地区的生活方式体现，在节日喜庆中能充分体现一种原汁原味的真实感和人情味，而使旅游者得到直接和充分的体验。在节事活动中把服饰表演、饮食品尝、游艺竞技、民间工艺等活动有机地结合起来，一方面可以丰富节事活动的内容，另一方面还可以促进当地旅游资源的综合开发，既激活某些公共设施、商店、市场等静态吸引物，又吸引投资、经济开发及基础设施改造，做到充分利用现有一切资源，取得最大经济效益、社会效益和环境效益。香港在2010年向世界推出了“香港节庆年”，其特色就是把中国传统节庆和西方经典节日融为一体，充分展现节事活动的综合性和多样化，让游人有机会深入体验香港中西合璧的文化魅力(金美，2010)。

3. 节事活动将更为品牌化和专业化

节事活动品牌在会展业和旅游业中扮演了十分重要的角色，它本身就是一种会展和旅游的吸引物，能提高会展和旅游目的地的知名度，丰富会展和旅游产品、延长旅游季节，扩大客源地理分布。如今，节事活动的主办者越来越重视节事活动品牌的塑造和经营。美国的玫瑰花节、意大利的狂欢节、马来西亚的国际风筝节的品牌都对本国会展业和旅游业的发展起到了不可替代的作用。随着节事活动的发展，专业化管理将日益显示其重要性，节事活动的专职管理部门已成为旅游业和会展业发展最快的一个机构。它们在客源地设立办事处，进行全年的运营，为当地提供了很多新的就业机会。节事活动管理不仅已形成一个专业领域，而且其专业化程度亦将变得越来越高。美国乔治·华盛顿大学提供的节事活动管理培训和资格认证项目得到了全球许多国家和20多所大学的认可，便是一个很好的例证。

4. 节事活动宣传力度将更为加强

节事活动对会展业和旅游业市场的国际竞争将引起各国宣传促销力度的不断加强。世界著名的西班牙奔牛节在举办之前，政府会印制大量的日程表和节目单，便于国内和国际游客挑选自己喜爱的活动项目；日本交通公社等大型旅行社会提前五年将国内的节庆计划公布于众，做超前的宣传促销是著名节事活动获得成功的基础。从节事活动宣传的发展趋势来看，更多的国家将会像一些发达国家一样采取全方位出击的策略，花大力气建立覆盖面比较广的驻外旅游机构，为宣传提供组织保证。如美国有遍及80多个国家和地区的180多个驻外旅游机构，德国有39家驻外旅游机构。许多国家除了印制精美的各类宣传品外，还派促销团到各客源国进行宣传。

二、我国节事活动的发展状况

随着我国现代旅游业的发展，旅游节事活动也伴随着一般性旅游娱乐从无到有地成长起来，在一些人工旅游景点中，从观赏性的表演到最后以游客参与为主的所谓“大家乐”活动，几乎成为必不可少的一种旅游吸引因素，而宣传和推出各具特色的旅游节事，更成为上世纪90年代以来我国招徕国际旅游者、开发节事旅游资源的重要内容。在旅游节事活动欣欣向荣的同时，其他各种类型的节事活动（如大型节事、婚庆典礼、公司活动、公关社交和慈善活动等）也得到了飞跃的发展，并连同旅游节事活动一起，因其深厚的内涵、鲜明的特色、丰富的内容、多变的形式、诱人的魅力，良好的效益，成了会展业不可缺少的组成部分。如今，我国节事活动正在不断地改进中，健康持续地发展。

（一）我国节事活动的发展历程

1. 形成时期

节事活动在我国可谓源远流长，从远古时期的祭天地、祭神灵、祭祖宗的仪式活动到20世纪70年代末的各民族节庆活动，经历了一个从萌芽到成形的漫长历史过程。在这一时期，我国的节事活动经过了人们从不自觉开展到自发组织这样一个过程。如我国有许多节日起源于礼尚往来的中华民族的传统美德。每年农历正月春节，正值农闲季节。人们在一年辛勤劳动之后，需要休整生息，总结经验，以利再干，所以把春季作为合家团圆、庆祝丰收、展示成绩、亲友互访、交流信息的日子来庆祝。而且，随着春天的来临，天气也慢慢地暖和起来了，正是适应举办大型娱乐活动的好时间。元宵节扎花灯和闹花灯也充分地说明了中华民族对生活的热爱，我国各少数民族的节日更是在地域性的影响下，体现出不同民族的特殊风貌和独特个性。如彝族每年“虎月”（阴历七月）“火把节”的主要活动就是“打牛”，并在晚上开展斗牛、摔跤、跑马和弹月琴等项活动，表现出彝族人民勇敢、强悍的民族性格。可以说，在20世纪80年代前，我国的节事活动多属民间自发活动，即使有寻求节庆体验的旅行者，也仅仅是少数个人旅行，还没有形成真正意义上的节事旅游。

2. 起步时期

改革开放后，我国在各方面进入了一个全新发展时期。从1979年到

1990年，旅游事业的大发展充满了无限的生机和活力，以国际旅游为主导，以国内旅游为基础，协调发展，共同促进，是当时我国旅游业发展的大格局。旅游部门从旅游产品的角度进行旅游资源开发，使我国进入了重点旅游资源较大规模开发建设的新阶段。"七五"期间，国家公布了38座国家历史文化名城，40个国家重点风景区和258处全国重点文物保护单位，有力地推动了各地旅游资源的开发和保护。同时，各地也投资建设了一批有特色的旅游景点，增加了娱乐场地和观赏内容，增强了我国旅游业发展的后劲。但由于我们对旅游资源和旅游产品的开发在认识上有局限性和片面性，还没有认识到节事活动和会展业的重要性，以及它们对旅游发展的重要作用，所以，节事活动发展缓慢，节事旅游处于起步阶段，虽然各地都举办了各种各样的节事活动，但总的来说，对节事活动这样一个重要旅游资源和专项旅游产品重视不够。

3. 发展时期

1991年以后，我国在旅游资源开发和保护工作上进入突飞猛进的阶段。国家旅游局借鉴国际上举办大型主题年活动的成功经验，举办系列旅游年活动，在全国各地推出的旅游专线中配合举办了丰富多彩的文化节事活动，很好地展示了我国作为世界著名文明古国的风姿，逐渐形成了在国际上有一定影响力的一批节事活动，如云南西双版纳的泼水节、路南石林的火把节、大理的三月街、贵州的蜡染艺术节、哈尔滨的冰雪节、潍坊的国际风筝节、青岛的啤酒节、内蒙古的那达慕大会、大连的国际服装节、洛阳的牡丹花会、广州的春节花市及各种少数民族的服饰、礼仪、民俗和民间竞技活动等。这些节事活动对吸引旅游者、推动当地的经济和旅游发展起到了有目共睹的作用，人们对节事活动重要性的认识在实践中不断地得到提高和深化。正因为这样，我国开始从民间自发组织节事活动到政府有意识地推广原有节事活动，又进入一个有计划、有组织地主动开发节事活动的新阶段。我国在成功地举办昆明市世界园艺博览会后，又主动申办并成功举办了2008年北京奥运会和2010年上海世博会，在我国节事活动发展的历程中写下了令世人惊异的光辉篇章。

在我国旅游节事活动飞跃发展的同时，我国其他各个领域的各种类型的节事活动也随着我国改革开放的不断深入和经济的持续发展，在数量、规模、内容和质量上都取得了令世人瞩目的成绩。我国成功举办的许多世界大型体育、文化、经济、科技、旅游等节事活动都是很好的例证。为总结新中国成立六十年来全国各大城市在节庆文化等方面所取得的巨大成就、经验，引导办节办会方向，提升办节办会水平，发挥节庆在构建和谐社会中的积极作用。由人民日报社网络中心主办的2010(首届)中国节庆创新论坛在2010年4月30日于北京召开。此次论坛以“创新”为光荣使命，以“发挥优势、打造品牌、抓住机遇、合作共赢、内生驱动、构建和谐”为论坛主题，集中实现了政界、业界、专家的高层次创新对话和各方思想大交流(人民网，2010)，我国节事活动正在总结中发现问题，学习中看到方向，前进中不断改进，以实现其健康持续地发展。

（二）我国节事活动的发展特点

1. 节事活动的数量和规模从小发展到大

在20世纪70年代末到80年代初的改革开放初期，我国节事活动数量少、规模小，主要以传统的节事活动为主，基本上都是作为观光旅游的补充。从80年代后期开始，游客在观赏风景的同时，参加民族节事活动，可以欣赏到民族歌舞。比如彝族传统的火把节，当地的男女老幼穿上节日的盛装，小伙子弹起大三弦、吹笛子，姑娘们则和着音乐翩翩起舞。还有传统的斗牛和摔跤活动，夜间，人们舞动火把，祈盼幸福，围着篝火唱歌跳舞，通宵达旦，这种大规模的节事活动将游客的整个旅游活动推向高潮。大大地增强了路南石林在世界旅游市场的知名度和吸引力。我国旅游业开始意识到节事活动的重要性，并逐渐提高了举办节事活动的自觉性，尤其进入90年代，随着会展业和旅游业的不断发展，节事活动的数量和规模也在明显地扩大，仅在1997中国旅游年，我国就推出了48个节事活动，在1998华夏城乡游年，我们又着重办好了23个节事活动。进入21世纪后，我国的节事活动从旅游业发展到其他各个领域，从传统的节事活动发展到现代各种类型的节事活动，节事活动无论在数量还是在规模上都得到了飞跃的发展。据不完全统计，目前我国2000多个县市每年仅举办的节庆活动就达8000多个(人民网，2010)，如果加上其他各种类型的活动，我国的节事活动更是不计其数。而且在规模上，我国的节事活动也已发展到奥运会和世博会这样世界顶级规模的节事活动了。

数量众多的大规模的节事活动吸引了海内外大批的旅游者，既提高了中国节事活动的国际知名度，也带来了丰硕的经济和社会效益。

2. 节事活动内容从单一性发展到多样化

在节事活动发展初期，由于认识不足，策划缺乏创意，经验不够，配套设施不全等原因，每个活动的内容往往比较单一。随着节事活动的发展，各个地方节事活动的主办单位注重抓住当地的特色，深层次挖掘地方或民族文化，注意活动策划的创新，使节事活动集食、住、行、游、购、娱为一体，在内容上大大地丰富了。近年来，有些地方还举办了祭孔等大型的历时数天的文化节事活动，吸引了大量中外游客。有的节事活动将文化娱乐、体育竞赛和经贸活动结合在一起，使其具有更丰富的内容。许多星级饭店也策划并推出了丰富多彩的民族文化节、艺术节、音乐节、时装节、美食节等活动，既给饭店带来了良好的经济效益，又带来了良好的社会效益，弘扬了我国优秀的民族风情。2010年上海世博会举办期间，仅在园区内就举行了20000多场活动，向中外游客展示"世界文明的盛会，我们大家的世博"。这些活动包括国家馆日、国际组织特别日、城市特别日、企业特别日、省区市活动周，演出、巡游、论坛、现场互动等，充分体现了节事活动内容的多样化。

3. 参与节事活动的方式从旁观欣赏向直接体验发展

最初旅游部门要求旅游目的地组织节事活动，主要是为了丰富旅游节目，仅将节事活动作为一个可供旅游者观赏的节目来安排。随着旅游者需求的多样化，现代旅游者早已不满足于观赏，而越来越喜爱直接体验。通过亲身经历旅游目的地的节事活动，以了解当地的民俗文化和风土人情等，从中体会到传统的观赏式旅游所体会不到的乐趣。比如，在众多的音乐节、啤酒节、美食节中，游客们往往能一饱眼福、耳福、口福，多感官体验，既是观赏者，又是主动参与者，大大提高了节事活动的吸引力，效果相当好。

4. 在节事活动的组织层次上从初级向高级发展

我国节事活动的现代化发展应该说是随着我国旅游业和会展业的发展而发展的，由于我国旅游业和会展业的起步较晚，因而我国节事活动的开发和管理更为落后。经过多年的实践和探索，节事活动的组织层次已从初级阶段向高级阶段发展，也就是说，向专业化和市场化的方向发展。许多地方的政府专门设立了节事活动管理部门，负责节事活动的策划、组织、宣传和发展。在加强节事活动开发和管理实践的同时，对节事活动开发的理论研究也从无到有，在一些报刊杂志上出现了对节事活动的研讨，相关的论坛和研讨会也已多次召开。我国成功举办的2008北京奥运会和2010上海世博会这样超大规模的世界顶尖级节事活动标志着我国节事活动组织层次攀登的新高峰。现在，摆在我们面前的重要课题就是要很好地总结这两个节事活动。并将总结出来的节事活动策划、组织、宣传和管理经验，进一步发扬光大，推动我国节事活动健康持续地发展，提高我国在世界会展业和旅游业的美誉度，全方位、深层次地赶上国际发达国家的水平。

（三）我国节事活动目前存在的主要问题及解决建议

1. 我国节事活动目前存在的主要问题

节事活动是经济社会和谐发展的助推剂，节事活动作为会展业的重要产业架构之一，已成为现代服务业的重要内容，也是经济发展的新增长点。目前，许多地方的政府已经把节事活动作为打造地方名片、构建新型产业链条的工程来抓，设立专职机构，配备专业人员，成为经济文化工作的一个重要组成部分。各地纷纷利用节事活动，建立区域经济的招商平台，宣传地方发展成果，扩大地方经济的影响，是目前区域乃至县域经济发展中一个很有特色的举措。很多节事活动办得很有特色，为当地经济发展作出了贡献。然而，作为有中国特色社会主义市场经济的一个重要组成部分，节事活动起步不久，必然带有不成熟和不自觉的因素，在其发展热潮中也必然会“泥沙俱下，鱼龙混杂”。我们必须承认和正视，目前我国节事活动中存在着下列主要问题：

(1) 节事活动过多过滥。

随着旅游业和会展业的发展，节事活动在全国范围内轰轰烈烈开展。各地出现了“造节风，过节热”，举办的节事活动稀奇古怪、五花八门，举凡吃喝穿戴、花鸟虫鱼、山水人兽，无所不包，甚至连王八节、裤子节、猪王节……都已出现。“层层活动、处处节庆”已促使节事活动的数量突飞猛进。如前所说，目前我国 2000 多个县市每年仅举办的节庆活动就达 8000 多个(人民网，2010)。中国社会科学院财政与贸易经济研究所助理研究员马聪玲在接受人民网访谈时指出：“业内人士估计节庆的数量超过 10000 多个。”(盛卉、常红，2010)再加上其他各种类型的活动，节事活动更是不计其数。这其中，不乏成功例子，但更多的则是鱼目混珠、徒有虚名。不少地方举办的节庆活动，大多昙花一现，且已呈现泛滥之势。比如 2003 年，一个沿海省由县以上政府举办的节就有 100 多个，仅冠名“螃蟹节”的就达 5 个。其中某地在办“螃蟹节”时还搞了个“螃蟹小姐”评选(李松，2010)。还有不少缺乏品牌内涵，一味追求当地特色，忽视参与者利益和兴趣，形成不了市场吸引；或者“定位”的模糊导致了形式的杂糅，“开幕式晚会”——“招待酒会”——“旅游观光”——“经贸洽谈”等一系列活动被生拉硬扯到一起，成了表面风光热闹，内在不知所云的“四不像”。从而使最终的目标难以实现；有的脱离实际、贪大求洋，铺张浪费；有的内容单一乏味，缺少品牌情感，沦落到“三个一”的局面，即“一个开幕式、一个闭幕式，一些群体自娱自乐的内容”；还有一些一年有一年无、今年东明年西，甚至出现内容主题毫不相干、相互脱节的现象。针对这些现象，国务院纠正行业不正之风办公室在《关于 2010 年纠风工作的实施意见》中，已明确指出：“坚决纠正庆典、论坛活动过多过滥问题。严格控制和规范庆典、论坛活动，坚决撤销铺张浪费、牵强附会、华而不实的庆典、论坛。”

(2) 节事活动脱离实际。

在我国开放改革的热浪中，各个地方都在努力争先实现跨越式的发展。在这个发展的过程中，很多地方，尤其是一些经济落后地区想通过邀请名人、演艺团体这样一些大型的活动迅速扩大知名度、扩大影响力，实现形象上的突破。但是，一些政府官员忘了“看菜吃饭，量体裁衣，无论做什么事都要看情况办理”的道理。脱离了本地区的实际情况，不惜重金请明星装门面，千方百计拉领导壮声威，更有甚者，某些官员本来就喜欢“作秀”，善于做表面文章，似乎声势越大，成效就越大，政绩就突出。至于这样做，对当地的经济发展有没有实际意义，对他们似乎都不重要。于是，“脱离实际求面子，铺张浪费劳民伤财”的节事活动频频出现，成为我国节事活动健康发展的毒瘤。

2004 年年底，辽宁省北票市就曾为了一年一度的“辣椒节”，在全市财政收入仅 8400 多万元的情况下，花了 1000 多万元建了个世纪广场，广场占地 4.4 万平方米，而整个北票市区面积当时才 14 平方公里。显然，当时当地政府为了当官的“脸皮”，忽视了百姓的“肚皮”，他们忘了当地还是个国家级贫困地区，还有数以万计的下岗工人，还有众多亟待完善的基础设施(徐晨，2005)。

作为革命老区的北方某市，长期以贫困而著名。“为了拉动当地经济发展”，当地政府不遗余力搞红色旅游节，从 2004 年起，每年开幕式都要花费近百万元高额财力邀请几名歌手前来助兴，用地方领导的话说是“积聚人气，吸引商家”。但事实证明，由于投资环境恶劣，加之吃拿卡要现象严重，两年来招商引资效果微乎其微。许多干部群众深感疑惑：“耗资上百万元办这样的节日，真正人多一点，就是领导讲话、明星唱歌那一两个小时，开幕式一结束，一切又恢复了原样。商家没招来，政府却因此背上了包袱，最终难受的是百姓。”(王勉、胡星，2006)

四川万源市是国家新一轮扶贫开发重点市，“为了拉动当地经济发展”，万源市 2003 年举行了“大巴山旅游节”，以高额报酬邀请了几名歌手前来助兴，但是市领导心目中的“头号演员”因为日程冲突没有请到。此后，万源市委领导多次在会议上强调，一定想方设法把该演员请到，“这样才能吸引人气，更好地招商引资”。2005 年 8 月，万源市举办了纪念万源保卫战 70 周年的节日，终于以 40 多万元出场费请到了该演员，弥补了上次“遗憾”。但这一决策严重脱离了贫困山区实际，这样耗费大量人力、物力举办晚会，请明星、追求高档次，并用红头文件强行摊派购买门票，变相加重了群众负担，在当地造成了恶劣的影响和严重的后果，此事后经媒体披露，在社会上更是引起强烈的反响，而四川万源市委书记因“公款追星”，受到党内严重警告处分(王勉、胡星，2006)。

贫困县市举办大型的节庆活动，在财政资金本来就不充裕的情况下大肆铺张浪费、劳民伤财，真是“明星赚钱，政府买单，官员得利，百姓遭殃”，是典型的“只顾面皮、不顾肚皮”的做法。中国社会科学院财政与贸易经济研究所助理研究员马聪玲在接受人民网访谈时针对这一做法，批评道：“想要吸引投资者、旅游者到本地来，从而带动经济的发展，这个初衷本来是无可厚非的。但是如果超越当地的经济发展状况，不顾民生，只是求面子，劳民伤财的话，就成了舍本逐末。”（盛卉、常红，2010）

(3) 节事活动缺乏创新。

节事活动缺乏创新是我国节事活动发展进程中又一主要问题。

节事活动缺乏创新首先表现在节事活动主题撞车、特色不鲜明。跟风而上类型多，使着相同的套路，不是文化节，就是旅游节；不是服装节，就是美食节；主题不外乎“吃穿住用行”。全国光是以茶文化为主题的节就有几十个，如：浙江的绍兴国际茶文化节、宁波国际茶文化节、湖州长兴陆羽国际茶文化节、普陀佛茶文化节和杭州现代茶文化节；江苏的仪征茶文化节、姜堰茶文化节和苏州吴中洞庭山碧螺春茶文化节；安徽的中国（国际）九华佛茶文化节、霍山大别山旅游·黄芽茶文化节、中国六安瓜片茶文化节和六安茶文化节；湖北的中国硒都·芭蕉茶叶文化节、武汉茶文化节、天门国际茶文化节、江西的遂川狗牯脑茶文化节和婺源茶文化节、广东的广州国际茶文化节、岭头单丛茶文化节和东莞茶文化节；福建安溪茶文化旅游节暨铁观音乌龙茶节和武夷山大红袍茶文化节；北京的马连道国际茶文化节和中国园林茶文化节；陕西的紫阳“富硒茶文化节”和茶业茶文化节、还有上海的国际茶文化节、河南的信阳茶文化节、湖南的长沙星沙茶文化节、山西的茶文化节、河北的保定茶文化节、贵州的茶文化节、云南的丽江民族茶文化节、广西的凌云白毫茶文化节、四川的乐山中国峨眉山茶文化节……更有甚者，华东某一中等城市，一下子办了5个不同级别的樱桃节，导致樱桃节魅力全失。

节事活动缺乏创新其次表现在活动项目和内容上往往千篇一律，设置雷同或大同小异，不管什么类型的节庆，主办方总是耗费巨资请一些大大小小的明星，或者搞一些模特大赛、演唱会等与主题相去甚远的活动，陷入“吃喝玩乐”、“晚会＋经贸”和“文化搭台、经济唱戏”的怪圈。

节事活动缺乏创新还表现在活动形式单调简单，不少节事活动还处于效仿阶段、活动形式无非就是开（闭）幕式歌舞表演、花车巡游、商品展销会、经贸洽谈会或特产采摘等等，往往缺乏新意、特色和吸引力。

(4) 节事活动政府干预。

我国节事活动发展初期，政府包办模式曾是一些城市特别是一些小城镇在举办节事活动中，采用较多的运作模式。这是计划经济体制下政府部门工作模式在节事活动运作中的反映和持续，其特点是：政府在节事活动的举办过程中，从策划组织到营销宣传，从资金落实到运营管理，政府部门一揽到底，节事活动的内容、形式、时间、场地都由政府部门决定和选择，参加单位和参与者也由政府部门行政指派。这种运作模式不仅给政府带来很大的财政负担，而且严重降低和损害了节事活动给举办地带来的经济效益、社会效益和环境效益。

我国节事活动发展时至今日，这种运作模式已逐渐被摆脱和抛弃，越来越多的地方政府开始采用政府主导型的市场化运作模式，大大地提高了节事活动的举办效益和影响。但是，我们必须指出，从目前我国节事活动运作模式来看，一些地方的节事活动尚未完全摆脱“官办”模式的束缚。政府包办唱“独角戏”还时有发生。更常见的是政府干预过多，节事活动组织行政化，一些政府官员习惯使用行政的手段，为增加人气和轰动效应，以行政指令的方式对下属部门和单位下达任务，还有一些地方政府在节事活动中的定位和作用不够准确，以“主导”为名，行“干预包办”之实，滥用财政资金，向企业和个人摊派费用或拉赞助，对节事活动的管辖范围过于宽泛、重政治影响，轻经济效益，尚未建立企业和个人节事活动投资回报机制，严重地影响了群众和企业的积极性，阻碍了市场化运作模式的有效发挥。

(5) 节事活动发展不均。

因为节事活动的举办与举办地的社会经济发展水平有着密不可分的关系，所以我国东西部地区在社会经济发展上的差异也必然会反映和影响到东西部地区节事活动的发展水平。总的来讲，我国西部贫困城市和不发达地区的节事活动不仅数量少，而且从节事活动的发展理念、策划创意和运作模式到组织管理、融资能力、服务水准和综合效益，与东部沿海城市与发达地区相比，都还有较大的差距。为提高我国节事活动和会展业的整体发展水平和综合效益，这种差异必须在发展中逐步缩小，直到消灭。

2. 我国节事活动目前存在主要问题的解决建议

我国节事活动目前存在的上述主要问题严重地影响着我国节事活动和会展业的健康发展和整体效益的充分发挥，为清除我国节事活动的前进障碍和发展毒瘤，特提出下列解决建议，供各地相关政府部门和企业及专业人士参考。

(1) 坚决执行中央指示。

我国节事活动及会展业和我国其他各行各业的工作一样，都必须在党中央的领导下，在中央各政府部门的指导下，才能健康持续地发展。

对于目前我国节事活动发展中的问题，中央给予高度的重视，第十七届中央纪委第五次全会、国务院第三次廉政工作会议和全国纠风工作会议都明确提出要认真解决这个问题。国务院纠正行业不正之风办公室也在《关于 2010 年纠风工作的实施意见》中明确指出："坚决纠正庆典、论坛活动过多过滥问题。严格控制和规范庆典、论坛活动，坚决撤销铺张浪费、牵强附会、华而不实的庆典、论坛；政府机关举办庆典、论坛活动，所需经费必须纳入财政预算，接受审计监督；严肃查处滥用财政资金、向企业和个人摊派费用或拉赞助，以及利用举办庆典、论坛活动为单位或个人谋取私利等问题。对国有企业事业单位举办、参与和赞助举办庆典、论坛、商业演出等活动，要严格管理和规范。对企业或社会上举办的庆典、论坛，领导干部原则上不参加，确需参加的，要按程序报批。巩固和深化清理规范评比达标表彰活动成果，督促各地区、各部门按照公布项目开展活动，严格控制审批新增项目。"（国务院，2010）

现在我们的任务就是要认真学习、深刻领会和不折不扣地坚决执行国务院纠正行业不正之风办公室《关于 2010 年纠风工作的实施意见》和其他相关的中央指示。

（2）树立和坚持正确的政绩观。

政治路线确定之后，干部起到决定性作用。要解决我国节事活动发展目前存在的主要问题，作为决策和领导人物的各地区和相关部门的领导干部是关键。

各级领导必须看到我国节事活动目前存在的过多过滥等主要问题，所体现出来的是浮躁心态和投机心理，实际上也折射出不少官员存在着严重的"政绩焦虑症"和不正确的政绩观，因此，各级领导首先就要树立和坚持正确的政绩观。政绩观是领导干部从政的价值取向和行为准则。树立和坚持正确的政绩观就要求各级领导必须以人民群众的根本利益作为自己的价值取向和行为准则。

具体到各地的节事活动发展上，各级领导就应该以人民利益为出发点，实事求是地发展各地的节事活动。坚决克服急功近利的浮躁心态和投机心理，建立监督机制，杜绝贪大求洋，形式主义和政绩工程的节事活动。以办实事、重实效、求实绩的务实意识，创造人民群众需要的和满意的节事活动，同时必须以人民群众的满意度作为评估和考核节事活动的客观标准，确保节事活动健康持续地发展。

（3）走市场化运作道路。

造成我国节事活动目前存在的上述主要问题的另一个重要原因是我国节

事活动尚未完全彻底地摆脱“官办”模式的束缚和影响。政府在一些节事活动中还会唱“独角戏”或“干预调”，这不仅会造成财政的压力和资金的浪费，产生“只顾面皮，不顾肚皮”的虚假形象工程和政绩工程，而且还会挫伤和压抑广大企业和人民群众的积极性和创造性；同时，由于政府在节事活动运作上专业性的不足，也往往会影响节事活动的成效。要解决我国节事活动目前存在的上述主要问题，除了坚决执行中央的指示，抓好各级领导干部的政绩观外，还必须走市场化运作的道路。

节事活动走市场化运作的道路首先要求政府积极转变观念，要“割断利益关系”，要“有所为、有所不为”，在节事活动的发展上，应将工作重心放在对节事活动的宏观管理上，制定必要的政策法规和行业标准，指导节事活动的发展，加强对安全、环保、秩序、质量等方面的管制。

节事活动走市场化运作的道路还要彻底抛弃“政府包办”的旧模式，采用“市场化运作”的新模式。在政府的主导下，大胆引入市场手段，不论是节事活动举办的需求，还是供给方面，都应当遵循一定的市场规律，把节事活动纳入市场经济的轨道；也就是说要遵循“资金筹措多元化，业务操作社会化，经营管理专业化、活动承办契约化、成本平衡效益化、管节办节规范化”等市场经济的基本规律和原则(卢晓，2006，2010)，使节事活动从设计、策划、组织、运作，到人力、物力、财力，都赢得民间资源特别是民间人才和民间资金的积极投入和聚集，实现节事活动的经济效益、社会效益和环境效益的全面提高。

(4) 增强创新意识、培养品牌节事。

增强创新意识、培养品牌节事是解决我国节事活动目前存在主要问题的又一重要建议。

创新是节事活动的生命力，只有不断地创新才会保持其特色，才会增强其吸引力，才会延续其新的生命力。增强创新意识就要具有“人无我有，人有我特”的创新理念，就要具有创新的思维，决不跟风和模仿重复，就要在节事活动的主题、内容、形式、地点、参与方式、运作模式、融资方式等节事活动策划的各个环节与管理的各个方面不断地输入新的思路和开创新的局面，让节事活动别开生面，常办常新。

品牌是节事活动层次和质量的象征，是节事活动核心竞争力的标志，是节事活动进入市场、占领市场的武器。品牌节事就是指那些群众参与积极性高、经济带动力强、社会效益俱佳、特色鲜明、知名度高、影响力大的节事活动。培养品牌节事就要在节事活动的发展中树立品牌意识，不追求“量”的扩张而重视“质”的提高；就要在众多现有的节事活动中选择有发展潜力的节事活动进行培育，注意对节事活动本身的维护，注重其文化内涵和品牌的打造；就要重视媒体宣传的力量，注意做好节事活动的宣传和推介工作，树立节事活动的品牌形象。

创新意识和品牌节事将决定节事活动高起点、高水平和高标准的发展。我们一定要增强创新意识，培养品牌节事，推动我国节事活动的良性发展。

(四) 我国节事活动的发展趋势

1. 我国节事活动的发展前景将更为广阔

近年来，我国成功举办的一系列大型节事活动和各地开发的形式多样、各具特色的地方和民族节事活动，使我国以节事活动为重要内容的旅游资源开发速度和规模都上了一个新台阶。这不仅为扩大内需、活跃市场及进一步发展我国节事活动奠定了坚实的基础，更为我国会展业和旅游业的快速发展起了显著的推动作用，再加上近年来，我国综合实力的不断增长，基础设施的不断完善，国民收入的不断提高，又为节事活动的进一步发展创造了良好的条件。特别要指出的是，我国在过去几年中，成功举办的 2008 年北京奥运会、2009 年国庆 60 周年大庆和 2010 年上海世博会不仅向全世界展示了我国举办大型节事活动的智慧、条件、水平和能力，而且更为我国今后继续申办和举办世界大型节事活动积累了丰富的经验，增强了我国的话语权和国际竞争力。我们可以毫无疑问地断言：我国节事活动的发展前景将更为广阔。

2. 我国节事活动将向系列化、参与化方向发展

节事活动系列化是举办地产生轰动效应、激活潜在市场的有力手段。上海旅游节、杭州西湖博览会等都已成为我国系列化和参与化节事活动的范例。通过大型节事活动来吸引公众传播媒介，产生某种光环效应，配合一系列小型节事活动来吸引各种志趣的参与者，已成我国节事活动的一种发展趋势。具有连贯性、一致性、互补性和协调性的系列化节事活动，会使节事活动主题更加饱满，节事活动内容更为丰富，节事活动吸引力更强，节事活动效益更好。节事活动系列化发展必然也增强了节事活动参与化的广度和深度，使“局外人”变为“局内人”，真正领略节事活动的丰富内涵。

3. 我国节事活动将向市场化和专业化方向发展

节事活动和会展业都是市场经济发展到一定阶段的产物，市场化操作经营是国外成功节事活动的基本运作模式，由大型专业的服务或策划公司承办，政府部门只起协调、支持的作用，而我国由于社会主义市场经济还不够健全，市场化运作机制还不够完善，节事活动的发展起步又较晚，因而许多节事活动仍是政府主办和安排，或仍带有很多明显的计划经济的影子，使企业难以通过

公平竞争的方法来介入和进行市场化操作。节事活动的市场营销，也没有受到相应的重视，处于滞后的状态，缺乏积极有效的营销策略和宣传。在节事活动的管理方面，体制也还没有理顺。缺少统一的节事活动管理部门，造成管理无序，档次不高，缺少品牌意识和明确定位，影响节事活动应有的规模和效益，节事活动管理和策划的专业人才也相当缺乏，从业者大多是半路出家，没有经过专业培训，无论是管理水平还是策划、服务，同国外相比还有很大的差距。因此，加强国际交流与合作，学习先进的经验，逐步建立我国节事活动的市场化经营体制和模式，培养节事活动策划管理的专业化人才，实施对节事活动的专业化管理，使我国节事活动向市场化和专业化方向发展，是我国节事活动发展的必然要求和趋势。

思考题

1. 节事活动的定义和内涵是什么？
2. 节事活动可分哪些内型？
3. 节事活动有何特点？
4. 节事活动有何特殊作用？
5. 节事活动主题的概念是什么？其确定原则是什么？
6. 节事活动主题相关的因素有哪些？
7. 节事活动的策划原则有哪些？
8. 国际节事活动的发展特点和趋势有哪些？
9. 我国节事活动目前存在哪些主要问题？如何解决？
10. 我国节事活动的发展特点和趋势有哪些？
11. 以所在城市某个节事活动为范例，试述改进的建议。

第七章

会 展 经 济

会展经济是会展产业活动运转过程以及在这一运转过程中所反映的各种经济现象、经济关系及其规律的总和。了解和研究会展经济，就是要从经济这一个侧面来了解和研究会展活动，揭示在商品经济条件下会展活动的实质和规律。

本章首先介绍会展经济效益，在阐述乘数理论在会展经济中的运用，最后提出可采取的会展经济发展战略及其对于充分认识、研究和推动会展经济的活跃和繁荣的重要参考价值和意义。

第一节 会展经济效益

一、会展经济的概念

会展原本是工业生产的附庸，但随着全球化浪潮的推进和后工业化社会的来临，会展逐步地发展成为一个独立的产业——会展业，并以独立的面目出现在国际经济贸易的舞台上，也走进了各国政府和经济学家们的视野。会展业作为一种经济形态，得到了越来越多人的承认和重视，并被称为“会展经济”。

那么，会展经济是一种什么样的经济形态呢？根据会展业的内涵和特点，我们可以说：以会议、展览、奖励旅游和节事活动的举办，尤其以大型国际展览、会议的举办为中心，带动交通、旅游、住宿、餐饮、商贸、物流、广告、装饰、房地产业等一系列相关产业的发展而形成的综合经济便是会展经济。其突出的特点是既能带来可观的经济效益，又能带来广泛的社会效益和环境效益，全面促进国民经济的发展。

早在2000年,全球会展业的直接经济效益就达到了2800亿美元,2009年,复旦大学论坛发展研究中心许征主任在《国际会展业发展的新趋势》一文中指出:"2009年全球会展业的直接经济效益将达到3850亿美元。"(许征,2009)会展业已成为一个在全球经济中占有相当比重的新兴产业,"会展经济"的说法已经获得了广泛的认同,其中会议的经济效益增长比展览经济效益增长速度快。全球经济一体化大势所趋,会展经济的理念正在向全球迅速扩展,会展经济受到了越来越多的国家的关注和重视,尤其是发展中国家。

鉴于会展经济对各国经济发展和社会生活带来的影响越来越大,人们开始从更高层次和角度上来谈论会展经济和会展经济时代的到来。

会展经济从经济总量和经济规模来看,在世界各国的发展是不平衡的,纵观会展经济在全球的发展情况,我们不难看出,一个国家的会展经济实力和发展水平是与该国综合经济实力和经济总体规模相适应的。发达国家凭借其在科技、交通、通讯、服务业的先进水平,在世界会展经济发展过程中处于主导地位,占有绝对优势。国际会展业界普遍认为,会展经济能否兴旺并成为一个国家和城市的"经济风景",最终决定因素还是国家和城市的综合竞争力。

在发展中国家,虽然地区经济发展的不平衡对会展经济的发展产生一定的影响,但是,发展中国家和发达国家在会展经济上存在的巨大差距也表明了发展中国家在发展会展经济上存在着很大的发展空间。同时,由于会展经济属于一种前瞻性经济,所以它更加反映经济发展的未来趋势。也正因为这些原因,发展中国家的会展经济在国际会展经济中的地位就变得越来越重要,甚至将成为国际会展经济今后几年继续保持高速发展的关键性因素。

在我国经济体制改革和经济结构的调整中,会展经济已悄然并迅速崛起,会展作为一个潜力巨大的新兴产业,一种新的经济形式、一个新的经济增长点,也已经为国人津津乐道。改革开放后中国经济的持续快速增长和国际影响力的提升,为我国,尤其是为一些大城市提供了发展会展经济的基础条件,许多大城市兴建了现代化的会展中心,着力培养会展经济,北京、上海、大连等城市已明确将会展业列入重点扶持的都市型产业和新的经济增长点,在一些大城市的发展规划中,也出现了"会展经济"的词汇。方兴未艾的会展经济正成为中国现代城市的"面包"。

二、会展经济效益

会展经济效益的内涵十分丰富,可以从直接经济效益与间接经济效益进行分析，也可以从长期经济效益和近期效益进行分析，还可以从微观经济效益和宏观经济效益分析。本书主要从会展的直接经济效益和间接经济效益的角度来分析会展经济的经济效益。

（一）会展直接经济效益

会展直接经济效益是指会展业投入的生产要素的费用与所取得的经济收入之间的关系。这是政府会展部门和会展企业衡量会展经济效益的指标。也就是说：会展直接经济效益是指会展企业经营会展所直接产生的经济效益。

会展直接经济效益主要体现在组织举办会展活动的次数、规模、参展商和观众的层次和参与度，以及会展业自身提供直接服务部分的收入上。经营会展的直接收入包括：会展活动的入场券收入、参会参展费收入、场馆展台和会展设备的租金、会展服务收入、广告收入和赞助收入等。会展业是一个高收入、高盈利的行业，其利润率在20%至25%以上。2007年仅我国会展业中的展览业直接收入就达140亿元人民币（冯源，2008和申振东，2009），其中，上海的每年展会直接收入就达30多亿元（上证报，2007）。据上海市测算，上海会展业带来的相关经济效益的直接投入产出比为1∶6（远大会展网，2005）。这也是近年来会展企业大量兴起，会展业蓬勃发展的原因之一。有关研究还表明，到2010年，我国会展业总收入超过200亿元；2020年，我国会展业总收入将超过1000亿元（楼丽娜，2006）。

（二）会展间接经济效益

会展间接经济效益是指发展会展业对国民经济中其他相关行业和部门乃至对整个国民经济的影响，形成全社会的间接经济效益。会展业是一个产业关联度极高的行业，会展业的发展对其相关行业和部门乃至对整个国民经济都会带来一定的间接经济效益。我们在认识会展经济效益时，不仅要了解会展直接经济效益，也要充分认识会展间接经济效益。会展间接经济效益体现在以下几个方面：

1. 对相关产业的联动效应

会展业具有的强大的产业联动效应，对交通、通讯、住宿、餐饮、旅游、购物、贸易。广告、印刷、物流、保险等相关行业都有很强的联动性。据美国展览业研究中心提供的数据，2000年，美国展览业带动相关社会消费综合指数比例为1∶10（程妍，2002），即会展场馆的直接收入如果是1，那么相关产业的收入就会有10。会展业对相关产业的联动系数在各国各地区是有所差别的，比如：在香港地区就是1∶5.3（程妍，2002）。准确地说，这个系数应是与一个国家地区的经济发展水平，尤其是服务贸易行业的发展水平相适应的。早在

1990 年时，美国就拥有 550 万平方米的展览产地，当年观众人数就达到 5000 万人次，展览业产值为数百亿美元，间接的经济效益，按保守数字估计，也要超过 1000 多亿美元。美国的达拉斯市因举办展览会，每年接待来自 30 多个国家和地区的采购商达 60 多万人次，这些客户占用了达拉斯市 4.5 万间客房中的 20%。占达拉斯市国际机场出入客人次的 16%，每年在达拉斯市的消费(饭店、出租汽车、餐饮、娱乐、购物等)约 3 亿美元。据麦肯锡统计，2000 年全美每个参展人员花在相关展览外活动上的费用平均为 1200 美元。以每个参展人员花费的 1200 美元作细化分析，住宿占最高比例为 46.8%，其余依次为餐饮占 24.2%，个人消费(观光、购物、娱乐)占 16.5%，交通运输占 6.2%，其他开支则占 6.3%(中国会展论坛，2007)。在德国，仅每年的科隆博览会，就有 2000 亿马克的间接经济效益；在中国香港，据保守统计，香港会展中心扩建后为仓储、运输及贸易融资等服务增加 60—70 亿港元的收益。2006 年，展览业为香港经济带来 264 亿港元收入，约等于香港生产总值 1.8%。研究报告显示，展览业持续为香港带来可观的经济效益，不单为展览业，并为其他服务及支援行业带来消费开支及提供就业职位，惠及酒店、饮食、零售、展览摊位设计及搭建、物流及货运行业。展览业提供的 58500 个全职职位中，由业界直接聘用的只占 4%，但展览活动却为其他服务及支援行业带来 56000 多个全职职位(周文菁，2007)。中国会展经济研究会俞华副秘书长对我国境内会展活动对国民经济的拉动影响专门作了研究，研究结论是："会展业能带动其他部门经济的发展，对相关产业的经济拉动系数是 1∶3.5—15(平均值约为 1∶9)。"(俞华，2009)据估算，我国会展业间接带动的旅游、餐饮、交通、广告、娱乐、房产等行业收入每年已高达数千亿元。从国内各城市看，东部沿海地区和大城市要高于西部地区和中小城市。据上海市测算，上海展览业带来的相关经济效益，间接的可达到 1∶9。(龚维刚、曾亚强，2008)据统计，2006 年，南京市会展业带动经济增长达 130 亿元，成都会展经济直接收入 15 亿元，带动经济增长约 150 亿元，长春市会展经济的直接收入 8.75 亿元，带动相关产业收入 78 亿元(过聚荣，2007)。会展业对其相关产业的联动效应是显而易见的，它直接刺激着相关产业的市场景气度，有力地推动着第三产业的发展和我国产业结构的调整。

2. 对经贸的推动效应

会展间接经济效益体现在对经济贸易发展的推动效应上。会展业，尤其是国际性的会展活动，作为对外经贸交流合作的窗口、桥梁和纽带，可以有力地促进对外的技术合作、信息沟通、贸易往来等。例如：法国展会每年展商的交易额要达到1500亿法郎(陈泽炎,2006)。有“中国第一展”美誉的广交会,对我国对外经贸的发展作出了重要贡献。据统计,广交会每年两届出口成交额,相当于全国一般贸易出口额的1/3左右。2009年第106届中国进出口商品交易会累计出口成交就达238.7亿美元(世华财讯,2009)。2006年,沈阳市举办各类展会从2002年的70个增加到146个,同年,沈阳市展会实现的交易额也从2002年的340亿元上升到908亿元。2007年上半年,仅半年时间,沈阳市展会实现的交易额又上一层楼,达到526亿元(王伟娅,2009)。

3. 对举办地形象和知名度的提升效应

会展间接经济效益也体现在对会展活动举办地形象和知名度的提升效应上。会展活动,尤其是品牌会展和大型国际节事活动,能大大提高一个国家、地区、城市形象和知名度。从而能进一步汇聚巨大的信息流、技术流、商品流和人才流,获得优质资源,降低国内资源的机会成本,增强经济安全系数,有助于增强综合竞争力。对一个城市或地区的国民经济和社会进步产生难以估量的影响和催化作用。

博鳌就是一个最好的例子。原本是穷乡僻壤的博鳌建成国际会议中心并成功举办博鳌亚洲论坛后,这个原来的小渔村现在以其良好的生态、人文、治安环境,已闻名四海,并吸引了众多海内外会议组织者将会议安排在博鳌召开。自亚洲论坛2001年落户以来,已有近2900个大小会议相继在博鳌召开。其中,2006年有近350个、2007年有近380个、2008年有约350个,几乎平均每天一个会(赵红、王仪,2009)。而每天前来旅游度假的人更是络绎不绝。会展业提升博鳌的形象和知名度而产生的会展间接经济效益,是显而易见的。

4. 对周边地区的辐射效应

会展间接经济效益又体现在会展举办地对周边地区的辐射效应上。会展经济有助于中心城市增强面向周边地区的辐射力和影响力,增强对周边地区的服务功能。1970年日本大阪世博会吸引游客6000万人次,之后形成关西经济带,并保持连续10年的迅猛发展,促进了日本经济的增长。1998年云南省为筹办昆明园艺世博会完成固定资产投资705亿元,比上年增长30.45%,拉动全省经济增长6.3个百分点,1999年昆明园艺世博会开幕前后的1—9月份期间,云南国民生产总值比上年又增长了7个百分点,达110亿元。在长江三角洲的各城市中,上海的基础设施条件最好、商务信息最为快捷、外商光临频率最高、人才相应集中,因而周边省市也希望上海能够成为长江三角洲地区的会展龙头,因为上海发展会展经济,受益的将是整个长江三角洲地区。目前,上海口岸的进出口商品总额占全国外贸总量的比重达1/4强,其中一半以上来自于周边地区。2010 年上海举办了世博会，像日本大阪和我国昆明一样，对周边地区更是产生了显著的辐射效应，并影响了全国。

5. 对招商引资的促进效应

会展间接经济效益还体现在对招商引资的促进作用上。第九届中国国际石材工业展览会暨第二届中国(莱州)国际石材展览会开展两天，就签订了 41 个利用内、外资项目的合资、合作合同或协议，协议投资总额达 12.4 亿元。项目涉及石材加工、建材、房地产开发、化工等领域。投资在 1000 万元以上的项目就有 8 个(水母网，2004)。在 2009 年 10 月于太原举办的中国(山西)特色农产品交易博览会上，山西省在短短的七天展会期间，就签订了招商引资项目 225 个，签约金额达 262.9 亿元，引进资金 198.6 亿元(山西新闻网，2010)。2010 年 4 月，在陕西省西安市召开的第十四届东西部贸易洽谈会，隆重推出了 80 多个重大文化旅游和招商项目，以海纳百川的浩大气势构建招商引资新格局。在该会开幕的第一天上午，就集中签约 32 项，引进资金 870 亿元(西安晚报，2010)。诸如此类的例子举不胜举，事实说明会展经济的发展极大地推动了我国各地的招商引资工作，加快了各地开放改革的深入发展。

第二节　乘数理论在会展经济中的运用

一、乘数效应的概念

(一) 乘数的概念

乘数又称为“倍数”，在经济学中是用来表示经济活动中某一经济变量的增减所引起的经济总量变化的连锁反应程度。如经济学中的投资乘数是指投资的增加对国民收入的增加具有乘数作用，这是因为各经济部门是相互关联的。某一部门的一笔投资不仅会增加本部门的收入，而且会在国民经济各部门中引起连锁反应，从而增加其他部门的收入，最终使国民收入总量成倍增加。例如，某部门增加投资 1000 万元，则该部门的收入会增加 1000 万元。在新增的 1000 万元收入中，如果有 4/5 用于消费(生产性消费，如购买原材料、设备等)，第二级部门就会增加 800 万元的收入；如果第二级部门在新增的 800 万元的收入中也有 4/5 用于消费，第三级部门就会增加 640 万元的收入。如此下去，形成一个递减数列，如下图所示：

国民收入增量：

$$\left.\begin{array}{c}1000\text{ 万元}\\+\\800\text{ 万元}\\+\\640\text{ 万元}\\+\\512\text{ 万元}\\+\\\cdots\\\hline 5000\text{ 万元}\end{array}\right\} = \left\{\begin{array}{c}1\times1000\text{ 万元}\\+\\\frac{4}{5}\times1000\text{ 万元}\\+\\\left(\frac{4}{5}\right)^2\times1000\text{ 万元}\\+\\\left(\frac{4}{5}\right)^3\times1000\text{ 万元}\\+\\\cdots\\\hline 5000\text{ 万元}\end{array}\right.$$

$$\begin{aligned}\Delta Y &= 1000+1000\times\frac{4}{5}+1000\times\left(\frac{4}{5}\right)^2+1000\times\left(\frac{4}{5}\right)^3+\cdots\\&=1000+800+640+512+\cdots\\&=5000(\text{万元})\end{aligned}$$

由此可见，1000 万元的投资，能使国民收入增加 5000 万元，增加了 5 倍。

（二）乘数的计算公式

如果用 ΔY 表示国民收入增加量，ΔI 表示投资增加量，K 代表乘数，则乘数的计算公式为：

$$K=\frac{\Delta Y}{\Delta I}$$

上例中，设 ΔI 为 1000 万元，ΔY 为 5000 万元，所以：

$$K=\frac{5000}{1000}=5$$

根据西方经济学中国民收入的理论，从社会总需求的角度，国民收入 = 投资 + 消费，则：$Y=I+C$，其中：Y 表示国民收入，I 表示投资，C 表示消费，那么：$\Delta Y=\Delta I+\Delta C$（$\Delta C$ 表示消费的增加量）；从社会总供给的角度，国民收入 = 储蓄 + 消费，则 $Y=S+C$，其中 S 表示储蓄，那么：$\Delta Y=\Delta S+\Delta C$（$\Delta S$ 表示储蓄的增加量），则：

$\Delta I=\Delta Y-\Delta C$，$\Delta S=\Delta Y-\Delta C$，代入上述乘数计算公式，可以得出：

$$K=\frac{\Delta Y}{\Delta I}=\frac{\Delta Y}{\Delta Y-\Delta C}=\frac{1}{\frac{\Delta Y-\Delta C}{\Delta Y}}=\frac{1}{1-\frac{\Delta C}{\Delta Y}}=\frac{1}{\frac{\Delta S}{\Delta Y}}$$

$\frac{\Delta C}{\Delta Y}$为边际消费倾向($MPC$),$\frac{\Delta S}{\Delta Y}$为边际储蓄倾向($MPS$),则:

$$K = \frac{1}{1 - MPC} = \frac{1}{MPS}$$

从上面公式可以看出:乘数与边际消费倾向成正比,与边际储蓄倾向成反比。即:边际消费倾向越大,乘数就越大;边际消费倾向越小,乘数就越小。反之,边际储蓄倾向越大,乘数就越小;边际储蓄倾向越小,乘数就越大。上例中,$MPC = 0.8$,所以:

$$K = \frac{1}{1 - MPC} = \frac{1}{1 - 0.8} = 5$$

二、会展收入的乘数效应

(一)会展收入乘数效应的含义

会展收入的乘数效应是用来衡量会展收入在国民经济领域中通过初次分配和再分配的循环周转,给该国或地区的社会经济发展所带来的增值效益和连锁促进作用。用来衡量这种连锁促进作用与增值效益程度的尺度,称为"会展收入乘数"。

20世纪60年代以来,会展业在世界各地迅速发展,并成为许多国家的重要经济部门之一,对其他经济部门和整个社会经济产生了较大的促进和带动作用。我们把乘数效应概念引入到会展经济活动的分析之中,从而产生了会展收入乘数效应的概念。

(二)会展收入乘数的计算

借鉴乘数的一般计算公式,会展收入乘数的计算公式为:

$$K = \frac{\Delta Y}{\Delta I}$$

其中,K代表会展收入乘数,ΔY代表国民收入增加量,ΔI代表会展收入的增加量。

如果会展收入流入会展举办地国家或地区的经济运行中,就会对生产资料和生活资料生产部门以及其他服务性企事业单位产生直接或间接的影响,进而通过社会经济活动的连锁反应,导致社会经济效益的增加。如果这笔资金的一部分储蓄起来或用于购买进口物资,使资金离开本地经济运行过程或流失到国外,就会减少对本地区经济发展的"注入",也就是说,边际储蓄倾向和边际进口物资倾向越大，对本地区的经济发展的乘数效应就越小。根据以上乘数原理，计算乘数的公式可进一步表述为：

$$K=\frac{1}{1-MPC}\text{或}\frac{1}{MPS}\text{或}\frac{1}{MPS+MPM}$$

其中，MPC 表示边际消费倾向，MPS 表示边际储蓄倾向，MPM 表示边际进口物资倾向。该公式也可表示为：

$$K=\frac{1}{1-MPC}=\frac{1}{L}$$

其中，L 表示漏损率(包括储蓄、购买进口产品、纳税等)。

由此可见，会展收入乘数的大小取决于边际消费倾向与漏损率在会展收入中各占的比例大小。边际消费倾向越大，说明会展收入中用于消费流通领域的比例越大，漏损的比例就越小，则会展收入乘数也越大。如果漏损率越大，说明会展收入中脱离当地消费流通领域的比例越大，用于消费的比例就越小，则会展收入乘数越小。

例如，某会展地的边际消费倾向为 70%，即表示在这个地区的会展收入中，70%的资金在本地区的经济运行系统中运转，而余下的 30%资金用于储蓄或购买进口物资，或是离开了本地区的经济运行，则：

$$K=\frac{1}{1-MPC}=\frac{1}{1-0.7}\approx 3.3\text{，或}K=\frac{1}{L}=\frac{1}{0.3}\approx 3.3$$

计算结果说明，会展收入经过初次分配和再分配获得了 3.3 倍于原始收入量的经济效果。当然，如果把 80%的资金投入经济运行，仅有 20%的资金用于储蓄或购买进口物资，则会展收入乘数就为 5，就可获得原始收入量 5 倍的经济效果。

(三) 会展收入乘数的种类

会展收入的乘数效应，使一个国家或地区增加一笔会展收入，相应会引起该地区经济的增长，使国民收入总量增加，并反映出国民收入的变化和经济影响。这种影响和作用，主要通过以下几种常用的乘数模式，从不同侧面对国民经济产生相应的经济影响。

1. 营业收入乘数

营业收入乘数，是指增加单位会展营业收入额与由此导致其他产品营业收入增加额之间的比率关系。该乘数表明一个地区会展业的发展对整个地区营业总收入的作用和影响。

2. 居民收入乘数

居民收入乘数，是指增加单位会展收入额与由此导致的该地区居民总收入增加额之间的比率关系。该乘数表明了一个地区会展业的发展对整个地区居民收入的影响。

3. 政府收入乘数

政府收入乘数，是指每增加一单位会展收入额对会展举办地国家或地区政府净收入所带来的影响。该乘数用来测定会展举办地国家或地区政府通过税收从会展经济活动中得到的效益，即会展收入对政府税收增加所产生的作用和影响。

4. 就业乘数

就业乘数，是指增加单位会展收入额所创造的直接与间接的就业人数之间的比率。该乘数表明了一个地区通过一定量的会展收入对本地区就业产生的连锁反应，并导致对最终就业岗位和就业机会所产生的作用和影响。

5. 进口额乘数

进口额乘数，是指每增加一单位会展收入额最终导致会展举办地国家或地区总进口额增加的比率关系。该乘数表明了会展举办地国家或地区随着会展经济活动的发展，会展部门和企业以及向这些部门和企业提供产品和服务的其他相关单位从国外进口设施、设备等数额的增加量与会展收入增长量的关系。

6. 消费乘数

消费乘数，是指每增加一单位会展收入额所带来的对生产资料和生活资料消费的影响。该乘数是用来测定会展举办地国家或地区会展收入增加对社会再生产过程的促进作用，即对社会消费扩大的作用和影响。

三、会展收入乘数效应理论的局限性

会展收入的乘数效应对国民经济具有巨大的推动作用，但乘数要发挥作用必须依赖一定的条件。首先，市场上必须存在剩余的生产资料与消费资料；其次，要建立完善的市场机制，即企业可随时根据市场供求情况调整生产和供应；此外，生产扩张的实际需要要与社会剩余的生产与消费资料协调一致。因为会展收入的增加不仅会带动会展部门和企业增加投资、扩大再生产，同时也会带动社会其他相关部门和企业扩大投资和消费，而增加投资、扩大再生产必然会导致对生产资料和生活资料需求的大幅度增长，如果社会上没有足够的生产资料和生活资料，也就无法实现生产的扩张，乘数的效果也就不能充分显示出来。倘若在某一轮次上，生产部门由于无法补足生产资料和生活资料，也就无法追加生产来满足社会新的需求，那么乘数的作用就会大打折扣。乘数作用的大小与前几个轮次特别有关。前几个轮次中一旦发生梗阻现象，会展收入乘数就大受影响。

另外，我们在讨论会展收入乘数作用机制时，对边际消费倾向作了统一的假定。若边际消费倾向是4/5，乘数就是5；边际消费倾向是3/4，乘数就是4。事实上，边际消费倾向不可能都是统一的。每个企业、部门乃至每个消费者都是独立对消费支出作出决策的，边际消费倾向在各个轮次中也都会不同，只要有一部分企业或个人的边际消费倾向较低，乘数的效应就会大大减弱。这就是乘数作用受到限制的一个重要原因。

第三节　会展经济发展战略

一、会展经济发展战略的含义

会展经济发展战略是一个国家或地区的国民经济发展战略的组成部分。是该国和该地区对会展业所作的全局性与长期性的规划和部署，它反映了该国和该地区发展会展经济的基本愿望与态度，并应具有长期性、全局性、稳定性、竞争性的特点。

会展经济发展战略通常包括如下内容：

（一）会展经济发展战略方向

会展经济发展的战略方向决定着会展经济发展的长远方向，它是对会展经济未来发展的构思和设想，其主要内容包括：

(1) 确定会展经济的发展方向；

(2) 确定开拓会展市场的发展方向；

(3) 确定会展经济未来的规模和发展水平。

（二）会展经济发展战略的目标

会展经济发展战略的目标应是一个包括总体目标与阶段目标在内的目标体系。会展经济发展的总体目标是指会展经济发展所要解决的主要问题。它通常是通过会展业发展的定性目标或量化指标来表示的。量化指标一般包括会展经济效益指标、会展业增长指标、会展产业结构调整指标、技术进步指标和社会综合效益指标等。可以说，会展经济发展战略的目标是实现会展经济发展方向的一系列指标的总和。

会展经济发展战略的实施是一个长期的过程，一般应该将这个长期的过程应该分成几个阶段，为每个阶段制定的所要实现的基本目标，就是会展经济发展战略的阶段目标。

（三）会展经济发展战略的方针

会展经济发展战略的方针是会展经济发展战略的重点，它是围绕为实现会展经济发展战略目标所制定的行为规范和政策性的决策，会展经济发展战略方针应随着会展业发展的内部和外部环境的变化而变化，在不同的时期应采取不同的方针。

（四）会展经济发展战略的措施

会展经济发展战略的措施就是为实现会展经济发展各项目标所制定的具体对策。会展经济发展战略的措施应包括实现各项会展发展目标所需要的步骤、途径、手段、方法和策略等，并涵盖会展资源的开发和合理利用、会展管理体制和会展企业的运作机制、会展设施的建设、会展市场的开拓、会展融资和资产经营、会展人才的开发和使用、会展法规的制定和行业管理、会展和科技的结合、会展品牌的培养和评估等会展经济发展的方方面面。

二、我国会展经济发展的战略目标体系

根据目前我国会展经济的发展状况和国际会展业的发展趋势，我国会展经济在未来的10年左右时间内的发展目标体系可以确定如下（见图7-1）：

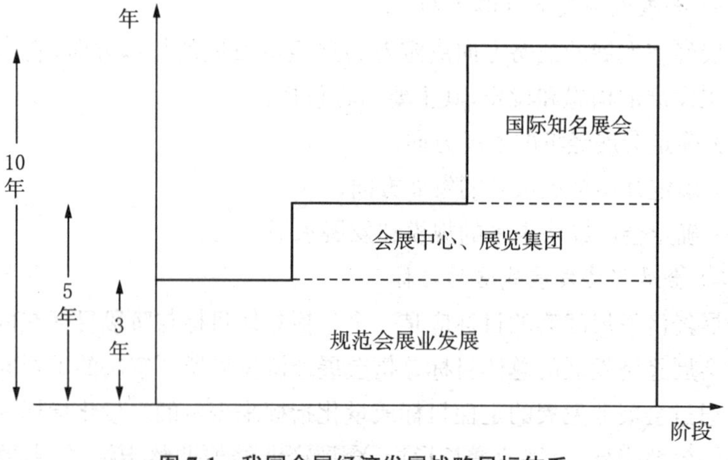

图7-1　我国会展经济发展战略目标体系

资料来源：《中国会展经济报告》（刘宏伟，2003）。

第一阶段:理顺管理体制,规范会展发展,培养一批高素质的会展人才。

在3年至5年的时间内,打破计划经济体制下调块分割的局面,在全国和各地建立权威性的会展统一管理机构,对会展业进行统一规划和统一管理,制定专项会展法律、健全和完善相关会展法规,规范会展发展,加强会展理论研究、进一步发展会展教育,支持开设会展专业的大专院校建立和完善会展专业的学科体系并抓好以课程体系、教材建设、师资队伍、教学内容、教学方法、教学资源、教学模式和教学管理为主要内容的专业建设,同时继续抓好会展紧缺人才培训和会展人才资格认证,培养一批有事业心、懂外语、精业务的会展人才,如PCO、CEM、MPI等,为中国会展业的持续高速发展打下良好的基础。

第二阶段:加强场馆规划建设的宏观调控,努力解决场馆总量"过剩"和布局不合理的问题,尽心提高场馆的运行效率,培育一批具有国际竞争力的会展企业。建成会展全球营销网络。

用5年至7年的时间,通过加强场馆规划建设的宏观调控,学习先进管理模式,制定有效经营策略,努力解决全国范围内场馆总量"过剩"和布局不合理的问题,并尽心提高场馆的运行效率,同时通过中外合资或合作、体制改革、股份合作、兼并收购、强强联合等多种形式整合会展资源,培育一批了解国际会展市场,懂得国际会展运作、拥有国际竞争力的会展品牌产品和服务的会展企业集团,并初步建成我国会展全球营销网络。

第三阶段:建设一批国际或国内知名的会展城市,培育一批国际知名的品牌会展。

在欧美国家,培育一个品牌会展需要10年左右的时间,我国也应该用10年或更多一些时间,有计划地将一些有条件的大中城市建成国际或国内知名的会展目的地,并通过收购或兼并的方法把会展做大做好。按照UFI认证的标准,培育一批国际知名的会展品牌。扩大会展业的产业规模,提高会展业对GDP的贡献率。

三、我国会展经济发展的战略思考

在企业全球化和经济一体化及我国改革开放深入发展的今天,面对我国会展业的现实及其与国际会展业的差距,要达到上述目标,实现跨越式发展,应学习借鉴国际会展业的发展经验,针对我国会展业发展过程中存在的问题(参见本书第四章第四节"我国展览业发展目前存在的问题")和确定的会展经济发展目标体系,制定下列相应的发展战略,并以积极的姿态来加以实施,从而将我国建设成为会展经济发达国家。

（一）学习发展战略

没有先进的理论，就没有正确的行动。不坚持终身学习，就不会有持续发展。会展业涉及的政府部门和企业的各级管理和工作人员，尤其是有关部门的各级决策领导，以及负责这些部门的上级分管决策领导，都要执行学习发展战略，坚持终身学习。要通过学习国外的先进理念和管理体制，统一认识，明确国际上公认的会展业全部内涵、产业架构和会展业同旅游业的关系；了解会展业的正确管理体制和运行机制、国际会展业运作模式及会展人才培养和认证使用等一系列会展经济发展的关键问题的解决方法。结合我国的实际，制定正确的决策、进行指导和运作。这是我国会展经济发展战略的重中之重。

（二）政府主导下的市场化发展战略

所谓政府主导下的市场化发展战略，就是按照会展业自身的特点，在会展经济的发展过程中，充分发挥政府的主导作用，坚持走市场化发展的道路。

在会展经济的发展过程中，实施政府主导是因为我国是个市场机制还不健全的发展中国家，必须以高效率、权威性的政府行为来补充市场的缺陷，规范市场发展；也是因为会展业的综合性和关联性强的特点必须要求政府来协调各相关行业的合作。特别是在会展产品的销售、会展目的地的形象宣传和国际重大会展节事活动的申办招标工作中，尤其需要由政府出面支持、组织和进行，这样可以提高宣传力度，增强会展目的地在国内外会展市场的竞争力。而市场化发展是因为这是加入 WTO 的必走之路，只有这样才能学会按市场化国际惯例办事，提高市场竞争力，最终才能参与国际竞争并在国际竞争中求得生存与发展。同时，这也是按发展社会主义市场经济这一我国既定经济发展目标前进的必走之路，因为也只有这样，才能改革一切不利于社会主义市场经济发展的管理体制、模式、手段和方法。

政府主导和市场化发展不应成为一对矛盾，而应互为支持，互为促进。政府主导是为了更好地市场化发展，而市场化发展又是政府主导得到贯彻落实的最佳保证。

政府主导下的市场化发展就是要：

1. 调整政府职能，实行市场运作

政府部门应该在社会主义市场经济体制下，实行职能转变，将自己的职能集中在宏观调控、建立法制、提高社会环境质量和为公众服务上，改革政府部门对会展活动的“资格认定制和分级审批制”，真正地在隶属关系、领导成员任命、资产纽带等各方面全方位地、坚决地与会展企业实现政企分开。政府部门应进一步强化上述职能，同时淡化原有其他方面的职能，并争取逐步地将退出的职能转交给行业协会。在这一过程中，政府部门该强化的职能一定要强化、该淡化的职能一定要淡化，该退出的职能要坚决地退出。

2. 建立统一的会展管理机构，进行会展发展总规划

组建全国和各地的统一会展管理机构就是要学习国外的先进理念和管理体制，借鉴国外权威的会展管理机构的成功做法，尽快地打破计划经济体制下形成的条块分割、多头管理的混乱局面，按照国际会展市场化管理体制设置的惯例，建立一个统一的、有权威性的会展管理机构。这个机构应将各级政府相关部门的会展管理职能集于一身，在上级政府的授权下，统一制定一整套扶持、服务、规范、协调和发展的计划，并在理顺和健全领导体制的基础上，按国际会展业市场化体制和惯例对会展业实施管理和运作。

3. 制定会展法规、完善"游戏规则"

没有规矩，不成方圆，要尽快地结合我国的实际情况，借鉴国外相关的法律制度，制定一套完善的会展法律法规，将会展纳入到法制的轨道上来，使我国会展业按国际标准操作。与国际接轨是政府主导的主要职能，也是市场化发展的根本保证。各省市也应根据各地会展业的具体发展情况，制定出相应的地方专项行业法规。法规的制定不应将重点只放在会展活动的审批上，更应放在会展活动的管理上，应该就会展市场准入机制、主办主体的举办资质、会展评估体系、参展商的行业标准、会展地点和频率、会展场馆服务和信誉、会展物流和公共服务的费用标准、会展营销程序及会展费用标准、消防安全和保卫等各项会展事宜建立"游戏规则"，规范会展市场，约束会展业有关各方的行为，保证会展业的健康发展。

4. 合理规划，建设会展场馆

政府主导下市场化发展的前提是政府主导，政府主导就是要进行宏观调控，而宏观调控的一个极其重要内容就是合理规划和建设会展场馆。全国各地在会展业发展的过程中，既要认识到建造高质量现代化的会展场馆以满足会展业发展需要的重要性。又要切记会展场馆的建设不能一哄而上，盲目跟风，互相攀比，或者"撒胡椒面"。而应该按照各地经济结构调整和发展的需要，有选择地进行建设。在会展场馆的建设过程中，政府会展管理部门要按照城市建设总体布局和建设现代化或国际化城市发展的需要，借鉴世界先进经验，选择周围基础设施和饭店配套齐全、交通方便的地点进行"补缺"建设，要认识到，简单的"另打锣鼓重开张"或"飞地建设"的选址思想和方法，往往容易造成配套设施重复建设、饭店建筑过剩及前期投资过大等问题，对于目前全国

会展场馆总量“过剩”和布局不合理的问题，政府会展管理部门应在做好科学规划的基础上，采取坚决果断的措施，指导会展企业调整布局，该下马的就要下马、该关闭的就要关闭，该改作他用的就改作他用，努力解决低效率运作所带来的资源闲置和浪费的问题。政府会展管理部门在会展场馆的规划建设中还要充分考虑到本地区经济和科学的持续发展，要有一定的前瞻性。会展业是长期投入的产业，我们今天的许多举措不能用今天发生的事情来评断，应该考虑5年、10年以后的结果。

5. 建立行业协会、加强行业自律协调

这是实施政府主导下的市场化发展战略的又一重要内容。没有会展行业协会，在政府职能转变的情况下，会展业的管理就会出现真空。政府主导下的市场化发展也会成为一句空话。所以要尽快组建全国会展协会和完善各省、市会展协会分会。要在会展业所涉及的所有相关部门中作好会员的发展工作。行业管理要按会展业的内涵和产业架构搞“五湖四海”，不按系统“立山头”，会展行业协会的行业管理必须涵盖会展产业的全部产业架构，否则名不副实，只能叫“展览协会”或“会议协会”。考虑到会展产业架构中各组成部分的不同特点，也可考虑按国际上的做法，分别成立会议业协会、展览业协会、奖励旅游协会和节事活动协会。但即使在更细分的协会中也同样要坚持搞“五湖四海”，不搞“条块分割”。会展行业协会首先要建立和健全自身约束和监督机制，防止“敛财花样百出，戴着官帽跳舞”等腐败现象的滋生。在自身自律的前提下，制定大家都能认可并遵守的行业道德和行为准则，其中必须包括办会办展质量、摊位价格、服务内容及知识产权保护等标准和会员违反行业规定所应受到的制裁措施。会展协会还可在会展活动题目，会展举办时间、周期、地点等方面进行协调，通过会员的自律行为和行业制裁措施，建立起会展业的正常秩序，使之走上健康发展的道路。应该像上海市原副市长蒋以任在2002年春季上海会展行业协会成立大会上所强调的那样：“会展行业协会应发挥‘服务、代表、协调、自律’四项功能，制定行业规则，加强对市场的管理协调，提高会展质量，尤其要防止企业一哄而上，重名展览频频撞车的现象，优化资源配置，建立一支懂展览，懂市场，懂管理的会展人才队伍。”

（三）品牌经营战略

品牌经营战略就是制定以品牌核心价值为中心的品牌识别系统，然后以品牌识别系统统帅和整合企业的一切价值活动（展现在消费者面前的则是营销传播活动），同时优选高效的品牌化策略和品牌架构，不断地推进品牌资产的增值并且最大限度地合理利用品牌资产。如果没有品牌发展战略，那么企业的营销策略、广告创意、终端陈列和促销等日常的营销传播活动就没有灵魂来统帅，如同一盘散沙，缺乏明确的中心和目标。我国会展经济发展战略必须包括品牌经营战略，因为，只有实施品牌经营战略，才能增强我国会展企业和会展产品在国际会展市场上的竞争力，才能不断提高会展经济效益。实现我国会展经济发展战略目标。

实施品牌经营战略就是要：

(1) 以产业为特色，培育品牌会展：各级政府部门要充分发挥自己的主导作用，鼓励会展业以当地的产业发展为依托，培育具有当地产业特色的名牌会展。

(2) 加强项目联合，创出品牌会展：实现同一主题或相关主题的会展项目联合，扩大会展规模，创出会展品牌。

(3) 整合会展资源，建设品牌企业：要通过股份合作、兼并收购或强强联合等形式，建设具有国际竞争力的品牌会展企业。

(4) 勇于走出国门，进行品牌扩张：促进品牌企业放眼全球，进军国际市场，参与国际会展业的竞争，在竞争中发展企业，做大做强，进行品牌全球扩张，使我国品牌会展企业和品牌会展的知名度不断扩大。

(5) 制定倾斜政策，实施品牌战略：对已经连续举办数届，实践证明是成功的展览会，可实施类似新加坡的特准国际贸易展览会资格计划(AIF)(详见第八章发达国家的会展业)，符合国际展览联盟(UFI)认证条件的，应向 UFI 申请认证，对一些有潜力的新题目展览会可实施类似新加坡的“国际展览发展协助计划”(IFDAS)(详见第八章)，在政策上予以倾斜，财政上资助，税收上优惠，并通过有关途径协助其对外宣传、招商、招展、培植，创造我国自己的名牌展览会，跻身于国际市场。

(四) 人才开发战略

21 世纪是知识经济时代，知识经济的实质是以人才为本的经济。邓小平同志指出：“没有大批的人才，我们的事业就不能成功。”人才与会展经济的兴旺发达是分不开的。人才开发战略是我国会展经济发展战略之一。

人才开发战略就是要充分认识人才的重要性，挖掘、发挥和使用好现有人才的最大潜能，重视抓紧培养好后续人才，大胆引进国内外优秀人才，提高人才质量，增强竞争力。在我国会展经济的发展过程中，实施人才开发战略就是要：

(1) 完善用人机制，用好人、留住人。主要是运用先进的管理理念，实行合理的激励机制和约束机制，设计灵活的优惠政策，真正用好人留住人。

（2）构建会展教育体系，搞好会展学科建设，抓紧会展人才培养。会展业要发展，会展教育需先行。在构建以高校为主体，包括职校、中专、行业协会和企业培训在内的多层次会展教育体系的基础上；重点支持开设会展专业的大专院校建立和完善会展专业的学科体系并抓好以课程体系、教材建设、师资队伍、教学内容、教学方法、教学资源、教学模式和教学管理为主要内容的专业建设，实施产学研相结合的会展人才培养模式，抓紧会展人才培养。

（3）开展职业培训，进行资格认证。行业协会应充分发挥职业培训作用，组织短期学习班，定期培训班，年会和不定期讲座等，对会展业从业人员加强业务指导和培训，努力提高从业人员的素质和专业水准；同时，建立资格认证制度，对在职人员或准备从事会展业的人员开展认证考核和资格审定。

（4）制定计划采取措施，引进优秀会展人才：要制定“智囊回流”计划和“国际人才引进计划”以各种优惠政策和举措，如：高薪、高额配股制度、特别税率制度、优化创业环境等吸引回归人才和国际人才。人才引进可采取弹性处理，即可长期，也可短期，合作服务的方式方法也可灵活多样。

总之，以优惠的政策吸引人，以崇高的事业激励人，以良好的环境稳定人，以热忱的感情温暖人，以规范的制度留住人，要把“一培养、二引进、三使用”的被动型人才战略调整为“一稳定、二发展、三招募”的积极型战略，吸引人才，为我服务，推动我国会展业专业化程度的不断提高，增强我国会展业在国际市场的竞争力。

（五）西部大开发战略

胡锦涛总书记在党中央于2010年7月5日至6日召开的西部大开发工作会议上指出，实施西部大开发战略，是党中央、国务院在世纪之交作出的重大决策，是贯彻落实邓小平同志“两个大局”战略构想、“三个代表”重要思想和科学发展观生动而具体的实践，是对中国特色社会主义理论的丰富和发展，是我国改革开放和社会主义现代化建设全局的重要组成部分。在我国会展经济的发展中，同样也要实施西部会展大开发战略。我国实施西部地区大开发的计划，为西部地区会展业的发展带来了极好的机遇，会展业应成为西部地区开发开放和经济发展的推动力之一。要达到这一目的，有关主管部门要在西部地区会展业的发展过程中，在政策上予以倾斜，财政上予以奖励，税收上予以优惠。要做好发展规划、因地制宜，本着“先小后大、先国内后国际、先联后独”的原则逐步地发展会展业，切忌赶潮流、贪大求全追时髦。东中部开发开放较早的省市应从人员培训、会展场馆建设、会展业经营开发等方面给予积极的支持和指导。东中部的省市政府有关部门和企业，应该热情地组团参加西部省市所组织的各类会展、奖励旅游和节事活动。

（六）创新战略

江泽民同志多次指出，创新是一个民族进步的灵魂，是一个国家兴旺发达的不竭动力。面对经济全球化进程不断加快、科学技术迅猛发展、加入WTO后的新挑战、社会主义市场经济体制初步建立、经济结构调整步伐不断加快的新形势，只有不断提高创新能力，加快建设创新体系，才能跟上时代发展的步伐，顺利推进改革开放和社会主义现代化建设事业。

会展经济是我国社会主义市场经济的重要组成部分，发展会展经济也必须实施创新战略。

创新是一项系统工程和战略任务。发展会展经济，研究和实施创新战略，必须从实际出发，按照正确的指导思想和原则进行。根据会展经济发展的客观规律和国内外会展实践的经验教训，牢牢把握坚持面向市场、面向世界、面向现代化的指导思想；坚持适应经济全球化发展趋势，适应社会主义市场经济发展要求，适应经济结构战略性调整需要的基本原则；坚持围绕实现"两个根本性转变"、提高综合经济素质和实力、提高会展业和会展产品与服务竞争能力的基本目标。

根据创新的基本原则和要求，在会展经济发展中要重点实施好"四个创新"：

1. 观念创新

要不断了解国际会展发展的新观念和新经验，勇于抛弃一切过时的不利于会展经济发展的旧理念，以新的认识来指导和推动会展经济的发展。

2. 管理创新

管理创新是指管理体制、管理制度、管理组织形式和管理方法的创新，具体说，就是在体制上，打破计划经济长期形成的条块分割，多头管理的旧的会展管理体制，调整政府职能，加强行业协会的建设，实施社会主义市场经济体制下新的统一行业管理体制，在制度上，要改革旧的政府会展管理制度和会展企业管理制度，实施新的更有利于会展经济发展的先进的行业和企业管理制度；通过对国有会展企业的产权制度、分配制度以及管理方式等进行创新性的改造，建立起现代会展企业制度，使之成为具有内在动力和活力的会展市场主体。在管理组织形式上，要建立国际会展市场上所能接受的专业展览公司、目的地管理公司（DMC）、会议策划和组织公司（PCO）及奖励旅游公司、并在企业内部实行扁平化管理组织结构，按国际上的操作要求和标准提供会展产品和服务。在方法上，要从使用单一的行政管理方法专变成综合使用行政、经济、法律、数学、心理学等先进管理方法。

3. 科技创新

要建立有利于会展经济与科技相结合、会展产业链与科技链相衔接、会展企业与科研机构相融合的新机制,促进科技成果向现实生产力转化,使科技进步从会展经济发展的外生变量转变为内在动力。通过使用新技术、新装备,走会展经济绿色低碳化发展道路,提高会展业的科技含量,使会展业实现高新技术化,并把我国新兴的会展业改造成具有创新能力和市场竞争能力的产业。

4. 环境创新

要通过创造良好的会展经济发展环境,提高对外来资金、技术、人才等的吸引力,再造竞争优势,推动会展经济发展。

"四个创新"是一个相互联系、相互渗透、相互促进的有机整体。其中,观念创新是先导,管理创新是根本,科技创新是手段,环境创新是保障。"四个创新"统一于创新体系的建立、完善和创新能力的增强、提高这一基本要求,服务于加快会展经济发展这个根本目标。

我们只有站在提高会展经济整体素质和综合竞争能力的高度,全面推进上述"四个创新",才能使之相得益彰,事半功倍,充分发挥其在推动会展经济发展中的重要作用,实现会展经济在创新中发展。并不断取得令华夏子孙自豪、令世人瞩目的辉煌成绩。

思考题

1. 什么是会展经济?
2. 什么是会展经济的直接效益和间接效益?
3. 会展经济的直接和间接效益分别体现在哪些方面?
4. 乘数在经济学中的概念是什么?
5. 会展收入的乘数效应指的是什么?
6. 会展收入乘数效应理论的局限性在哪里?
7. 什么是会展经济发展战略?它主要包括哪些内容?
8. 我国会展经济发展战略目标体系的具体内容是什么?
9. 我国发展会展经济可采取哪些战略?请具体阐述。

第八章

发达地区和国家的会展业

会展业，包括会议业、展览业、奖励旅游业和节事活动，是世界上一个非常巨大的产业，世纪之交，根据国际展览业权威人士估算，国际展览业的产值约占全世界生产总值 30 万亿美元的 1%，如加上相关行业从展览中获得的效益，则约占 8%。（梁文，2002）但在不到十年的时间，国际展览业协会（UFI）已指出，会议业和展览业每年的产值达到了 11600 亿美元，其中 4000 亿美元来自于会议，7600 亿美元来自于展览（Department of Investment Service, Taiwan, 2008）。在德国、美国等会展业发达的国家，会展业对经济的带动作用可达到 1∶9 或 1∶10 的水平。从全球各国会展经济的发展状况来看，由于各国经济实力、经济总体规模和发展水平不同，各国会展经济的发展也不平衡。举办展览会的数目与规模与主办国的经济实力和科技水平密切相关。一些发达地区和国家凭借其在科技、交通、通讯、服务业水平等方面的优势，在世界会展经济发展过程中，处于主导地位，并占有绝对的优势。了解本章所阐述的发达地区和国家会展业的发展情况，它们的管理体制和会展发展经验，可对我国会展业发展起到良好的借鉴作用。

第一节　发达地区和国家会展业概述

一、欧洲会展业概述

从本书第一章第一节当代的会展业中我们已了解了欧洲是世界会展业的发源地，欧洲会展业整体实力强，占领世界会展市场份额最大。2008 年欧洲全年举办的国际会议，占全世界国际会议市场 55.4%的分享率（见表 3-2）（ICCA, 2009）；而且，约占世界总量的 60%以上的欧洲专业展在规模、档次、展商数量和质量、观众数量和质量、国外展商比例、专业观众比例和相关服务质量等方面,均居世界领先地位。此外,世界上最大的展览场馆绝大多数也都集中在欧洲(见表 1-1)(UFI, 2007)。欧洲会展业的发展水平和整体实力毫无疑问应该归功于下列国家会展业的贡献:

(一) 德国

德国会展业在世界处于前列,每年举办的商贸会议有 1 万多场,与会者高达 250 万人。此外还有与展会密切相关的其他活动。这类活动的参加者每年也有近 190 万人(魏爱苗,2009)。其在国际会议协会(ICCA)统计的 2007、2008 和 2009 年度世界主要国际会议国家排位表上仅次于美国,连续 3 年名列第二,举办国际会议的数量分别为:2007 年 429 个,2008 年 402 个,2009 年 458 个(见表 3-2)。其首都柏林也在国际会议协会(ICCA)统计的 2007、2008 和 2009 年度世界主要国际会议城市排位表上连续 3 年被排在前 5 位(见表 3-3)(ICCA, 2008、2009、2010)。

德国更号称"世界展览王国"。虽然领土面积不大,只有 35.7 万平方公里,但建有博览会场馆的城市大约有 70 座(魏爱苗,2009)。国际展览业协会(UFI)于 2007 年 10 月发布的《世界展览场地统计图表及未来发展趋势》的资料显示,全球有 47 个达到和超过 10 万平方米的展览场地,其中,德国就占了 9 个名额。全球展厅面积最大的 5 个展馆中,德国占了 4 家,它们是汉诺威展览中心、法兰克福展览中心、科隆展览中心和杜塞尔多夫展览中心。其中,仅汉诺威一家展馆的厅内展出面积就达 495265 平方米(见表 1-2)(UFI, 2007)。2010 年初,德国展览业拥有场馆面积已达到 275 万平米,同比增加了 1.3%。德国展览业协会(AUMA)表明,2010 年至 2015 年,不会新建或扩建展馆。但德国各展会公司将会投资 3.3 亿欧元对于现有场馆进行相应的改造(黄金屋家居饰品分销中心,2010)。

德国现有展会公司约 100 家。其中 40 家有能力举办国际展会。在世界收入最高的 10 家会展公司中,德国就占了 5 家。在德国营业额最高的 10 大展会公司中,前 5 大公司的营业额占整个行业全部营销收入的 75%,达 15.6 亿欧元。德国展会公司的投入平均每年约为 5 亿欧元,年营业额平均约达 26 亿欧元。2007 年的展会收入是 26.5 亿欧元,比一年前 25.5 亿欧元的收入增加了 1 亿欧元。2008 年的展会收入即营业额预计在 27 亿—28 亿欧元之间。展会的效益主要除了体现在营业额或利润上,而是在于带动了其他服务行业的发展(魏爱苗,2009)。

作为"世界第一"会展强国,德国举办了全球各行业中三分之二代表时代潮流的顶级展会。根据德国展览业协会(AUMA)公布的统计数据,2007 年德国举办 139 个国际展会项目共吸引了 1060 万人次的观众,其中国外观众达 250 万人次,使得德国展会国外观众数量再创新高。此前,该记录为 2004 年的近 230 万(优力优国际展览集团,2009)。2007 年,参加德国国际展会的展商有 16 万多家,其中国外展商 89813 家,比德国本地展商 75944 家还多出 13869 家。出租的摊位面积高达近 673 万平方米。除了上述国际展会外,德国每年还举办许多展示地方特色的当地展会和跨区域展会。这类展会 2007 年就达 167 场,展商达 54222 家,展台面积为 1542631 平方米,观众 6461399 人。与此同时,鉴于国内市场竞争激烈,德国展览公司竞相开辟国际市场。2007 年由德国展览公司在国外举办的博览会达 216 场,参展的德国公司近 78000 家,参展观众达 440 万人(魏爱苗,2009)。

德国每年在国内外举办的这些展会为德国创造了巨大的经济效应和社会效应。据粗略统计,仅 2007 年在德国本土举办的国际展会上,展商和参观者的支出就达 100 亿欧元,加上展会公司的投入 5 亿欧元,其对德国经济形成的直接需求和影响,至少在 105 亿欧元以上(魏爱苗,2009)。据德国展览业协会(AUMA)的统计,从 2001 年到 2007 年,通过展会形成的订货合同每年都在 230 亿欧元左右。这些合同产生的直接社会效益是确保了 25 万人的就业岗位。目前,与展会经济非常密切的德国企业有 56000 家。这些企业为了准备展出并保持对外联系,包括与展会公司和客户直接沟通并组织商业洽谈会等,都设有专职人员。各个公司的专职人员平均为 1.9 人,由此而形成的社会效益等于创造了 10 万个以上的全职就业岗位(魏爱苗,2009)。此外,德国频繁的展会还造就了一大批专门依靠展会生存的企业和职业,比如专门搭建和拆卸展台的公司、展台设计师、展会规划师、咨询公司和搬运公司等。据统计,仅仅是搭建展台的专业公司,2007 年的营销收入就达 17 亿欧元,招募的员工为 8300 人。还有一些小商小贩、家庭旅馆以及培训展台服务员和讲解员的培训公司,也都是专门依赖展览业生存的(魏爱苗,2009)。在德国,展览业是服务行业中的龙头企业,它带动了包括物流业、住宿业、餐饮业等在内的一大批服务行业的兴起与发展,是其他许多下游服务行业的桥头堡和排头兵。展览业所产生的庞大经济和社会效益,以及对推动地方经济和科技发展所形成的巨大效果又为各品牌展会举办城市增辉添彩,展览业和品牌展会成了德国许多城市的名片。提升了这些城市的知名度,大大地带动了当地旅游业的发展。

德国会展业何以如此发达并创造了如此巨大的经济效益和社会效益,历经百年而不衰并稳居全球会展业前列的奥秘何在?分析起来应该有政治、经

济、文化、历史等多方面原因,现归纳如下:

1. 有力的政府支持

德国会展业发达的原动力来自于政府的高度重视和支持。在会展业极为发达的德国,许多城市的政府普遍将展览业作为支柱产业加以扶持,而且政府的支持力度很大。德国的展馆全部由各州和地方政府投资兴建,展览公司由政府控股,比如,汉诺威展览公司的两大股东——下萨克森州政府和汉诺威市政府,就分别持有其49.8%的股权。在政府的支持下,汉诺威公司逐步发展壮大,从而带动了整个城市会展业的蓬勃兴起(商务部驻汉堡总领馆经商室,2005)。为了扩大出口,争取订单,开辟国外市场,以便确保德国国内的就业岗位,德国联邦政府鼓励会展公司努力开拓海外市场,举办境外展会,并对参加国外展会的德国企业给予补贴。补贴金额2007年为3600万欧元,2008年为3700万欧元,2009年的预算是3800万欧元(魏爱苗,2009)。中国驻德国大使馆经济商务参赞处在2006年所做的2006/2007年德国展会市场总体预测中指出:2007年德国组织国家展团、补贴中小企业参加海外展览将达到242场次,其中中国53场(包括中国香港),俄罗斯54场,北美23场。其重点在东亚/东南亚/中亚,计96场。为了推动德国创新科技产品的出口,从2007年开始,德国联邦政府又推出一项促进德国新生科技企业参加德国国内展的项目,此项目单独预算金额为1—5百万欧元之间,由德国展览业协会(AUMA)协助德国经济与科技部落实该项目的具体规划(中国驻德国大使馆经济商务参赞处,2006)。

2. 统一的行业领导

德国会展业,尤其是德国展览业经久不衰的一个十分重要的原因就是有一个全国唯一的展览行业协会——德国展览业协会(AUMA),该组织又被译为:德国经济展会与博览会委员会,简称德国展博览委员会。它成立于1907年1月1日,经过100多年的发展演变,已从成立之初的参展企业联合体发展成今天的组展方(展览公司)、参展方(供应商)和专业观众(采购商)的联合体,并成为德国展览业的权威组织。该组织成员主要是德国展览公司和展会组织者、德国工商大会、德国各大行业协会、对展览感兴趣或与展览业有关的专业协会、出国展览执行公司等(杨斌,2007)。今天,德国展览业协会的会员占德国展览公司的98%,几乎覆盖了整个行业。

德国展览业协会(AUMA)的最高权力机构是会员代表大会,下设顾问委员会、董事会和秘书处。顾问委员会由30名来自德国经济界主要协会和展览公司的代表和另外约30名精选的经济界和展览界的专家组成。董事会最多由 22 名德工商界和展览公司代表组成，董事长和一名副董事长来自工商业界，另一名副董事长来自展览公司。秘书处主要负责协会的日常工作，设总干事长一名，干事长两名，分别负责德国国内展和国外展。

德国展览业协会（AUMA）下设许多工作委员会，负责会员间的经验交流、提供建议及各种议案的准备工作等。主要的工作委员会包括展会协调委员会、协会 IT 工作组、展会透明度和法律/管理工作委员会及出国参展工作委员会。

德国展览业协会（AUMA）的最重要任务是代表德国展览业与政府和议会开展对话，争取财政支持和政策倾斜；为德国展会在德国国内和全世界范围内开展市场营销活动；与德国联邦经济部共同执行资助德国中小企业海外联合参展的项目；为全世界范围内对德国展会感兴趣的企业和采购商提供完善的信息和资讯查询服务；以德国展览业为背景，支持展览经济的研究和教育培训项目；和负责德国展会数据自愿审核组织的运作，建立展会数据审核机制，确保展会数据的标准统一性和真实性（杨斌，2007）。德国展览业协会不是展览会的组织者和执行机构，而是一个服务和协调机构。作为德国展览业唯一的行业组织，它在维护德国展览业在国际国内的共同利益，建立和保持与议会、政府各部门和其他行业组织的良好沟通；协调德国境内外举办的展览活动，开展德国展览市场的对外宣传，吸引外国企业赴德参展及办展，支持会员开展国外展览业务；进行展会调查和评估；出版和发布展览指南，提供与展览有关的咨询服务和培训等方面做了大量卓有成效的工作，保证了德国展览业健康持续的发展。

3. 悠久的展览历史

德国会展业如此发达，与其悠久的会展历史不可分割，据考证，德国最早的展览可上溯到 800 多年前，欧洲文艺复兴时期已有的法兰克福书市便是一个例证。许多大型的展览中心，从 19 世纪至今，除两次世界大战期间，各种各样的展览未曾间断。这个古老的行业是随着工业和商业的文明不断向前演进的。如今这一行业已成为工业化和后工业化国家现代服务业的一朵奇葩。悠久的展览历史，使德国产生了许多国际著名的会展城市，如汉诺威、科隆、法兰克福、柏林、慕尼黑、杜塞尔多夫、莱比锡等，同时也使德国积累了丰富的办展办会经验，形成了巨大的会展产业规模。

4. 优越的地缘优势

优越的地缘区位优势是德国会展业经久不衰的另一个重要因素。德国地处中欧，又是经济大国，再加上交通方便，四通八达，其会展辐射范围至少可以涵盖整个欧洲。据统计,2007 年参加德国展会的近 9 万家外商中,有 60.7% 来自欧洲大陆(魏爱苗,2009)。

5. 强劲的产业支撑

德国会展业有一个鲜明的特点,就是许多专业性展览会都是以城市产业而发展起来的,如工业重镇汉诺威的工业博览会、杜塞尔多夫的国际印刷、包装展,旅游城市纽伦堡的玩具展等。还有杜塞尔多夫、埃森、科隆地处德国"工业心脏"——鲁尔工业区,雄厚的产业经济实力为这些城市的展览业发展奠定了基础。这一特点说明了德国会展业的发展得到了强劲的产业支撑。

德国展览业协会(AUMA)的调查表明,德国有一支常年参展的企业队伍。他们是支撑展览业发展的中流砥柱。这支队伍代表着 56000 家德国企业。他们既是展会的参展商,同时又积极参与商贸洽谈会。从结构上看,这些企业基本上属于中小企业。其中 44%的企业雇佣员工人数在 50 人以下。另有 40%的企业,员工人数在 50 人—499 人之间。从营销收入看,营业额在 250 万欧元以下的占 32%。营业额在 250 万—5000 万欧元之间的占 47%(魏爱苗,2009)。他们之所以常年参展并参加经贸洽谈会,是因为他们要运用这种"最重要的营销工具"或手段开拓和占领市场并实现营收,获取利润。同时,还因为德国有着强劲的产业支撑,才使德国享有"德国制造"的声誉,而正是这"德国制造"的声誉吸引了世界各地的无数客商和数万家企业前来观展采购或寻求合作。

德国各产业部门对会展业的强劲支撑还表现在各产业行业协会与会展业的密切合作,德国各产业行业协会在德国会展业中有着十分重要的地位,也对德国会展业的繁荣发展做出了重大贡献。特别是在办展时间和地点等方面,德国产业行业协会拥有相当大的发言权。没有产业行业协会的支持,展览公司就无法深入了解行业动态及开展对参展商和专业观众的营销工作。因此,德展览公司在制定办展方案和招展过程中均与相关的产业行业协会密切合作,打造行业博览会品牌。相关产业行业协会向展览公司提供业内的专业诀窍及其与国内外的联系渠道。另外,德国一些产业行业协会本身又是知名博览会的主办者。如位于法兰克福的德国通讯和娱乐电子工业协会(gfu)是每两年一届的柏林国际电讯展的主办者,柏林展览公司只是该展的承办单位。法兰克福图书展由德国图书交易协会举办,该协会从法兰克福展览公司租赁展厅。德国制冷和空调技术协会每年轮流在纽伦堡和汉诺威举办国际制冷和空调技术展(IKK)。德化工和生物技术协会(DECHEMA)每年轮流在法兰克福、北京、墨西哥城举办国际化工、环保和生物技术展(ACHEMA)(商务部驻汉堡总领馆经商室,2005)。

毫无疑问,德国会展业发展到今天离不开德国强劲的产业支撑。

6. 先进的场馆设施

先进的场馆设施是发展会展业的重要条件,没有好的场馆,便没有好的会展。由于德国各级政府将会展业作为一项重要的产业给予高度重视,对场馆及其配套设施均予大力支持,所以德国拥有世界先进的场馆设施,为举办高水准的专业博览会创造了良好的条件。先进的场馆设施不仅是数量和规模的领先(见前所述),也是设施和服务的一流。以世界最大的汉诺威博览中心为例,几经扩充,现已达到占地 100 万平方米,内有 1 万至 2 万平方米的巨型展厅 24 个,其中好几个是多层展厅。室内展出面积共达 49.5 平方米,露天展场 27.8 万平方米,还配备有功能齐全的会议中心。该博览中心是为 2.6 万余位展商和 230 万观众的年流量而设计的,它还拥有设备完善的、欧洲最大的专用客运火车站两个,还有专用的货运站。货运站设有能装卸大件重型货物的设备,并且有多条支线直通各展览大厅。有分别连接着飞机场和火车站的两条地铁线路,可直达博览会北面入口,这个博览中心的停车场可停放 5 万辆汽车,场内还有一个直升机场。一到举办展览,汉诺威市内的交通就为展览大开绿灯,开设专线地铁,观展人士甚至还可以坐直升机到达展馆。

德国会展场馆的技术和设备还在不断改进和完善。为了满足德国会展业不断增长的需要和领先地位,德国每年共投资约 10 亿马克(约 40 多亿人民币)用于扩大场地并对其进行现代化改造(1798 国际贸易网,2006)。

7. 独特的理念模式

德国会展业之所以能在全球会展业日益激烈的竞争中位居群雄之首,不仅是因为德国拥有上述优势,而且更在于德国展会举办单位具有独特的经营理念和模式、管理技术及勇于创新的开拓精神。

与世界最大的展览公司(按营业额排名)——英国 Reed 展览公司及美、法等国的展览公司不同,德国的展馆全部由各州和地方政府投资兴建,展览公司由政府控股,实行企业化管理。如位于汉诺威的德国最大的展览公司——汉诺威展览公司由下萨克森州政府和汉诺威市政府分别控股 49.8%。汉诺威展览公司既是展览中心的管理者,又是许多大型博览会的举办者和实施者。也就是说汉诺威展览公司既是汉诺威展览中心的拥有者,又是 CeBIT 和汉诺威工业博览会等大型展览会的举办者。这对于提高展览公司的积极性、展会的规模化发展和展期的合理安排都有好处。由于德国展馆规模大,再加上市场竞争激烈,许多展馆不能盈利,都由政府给予补贴,但政府更看重展览业能否带动下游行业和地方经济的整体发展，只要地方经济发展了，政府自然有钱补贴展馆了。

8. 一流的配套服务

德国的会展服务具备很高的专业水平，可以说是世界一流的配套服务。这是德国会展业稳居世界会展业前列的又一重要原因。从展览设计、展台搭建与布置到信息、交通、运输、住宿和旅游等服务项目，无论是面对观众、展商还是新闻记者，德国展览会承办方提供的服务均非常到位，特别是在解决博览会期间的停车和交通拥堵问题及吸引企业和专业观众参展等方面的做法更值得我国学习与借鉴。以停车为例，德国的大型展览中心都有大型停车场，车位数量少者几千，多则数万。展览中心停车场都设有电子装置，另外在现场还安排大量人员指挥交通，同时，还通过广播介绍展馆附近的交通情况。展览中心还为参展商和新闻记者设置专门的免费停车场。如展览中心在市内，德国展览公司一般会在城外的交通枢纽地带建几个大型停车场，并提供车辆免费接送观众，从而避免大量车辆拥入市区；如展览中心位于城外，就在展馆旁边建大型停车场。展览公司还在机场、火车站或市中心设临时车站免费接送参观者；在许多展览城市，观众凭展览会门票可免费乘坐市内公交。为吸引企业和专业观众参展，德展览会举办单位给参展企业邀请的客户给予门票优惠，参展企业可预先从展览公司订购门票后寄给客户（商务部驻汉堡总领馆经商室，2005）。德国展览公司为参展商提供的服务和咨询更加细腻和周到，有口皆碑。例如汉诺威展览公司就很注重为展商和观众提供一本册子或一本书，内容不仅包括历年展会的情况回顾，而且还介绍整个欧洲甚至整个世界某个行业的发展趋势和动态，同时涉及参展费用，装修费用等信息。一些宣传材料中仅酒店介绍就有五六页篇幅，罗列上百家不同档次的酒店供用户挑选，并详细介绍价格、优惠幅度等情况。（Deric，2005）有的甚至设置了专门的软件，供客商使用。比如客商参展时如何定位，要达到何种目的，准备拿出多少资金，如何评估支出与效益，需要何种帮助与咨询等等都能通过设置的专门软件找到答案。（魏爱苗，2009）

9. 顶级的品牌展会

德国展览业协会（AUMA）作为对德国会展业发挥指导作用的协会始终认为：要保持德国展览业世界领先的地位，就应该致力于培育和维护国际性高水准的展会、制定长期策略、坚守高质量要求、提高全球行业动向敏感度。必须避免国内长期同时存在同一展览主题的多个弱展，分流参展商和观众资源，互相削弱。（中国驻德国大使馆经济商务参赞处，2006）

长期以来，德国会展业就是这样培育和维护着德国高水准的国际性展会，使德国品牌展会有着知名度高和吸引力强的特点，并成为引领行业时代潮流、符合客户和观众要求的展会。例如：2008 年 9 月 4 日至 9 日在柏林举办的“国际娱乐电子产品和家用电器博览会”就属于此类代表时代潮流的高档博览会。由于展品大多是厂家科技含量极高的最新产品，体现了该行业最新的科技成果，因此吸引了来自 126 个国家和地区的专业客户，参观人数高达 22 万。参展商来自 63 个国家和地区，有 1245 家，现场成交额 30 多亿欧元。更重要的是来自 67 个国家和地区的 6560 名记者，代表 1400 家国际媒体对博览会进行了全方位立体性的跟踪报道，从而使得展会和举办地柏林市的名气及人气大增（魏爱苗，2009）。

像这种顶级的品牌展会，德国还有很多。比如汉诺威国际工业博览会、汉诺威计算机博览会（CeBIT）、国际卡车展，法兰克福国际汽车展、法兰克福消费品博览会、法兰克福国际书展，科隆国际食品展、科隆五金展、国际家具展、国际自行车展，杜塞尔多夫国际时装展、国际印刷工业展、国际鞋展，慕尼黑国际建筑机械展、国际手工业博览会、国际体育用品展，柏林国际旅游博览会、绿色食品周、国际航空航天展，纽伦堡国际玩具博览会等。正是这些世界顶级的品牌展会确保了德国展览王国的地位和声誉，成为德国展览业百年不衰并稳居世界前列的又一重要原因。

10. 强烈的国际意识

与别国的展览公司相比，德国展览公司的最大优势在于具有很强的国际战略意识，十分重视并积极拓展国外市场。这又是德国在世界会展业中称雄的又一重要原因。

德国展览公司强烈的国际战略意识主要体现在以下两个方面：一是早在 20 世纪 60 年代，德国举办的博览会就向国外参展商开放，并想方设法吸引更多的外国参展商和观众，例如，展览会的组织者不断在世界各地进行宣传，吸引参展商和专业观众。对于参展潜力比较大的国家，都专门派代表前去做宣传，介绍相关展览，并向感兴趣者提供相关咨询。从而使德国国内举办的博览会的国际化程度日益提高；二是德国展览公司能洞察国际会展市场的发展趋势，及时到国外投资办展。在新兴国家和经济增长较快的地区大力开拓海外市场，一方面是吸引了大量的德国及欧洲以外的厂商为德国海外展会参展，另一方面就是海外建设新场馆，并将自己成熟的展览会延伸到海外。德国汉诺威展览公司、德国杜塞尔多夫展览公司和德国慕尼黑展览有限公司就一起与上海浦东土地发展控股公司合作，兴建了新上海国际博览中心。其著名的信息、通讯及办公室自动化博览会如今已经有了亚洲版、美洲版等。目前，以中国为核心的亚洲市场及中东欧国家正成为德国展览业新的业务和利润增长点。德国在国外举办的展会，60%是在亚洲，主要是在中国、印度等国举办的，其余的则是在北美、南美、东欧和俄罗斯(魏爱苗，2009)。

为了争抢国外会展市场和客户。德国展览公司意识到它们在新兴市场经济体的拓展行动已经面临英国及其他国家会展公司的激烈竞争。为了在当地与展商建立直接联系。德国已在国外至少建立了400多个办事处。仅杜塞尔多夫一家展览公司，就在108个国家和地区设立了66个办事机构，并建立了13家子公司或合资公司(魏爱苗，2009)。

11. 专业的人员素质

德国一些大型的展览公司，虽只拥有数百名专业员工。但每年的营业额却可达到2亿至5亿德国马克。各个博览会都是由熟悉本专业且经验丰富的组织者承办的。展览工作人员专业素质很高。(杭州日报，2006)正如被誉为德国“会展行业第一人”的贝恩斯所说：“会展在德国能成为一个庞大的经济产业，其中一个重要原因就是有大批高素质的会展专业人才参与其中。”(王凤山、冀春贤和戚能杰，2008)

12. 和谐的“会”“展”结合

展会与商贸洽谈会、经济研讨会相结合是未来国际展会的发展趋势。德国会展业早已看到这一发展趋势，各类博览会举办者紧紧抓住博览会云集世界各地的业界精英和客商的大好时机，在展会期间举办相应的国际性会议、研究会和商贸洽谈会，结合展览会发布业界动态信息，使“会”与“展”相辅相成，从而达到既提升博览会的知名度，又促进会展经济发展的目的。承办国际会议早已成为德国博览会的重要组成部分和德国会展公司注重经营的一块业务。和谐的“会”“展”结合也成为德国这个会展王国的奥秘之一。

德国会展业历经百年而不衰并稳居全球会展业前列的上述原因和奥秘值得世界各国思考和借鉴。

(二) 法国

法国是世界经济强国之一，地处欧洲中心，交通快捷、运输便利；气候温和，风景秀丽，历史悠久，文化深厚；拥有众多举世闻名的旅游景点和名胜古迹，顶级的会展场馆和服务系统，一流的酒店和餐饮设施，以及优良的国际经济、文化交流传统；这些得天独厚的条件使其自然而然地成为世界会展业发达国家之一。

首先，法国早已成为重要的世界国际会议中心。首都巴黎也一直是全球举办国际会议最多的城市之一。根据国际协会联盟(UIA)统计数据,法国在2008年度世界主要国际会议国家排位中名列第2位,仅次于美国,举办国际会议数量为797个,国际会议市场分享率达7.19%,而法国首都巴黎也在当年的世界主要国际会议城市排位中,位居第2位,仅次于新加坡,举办国际会议数量为419个,国际会议市场分享率达3.78%(见表3-4, UIA, 2009)。而国际会议协会(ICCA)在2007、2008和2009年度的统计结果也表明法国在这三年中分别处于世界主要国际会议国家排位表中的第5位(2007年255个国际会议)、第4位(2008年334个国际会议)和第6位(2009年341个国际会议)(见表3-2, ICCA, 2008, 2009, 2010)。国际会议协会(ICCA)的统计结果还表明巴黎在这三年的世界主要国际会议城市排位中,分别为第4位(2007年115个国际会议)、第1位(2008年139个国际会议)和第3位(2009年131个)(见表3-3, ICCA, 2008, 2009, 2010)。

2003年,中国贸促会驻法国代表处所作的《法国展览业市场调研》报告揭示了当时法国国内拥有70个展览中心,52个会议和展览中心,展览场馆的总面积超过400多万平方米,其中48%为室内展馆,52%为室外展场。2007年10月,国际展览业协会(UFI)发布的《世界展览场地统计图表及未来发展趋势》的资料显示,欧洲有35个达到和超过10万平方米的展览场地,其中法国有3个。它们是巴黎展览公司凡尔赛宫展览中心(Paris Expo,展馆面积为226069平方米)、巴黎北维勒班特会展中心(Paris-Nord Villepinte,展馆面积为191000平方米)和法国里昂全欧会展中心(Eurexpo-Lyon,展馆面积为103669平方米)(见表1-2, UFI, 2007)。法国的会展业与其他国家相比不同的一个重要特点是,展览公司不拥有场馆,而场地公司不主办展览会,也不参与展览会的经营。法国的会展业人士坚持这种做法,认为这样能够促进各家展览公司之间的公平竞争,也有利于场馆公司专心做好自己的场馆服务工作。

法国全国每年总共举办1500个展博览会,参展商和参观者每年可以为全法国带来大约44.2亿欧元的直接收入。全国总共有约600家展博览会的主办企业,各家企业的雇员总数至少为3000人,这些展览公司营业额总计9.7亿欧元,其中1.7亿欧元为展览会的营业额,加上其他收入8亿欧元。这个行业的大部分营业额由规模较大的展览公司所创造,其中雇员超过20人的企业有13家,它们的产值占全行业总产值的2/3(中国贸促会驻法国代表处,2003)。

为了吸引更多的国际参展商和国际专业观众参与法国展会活动,提高法国展会的国际化程度和在国际市场的竞争力,法国早在1967年就成立了法国国际专业展促进会(Promosalons),该组织是一个商会和政府牵头组织的民间团体,其理事会由巴黎工商会、法国专业展联合会、法国雇主协会、巴黎市政府、法国外贸部以及展览中心和专业展览公司的代表组成。法国国内的任何一家展览公司均可申请加入该组织,但对于同一个主题的展会只接纳一个加入,而且优先接纳质量最好的展会。目前,全法国共有65个展会加入了法国国际专业展促进会,它们都是法国最知名的国际性专业展会。该组织经费来源由两部分组成,一部分是由诸如巴黎工商会和展览场地公司等主要理事单位提供的年度补贴,占少部分;另一部分经费来源是由参加促进会的展览公司按所需促进的展会数目及促进宣传工作量而定的促销经费,这占促进会经费的大部分。该促进会在50个国家和地区建立了办事处。这些办事处在所在国家和地区负责为其成员的65个展会开发形式多样的促进业务。这50个办事处之中,除意、德、英、西、比等少数国家是由促进会总部投资的独资公司外,其他办事处都是财务独立机构或公司。根据国家不同,办事处可以是法国使馆商参处、法国驻外商会、法航办事处或独立的商务公司。世界上任何国家的单个展览公司,哪怕是财力强大的展览集团,都没有足够的实力在世界上50个国家建立属于自己的办事机构网络,但是法国国际专业展促进会将从属于不同展览公司的65个展会的促销经费集中到一起,就有力量组成一个世界上独一无二的有效的展会国际促销网络(阿木,2005)。

为了应对欧盟内部和来自国际上的竞争,法国会展界开始在会展企业集团化的基础上,出现变革重组,强强联合的发展趋势。2008年1月28日,经法国财政和经济部批准,法国展览行业的两大巨头巴黎工商会(CCIP)和尤尼百—洛当科集团(Unibail-Rodamco)在巴黎联合宣布:各自的展览业务按照场馆和展览两个板块进行融资重组。

在场馆方面,两大集团把各自在巴黎地区所拥有的九个展览馆和会议中心整合在新品牌“巴黎展览馆集团(VIPARIS)[www. viparis. com]”的旗下,其中包括著名的维勒班特展览中心、凡尔赛门展览中心和巴黎会议中心。这九个会展场馆的室内展览总面积达57.5万平方米,室外展览总面积达42.6万平方米,成为全球最大的场馆集团。“巴黎展览馆集团”宣布,将在10年内再扩建13.5万平方米的室内展馆。主要扩建巴黎北郊的维勒班特展览中心,使其展览面积逐步由目前的24万平方米增加到35万平方米;第一步是立即建一个3.6万平方米的新馆,2010年投入使用。

在展览方面,巴黎工商会拥有高美司博展览集团(COM EXPO),尤尼百—洛当科集团拥有爱博展览集团(EXPOSIUM),合并后组成高美爱博展览集团(COMEXPOSIUM)[www.comexposium.com]。高美爱博目前拥有150个专业展和大众展,其中包括SIAL食品展,SIA农展,SIMA农牧业设备展,INTERMAT工程机械展,Equip Auto巴黎汽车工业展,SILMO眼镜展,巴黎国际博览会等世界著名展会品牌。重组后,展会将每年吸引3.5万家参展企业,接待410万名参观观众,成为全球最大的展览公司之一。据悉,重组后的新展览集团将以开发新展会和国际化作为发展的主轴线。由此,法国也由三大展览公司三分天下的局面进入法国励展集团(Reed Expositions France)与高美爱博展览集团(COMEXPOSIUM)分庭抗礼的形势(食品商务网,2009)。

法国80%以上的大型国际展会集中在法国巴黎大区。这些展会每年为本地区带来超过30亿欧元的经济收入,相当于创造了5万多个全职工作岗位。巴黎大区每年举办专业展会400个,接待观众900万人,参展商近10万家,展会涉及所有行业,平均每天有5个展会同期举办,最多的时候,每天有15个不同领域的展会同时举办。巴黎大区展会的国际化程度相当高,据统计数据显示,平均44%的参展商和31%的观众,来自法国之外的其他国家(食品商务网,2009)。近两年以来,法国巴黎大区经济发展局出资资助巴黎会展业,宣传其"巴黎展览之都"的推广战略,进一步提升巴黎大区作为国际专业展会举办城市的影响力。"巴黎展览之都"推广战略的意图是对巴黎大区展会主要目标市场进行维护和推广。首先必须在以德国、意大利和荷兰为主的欧洲区域内,进一步发展老客户群。其次,扩大在其他地区的市场份额。根据不同的市场,巴黎大区选定了3个国家,即中国、日本和俄罗斯。根据推广计划,"巴黎展览之都"在欧洲地区的宣传是以推广巴黎大区的会展业为主。在中国、日本和俄罗斯,则主要以宣传和推广某一领域的展会为主,并在上述3个国家提升巴黎大区展览会的竞争优势(食品商务网,2009)。

法国会展业的主要行业机构除了前面所介绍的法国国际专业展促进会(Promosalons)外,还有:法国会展协会(Foires, Salons & Congrès de France,缩写为FSCF),法国企业国际发展署(UBI France)以及巴黎工商会(Chambre de Commerce et d'Industrie de Paris,缩写为CCIP)。在所有的上述机构中,法国会展协会(FSCF)是最重要的行业组织,其主要目标是大力游说政府制定和简化各种有利于会展活动的立法和政策规定。努力维护展览会这种传媒形式,并且强化有关会展活动的市场调研、各类数字统计工作:向企业宣传展览会的重要性,以及向会员单位提供各种性质的服务项目(专业培训、各种与司法和社会事务有关的帮助)。而巴黎工商会(CCIP)既是代表和维护企业利益的公共事业机构,也直接参与展览中心的管理,其下属的巴黎北维尔班特展览中心(Paris-Nord Villepinte)的展览面积占整个巴黎大区展览总面积的三分之一。该组织具有四项职能:面对政府代表企业的职能、培训职能、领土整治和配备功能,以及支持企业和向企业提供信息的功能。巴黎工商会(CCIP)对法国会展行业的立法和修改可以说具有相当大的影响力。还有法国国际发展署(UBI France)是一家专门以在世界上促进法国产品和服务发展为宗旨的公立机构,直接受隶属于法国政府财政和工业部的对外经济关系局的领导。法国国际发展署(UBI France)每年举办200场法国各行业产品(但不包括食品和农产品)集体性促销宣传活动,其中包括选择在国外举办的大约80个展览会上设立法国集体展馆、或者为法国参展企业举办集体性的宣传活动。此外,法国国际发展署(UBI France)还向希望参加在国外举办的展览会的企业提供展览会的选择和准备方面的咨询(中国贸促会驻法国代表处,2003)。

为了鼓励本国的中小企业积极参加各种专业展览,法国政府在财政上专门制定了相应的扶持政策。法国国际发展署(BUI France)也对本国企业的参展活动给予财政补贴。还有法国国内的地方政府机构也会对中小企业的参展活动实施财政补贴政策。此外,法国某些展览主办机构也直接向中小企业参展提供一定形式的资助。

纵观法国会展业的发展历程,法国会展业的发展特点可以概括为:会展企业集团化、主办机构专业化、展会规模大型化、展会发展国际化、提高质量是目标、观众组织是重点、政府政策来支持、中小企业得资助、融资重组迎竞争、努力开发中日俄。

(三) 英国

英国会展业的历史可追溯到19世纪。从20世纪70年代开始,英国政府开始将会展业作为重要产业予以扶持。1980年英国政府成立伦敦会议局,1990年英国各主要城市均建立了会议局,专门为会展业的发展提供咨询和服务,上世纪80至90年代,英国政府加大了基础设施的投资,同时,英国地方政府对会展场所建设的财政补贴达到其公共补贴的37.5%,其中33%的补贴投向了私营会展场所的建设(王涛,2009)。自此英国会展业步入一个高速发展期。

进入新世纪以来,英国会展业不仅本身发展迅速,并且已成为连接金融服务、创意产业、旅游产业、基建和电子产业等英国经济支柱产业的重要纽带,同时呈现高度专业化、国际化的特点。

目前英国已拥有4000—5000个大小会展场所,定期举办大型会展的场馆近500个，展馆总面积达310万平方米。其中，大型展馆包括伦敦的Earls Court、奥林匹亚、商业设计中心和召开过G20伦敦峰会的ExCel Centre展馆，以及伯明翰国家展览中心、曼彻斯特展览中心、苏格兰展览会议中心、爱丁堡皇家高地中心、卡迪夫国际竞技场等（王涛，2009）。

在政府的引导和支持下，英国形成了伦敦、伯明翰、格拉斯哥、爱丁堡等著名会展城市，而伦敦作为首都和政治、经济、文化中心，在举办展览会方面具有明显优势，英国每年超过30%的展览会在伦敦举办。伦敦会议局目前联系11家会展中心，150多家会议酒店，每年推动的伦敦会展直接收入高达20亿英镑（王涛，2009）。

根据国际协会联盟（UIA）2009年公布的2008年统计数据，英国在2008年度世界主要国际会议国家排位中名列第10位，举办国际会议数量为349个，国际会议市场分享率达3.15%，而英国首都伦敦也在当年的世界主要国际会议城市排位中，位居第10位，举办国际会议数量为103个，国际会议市场分享率达0.93%（见表3-4，UIA，2009）。而国际会议协会（ICCA）在2007、2008和2009年度的统计结果也表明英国在这三年中分别处于世界主要国际会议国家排位表中的第4位（2007年281个国际会议）、第5位（2008年322个国际会议）和第5位（2009年345个国际会议）（见表3-2，ICCA，2008，2009，2010）。国际会议协会（ICCA）的统计结果还表明伦敦在这三年的世界主要国际会议城市排位中，分别为第17位（2007年69个国际会议）、第19位（2008年68个国际会议）和第16位（2009年83个）（见表3-3，ICCA，2008，2009，2010）。

据“2008英国会展业调查”报告显示，会展业为英国创造了13.7万个工作机会，占英国就业人口的0.5%。英国每年通过各类会展吸引1700万国内外观众参展，产值近100亿英镑，每年税收收入就达10多亿英镑，并为酒店、餐馆、娱乐、交通等行业带来了近20亿英镑的收入，对英国经济做出了重要贡献（王涛，2009）。

英国会展业准入政策十分宽松。任何商业机构和贸易组织都不需要经过特殊的审批程序便可以进行展览业务，展览公司的商业注册也和普通商业公司一样，没有额外的要求。在英国，举办展览是完全的商业行为，只要展览内容合法均可自行确定，不需审批。英国会展业遵循优胜劣汰的法则来解决重复办展的问题。因为英国展会成本很高，经营展览有较高商业风险，展览公司对展览项目的选择十分谨慎，一般都经过周密的市场调研后才做出决定（中国贸促会驻英国代表处，2007）。

英国会展业的国际化程度很高。没有明显的国际展和国内展的划分，几乎所有专业会展都尽量吸引更多的外国参展商，与国际市场接轨，甚至其专业展会的摊位也是按参展商的产品类别划分。在举办大型会展时，英国展会主办方每次邀请的外国参展产品和人士都力争达到50%以上。

英国会展业的集团化程度也很高。通过市场重组打造出励展博览集团、ITE集团、欧洲博闻、蒙哥马利展览公司等，这些大型会展集团积极开拓全球会展市场，在全球范围组织会展，每年都获得上亿美元利润。其中，励展博览集团是全球顶尖的会展公司之一，在世界各地设有33个分支机构，每年在世界38个国家和地区举办500多个大型展会，展会涵盖47个行业。这些展会每年能成功吸引600万采购商和超过10万供货商，并促成上百亿美元的交易（王涛，2009）。

英国会展业目前已扩展到20多个种类，250多个行业。几乎涉及所有行业，英国政府和会展业协会有意将会展业打造成促进英国各主要产业发展的纽带。目前英国所有行业协会下都建立了会展业的联系单位，英国金融城、旅游局、创业园及各种节日经济都把会展作为其重要的推介手段，经过许多年的实践，这些行业借助会展业平台，相互融合，形成了从金融服务、创意设计、会展刺激到带动旅游、贸易、娱乐等各行业的综合配套发展模式。据英国旅游局统计，2008年前8个月，到访英国的外国旅客达3200万人次，总消费达164亿英镑，其中参加商务旅行活动占27%，其消费占到访外国旅客总消费的28%。英国会展业对创意产业的刺激作用也十分明显，伦敦时装展就是很好的一例。据估计，一年两次的伦敦时装周，每年为伦敦市拉动消费达2000万—5000万英镑，促进了英国2/3时装产品的出口（王涛，2009）。英国会展业已成英国各行业发展的有力助推器。

英国会展行业主要的协会是英国会议和活动协会（Association for Conferences and Events—ACE）、英国展览组织者协会（Association of Events Organizer—AEO）、英国展览服务商协会（Association of Exhibition Contractors—AEC）、英国展览场地协会（Association of Exhibition Venues—AEV）和英国户外活动协会（National Outdoor Events Associaiotn—NOEA）。英国会议和活动协会（ACE）的会员包括贸易商、机构、协会、慈善机构、供应商等举办各种会议和活动的实体。该协会旨在加强政府与会议行业的沟通，为会员提供信息、论坛等服务，服务方式包括会员通讯、热线、各种折扣和优惠以及研讨会等。英国展览组织者协会（AEO）原英文全称为Association of Exhibition Organizer。该组织宗旨是提高展览会在经济活动中的地位，通过改善服务更好地满足观众对展览的需求。协会的会员分为两类，即直接会员和关系会员。直接会员全部是在英国注册的展览组织公司，而关系会员则是为展览提供配套服务的公司，如施工公司，家具租赁公司等。英国成立最早的展览业协会组织是英国展览服务商协会（AEC）。协会的宗旨是提高展览服务水平，并为会员企业提供更多的商业机会。该协会成员都是经过一年的严格审查后才获得会员资格。上述协会全部为商业团体，不隶属于任何政府部门，经费开支来自会费和企业赞助，管理人员也都是从会员企业中选举产生，人事任命不受政府干预。协会除为会员提供基本服务外，另一重要功能是代表会员企业利益，向政府部门、新闻媒体和有关产业部门反映会员的意见，并游说政府实行有利于会展行业发展的政策和法令。在英国会展业的发展过程中起着重要的作用（中国贸促会驻英国代表处，2007）。

（四）意大利

意大利会展业发达。根据国际协会联盟（UIA）2009 年公布的 2008 年统计数据，意大利在 2008 年度世界主要国际会议国家排位中名列第 8 位，举办国际会议数量为 413 个，国际会议市场分享率达 3.73%（见表 3-4，UIA，2009）。而国际会议协会（ICCA）在 2007、2008 和 2009 年度的统计结果也表明意大利在这三年中分别处于世界主要国际会议国家排位表中的第 6 位（2007 年 250 个国际会议）、第 6 位（2008 年 296 个国际会议）和第 4 位（2009 年 350 个国际会议）（见表 3-2，ICCA，2008，2009，2010）。

意大利展览会历史悠久，早在 1257 年，贸易集市性的展览会就出现在意大利的帕多瓦（陈泽炎、陈宏兵，2005）。至今，意大利已是欧洲展览业第二大国，也是到欧洲参展的中国企业最多的第二大国。2006 年在意大利举办的国际性展会有 195 个，全国性展会 422 个，地方性展会约 500 个，共计出租展览面积约 460 万平方米，国内展商约 20 万，国外展商约 3 万，观众约 2200 万次，国际展会观众约 1200 万人次（中国贸促会驻意大利代表处，2007）。

这些展会具有下列特色：

(1) 展会级别定位不同。意大利展会分为国际级别、国家级别、大区级别和当地级别等 4 个等级。每年在意大利大约举办有 1000 个展览会。其中国际级别的展览会近 200 个、国家级别的展览会 400 多个、大区级别的展览会 100 多个，其余为地方级别的展览会。不同展会在级别上自然拉开档次。不同展览企业展会级别定位不同（陈泽炎、陈宏兵，2005）。

(2) 与不同城市功能相结合。米兰是世界著名的服装之都，因此，米兰服装展览会就以发布新款时装样式为主。利米尼是一个旅游城市，利米尼展览公司便重点发展旅游、休闲类别的展览会。那不勒斯是一个海港和渔业城市，莫斯塔—奥拉垂米尔展览公司在那里举办的渔业展览会就很著名。

(3) 锁定目标市场各有侧重。比如，米兰的鞋展主要展示的是高档时装鞋，重点面向全世界的高端客户；帕拉康格西展览与会议公司举办的鞋展就是以展中档、休闲凉鞋为主，并且重点面向毗邻的德国、瑞士两国的销售代理商。(陈泽炎、陈宏兵，2005)

据意大利展览协会的资料显示，在意大利有39个城市举办展览会(陈泽炎、陈宏兵，2005)，主要的会展城市有中北部地区的米兰、波伦亚、维罗纳、里米尼和维琴察：中南部地区的罗马、巴厘和巴勒莫等。全国共有展览场馆41个(中国贸促会驻意大利代表处，2007)。国际展览业协会(UFI)于2007年10月发布的《世界展览场地统计图表及未来发展趋势》的资料显示，全球有47个达到和超过10万平方米的展览场地，其中35个在欧洲。而意大利就占了8个名额(见表8-1)。意大利米兰(罗佩罗)展览中心是世界第二大的展馆，仅次于德国汉诺威展览中心。

表8-1 2006年意大利10万平方米以上的展览场馆

面积单位：平方米

展览场馆	城市	世界展馆排名	室内展览面积
米兰(罗佩罗)展览中心	米兰	2	345000
博洛尼亚展览中心	博洛尼亚	10	180000
米兰市展览中心	米兰	17	125000
维罗纳展览中心	维罗纳	18	124112
莱万特展览中心	巴里	19	120000
罗马展览有限公司	罗马	20	118300
里米尼展览公司	里米尼	25	109000
帕尔玛展览中心	帕尔玛	33	100000

资料来源：国际展览业协会(UFI)(2007)。

意大利展馆多为公共投资、展览公司经营。也就是说，投资方都是以当地政府或者有着政府背景的公共性投资为主。展馆建成以后，一般就交给展览公司去具体经营。在经营方面，这些展馆在展览以外大都安排了较多的其他社会活动，其中又以音乐会和公众集会居多。譬如，那不勒斯的莫斯塔—奥拉垂米尔展览中心，就是一个集展览（多个展厅）、会议（会议中心）、体育（游泳池、健身房）、演出（露天剧场）于一身的综合性文化中心（公园）（陈泽炎、陈宏兵，2005）。这显然是提高展馆使用率及其经济效益的一个有效途径，非常值得借鉴学习。

意大利最大的展览会行业机构是意大利展览协会（AEFI），其会员包括意大利的 41 家展览中心和展览组织和服务公司，此外还有意大利工业展览委员会（CFI），成员包括工业家联合会中与展览有关的组织机构和公司；及意大利专业展览协会（ASSOMOSTRE），会员包括意大利展览促进协会（ASSOEXPO），意大利展会组织公司（EIOM）等。

二、北美会展业概述

北美是世界会展业的后起之秀，虽然起步较晚，但发展较快。尤其在 20 世纪最后 10 年里，由于美国经济保持了快速增长，对外贸易额迅猛扩大，极大地促进了会展业的壮大和发展。根据国际会议协会（ICCA）统计数据，北美在 2008 年度国际会议市场分享率为 11.4%（见表 3-1，ICCA，2009）。国际展览业协会（UFI）在 2007 年 10 月发布的《世界展览场地统计图表及未来发展趋势》研究报告显示 2006 年北美共有 359 个展览场地（每个场地室内展览面积不小于 5000 平方米），占世界总量的 34%；室内展览面积共计为 710 万平方米，占世界总量的 26%。上述研究还发现 2007～2010 年北美还有 44 个新的展览场地项目，预计增加 59.5 万平方米的室内展览面积，占世界同一时期新增展览场地室内展览面积 350 万平方米的 17%（UFI，2007）。在北美，举办展览会最多的城市是拉斯维加斯、多伦多、芝加哥、纽约、奥兰多、达拉斯、亚特兰大、新奥尔良、旧金山和波士顿。北美的会展业主要以美国和加拿大为代表，这两个国家的会展业不但发展快，而且在发展的过程中还形成了独特的办展模式和自己的风格。

以下是美国和加拿大会展业最新发展概况：

（一）美国

美国是全世界举办国际会议最多的国家。根据国际会议协会（ICCA）统计，2007 年、2008 年和 2009 年，按国家举办国际会议数量排位，美国在世界国际会议市场连续 3 年名列榜首。全年举办的国际会议已从 2007 年的 467 个上升到 2009 年的 595 个（见表 3-2，ICCA，2008，2009，2010）。而且，根据国际协会联盟（UIA）2009 年公布的 2008 年统计数据，美国在 2008 年度世界主要国际会议国家排位中也是名列第1位，举办国际会议数量为1079个，国际会议市场分享率达9.73%(见表3-4，UIA，2009)。2007年，美国的国际会议不仅在数量上排名第一，而且，在参会总人数上也排第一，达到了427556人次(楚有才，2008)。

北美展览会始于18世纪，起源于专业协会的年度会议，早期，展览只作为年度会议的一项辅助活动，而且只是一种信息发布和形象性展示，展览会的贸易成交和市场营销功能曾在很长一段时间里并不为企业所重视。这就是为何现在仍有许多美国展览会与专业协会年度会议合在一起同时举办的原因。美国企业用在参加展览的费用只占其年度市场营销费用预算的16.5%。美国虽然是世界经济强国，但展览会的国际性远不及欧洲。在大多数情况下，美国展览会更多地是为了满足美国各州间贸易往来的需要。在美国展览会上，最活跃的交易是在批发商和零售商间进行，外国参展商的成交常常是小批量的，单个合同成交额一般都小于欧洲。尽管如此，由于美国市场容量巨大，美国展览会对国外参展商的吸引力仍然不小(翟文，2006)。美国政府十分重视展览业的发展。作为典型的自由市场经济国家，美国政府对展览业的支持主要是通过美国商务部负责的贸易展认证计划和国际购买商项目来实现的。它强调美国企业无论是出国参展还是参加在美国国内举办的展览会都能取得较好的参展效果，从而使贸易展览会真正为促进美国出口服务(陈启杰、倪娜，2007)。

如今，美国已成为举办国际贸易博览会的主要国家，吸引着世界各国的客商。美国每年举办净展出面积超过500平方米的展览会约4000个，展出总面积约4000多万平方米，参展商100多万，观众超过7000万。自1992年以来，美国的会展旅游花费以年均9%的速度增长(唐鹃，2010)。如本书第一章中所介绍，根据2011年2月17日，美国会议产业委员会(Convention Industry Council)发布的"美国会展业对美国经济贡献"的研究报告：美国在商务会议、大型会议、贸易展、奖励旅游和其他类型会议上每年消费是2634亿美元，会展业的这一产出对美国国内生产总值的贡献是1061亿美元，并创造了165万个直接就业机会；如果考虑会展业带来的间接效应和诱导效应，美国会展业每年的产出是9072亿美元，对美国国内生产总值的贡献要达到4579亿美元，并同时创造630万个就业机会(CIC，2011)。

美国的会展活动主要集中在拉斯维加斯、芝加哥、奥兰多、新奥尔良、亚特兰大、达拉斯、纽约、圣地亚哥、华盛顿、休士顿、洛杉矶、圣地亚哥等城市。(见表8-2)

表 8-2　2006 年全美顶级会展排名前 8 位的 11 个城市

排名	城　市	举办顶级展会数量	占全美办展的市场份额(%)
1	拉斯维加斯	45	22.5
2	奥兰多	20	10.0
3	芝加哥	18	9.0
4	纽约	16	8.0
5	亚特兰大	14	7.0
6	达拉斯	8	4.0
7	旧金山	7	3.5
8	阿纳海姆	6	3.0
	洛杉矶	6	3.0
	若斯曼特	6	3.0
	圣地亚哥	6	3.0

资料来源：中国驻芝加哥总领馆经济商务室，2007。

位于美国内华达州南部沙漠地带的拉斯维加斯自 1959 年拉斯维加斯会议中心开业并首次举办“世界飞行展”以来，该市的会展业蓬勃发展。迄今为止，拉斯维加斯会展场地超过 970 万平方英尺，会展规模能达到 10 万人，不仅已成为美国第一会展城市，而且，连续 14 年被列为全球第一大贸易会展目的地，堪称全球闻名的会展之都。数据显示，拉斯维加斯每年举办各类会展 2.2 万次，吸引访客 600 万人，经济收入超过 80 亿美元，解决直接就业人数逾 4.6 万，间接就业岗位 2.9 万个。全美十大会展中心有 3 家在拉斯维加斯，200 强会展中有 40 多个在拉斯维加斯举行。拉斯维加斯会议中心、曼德勒海湾会议中心和金沙会展中心展览面积分别为 200 万、150 万和 225 万平方英尺。其中，拉斯维加斯会议中心占地面积 320 万平方英尺，并拥有 144 个会议室(超过 24.1 万平方英尺)，可容纳 20 人至 2500 人大小不一的会议，每年接待参展人员 150 万，经济收入 25 亿美元，是全球最大的会议中心之一。著名的拉斯维加斯电子消费品展、拉斯维加斯汽配展等全球影响较大的贸易展每年都在此举办(张介岭，2009)。为精心打造会展之城，拉斯维加斯主管机构做了大量卓有成效的工作。2005 年 6 月，拉斯维加斯会议和旅游局制定了 5 年远景规划，目标是利用城市品牌效应，争取到 2009 年底使游客人数增长 15%，达 4300 万人次。其中，会展客流量要占 15%；为确保全球最大贸易展览城地位。拉斯维加斯会议和旅游局投资 8.9 亿美元，分阶段改善拉斯维加斯会议中心设施，包括技术升级、建造多功能会议厅和改善交通设施等。另外，会议中心使用美国“智能城市网络”提供的电子和数据服务，并由其负责商务中心运营。2009年，又安装了6台40英寸大屏幕彩电来提供实时航班信息，并设置专门设备供参展商自助办理登机和行李托运手续，受到了客商的欢迎。拉斯维加斯还为会展提供所有语种的口笔译服务及手语服务，想方设法地为残疾人提供人性化服务。如拉斯维加斯会议中心专设残疾人停车位；为急救病人提供轮椅服务；为有听力障碍的人士提供助听设备；许多付费电话配有供失聪人士使用的电信设备；公交车辆和出租面包车均配有升降台方便残疾人坐轮椅上下等。近年来，拉斯维加斯会议和旅游局还十分重视城市品牌建设，每年在城市品牌广告上投资8000万美元，加大了在《华尔街日报》、《今日美国》和《福布斯杂志》等知名媒体的会展广告投放力度，借助城市品牌效应吸引更多的人参展(张介岭，2009)。以“专、精、大”而著称的拉斯维加斯会展业实施市场化运作，政府不参与主办，既没有投入财力给予经费补贴，也不加以行政干预，完全依靠民间协会和企业办好展会；并形成了融会展、餐饮、宾馆、娱乐、大卖场、旅游观光于一体的创新业态；以及开放式经营，人性化管理，注重服务效率和细节的特点。

根据《美国贸易展览会周刊》公布，曾多年雄居北美会展业龙头的芝加哥于2006年，在全美每年举办的排名前200位的顶级展览会中，共承办了其中18个国际性展会，成为继拉斯维加斯、奥兰多之后排名第三的城市，而其展出面积排名第二，占全美展会展出市场面积的12.5%，其中国际包装出口和国际制造业技术两大展会在全美三大展会中排名第二和第三(中国驻芝加哥总领馆经济商务室，2007)。

2006年美国拥有5个室内展览面积不小于10万平方米的展览场地(见表8-3，UFI，2007)。拥有室内展览面积世界第一，共计6129981平方米，占北美总量的86%和世界总量的22%。国际展览业协会(UFI)还指出，到2010年，美国拥有展览场地面积仍处世界第一，要达6603033平方米，与2006年相比，新增面积8%(UFI，2007)。

表8-3　美国2006年室内展览面积不小于10万平方米的展览场地

面积单位：平方米

展览场馆	城　　市	室内展览面积	世界排名	北美排名
麦考密克展览中心	芝加哥	204367	8	1
橙县会议中心	奥兰多	190787	11	2
拉斯维加斯会议中心	拉斯维加斯	185788	12	3
佐治亚世界会议中心	亚特兰大	126893	21	4
厄尔斯特N.莫里尔会议中心	新奥尔良	102183	41	5

资料来源：国际展览业协会(UFI)(2007)。

美国展览场地的所有者与展览会的组织者截然分开，展览馆出租展览场地和设施，没有自己的展览项目，而展览会组织者一般没有自己的展览馆，办展时需要从展览场地的所有者那里租用展览馆和设施（翟文，2006）。在全美面积超过 2500 平方米的展览中心中，大约 64%（大约 243 个）的展览中心属于地方政府所有，即公有。美国地方政府重视公有展览中心的管理。在长期的产业发展过程中，形成了三种各有特点的公有展览中心管理模式：政府管理模式、委员会管理模式和私人管理模式。2006 年，美国大、中、小型会展中心的使用率分别为：52.1%、45.4%和 42.7%（JéAnna Lanza Abbot、Agnes Lee DeFranco & 王向宁，2008）。

（二）加拿大

加拿大的会展经济发展迅速，会展数量多，行业分布广。国际会议协会（ICCA）在 2007、2008 和 2009 年度的统计结果表明加拿大在这三年中分别处于世界主要国际会议国家排位表中的第 10 位（2007 年 197 个国际会议）、第 9 位（2008 年 231 个国际会议）和第 13 位（2009 年 213 个国际会议）（见表 3-2，ICCA，2008，2009，2010）。又据美国展览业研究中心（Center for Exhibition Industry Research—CEIR）发布的资料，加拿大的会展数目正以每年 15%的速度增长。加拿大每年的展会总数约为 3300 个，展出面积 1000 万平方英尺，参展商家 38 万，观展人数 6000 万人次。加拿大的展会主要集中在制造业、服务业和自然资源领域。根据推算，加拿大展览业年产值约为 50 亿美元，间接经济效益约为 125 亿美元（中国驻多伦多总领事馆经济商务室，2007）。

多伦多市是加拿大最大的经济城市和会展中心，每年举办的各种会展可达 580 个。2006 年 4 月，北美 Tradeshow 周刊公布了 2005 年加拿大最大的 50 个贸易展览会。其中在多伦多市举办的展会有 29 家，其他展会集中在蒙特利尔、温哥华、卡尔加里、爱德蒙顿等城市（中国驻多伦多总领事馆经济商务室，2007）。

加拿大作为西方发达国家，经济规模庞大，进出口贸易活跃，消费能力强。所以，其经济规模、消费能力和资源优势便自然成为加拿大会展业发展的三大推动力。代表着会展经济发展趋势的展会专业化是加拿大会展业的发展主流，加拿大最大的 50 个贸易展览会跨越 35 个不同行业，几乎都是专业性的展览。国际化也是加拿大会展业的发展趋势。首先是加拿大会展企业的国际化运作，其主要的展览企业多为国际化的展览公司，例如 Reed Exhibitions、MG World Media、The Exposium Group、MMPI 等，其次国际化表现在加拿大的展览会日益面向国际，国内展览和国际展览不断融合。加拿大展馆设施的硬件水平和智能化程度都比较高，而且配套设施齐全。2006年，加拿大室内展览面积为604291平方米，占北美室内展览总面积的9%(UFI, 2007)。加拿大会展业的市场化程度和电子信息化水平也很高，会展公司为客户提供的"一条龙"服务，不但囊括了整个会展运作过程中的各个环节，而且包括了会展活动的后续服务。会展企业、会展场馆和各大会展活动都设有自己网站、信息量大，互动性强，展会和参展商及专业观众、参展商和专业观众之间都是通过互联网实现勾通。

加拿大各级政府中均不设专门的展览业管理部门，也不直接参与展会的运作。展览业没有专门的法律法规及管理规定，展览业的行为准则多是通过行业自律的方式确定。各类展会都是商业化运作。展会的成功与否，取决于整个行业和相关企业对其的认可和展览公司自己的运作。加拿大政府部门虽然不参与展会的具体运作，但却鼓励加拿大企业境外参展，2006年，加拿大国际贸易部推出"出口市场开发计划"，斥资470万加元资助64家全国性行业协会参加海外贸易展览会，开拓国际市场(中国驻多伦多总领事馆经济商务室，2007)。此外，加拿大大部分重要的展览场馆也都是公有的。场馆所有者和展会组织者分离，两者是出租和租赁的关系。

三、亚洲发达地区和国家会展业概述

种种迹象表明，世界会展市场的重心开始东移，会展市场正被经济大发展的亚洲逐渐蚕食。欧洲在国际会议市场的分享率已从2003年的58%逐年下降到2007年的55.1%。相比之下，亚洲却拥有稳定的国际会议市场，2008年，亚洲和中东的国际会议市场分享率达到18.6%，位居世界各大洲第二(ICCA, 2009)。而根据国际协会联盟的统计数据，2008年亚洲的国际会议市场分享率可达到21.67%(见表3-1, UIA, 2009)。又根据国际展览业协会(UFI)2007年发布的统计数据，2006年，亚洲拥有127个室内展览面积不小于5000平方米的展览场地和390万平方米的室内展览面积，分别占世界总量的12%和14%(UFI, 2007)。国际展览业协会(UFI)的调查还发现至2010年，亚洲展览场地数量和室内展览面积占世界总量的百分比仍将分别增加到13%和15%(UFI, 2007)。2008年，尽管全球经济环境疲软，亚洲的展览业仍增长8.7%。展会主办方销售面积达到1430万平方米。展会收入从2007年的32.5亿美元上升到2008年的34.5亿美元(UFI, 2009)。在亚洲，新加坡、中国香港、韩国和日本一直是会展业发展的佼佼者。这些地区和国家不仅对亚洲和世界会展业的快速发展作出了不可磨灭的贡献，也为包括中国在内的亚洲发展中国家提供了会展业发展的宝贵经验。

（一）中国香港

香港是亚洲重要的会展城市之一。2007 年被国际协会联盟在世界主要举办国际会议城市排位中被排在第 12 位（ICCA，2008）。2008 年，香港又荣获英国著名杂志《会议及奖励旅游（亚太）》（CEI Asia Pacific Magazine）组织评选的“最佳会展城市奖（The Best MICE City Award）”。素有“亚洲会展之都”之称的香港十分重视会展市场及其相关产品的开发，每年有上千个国际会议和展览。从香港旅游发展局香港会议及展览拓展部出版的《香港会议及展览目录》中可以看到，截至 2010 年 9 月，香港的国际会议展览已经排到了 2014 年。

与其他地区相比，香港举办的展会数量并不多，但其中多数展览会规模、知名度和排名都位居世界或亚太地区前列。如玩具展、国际秋季灯饰展、电子展、家庭用品展等的规模在同类展览中都居亚洲第一、世界第二；香港服装展已超过杜塞尔多夫，成为全世界第一；还有香港的钟表、珠宝展也名列世界第一。香港的展会非常国际化，香港礼品展的 3800 家参展商来自 35 个国家和地区，54000 个买家来自 137 个国家。香港电子展的参展商是 2600 家，来自 29 个国家，买主是 57000 个，来自 146 个国家和地区（周启良，2009）。

香港会展业的迅速发展为香港带来了巨大的经济效益。正如香港会展中心前主席麦高德所指出的那样，香港展览业每赚取 1 港元，便为零售、酒店、餐饮和运输带来 5 港元的收益（陈青松，2009）。香港贸发局的一个展览收益调查显示，每名参展商的消费大约是 2 万港元，在香港会展中心举办一个中型展会，带来的消费就要超过 5 亿港元。2007 年，香港举行各类专业展会 120 场，吸引来自世界各地的参展商以及专业观众 500 多万人，直接为香港经济创造了超过 260 亿港元的收入（邱敏，2008）。

香港会展业的成功，首先是因为拥有先进的会展设施。1997 年耗资 48 亿港元扩建的香港会展中心总面积达 24.8 万平方米，使用率达 60%以上，居全球前列。会展中心二期工程竣工后，三期工程又扩张了近 2 万平方米。亚洲国际博览馆不仅是香港最新最大的国际展览及活动场馆，也是全世界唯一与国际机场结合，并拥有内置地铁站的场馆。其次是因为香港会展业提供了良好的会展配套服务，这也是香港会展业最重要的软实力。参展期间，场馆和主办单位、相关政府机构亦能提供全方位精心服务，如每次开会前，政府官员都要到现场提供政策、法规咨询解答;银行、邮政都派人到现场提供有关咨询,进行业务办理;调查机构也会到现场进行趋势调查,召开调查信息发布会,举办专业研讨会,并配套以医疗、投诉部门,以提高会展质量;还有展会建立买家贵宾廊,并向连续三年参加展会的买家颁发贵宾卡,在贵宾廊内提供免费餐饮服务;以及设立展会穆斯林祈祷室等(周启良,2009)。此外,香港会展业成功不可忽视的重要原因还包括香港政府对会展国际营销和会展人才培养的高度重视。如香港财政司司长曾俊华(John Tsang)保证特区政府在2008—2009财政年度化1.5亿港元,在海外大力推广香港会展旅游,提升香港会展旅游目的地的国际地位(HKTDC, 2009);2009年初,香港贸发局又拨款8000万港币。从2009年1月至2010年3月,与航空公司及酒店合作,对来自俄罗斯、东欧、中东、北非、东南亚、中国大陆等地参加香港贸发局举办展会的新兴买家,给予机票(火车票)及酒店住宿等部分补贴;(张伟勋,2009)贸发局全球40个办事处形成了香港会展业的国际营销网络;40多年日积月累建立并不断更新展会买家资料库;以及香港特区政府一方面先后从德、美、法等欧美国家引进人才,另一方面,通过在高等院校设置专业课程等方式培训人才,坚持"引进与培养"两条腿走路。

为充分发挥香港的地域及资源优势,准确把握会展及奖励旅游的市场机遇,香港旅游发展局2008年11月又特别成立了专责加强香港与全球业界伙伴合作的"会议及展览拓展部",以确保香港会展之都魅力四射,光照全球!

(二)新加坡

新加坡具备良好的会展举办条件:理想的区域优势、发达的交通与通讯等基础设施、高水准的服务业、较高的国际开放度和英语普及率等。2006年,新加坡拥有室内展览面积153674平方米(UFI, 2007)。所有的会展中心都和大众交通系统衔接,很多还提供综合酒店、娱乐和餐饮设施,商品总体上也比竞争对手中国香港便宜。2010年,新加坡两个带赌场的综合娱乐城投入运营时,各自都签署了超过200个会展的合约(南博网,2010),它们又成了在新加坡举行区域和全球性会展的另一个激励因素。

同时,新加坡政府对会展业的发展十分重视。新加坡国际企业发展局(IES)和新加坡旅游局下属的展览与会议署(SECB)专门负责推广会展业,宣传新加坡的会展活动,吸引各国厂商到新加坡参展。早在2005年1月,新加坡政府就发布了"旅游业2015年远景规划",立志把新加坡打造成世界著名的会展城市、独特的休闲娱乐场所和医疗、教育等方面的亚洲服务中心。在此总体框架内,"会展新加坡联盟"、"BE(Business Events) in Singapore"以及新加坡商务旅游专家等计划项目近年来先后出台。以 2006 年 8 月推出的“BE in Singapore”奖励计划为例，该计划从“旅游业发展基金”中拨款 1.7 亿新元，打出响亮的中文口号：“新加坡，创非凡，展未来。”用于鼓励国内外会展业者并吸引更多高端新兴行业到新加坡来举办商务会展活动。这是新加坡旅游局展览及会议署为了争取更多的商务、会议、展览与奖励旅游而推出的系列方案，旨在大力发展新加坡商务旅游及会展服务，使其成为世界最佳商务、奖励旅游、会议和展览的首选目的地之一(李满，2009)。近年来，新加坡在推广会展(MICE)旅游业方面表现突出。2007 年到访新加坡的商务和会展(MICE)旅客近 300 万人次(约占总游客 1030 万人次的 30%)，旅游收益超过 50 亿新元，占总收益的 40%。新加坡旅游局专门负责展览会议的助理局长阿尔兰多表示，虽然受经济衰退影响，一些展览和会议项目临时取消或延期举办，但整体而言，在新加坡举办的项目并未受影响。尽管如此，为了继续保持新加坡在会展(MICE)业的竞争优势，旅游局还决定为业者提供资金援助。这些资助包括：从 2009 年 3 月起到 2010 年 2 月参加主办会展活动计划的业者，可享有 70%的资金援助，比原有的 50%有所增加；业者筹办会展活动项目，可享有多达 50%的额外资助；为鼓励会议与展览项目，旅游局还将为相关业者提供高达 70%的国外促销费用资助等(李满，2009)。国际企业发展局(IES)是新加坡展览业最主要的管理机构，其主要工作之一就是负责推动新加坡作为区域及国际会议与展览中心的发展。它从发展国际贸易、提升新加坡区域中心地位，扶持新加坡企业发展等宏观的角度，制订了一整套展览扶持、服务、规范、协调和发展的计划，并给在新加坡的国际展会进行评级。只有经过严格评选、才能获得该局颁发的“特许国际商展”认可。新加坡会议展览组织者和供应商协会(SACEOS)是新加坡会展业的行业组织，自成立以来为其成员提供了大量会展教育培训机会，制定了行业标准，并为新加坡会展业与全球建立了广泛的业务联系。

新加坡会展业起步于 20 世纪 70 年代初期，经过近 40 年的努力，取得了巨大的发展。如今，新加坡每年举办 6000 个商业会展，占据 2008 年全亚洲举行的会展总数的四分之一(南博网，2010)。新加坡展览业估计价值近 11.3 亿美元，就业人数达 15000 人左右(ASEAN，2009)。新加坡会展经济的带动比例高于全球平均水平，为 1∶12。新加坡近年旅游、会展业收入约为 100 亿美元(唐鹊，2010)。为此，新加坡在世界会展业的地位受到了有关国际会展组织的承认。2008 年，新加坡被国际协会联盟(UIA)排在世界主要国际会议国家的第 3 位和世界主要国际会议城市的首位(见表 3-4，UIA，2009)。并已连续

25年被该组织评为亚洲排名第一的国际会议国家与城市(Iswaran, 2009)。2007年至2009年,新加坡还被国际会议协会(ICCA)排在世界主要国际会议城市的第3位、第4位和第5位(见表3-3, ICCA, 2008, 2009, 2010)。国际展览业协会(UFI)的1/3在亚洲认证展会都在新加坡举行(刘鸣,2008)。而且该组织已将新加坡选为2010年11月国际展览业协会(UFI)第77届代表大会的举办地(Whiteling, 2009)。

(三)韩国

1988年汉城(首尔)奥运会的举办提高了韩国的国家声誉并改善了韩国的基础设施,从那时起,韩国会展业开始了腾飞,国际会议产业规模以每年31%的速度高速增长(顾金俊,2009),经过二十年的不懈努力,韩国已成为国际会展行业中不可忽视的一支力量。

按照国际协会联盟(UIA)的统计标准,韩国在2007年共举办了268场国际会议,在世界主要会议国家中,排名第15位,在亚洲仅次于日本和新加坡,跃居第三。根据国际协会联盟的统计,2007年韩国的国际会议较十年前增长了362%,增长率为世界最高(顾金俊,2009)。而按照国际会议协会(ICCA)的统计标准,2007年,韩国在世界主要国际会议国家排位中与新加坡并列第19位,2008年和2009年,又在世界主要国际会议国家排位中分别被列在第16位和第15位。在亚洲,仅次于日本和中国,仍位居第三(见表3-2, ICCA, 2008, 2009, 2010)。在这三年中,韩国的首尔也被国际会议协会(ICCA)在世界主要国际会议城市中分别被排在第14位、第9位和第11位(见表3-3, ICCA, 2008, 2009, 2010)。

在韩国,会展业被称作"旅游业之花"。据有关部门推算,2002年韩国通过举办世界杯足球赛,使国家品牌价值提升了约8万亿韩元。根据韩国观光公社的统计,2007年国际会议参加者在韩国的平均消费额是每人2488美元,为一般游客的2.7倍。韩国从每3名参会人员身上赚取的外汇利润相当于出口一辆小型汽车。2009年6月,一场参会人员超过2万名的大型国际企业会议在韩国KINTEX会展中心举行。据韩国观光公社估算,此次会议直接消费约6220万美元,而其间接经济效益约超过1.1亿美元(顾金俊,2009)。

考虑到会展产业显著的经济拉动效应和在提升国家品牌效应及改善韩国服务贸易收支的重要作用,会展业已作为高附加值产业的代表,在2009年1月13日,韩国总统李明博主持召开的国家科技委员会和未来企划委员会会议上,被选定为3个领域的17个新的经济增长动力项目之一。韩国政府决定采取多种措施扶持会展业。包括政府出资支持会展业相关教育课程的日常运行；支持构建统一的韩国会展业信息系统；继续为会展产业的发展构建法律制度和环境；建立专门的官民合作机构支持会展产业等。此外，韩国政府还将在国外设置招揽国际会议的专门机构，并加强对国际会展市场的开发和研究。

韩国的会展业不仅得到了中央政府的高度重视，同时也受到了地方政府的高度关注，各地纷纷采取措施支持会展业的发展。例如：韩国京畿道政府从2010年开始，三年内将出资1200亿韩元（约为1亿美元）支持建设KINTEX会展中心的第二展馆。第二展馆建成后，KINTEX会展中心的展场总面积将超过10万平方米，跃居亚洲第四位。首尔市政府则宣布将于2014年前在首尔火车站附近新建一处综合会展中心。该中心将包括3个能容纳7500人的大会议厅以及2个面积为8000平方米的大型展厅，总面积将达到5万平方米，规模将超过现有的COEX展览中心。大田市也将2009年定为“大田会展产业的飞跃之年”，目标是召开国内外会议250场，参会人员达到10万名，经济效果提升至550亿韩元（顾金俊，2009）。

会展业在韩国被分成展览业和国际会议业两大部分进行管理和运作。展览业的政策管理部门是知识经济部，而国际会议业的政策管理由文化体育观光部负责，政策执行与具体运作则由韩国观光公社负责。在知识经济部的推动下，韩国于2008年3月制定了《展览业发展法》，并于当年9月开始实行。同年年底，该部又确定了“展览业发展5年基本计划”。根据该项计划，今后五年内韩国将积极扩充基础设施，培育全球顶级展会，使韩国成为排名前十位的展览强国。具体目标包括：到2012年韩国展览业规模达到2.9万亿韩元，占国内生产总值（GDP）的比重达到0.35%，就业人数达到3.5万名，这三项指标均超过2007年的两倍（顾金俊，2009）。为实现上述目标，韩国政府将采取一系列措施，如：扩建会展场馆，使韩国国内展馆总面积由目前的16.9万平方米扩大至26.5万平方米；扩充食宿交通设施及改善展馆附近条件；利用IT技术和环保技术实现展馆升级，提高招揽国际展会的竞争力。到2012年将培育1—2个能够代表韩国的世界顶级展会，并将合并与IT有关的5个展会，减少重复办展，推动展会的专业化、规模化和国际化。每年两次开设短期教育课程，提高从业人员的专业水平。到2012年确保展览业拥有产业代码，为今后持续的政策支援提供依据。实施税收、保险等制度改革，帮助会展企业解决实际困难。而在文化体育观光部的政策管理下和韩国观光公社的具体实施和运作下，韩国的国际会议业以大型国际活动（亚欧会议、世界杯足球赛和APEC首脑会议）为契机、以产业立法（5次修订完善的《国际会议产业培育法》）为依据和以专门机构（韩国观光公社及其所属“韩国会展事务局”）为支持也取得了飞速的发展。

韩国会展业的发展令世人瞩目，但韩国会展业还存在产业发展地区的不均衡、人才与附属设施的瓶颈、国际会议业与展览业的协调发展等问题，需要智慧和努力来解决。

（四）日本

日本以其雄厚的经济实力，良好的基础设施、快捷的交通条件、周到的服务，特有的民族文化赢得了许多重要国际会议、展博览会和世界大型节事活动（大阪世博会、世界杯足球赛、爱知世博会等）的主办权，这些活动在日本的举办和召开促进了日本会展业的快速发展，对日本经济和旅游业的发展起到了很大的推动作用。总的来说，日本的会展业非常发达，无论是会展的档次、水平以及会展场馆的设施和经营管理都非常好。

据国际会议协会（ICCA）统计，2007 年、2008 年和 2009 年，日本分别举办国际会议数量为 215 个、247 个和 257 个。按国家举办国际会议数量排位，日本在世界主要国际会议国家中分别被排在第 7 位、第 8 位和第 8 位。在亚洲，位居第一（见表 3-2，ICCA，2008，2009，2010）。按照国际协会联盟的统计标准，日本在 2008 年举办 575 个国际会议，国际会议市场分享率为 5.19%。位于世界第 4 位，在亚洲位居第二，仅次于新加坡（见表 3-4，UIA，2009）。日本每年大约举办展览 600 个左右（唐鹏，2010），专业展会数量占展览项目总数的 80%以上（国际商报，2007），参展商 7000 家以上，标准展位数近 15 万个，观众人数 2000 万左右。日本全国共有各种会展设施 291 个，总面积为 106.4 万平方米（唐鹏，2010）。2006 年，日本拥有室内展览面积 403636 平方米，在亚洲，位居第 2 位，仅次于中国（UFI，2007）。日本的会展场馆主要分布在以东京为中心的关东区（35.4%），名古屋、静冈周围的中部地区（21.8%）和大阪、神户为中心的近畿地区（17%）。这三大地区的面积占了日本全国的 74%。其中最大的会议中心是由美国 Rafacl Vinoly 设计的东京国际会议中心（Tokyo International Forum），占地面积为 2.7 万平方米，建筑面积 14.5 万平方米（唐鹏，2010）。

日本负责会展业管理的政府部门主要是日本贸易振兴会（JETRO）和日本观光振兴会。其中日本贸易振兴会还专门设置了会展部。与会展有关的协会有日本大型活动振兴会和日本展示会协会（英文简称 JEXA，日文简称日展协）。与会议有关的协会有日本专业会议主办商协会和日本会议营运事业者协议会，专门负责会议的运作。

日本会展业的发展首先注重市场化运作。所有参展企业和参观者都是自愿参加日本商业展会，并支付价格较高的展位费和服务费，参展所需的各项服务均有明码标价并提供完善服务。进场参观者同样需要缴费进场。展会布展讲究实效。重点满足展示和洽谈需要，简洁大气。体现出务实、高效的气氛。其次，日本展览业主要集中在东京、大阪、千叶、神奈川、爱知五大城市，其中东京的展览会项目数占日本全国展览项目总数的50%以上，东京展览净面积总和占日本全国展览净面积总数的60%以上（国际商报，2007）。日本会展业发展空间集群化有利于日本会展业的规模化发展，有利于产生集聚效应，有利于资源共享减少成本。日本会展业还十分注重展会的评估分析。日本展会主办单位通常有一套完整的展会分析评价系统，包括参展商的数量、企业分类，展出产品类别、来自的国家和地区、参展目的、展会期间的洽谈联络情况、收到的效果、对参观者和展会的满意程度等等；同时对参观者也进行详细的统计分析，包括地区、从事行业、职业职位、参观目的、洽谈企业数、留场时间、收集到的信息及在场内活动情况、感兴趣的产业、对展会的评价、对展出者的满意度、达成意向数、一年内的继续联络情况以及对本次展会的满足程度和其他建议等等。根据这些收集到的调查分析材料，主办单位事后再对展会进行总体分析评价，完善组织工作，同时把有关建议反馈给参展商和参观者双方，使展商和专业观众双方在以后展会中有针对性地搞好参展工作，提高展会的效果。

第二节　发达地区和国家会展业的管理体制

综观世界发达地区和国家的会展业，其管理体制完全不同于计划经济国家的管理体制，正是这种不同的管理体制促进了发达地区和国家会展业迅猛与健康地发展。发达地区和国家会展业管理体制的优越性主要体现在以下几个方面：

一、管理体制

目前，作为国家经济和国际贸易发展战略中的一个重要环节，会展业受到了各国政府的高度重视，几乎所有发达地区和国家的会展业，都没有计划经济形成的条块分割的管理体制，而是建立统一的管理体制，设有单一的国家级的展览管理机构。如：德国展览业协会（AUMA，又译：德国经济展会与博览会委员会）、新加坡国际企业发展局（IES）和韩国的知识经济部等。这些展览管理机构都有一个共同特点即权威性、全国性和唯一性。

发达地区和国家的会展业对会议的管理一般是纳入旅游业的管理体制下，由旅游部门统一促销、统一管理。比如：新加坡旅游局属下的新加坡展览与会议署（SECB）也参与新加坡会展业的部分管理工作，但侧重于国际会议，对展览会的管理相比较而言，更多的是参与一些重大国际活动的整体策划，包装、宣传，以及为参展商、海外专业观众和代表服务；着眼于通过国际会议和展览会来促进旅游。在韩国，国际会议业的政策管理由文化体育观光部负责，政策执行与具体运作则由韩国观光公社负责。日本观光振兴会也是日本负责会展管理的两个政府部门中的一个。香港旅游发展局也下设会议及展览拓展部专门负责促进香港的会展活动。在法国和美国，旅游局的全称干脆就是会议观光局（CVB），亚太旅游协会（PATA）下设亚洲太平洋地区展览会及会议联合会（APECC）和亚洲会议观光局协会（AACVB），也说明了国际上会展业的管理体制。

纵观世界发达地区和国家政府对会展业的管理机构，它们主要有以下几个方面的职能：

（一）制定发展计划，确定管理政策

在亚洲的会展业大国韩国，政府主管展览机构——知识经济部从发展国际贸易、提升韩国在全球展览业地位等宏观角度，于2008年推动制定了《展览业发展法》和“展览业发展五年基本计划”。同时，负责韩国国际会议业政策管理的韩国文化体育观光部也五次修订完善《国际会议产业培育法》以推动韩国国际会议业的发展。在展览王国德国，展览业的统一管理机构——德国展览业协会（AUMA）对展览会的类别、展出地点、日期、展期、周期等方面都要进行管理，以保护参展者、组织者、参观者各方的利益。

（二）组织会展各方、开展整体促销

在国际旅游市场上，MICE是旅游业的一个细分市场，为了争办一个会议或展览，国家和国家之间，甚至一个国家的城市和城市之间，竞争都十分激烈。因此一个国家和城市开展会展促销，首先是将自己的国家和城市作为一个整体来推销，而不是推销单个的会议中心、展览厅或饭店，也不是各会展企业自行促销；说服公司或协会在某个国家或某个城市举行活动，这就是政府会议观光局或旅游局所属会展署（部）的工作。发达国家和其会展城市都设有国家会议管理部门和城市会议局，无一不担负起目的地形象包装和宣传的职能。负责会议、展览、奖励旅游的组织、协调与市场开拓。

政府会展管理部门开展整体促销的主要途径是：

1. 参加会展业的相关国际专业交易会

每年 5 月在瑞士日内瓦举办的欧洲会议、公务、奖励旅游交易会(EIBTM)；每年 9 月在美国芝加哥举办的奖励和会议旅游展销会(IT&ME)；每年 12 月在亚洲易地举办的奖励和会议旅游展销会(IT&CMA)；还有在德国法兰克福举办的国际会议及奖励旅游展(IMEX)和在中国举办的会议、公务、奖励旅游交易会(CIBTM)。在这些专业的会展交易会中，政府的会议观光局、旅游局或旅游局下属的会展署(部)是一支活跃的力量。

2. 邀请买家做专业考察

有计划地邀请买家作实地考察(Familiarization Trip/Tour)，是会展举办国和会展城市开展整体推销的另一途径。在买家的实地考察中，使他们对会展目的地举办大型会展活动的各种有利因素、会展设施、接待条件和能力等有一个感性了解，引起他们的兴趣并使他们作出购买决策。这种请进来的方式投入较小，见效较快，并能为更多的企业提供与国际买家见面的机会。

3. 建立境内外销售网络

全世界每年举办的会展多达数万个，分布在各行各业。为捕捉淹没在各行各业的会展活动，政府需做出相应努力。如德国政府已协助本国展览机构，在全世界设立了办事机构约 400 多个，建立了全球展览营销网络；法国政府和商会也牵头组织了法国国际专业展促进会(Promosalons)在全世界 50 多个国家建立了办事处。开展专业展的国际营销。我国香港旅游局通过任命港内 800 名各界知名人士为会议大使的做法，有效地将触角延伸至方方面面，并主动协助各类协会到国际上去争会。香港能够成为亚洲的“会展之都”同香港旅游局锲而不舍的努力是分不开的。

4. 组团出访促销

新加坡作为亚洲的国际展览城市，非常重视会展业的国际市场营销，新加坡热旅游局属下的展览会议署的职能之一就是向国际上介绍在新加坡举办国际展会的优越条件，促进在新加坡举办各种会展。该机构每年都有计划地向世界各地派团，介绍新加坡旅游会展方面的情况，如上半年去欧洲，下半年就去美国，并且在世界各地举办新加坡会展经济方面的研讨会，以便各国和地区都能够详细了解新加坡在这方面的优势(李满，2009)。

(三) 参加专业组织，加强国际联系

会展业的国际专业组织不少，最主要的是：国际会议协会(ICCA)、国际专业会议组织者协会(IAPCO)、国际会议策划人员协会(MPI)、国际协会联盟(UIA)、国际展览局(BIE)、国际展览与项目协会(亦译：国际展览与活动协会)(IAEE)、贸易展览参展协会(TSEA)、国际展览业协会(UFI)、奖励旅游商协会(SITE)等。在全球会议业专业组织中,成立于1963年的国际会议协会(ICCA)影响较大,该组织定期发给会员的资料中,有许多有价值的会议信息。全球有140多个国家及城市的会议观光局和设有会展署(部)的旅游局是它的成员。发达地区和国家政府的会展管理机构通过参加这些国际会展专业组织,获取国际会展业的最新发展信息和市场机会,更好地指导和推动各自会展业的发展和参与国际市场的竞争。

(四) 联络会展企业、提供服务协调

通常处在会展市场竞争前沿地位的政府会议观光局或旅游局及其下属会展署(部),都会同航空公司、旅游批发商、饭店业者和其他机构合作,形成一支庞大的市场营销力量,运用综合的营销手段留住已有的客户,并不断寻找新的业务合作。政府会展管理部门收集有关会展信息资料,制作针对会议组织者的宣传材料,为那些准备举行会议和展览或组织奖励旅游的公司提供全面客观的建议和帮助,帮助饭店和会议中心申办活动,通常还协调各个环节争取本地成为会议和奖励旅游者的目的地。如果会议组织者决定在某个国家举办会议,这个国家的旅游部门就应能提供合适的会议场所的联系地址或有关的目的地管理公司和旅游经营商的名录,并监督和管理会议接待服务等。

二、审批制度

在发达国家,如德国、美国、英国等,任何商业机构和贸易组织都不需要特殊的审批程序就可以进入会展业,因为不管是国际展、国内展和地方展,还是综合展、专业展,都是促进产品销售的手段,都是一种纯粹的商业市场行为。在这些市场经济国家,展览项目基本上不需要政府审批,也没有专门的政府部门通过行政手段管理会展业,而是由会展行业协会或贸易促进机构以行业自律的方式负责协调和规范本国会展市场。

即使在有的市场经济国家进入会展业还需申批,那审批的重点也完全不一样。如新加坡政府对在新加坡举办展览会的审批,主要也只着重于社会安全角度,对展览会本身基本上没有什么限制。对于本国企业出国参展,不仅没有什么限制,还有税收方面的折扣优惠;对行业协会、商会等组织8家以上会员企业以国家馆名义出国参展,政府还会拨款予以赞助。

三、行业协会

会展业发展到成熟期时，行业协会就是行业利益的代言人，也是政府跟企业进行沟通的最主要渠道。目前在市场经济发达的欧美国家和市场经济较成熟的一些亚洲国家和地区，政府管理会展行业的职能已经和会展行业协会紧密地结合在一起，它们共同合作、相辅相成。行业协会既是会展企业的代言人，也是贯彻政府意图，执行政府政策的可靠助手。在各国展览行业协会中活动比较活跃的有美国国际展览与项目协会（IAEE）、德国展览业协会（AUMA）、法国会展协会（FSCF）、意大利展览协会（AEFI）以及英国的展览组织者协会（AEO）、展览服务商协会（AEC）、展览场地协会（AEV）等等，这些展览管理机构的职责可能会有差异，但在所在领域内，都有一个共同的特点，即惟一性、全国性和权威性。行业协会以维护行业合法权益、协调会员之间关系，为会员提供服务，维护市场公平竞争，沟通会员与政府间关系，促进同行业的经济发展为宗旨。这些机构在国家法律的指导下行使着管理职能，在中央和地方政府制订经济与外贸发展战略中扮演着重要角色。它们的主要职能是：

（一）制定行规

世界上发达地区和国家的会展行业协会根据地区和国家法律、行政法规的基本原则，并结合本地区行业发展的实际情况，制订和组织实施本行业的行规、行为准则；建立行业自律机制，提高行业整体素质，维护行业整体利益，推动行业发展。随着会展行业的发展与成熟，它的主要职能是利用市场机制和行规对会展业进行协调性的管理，其着眼点在于会展业的秩序、效益和发展。新加坡会展行业协会（SACEOS）成立于1979年，其会员有专业展览公司、专业会议公司、场馆设施及其他展览服务机构。它的最主要职能就是行业管理和协调，一方面，它与政府密切配合，共同制定一套行业道德与行为规范，一旦有会员违反有关规定，就召集会议讨论解决，甚至提出制裁措施，以维持公平竞争的秩序；另一方面，在展览会题目、展出时间安排、摊位价格、展览会质量水准等方面，在会员单位之间进行协调，以更好地维护会员的正当权益。

（二）认证评估

每年世界上展览会成千上万，这既造就了展览市场的繁荣，也难免良莠不齐，鱼目混珠。因此展览行业协会在这方面义不容辞地承担着参与行业标准制定和质量管理监督的工作，具有资质审查的职能。如对本地展览项目进行年度资质评定，优胜劣汰，对品牌展览项目则授予专利，对某些展览项目产权进行必要保护等。会展行业强调展览会的名牌效应，从世界范围看，最有效地对展览会进行评估和资质认可的组织是国际展览业协会(UFI)。该组织的成员是建立在品牌展览会的基础上的。截至2010年9月，得到UFI资质认可的国际展会有859个，中国有79个(UFI，2010)。国际展览业协会(UFI)对申请加入其协会的展览项目和其主办单位有着严格的要求和详细的审查程序，取得UFI的资质认可、使用UFI的标记，便成为品牌展览会的重要标志。欧洲国家如英国会对展览会进行第三者审计，即聘请一家独立的审计公司对展览会的整体效果进行评估。英国展览组织者协会(AEO)每年举办展览最佳服务评选活动，即由展览组织单位评选出当年的最佳配套服务公司，奖项分8类，包括摊位施工、电力安装、展品运输、保安、展馆管理、家具租赁、工业服务和特殊成就奖。目前，英国展览组织者协会(AEO)的颁奖大会已成为英国会展行业一年一度最重要的活动，"AEO杰出服务奖"某种程度上已成为英国会展行业中的质量认证。法国则采取对展览跟踪调查的方法，一般调查要进行两次，一次在展出期间，就展览组织本身征求参展商的意见；另一次在展览结束后，就参展是否成功向企业了解，由此来获得对展览会的客观而公正的评估。各发达国家对展会的评估认证方法虽各不相同，但目标都是共同的，即创造品牌展览会的声誉，更好地维护参展商、观众和主办者的利益。

（三）培训人才

会展业是一个有着广阔发展前景的行业，需要大量的熟悉业务、了解惯例，富有经验并具有创新精神的专业人才。这些人才除了有学历教育机构进行培养外，会展业的行业协会在入职业培训和教育方面也承担着重要的任务。比如：美国国际展览与项目协会(IAEE)创造了一套系统完整的展览业专业人士职业培训计划，通过课堂学习、工作实践、参与协会活动和考试等方式给予展览业专业人士继续学习和资格认证的机会，每完成一个专业测定后就授予一定的分数，累积到一定的分数后，协会将授予展览管理资格证书(CEM——Certified in Exhibition Management)。一般取得这个证书要花2—4年的时间，而获得了此证书就表明该从业人员在展览业内取得了展览管理的资格地位和名誉。该协会还把这套培训方法输出国外，与一些国家的展览协会签订了双边合作协议，以此来培养展览业的专门人才。新加坡会展行业协会(SACEOS)也把人才培养作为它的另一重要职能。该协会通过定期培训班，年会和不定期讲座等方式，对国际会展业从业人员进行业务培训，从1990年开始，就接受其他国家派员到新加坡培训。

第三节　发达地区和国家会展业的发展经验

发达地区和国家的会展业在其长期的发展过程中积累了极其宝贵的丰富经验，正是这些经验使得发达地区和国家的会展业能持续地蓬勃发展。并取得了良好的经济和社会效益。它们对我们有着非常重要的借鉴意义。综观全球，归纳发达地区和国家会展业的发展情况，除了上述管理体制方面的优越性外，发达地区和国家会展业的发展经验还可基本概括为以下几个方面：

一、完善的会展法规

没有规矩，不成方圆，发达地区和国家在长期的会展发展过程中制定了一整套完整的会展法规，正是这些严格的会展法规保证了发达国家会展业健康有序地发展。比如：德国政府的展览业管理机构——德国展览业协会(AUMA)对展览会制订了各种措施，如对展览名称给予类似商标的保护，以制止展览会雷同和撞车，保护名牌展览。在英国的会展市场，英国各类展览服务单位，包括展览组织、展馆场地和配套服务公司，都有统一的配套行为规范，由各自的协会组织制定，对会员起到指导和约束作用。如英国展览服务商协会(AEC)规定，任何会员施工单位不能因与客户发生纠纷而中途停止服务，影响客户正常展出。英国展览组织者协会(AEO)规定，会员单位发布的展览统计数字、展览会介绍必须真实、准确、不能夸大贸易效果以误导参展公司和观众。

二、扶持的资助政策

发达地区和国家会展业的今天在很大程度上应该归功于这些地区和国家所制定的一系列扶持会展业的资助政策。

在市场经济成熟的发达地区和国家，政府部门对会展业的介入，主要体现在对展览的资助和投资上，尤其是对大型和特大型展览设施和会展中心建设的支持和资助上。这实际上是发达地区和国家对发展会展业扶持政策的一种具体体现。许多欧洲、亚洲国家的政府为了鼓励本国企业参加国际展览会，宣传本国企业，促进外贸出口，每年都还会在国家的财政预算中划出一部分，向参展企业提供资金支持。如德国政府对参加国外展会的企业补贴金额 2007

年达到3600万欧元，2008年达到3700万欧元，2009年的预算是3800万欧元（魏爱苗，2009）。中国驻德国大使馆经济商务参赞处撰写的《德国展览业2005—2006年度最新概况》一文中也指出："2007年德国组织国家展团、补贴中小企业参加海外展览将达到242场次。"亚洲会展王国新加坡政府对会展业的扶持政策亦是很好的范例，新加坡国际企业发展局（IES）的前身贸易发展局（STDB）为了对会展业扶持和协助，曾特地制定了下列三项政策：

（1）特准国际贸易展览会资格计划：新加坡贸发局从展览会质量、规模、参展和参观人数、国际化程度（海外参展及观众比例）等方面进行全面评估，对符合标准的展览会授予AIF资格，此计划从1990年提出，获得资格的展览商在进行国际市场规划时，将可获得最高2万新币的政府资助款项，贸发局也将为这些展览会出版有关宣传品，在贸发局所有的海外办事处颁发，以协助推动国际市场，吸引更多的外国参展公司和专业观众，此外，新加坡本地公司参加具有AIF资格的展览会，也可像出国参展一样，获得双重减免税收的优惠。

（2）特准贸易论坛计划：贸发局推出此计划主要是为了推动与国际展会同时举行的商务会议和论坛等活动。这对提高新加坡办展质量、增强展览会的竞争力；促进展览业的健康发展，都起到了积极的作用。

（3）国际展览发展协助计划：此计划的目的是对一些有潜力成为高质量、高档次展览会的新题目，新项目，进行重点扶持和政策倾斜，该计划于1995年开始实施，目前在此计划项下已有10多个国际展览会。

此外，新加坡政府还积极鼓励企业出国参展，开拓国际市场。为此，新加坡政府对行业协会、商会等组织8家以上会员企业以国家馆名义出国参展的，还会拨款予以赞助。

三、全球的营销网络

发达国家和地区，如德国、法国、美国、日本和中国香港等，都在世界各地建立了全球会展营销网络，这极大地提高了这些国家和地区在国际会展市场的竞争力。据资料显示，到目前为止，中国香港特区政府主要办展机构香港贸发局，在世界各地设立了40多个办事处，其中11个在中国内地，旨在建立庞大的国际化展览营销网络。法国成立的"法国国际专业展促进会（Promosalons）"对同一专题的展览会只接受一个质量最好的优秀展会作为其成员，现有65个展会加入到这一组织，该组织将65个成员展会的营销费用集中到一起使用，在全球50多个国家设立办事处和机构，建立了有效的全球促销网络。

四、先进的专业办展

发达国家和地区先进的专业办展经验主要体现在：

（一）展览会的定位

纵观世界发达地区和国家的专业展览会，没有一个像我国目前许多展览会的定位那样采取贸易和零售相结合的形式。它所提供的只是一个单纯的交易谈判场所，只是寻找合作和签约。

（二）参展商的选择

作为专业展览会，参展商及其产品和营销手段应具备符合现代和国际水准并具有国际竞争力。欧美许多展览会招展时，对参展商的选择是十分谨慎的，有很多展览会的组织者常常要求参展商在报名时提供详细的公司情况，进行参展商资格的审核。一旦发现参展商的档次不够，绝对不会因图眼前小利而认同其参展资格。在参展商的选择中，非常注意参展商的国际化，在德国，每年举办的展览会中有48%的参展商来自国外。德国法兰克福展览公司总裁 M. R. Zitzewitz 曾说过："如果没有国际厂商的参加，法兰克福的展览早就破产了。"

（三）观众的选择

在世界专业展览会上，非专业观众无法进入展览会会场。真正的专业观众和参展商并不是来看展览会的热闹，而是为了洽谈和签订合同。闲逛的观众只能妨碍真正的专业观众进入展览摊位、观摩表演和洽谈业务。在欧美的专业展览会上，观众入场除了购买昂贵的门票外，还须提供展览会的邀请函或名片，经审查才能进入会场。

（四）展区的划分

在世界专业展览会上，会场主题区域按照展品的种类进行划分，这对提高展览会的专业水平和贸易成交有很大帮助。

（五）展台的设计和搭建

展览服务公司在设计和搭建展台前，要了解展览会的类型、企业品牌、产品特点、展台风格要求、展位的周边环境及竞争对手的情况，通过所掌握的资料进行整体创意设计。并根据展示风格选择礼仪小姐，然后进行人员服装的设计制作和专门的人员培训等。

（六）展览会的展期制定

真正专业的展览会一般只采用3—4天展期，以迫使参展商和专业观众尽量缩短洽谈时间，使交易更具针对性。

（七）展览会的各项服务

发达国家和地区的著名会展企业长期以来以客户利益为最高利益，与客户共同发展而不是注重短期效益、忽视客户管理。在这一观念的指导下，发达国家先进的专业办展充分地体现在其展会的服务内容、服务水平和服务质量上。一般来讲，发达地区和国家的展会服务涵盖以下三方面：

(1) 快捷方便的运输服务。主要指在展品到达展地的机场、码头、火车站之后，快速安全地将展品搬运到展馆的地面运输，在展后，又快速安全地运走。在展前有限的布展期限内，如不尽快将展品运到展场和展位，会影响布展进度。撤展时也会遇到类似问题。国外专业的机构——国际展览运输协会，不仅研究、协调、解决当地地面运输问题，而且延伸到提供展品的巡回展出运输及展品的专线往返配送。

(2) 及时高效的会务服务。主要指为洽谈提供良好平台。发达国家的展览机构会及早提供展馆展位图、提供展商和专业观众的详细信息：如：参展商的所在的馆号、摊位号、联系电话、参展产品和展后联系方法，专业观众的采购意向、展会期间和展后的联系方法等，以便参展商和专业观众之间相互查找联系；设立洽谈区域、组织配对洽谈、举办拍卖会、将网上商务与场馆展览相结合，召开相关商务会议和论坛等。另外，还引进为参展商和专业观众服务的众多机构，如海关、银行、物流、航空、保险、法律、公证和旅游等机构，提供一站式、一条龙的会务服务；及时发放展会简报、提供展会的有关数据及各项信息资料以及展会的后期服务等。

(3) 周到细致的生活服务。发达地区和国家展览业本着所有的活动都在一个屋檐下举行(all under one roof)的理念，为了参展商和专业观众的方便，大型会展场馆一般建在配套设施齐全的区域位置，如单独建造，那在设计中就十分注意相关设施的配套，如配置一定数量的餐饮、客房，大小不一的会议厅和洽谈厅，设立商务中心、大会服务台和网上服务台，办展机构还成立专门机构，负责预定或推荐高中低档的宾馆、旅店，让客户满意。做到了服务内容规范化、服务项目专营化和服务网络集体化，真正全方位地提高了服务质量。

五、大型的会展场馆

发达地区和国家的会展场馆规模我们已在本书第一章、第三章和本章中都有所介绍，发达地区和国家大型的会展场馆是其会展业规模化的一个前提条件。正是这些大型的会展场馆保证了发达地区和国家的会展活动可以朝着规模化发展，并成为在世界上具领先地位、有巨大影响和国际竞争力的品牌会展。同时也正是这些大型的会展场馆使一些会展企业能在将会展搞大搞强的同时发展成跨国的国际会展集团。

六、专业的会展人才

国际上会展业发达国家和地区，如德国、美国、英国等国家和中国香港地区在大专院校都设有会展专业，系统地向学生讲授会展理论知识。如德国科隆大学的展览商贸学院和德国瑞文斯堡会展管理系是德国最著名的展览教育培训基地，其中德国瑞文斯堡会展管理系的学生大多数是展览公司的委培生，委培生在毕业后还回到派出公司，为公司服务。这些学生平时可以从公司得到工资，一般在学校里学习 3 年，一年半时间上理论课，一年半时间实习，通常 3 个月上课，3 个月实习。通过这种理论联系实际的教育体系，德国瑞文斯堡会展管理系培养了许多经验丰富、理论基础扎实的会展专业人才。在美国，从美国内华达大学饭店管理学院旅游会展管理系主任帕蒂・肖克(Patti Shock)于 1978 年开设了第一门会议管理课程后，至今已过去 32 年了，如今在美国已由 150 多所四年制大学开设了会展专业或课程，此外还有许多两年制社区学院也参与到了它们的行列中。

在院校培养会展专业人才的同时，行业组织，如德国展览业协会(AUMA)和美国的国际展览与项目协会(IAEE)也负责对专业人员的培训和职业资格认证。

不管是院校的会展学历教育还是行业组织的培训和职业资格认证，都为培养专业会展人才做出了极大的贡献，满足了发达国家和地区会展业的人才需求，保证了发达国家和地区会展业的快速发展。

思考题

1. 简述德、法、意、英四国展览业的发展情况。
2. 简述美国和加拿大的会展业发展情况。
3. 简述中国香港、新加坡、韩国和日本的会展业发展状况。
4. 发达国家政府会展管理机构有何特点和职能?
5. 发达国家政府会展管理部门开展整体促销有何途径?
6. 发达国家会展行业协会的主要职能有哪些?

7. 发达国家的会展业有何宝贵经验值得我们学习?
8. 与发达国家相比,我国目前的会展审批制度有何弊病?
9. 发达国家先进的专业办展主要体现在哪些方面?
10. 发达国家的展会服务主要涵盖在哪些方面?
11. 新加坡制定了哪些扶持资助展览业的政策?
12. 中国香港会展业发展有哪些经验值得中国内地学习和借鉴?

第九章

会展业主要国际组织

会展业是具有国际性的经济活动，它不仅促进了国家或地区的经济发展，而且推动了各国之间的相互了解和友谊，但会展活动也会产生许多复杂的国际问题，这就需要会展业涵盖各细分市场的国际会展专业组织作为协调的机构，制订相关细分市场的各企业机构共同合作的各种规范，以保证国际会展业健康有序的发展。

实践证明，会展业有关的国际专业组织在组织和管理世界会展业市场化的发展中，发挥了重大的作用。了解这些国际会展专业组织，积极地建立和它们的联系，成为它们的成员，参加它们的活动，将能使我们有更多的机会获取国际会展业发展的各种信息，了解世界会展市场的新趋势和新发展，更快地开发国际市场和发现业务机会，更好地借鉴会展业市场化发展的国际经验，融入国际会展市场参与竞争，并在竞争中同国际市场同步发展。

第一节　主要国际会议组织

一、国际会议协会（ICCA—International Congress & Convention Association）

国际会议协会（ICCA）（又译：国际大会与会议协会）是全球会议业最主要的国际专业组织之一，是全球唯一将其成员领域涵盖了国际会务活动的操作执行、运输及住宿等各相关方面的会议专业组织。国际会议协会创建于1963年，总部位于荷兰首都阿姆斯特丹，到2010年10月在全球拥有86个国家和地区的935个机构和企业成员（ICCA，2010）。其目标是通过合法的手段，促进各种类型的国际会议及展览的发展，评估实际操作方法以促使旅游业最大限度地融入日益增长的国际会议市场，同时为相关会议市场的经营管理交流实际的信息。

作为会议产业的领导组织，国际会议协会(ICCA)包含了所有当前以及未来的会议领域专业部门，其使命为：

(1) 提高成员举办会议的技巧及对行业的理解；

(2) 为成员间信息交流提供便利；

(3) 为成员最大限度地发展商业机会；

(4) 根据客户的期望值逐渐提高专业水准。

国际会议协会(ICCA)将其成员按所属会议产业专业部门分类，原先曾以一个英文字母作为成员类型的代号(见表 9-1)。

表 9-1　国际会议协会(ICCA)结构体系表

成员类型 (按会议产业的专业部门分类)	原先曾用的 代表字母	成员数量
目的地营销	D	283
会议管理	A、C	260
会议支持	E	73
交通	B	9
场馆	F、G	306
荣誉成员	H	4

资料来源：国际会议协会(ICCA)，2010。

随着我国会展业的蓬勃发展，我国的一些省市的旅游行政管理部门和经营会展的公司纷纷加入国际会议协会。截至 2010 年 10 月，我国已有 26 家单位成为国际会议协会成员，它们是：北京国际会议中心、北京国际饭店、北京市旅游局、中国国际旅行社总社、国家会议中心、欣欣翼翔国际旅行社有限公司、杭州市发展会展业协调办公室、中旅国际会议展览有限公司、广东公信数字设备有限公司、广州白云国际会议中心有限公司、北京海天网联公关顾问有限公司、上海华亭宾馆、迈氏会展公司(MCI)、太平洋世界新加坡有限公司、上海航空国际商务会展有限公司、上海光大会展中心、上海国际会议中心有限公司、上海国际会展有限公司、上海市旅游局、上海春秋国际旅行社有限公司、上海证大艺术酒店、上海环球金融中心会议中心、广州花园大酒店、广东省旅游局、深圳市台电实业有限公司和浙江省中青国际旅游有限公司。

国际会议协会采用的是一种区域性的组织结构，不仅促进同一会议产业专业部门成员之间的协作，而且还要突破成员所属会议产业部门类型的限制，促进在同一地理区域的不同会议产业部门成员之间的合作，基于这种目的，国际会议协会成立了区域分会、国家和地方委员会。国际会议协会组织机构是以区域商业事务的相似性为其基础的，如市场营销、市场研究和教育培训。近些年，协调促销有吸引力的国际会议目的地这一事务在区域合作方面占据了主导地位，尤其是在国家和地方的层面上。

截至 2010 年 10 月，国际会议协会将全世界划分为 11 个区域并设立了 11 个区域分会：非洲分会、亚太分会、中欧分会、法比荷卢分会、伊比利亚分会、拉丁美洲分会、地中海分会、中东分会、北美分会、斯堪的纳维亚分会、英国/爱尔兰分会。并在 10 个国家和地区设立了委员会，它们是澳大利亚委员会、中国台北委员会、德国委员会、印度委员会、意大利委员会、韩国委员会、马来西亚委员会、墨西哥委员会、慕尼黑委员会和泰国委员会。

国际会议协会(ICCA)现任理事会成员共 15 位，主要有：

主席：Leigh Harry 先生，墨尔本会展中心，澳大利亚；

第一副主席兼司库：Jurriaen Sleijster 先生，迈氏会展公司(MCI)，瑞士；

第二副主席：Eduardo Chaillo 先生，墨西哥旅游局，墨西哥；

第三副主席：Nina Freysen-Pretorious 夫人，会议公司，南非；

上届主席：Christian Mutschlechner 先生，维也纳会议局，奥地利；

首席执行官：Martin Sirk 先生，ICCA 总部，荷兰人

理事会成员：Handan Boyce 夫人，土耳其伊斯坦布尔会议观光局；Mariano Castex 先生，阿根廷拉丁美洲迈氏公司；Juan Jose Garcia 先生，西班牙 Viajes Iberia 会议公司；Alec Gilbert 先生，澳大利亚阿得雷德会议中心；Bart Heinrichs 先生，荷兰 Parthen 会议服务公司；Brian Horsburgh 先生，英国阿伯丁会展中心；Miranda Ioannou 女士，塞浦路斯 SCS 有限公司；Steen Jakobsen 先生，丹麦精彩哥本哈根；Sus Nygaard 夫人，丹麦斯堪的纳维亚航空公司。

目前的国际会议协会章程和附则是 2008 年在加拿大维多利亚召开的国际会议协会第 47 届全体会议上通过的。

除了荣誉会员外，希望加入国际会议协会的单位应向国际协会理事会递交一份书面申请，该申请需包含过去 5 年在会议展览方面的各种活动情况的综合性回顾。新成立的组织和机构应递交未来已确定的各种国际会议展览的一览表。国际会议协会理事会将视具体情况也许还会要求申请者递交附加文件和相关证明。在收到申请者的书面申请之后，国际会议协会的首席执行官

将向理事会提议是否批准其加入。理事会有权决定是否同意。在提议 21 天内如无反对意见,则申请获得通过。如果理事会有一个成员有异议,申请就要被延后,在下一次理事会会议上以投票方式进行表决,多数同意则获得通过。除了荣誉会员之外,会员资格必须在缴纳入会费和第一次会员费后才能生效。当年新加入的会员,第一次会费根据会员资格在当年的生效期按比例进行折算支付。

国际会议协会成员需履行以下职责:

(1) 尽力促销国际会议协会的所有正式活动;

(2) 与国际会议协会总部进行各种交流,优先提供各种信息,包括数据库内的一些机密信息;

(3) 帮助国际会议协会总部了解各种国际会议及展览的情况,在指定时间内回答国际会议协会总部基于此目的提出的各种问题和调查;

(4) 协助国际会议协会举办各种国际会议和展览;

(5) 按时交纳各种费用;

(6) 接受并支持国际会议协会理事会任命的特别处理道德和不公平事务委员会的任何决定;

国际会议协会提供的数据产品和服务有:

(1) 协会在线数据库;

(2) 公司会议市场信息;

(3) 会议统计数据;

(4) 目的地比较报告;

(5) 150 个国际组织信息可供选择;

(6) 国际会议协会数据专题讨论会;

(7) 国际会议协会公关包。

以上这些国际会议协会的数据产品和服务对帮助其成员了解国际会议市场,获取业务信息、开展会展教育和科研、制定会展发展计划和策略,都有很大的参考价值。

如要被列入国际会议协会统计范畴的会议就要达到国际会议协会的统计标准(参见第三章“会议业”),所以要提高我国在国际会议业中的地位,就必须按照国际会议协会的会议统计标准来办会。

国际会议协会看好中国的会议市场,对中国会议业的发展前景十分乐观,并充分肯定中国的会议业资源,尤其认为上海具备世界一流的会议业和会议旅游的资源,已选择上海作为国际会议协会第 52 届年会的举办地,并决定于

2013年11月2日至6日在上海举办该协会第52届年会(沈敏岚,2011)。这预示着该协会和中国会展业界进一步全面合作的美好前景。

二、国际专业会议组织者协会(IAPCO—The International Association of Professional Congress Organizers)

国际专业会议组织者协会(IAPCO)成立于1968年,其前身是英国专业会议组织者协会(ABPCO—The Association of British Professional Congress Organizers)。这个非营利性组织是一个由国际国内会议和特殊活动的专业组织者、策划者及管理者组成的专业性协会,总部设在英国伦敦。国际专业会议组织者协会现有100多个会员,分布在世界35个国家。国际专业会议组织者协会会员每年要在全世界组织超过5600个会议,这些会议的出席者要达到211万,展示面积要达到50多万平方米;并产生34.3亿欧元的经济影响力。(IAPCO, 2010)

国际专业会议组织者协会由8至11位成员组成的理事会负责管理。理事会成员由全体成员大会选出。2010—2012年,国际专业会议组织者协会的主要官员为:

(1) 主席:Philippe Fournier,法国迈氏公司总经理。

(2) 副主席:Gonzalo Perez Constanzó,西班牙 Tilesa Kenes 公司运营总监。

(3) 司库:Peder Andersen,丹麦哥本哈根 DIS 会议服务公司总经理。

(4) 质量委员会主任:Sarah Fitzpatrick,英国伦敦 Congrex-UK 公司总经理。

(5) 新闻、公关和营销负责人:Roslyn McLeod OAM,澳大利亚悉尼 Arinex pty 有限公司总经理。

(6) 国际关系负责人:Mathias Posch,加拿大温哥华国际会议服务有限公司总裁。

(7) 会员委员会主任:Jan Tonkin,新西兰奥克兰会议公司总经理。

(8) 专题调查负责人:André Vietor,西班牙巴塞罗那 Viajes Iberia 会议公司。

(9) 上届主席:Patrizia Semprebene Buongiorno,意大利罗马 AIM 集团公司总经理。

(10) 培训学院院长:Susanne Kostka,奥地利维也纳 AIMS 国际会议服务公司常务副总裁。

(11) 第42届年会和全体会员大会东道主:Jean-Paul de Lavison,加拿大蒙特利尔国际会议管理公司总裁。

国际专业会议组织者协会成员遍及全球,每年举行各种活动。其成员质量保证受到全球会议服务商的认知。不管它们是独立的专业会议组织者,还是一个单位内部的专业会议组织者,是为公司、协会和政府会议市场服务,还是为教育和科研会议市场服务,所有的国际专业会议组织者协会成员,都需要有丰富的办会经验和经历,都应该是熟练的国际和国内会议活动策划和协调的咨询者和管理者。国际专业会议组织者协会的标志意味着质量,对专业会议筹划和管理者而言,它就是一个全球性品牌。国际专业会议组织者协会的成员,作为这个杰出标志的代表,在全球会议行业的供应商和经营商中获得普遍承认。

国际专业会议组织者协会致力于:

(1) 进一步提高会议组织者的专业认知度;

(2) 保持和进一步提高大型会议和其他国内外会议和节事活动高水准和专业化的组织管理;

(3) 开展和促进国际会议理论和实践的学习;

(4) 对国际会议专业组织者面临的一切问题开展研究工作寻求最佳解决方法;

(5) 同其他所有与国际会议有关的组织建立和保持确有成效的联系;

(6) 通过国际专业会议组织者协会的培训学院(Training Academy)开展培训教育。

(7) 为专业会议组织者提供论坛;

(8) 鼓励会议举办单位寻求声誉良好的专业会议组织者的帮助;

(9) 为其成员提供交流意见和经验的机会(IAPCO,2010)。

国际专业会议组织者协会为其成员提供特有的资源,可使其成员获得:

(1) 国际评估项目的国际质量认证;

(2) 专业会议组织者面临任务的全球展望;

(3) 国际专业会议组织者协会道德委员会公平裁判的保护和援助;

(4) 国际专业会议组织者协会的新闻通讯"专业会议组织者(PCO)"提供的商业促销机会,此新闻通讯"专业会议组织者(PCO)"要邮寄给3700多个世界性和国家级的组织和协会;

(5) 在为新业务投标或向行业与潜在客户演讲时所需帮助的许多工具;

(6) 每年更新的含有基本信息的协会会员名录，此名录通过数据库和年度行业展示会散发传播；

(7) 免费进入国际专业会议组织者协会通讯数据库；

(8) 国际专业会议组织协会研讨会及教育活动的费用减价；

(9) 一本免费的会议业专业术语词典；

(10) 免费的并仅限于会员的不同工作指南；

(11) 在名片和信笺等处使用国际专业会议组织者协会会标的权利；

(12) 不限量的国际专业会议组织者协会的宣传册及工作指南；

(13) 在与公司会员网址相连的协会网址上被列入会员名录；

(14) 在国际展会上国际专业会议组织者协会及其质量保证的宣传；

(15) 在种种杂志上刊登的国际专业会议组织者协会文章对协会及其成员的宣传；

(16) 协会秘书处免费的来自于协会成员的业务机会；

(17) 与会议产业的其他国际组织和协会的合作；

(18) 网上布告栏的服务(IAPCO，2010)。

凡从事国际会议的筹备和经营工作的个人和企业都可申请参加国际专业会议组织者协会，国际专业会议组织者协会(IAPCO)对专业会议组织者设立了随着服务和经济影响而不断变化的标准。作为一个国际专业会议组织者协会的 PCO 是以用专业的方式进行会议和节事活动策划、管理并取得圆满成功的专业会议组织者或策划者，这种专业的方式包括了及时、高效、承担财务责任及良好的管理。国际专业会议组织者协会的专业会议组织者(PCO)已经取得了他们同行和客户承认的专业标准，每一个国际专业会议组织者协会的申请者都必须达到下列严格的入会标准才能入会：

(1) 申请者要能证明已经组织过 10 个国际会议，其中 5 个会议必须有 400 个以上的参加者；

(2) 申请者要有过去客户写给协会的私密推荐信；

(3) 申请者要让协会选择一个申请者所组织的国际会议进行现场考察，并能通过此考察；

(4) 协会要和所选择的申请者组织的国际会议的客户，当地的会议组织委员会以及该会议的出席代表和展商面谈并获得积极正面的评价；

(5) 申请者必须接受协会对办公场所的考察，并通过审计程序(IAPCO，2010)。

申请者一旦被接纳入会，作为一个专业会议组织者协会的专业会议组织者必须参与协会一年一度的质量评估才能保持它们的会籍，评估的内容包括：

(1) 按规定递交证明目前业务进展的文件和管理人员变更的通知；

(2) 递交在国际会议市场中保证持续活动的会议工作检查表；

(3) 递交质量自我评估表来明确与竞争者及同行竞争中的自我定位，并提供自我改进的基准；

(4) 每三年必须出席一次协会年度质量研讨会(IAPCO, 2010)。

国际专业会议组织者协会会员只有达到上述入会标准并在入会后符合协会质量评估要求，他们提出的质量保证才会得到国际会议业的客户和供应商的承认。

根据协会规定，所有申请者必须按照下列步骤申请入会：

(1) 向协会递交入会申请；

(2) 递交填写完的10份有关申请者完全组织和管理的国际会议调查问卷；这些国际会议都必须有五个以上不同的国家代表出席，而且每个会议至少有40%的外国出席者；在组织过的国际会议中，5个会议必须至少有400个出席者，有关客户的详细联系资料必须随同调查问卷一并附上；5个会议必须至少有100个出席者；这里的出席者是指办理过会议注册手续的人员，如：代表、讲演嘉宾、陪同、参展商，不包括会议组织方的工作人员和接待人员；

(3) 递交未来有400个以上出席者的国际会议一览表；

(4) 递交未来可供协会现场考察的3个国际会议表格，它们必须都有400个以上的出席者；

(5) 协会有完整的评分制度，在考虑申请者的入会申请时，会充分考虑申请者组织过的国际会议举办的年份、活动的规模、出席者代表的国家数量、提供的服务以及来自客户和国际专业会议组织者协会的其他会员的推荐信。一旦调查问卷经分析令人满意，国际专业会议组织者协会立即和5个客户联系获取公司推荐信，这5个客户中的2个必须是国际组织或总部在申请者所在国以外的国家。如果联系客户后没有反应，那申请者要保证协会在申请审查继续进行下去之前收到足够数量的推荐信；

(6) 协会在收到满意的推荐信之后，会要求申请者接待一位协会理事会成员或者由理事会提名的另一位协会会员对所选择的一个申请者组织的国际会议和申请者办公场所进行的现场考察，考察费用由申请者支付，考察人员将作为自由代表通过活动注册手续参加活动并对活动做出评估；在对申请者办公场所考察时，考察人员会要求申请者提供数本未来会议的印刷宣传材料，一本申请者单位的公司章程(英文)，或其他注册文件(英文)或公司执照(英文)、公司董事会或高层管理人员的详细资料，以及如何了解公司工作流程、管理和财务信息的相关资料；

(7) 一旦上述所有程序都满意地完成，有关申请者是否是合适的国际专业会议组织者协会会员的最后决定将由协会理事会做出；如果申请未获成功，协会不必对决定做出任何解释(IAPCO，2010)。

国际专业会议组织者协会设有培训学院，致力于通过教育及与专业人员的沟通不断提高其成员和会议行业人员的服务水平。国际专业会议组织者协会在会议教育方面有着空前的记录。每年为专业会议组织者举办的国际专业会议组织者协会讲座，即广为人知的 Wolfsberg 讲座，最早开始于 1975 年，从那时起，已经有全世界 1600 多名学员参加了为期 1 周的讲座并获得国际专业会议组织者协会讲座证书，这是世界上为专业人员(包括会议组织、国际会议目的地促销、周年活动举办)进行的最具综合性的培训项目。此外，国际专业会议组织者协会也举办各种中高级管理讲座，主要是关于会议业作为一个服务性产业的运作。这些先进的管理课程内容涉及了影响当今会议产业的新趋势等热点话题。国际专业会议组织者协会的国内和地方性的讲座，主要由当地主办方邀请进行，通常在欧洲以外的国家，例如亚洲的各种联合性的国际专业会议组织者协会(IAPCO)/AACVB 讲座。所有由国际专业会议组织者协会的培训学院资助的活动，都对国际专业会议组织者协会成员开放，其会员可以较低的费用参加。

随着亚太地区在国际会展市场份额的增加，国际专业会议组织者协会会员正在亚太地区不断发展壮大。国际专业会议组织者协会正在亚洲举办各种教育项目，支持会议产业在其他新兴会议目的地的良好发展。除中国香港外，我国内地还没有企业或个人成为国际专业会议组织者协会成员的。

三、国际协会联盟(UIA—the Union of International Associations)

1907 年 6 月 1 日，国际协会联盟在比利时布鲁塞尔以国际协会总部(Central Office of International Associations)的名义成立，而在 1910 年于比利时布鲁塞尔召开的国际组织第 1 届世界大会上，国际协会联盟(UIA)才以现名正式宣告成立。之后，国际协会联盟又根据 1919 年 10 月 25 日比利时法律，正式以一个具有科学宗旨的国际协会登记注册。

1951 年，国际协会联盟章程作了修改，成为一个世界聚焦的有个人正式会员的机构。该组织是一个独立的、非政府的、无政治色彩的，可进行有关 4

万多个国际组织和客户信息交换的非营利场所。自从它在1907年成立后,就成了提供有关国际组织和全球挑战信息的先锋。国际协会联盟可以用书面、光盘及互联网的形式提供一些非常有用的数据资料。这些资料对于广大使用者来说是科研、决策和工作的有效工具。

国际协会联盟的宗旨和活动是:

(1) 为在人类尊严、各国人民团结和沟通自由基础上建立全球秩序做出贡献;

(2) 在人类活动的每一个领域里,特别是在被认作当代社会基本组成部分的非营利和志愿者协会里,促进非政府网略的发展和效率的提高;

(3) 收集、研究和传播有关信息,这些信息涉及政府和非政府国际机构,它们互相之间关系、它们召开的会议及它们处理的问题和采取的战略;

(4) 作为对涌现出来的新式的联合活动和跨国合作的促进因素,国际协会联盟尝试用更有意义、更注重行动的传递信息方法,使首创精神得到发扬;

(5) 促进对国际协会在他们与政府机构的联系中的共同法律、管理和其他问题开展研究(UIA, 2010)。

要达到以上这些目的,在回应日益增加的世界复杂问题的过程中,为了更好地组织网络、各地各种类型的机构要保持联系。

国际协会联盟每两年召开一次大会,选举国际展览联盟执行委员会。该执行委员会由15—21个成员组成,每个成员任期最长4年。

国际协会联盟的工作语言为英语和法语。绝大多数出版物是用英语出版的,但在有要求的情况下也用法语出版。国际组织年鉴用各种语言编入索引被国际组织使用。期刊《跨国协会》刊登英语和法语的文章。

国际协会联盟的日常事务工作由协会的秘书处完成,秘书处由16位工作人员组成,在秘书长的指导下开展工作。

该联盟年预算约为65万欧元,通过成员的预定刊物费、联盟的研究和咨询合同收入、出版物的销售及服务达到95%财务自立。缺少的那一部分由比利时、法国和瑞典政府及一些官方和私人机构捐款和赞助作补充。

国际协会联盟从1907年开始出版了300多种出版物和系列出版物。主要出版物有:

(1) 组织信息:《国际组织年鉴》(Yearbook of International Organizations)(年度),有四卷,也有法文版。从1996年开始有光盘版;

(2) 未来国际会议日程表:《国际大会日程表》(The Calendar of International Congress)(季刊);

(3)《世界问题和人的潜力百科全书》(Encyclopedia of World Problems and Human Potential)；

(4)《会议统计数据年报》(Meetings Statistics Annual Report)；

(5) 所有国际协会联盟编制的所有统计数据(包括标准的和定制的)(All statistics compiled by the UIA, standard and customized)；

(6) 国际会议问题调研(Survey on International Meeting Issues)；

(7)《跨国协会》期刊(Transnational Associations Journal)，刊登英文与法文撰写的文章；

(8) 在《总部杂志》(Headquarters Magazine)上刊登的所有国际协会联盟文章；

(9) 国际协会联盟出版物的完整名录(UIA,2010)。

上述主要出版物还发行CD光盘版，以适应时代和科技的发展。

国际协会联盟为适应网络发展与对外沟通与服务的需求，还提供了下列网上数据库服务，以便于会员和非会员信息和数据搜寻和收集：

(1) 在线《国际组织年鉴》；

(2) 在线《国际会议日程表》；

(3) 免费的在线《世界问题和人的潜力百科全书》；

(4) 免费在线网络可视化；

(5) 免费的信息查询服务；

(6) 新界面的国际协会联盟在线数据库(UIA, 2010)。

2010年10月，国际协会联盟在任管理者如下：主席安妮·马丽·博汀(Anne-Marie Boutin)(法国)，副主席蒂姆·卡斯韦尔(Tim Casswell)(英国)、玛丽林恩·麦海欧曼(Marilyn Mehlmann)(瑞典)和西里尔·里奇 Cyril Ritchie(瑞士)，秘书长雅克·德·迈瓦尔斯(Jacques de Mévius)(比利时)及司库伯纳德·米歇(Bernard Miche)(比利时)(UIA, 2010)。作为国际协会联盟的正式会员，总数不得超过250个，并要由正式会员构成的全体大会根据候选人的兴趣和他们在国际组织中的活动选举产生。通常他们都必须在相当长的一段时间内，在一个国际机构中发挥过积极的作用。正式会员包括外交家，国际公务员、协会管理人员、国际关系教授和基金会负责人。正式成员不需要交纳年费，但作为国际协会联盟评议员，他们被要求在各自的领域内为维护国际协会联盟的利益、进一步扩大它的影响作出努力。目前正式成员主要来自以下国家：

(1) 非洲：阿尔及利亚、埃及、肯尼亚、毛里塔尼亚、南非、突尼斯、津巴布韦；

(2) 美洲：加拿大、智利、墨西哥、秘鲁、美国、委内瑞拉；

(3) 亚洲：印度、日本、巴基斯坦、菲律宾、斯里兰卡；

(4) 澳大利亚/太平洋：澳大利亚；

(5) 欧洲：白俄罗斯、比利时、法国、德国、匈牙利、爱尔兰、意大利、荷兰、挪威、罗马尼亚、俄罗斯、瑞典、瑞士、英国(UIA，2010)。

对国际协会联盟的宗旨和活动感兴趣并愿通过交纳年费将自己同国际协会联盟的工作联系在一起的法人团体和个人，都可成为国际协会联盟非正式成员。包括各种组织、基金会、政府机构和商业企业的非正式成员有权优先使用国际协会联盟的服务。非正式会员资格需经国际协会联盟执行委员会批准。国际协会联盟还有通讯会员(Corresponding Organizations)。对于那些有意同国际协会联盟保持紧密联系并获得其出版物，但又不想履行会员承诺的国际组织，按照国际协会联盟的章程，可以成为国际协会联盟的通讯会员。这些通讯会员同除国际协会联盟正式会员和非正式会员以外的国际组织相比，可优先获得国际协会联盟提供的信息，包括免费预订《跨国协会》期刊。通讯会员的义务仅限于交纳每年的年费、将国际协会联盟纳入在它们周期性通讯的名单中，并将它们组织的章程和成员国名单传送一份给国际协会联盟。通讯会员的申请需经国际协会联盟执行委员会批准。

第二节　主要国际展览组织

一、国际展览局(BIE—The Bureau International des Expositions)，(英文名称：International Exhibitions Bureau)

国际展览局(BIE)是专门从事监督和保障《国际展览公约》的实施，是规范、管理和协调世博会运作并保证世博会水平的政府间国际组织。1928年11月，31个国家的代表在巴黎开会签订了《国际展览公约》。该公约规定了世博会的分类、举办周期、主办者和展出者的权利和义务、国际展览局的权责、机构设置等。《国际展览公约》后来经过多次修改，成为规范、管理和协调世博会运作的国际公约(国际展览公约详细内容见本书附录一)，国际展览局依照该公约的规定应运而生，行使各项职权，管理各国申办、举办世博会及参加国际展览局的工作，保障公约的实施和世博会的水平。

国际展览局总部设在巴黎，成员为各缔约国政府。联合国成员国、不拥有联合国成员身份的国际法院章程成员国、联合国各专业机构或国际原子能机构的成员国可申请加入。各成员国派出 1 至 3 名代表组成国际展览局的最高权力机构——国际展览局全体大会，在该机构决定世博会举办国时，各成员国均有 1 票。

至 2010 年，国际展览局共有 157 个成员国，下设的 4 个专业委员会是：

(1) 执行委员会：为世博会所展示的内容确定分类标准；审查所有申办的注册类(综合类)或认可类(专业类)世博会的申请，并提出该委员会的意见一并提交全体大会通过；执行全体大会赋予的任务；向其他委员会征询意见；负责评估新项目，并监督世博会进展和组织工作；2010 年该委员会的成员国为：德国、丹麦、克罗地亚、突尼斯、西班牙、中国、阿尔及利亚、俄罗斯、匈牙利、沙特阿拉伯、芬兰和捷克；

(2) 条法委员会：制定和审查国际展览局的内部规章及世博会的特别规章，并将其提交全体大会通过；指定供世博会组织者使用的规章范本；负责国际展览局和世博会有关规则文件与技术条款的具体化工作；2010 年该委员会的成员国为：法国、日本、加拿大、意大利、尼日利亚、韩国、摩洛哥、埃及、希腊、斯托伐克、土耳其和阿根廷；

(3) 行政与预算委员会：对国际展览局的管理活动实施监控；对国际展览局的财务管理进行检查；制定国际展览局年度预示并提交全体大会通过；2010 年该委员会的成员国为：尼加拉瓜、巴基斯坦、瑞士、古巴、罗马尼亚、乌克兰、乌兹别克斯坦、摩纳哥和乌干达；

(4) 信息与通讯委员会：负责国际展览局和世博会的通讯战略、计划和行动，出版国际展览局通讯，并研究和宣传国际展览局的活动；2010 年该委员会的成员国为：多哥、瑞典、比利时、蒙古、菲律宾、多米尼加、斯洛文尼亚、哈萨克斯坦和萨尔瓦多(BIE，2010)。

上述每个委员会设一位主席和副主席，各委员会主席同时也是国际展览局副主席。这 8 个成员与国际展览局主席和秘书长构成了整个国际展览局工作的管理主体。所有委员会的职位从所有的成员国代表中选举产生。各专业委员会成员国由全体大会选举产生，国际展览局主席也由全体大会选举产生，任期两年，2010 年的在任主席为让・皮埃尔・蓝峰先生。中国人吴建民先生曾任国际展览局主席。国际展览局的常务办事机构为秘书处，秘书长为该处的最高领导，2010 年国际展览局在任秘书长是洛塞泰斯先生。国际展览局以德沃夏克第九交响曲《自新大陆》第四乐章节选段作为局曲。

截至2010年3月，国际展览局成员国名单(157个)如下：(以英文字母次序排列)：

阿尔巴尼亚(Albania)、阿尔及利亚(Algeria)、安道尔(Andorra)、安提瓜和巴布达(Antigua & Barbuda)、阿根廷(Argentina)、亚美尼亚(Armenia)、澳大利亚(Australia)、奥地利(Austria)、阿塞拜疆(Azerbaijan)、巴哈马群岛(Bahamas)、巴林(Bahrain)、孟加拉国(Bangladesh)、巴巴多斯(Barbados)、白俄罗斯(Belarus)、比利时(Belgium)、伯利兹(Belize)、波斯尼亚和黑塞哥维那(Bosnia & Herzegovina)、巴西(Brazil)、保加利亚(Bulgaria)、布吉纳法索(Burkina Faso)、布隆迪(Burundi)柬埔寨(Cambodia)、加拿大(Canada)、中非共和国(Central African Republic)、智利(Chile)、中国(China)、哥伦比亚(Colombia)、科摩罗(Comoros)、刚果民主共和国(Congo, Democratic Republic of)、刚果共和国(Congo, Republic of)、哥斯达黎加(Costa Rica)、克罗地亚(Croatia)、古巴(Cuba)、塞浦路斯(Cyprus)、捷克共和国(Czech Republic)、丹麦(Denmark)、吉布提(Djibouti)、多米尼克(Dominica)、多米尼加共和国(Dominican Republic)、东帝汶(East Timor)、厄瓜多尔(Ecuador)、埃及(Egypt)、萨尔瓦多(El Salvador)、赤道几内亚(Equatorial Guinea)、厄立特里亚(Eritrea)、爱沙尼亚(Estonia)、斐济(Fiji)、芬兰(Finland)、法国(France)、加蓬(Gabon)、冈比亚(Gambia)、格鲁吉亚(Georgia)、德国(Germany)、加纳(Ghana)、英国(Great Britain)、希腊(Greece)、格林纳达(Grenada)、危地马拉(Guatemala)、几内亚(Guinea)、几内亚比绍(Guinea-Bissau)、圭亚那(Guyana)、海地(Haiti)、洪都拉斯(Honduras)、匈牙利(Hungary)、冰岛(Iceland)、印度尼西亚(Indonesia)、伊朗(Iran)、以色列(Israel)、意大利(Italy)、象牙海岸(Ivory Coast)、日本(Japan)、约旦(Jordan)、哈萨克斯坦(Kazakhstan)、肯尼亚(Kenya)、基里巴斯(Kiribati)、朝鲜民主主义人民共和国(Korea, Democratic People's Republic of)、韩国(Korea, Republic of)、科威特(Kuwait)、吉尔吉斯斯坦(Kyrgyzstan)、老挝(Laos)、黎巴嫩(Lebanon)、利比里亚(Liberia)、利比亚(Libya)、立陶宛(Lithuania)、马达加斯加(Madagascar)、马来西亚(Malaysia)、马尔代夫(Maldives)、马里(Mali)、马耳他(Malta)、马绍尔群岛(Marshall Islands)、毛里塔尼亚(Mauritania)、毛里求斯(Mauritius)、墨西哥(Mexico)、摩纳哥(Monaco)、蒙古(Mongolia)、摩洛哥(Morocco)、纳米比亚(Namibia)、瑙鲁(Nauru)、尼泊尔(Nepal)、荷兰(Netherlands)、尼加拉瓜(Nicaragua)、尼日尔(Niger)、尼日利亚(Nigeria)、挪威(Norway)、阿曼(Oman)、巴基斯坦(Pakistan)、帕劳(Palau)、巴拿马(Panama)、巴拉圭(Paraguay)、秘鲁(Peru)、菲律宾(Philippines)、波兰(Poland)、葡萄牙(Portugal)、卡塔尔(Qatar)、罗马尼亚(Romania)、俄罗斯(Russia)、卢旺达(Rwanda)、萨摩亚(Samoa)、圣马利诺(San Marino)、沙特阿拉伯(Saudi Arabia)、塞内加尔(Senegal)、塞尔维亚(Serbia)、塞舌尔(Seychelles)、塞拉利昂(Sierra Leone)、斯洛伐克共和国(Slovak Republic)、斯洛文尼亚(Slovenia)、所罗门群岛(Solomon Islands)、南非(South Africa)、西班牙(Spain)、斯里兰卡(Sri Lanka)、圣基茨和尼维斯(St. Kitts and Nevis)、圣露西娅(St. Lucia)、圣文森特和格林纳丁斯(St. Vincent & The Grenadines)、苏丹(Sudan)、苏里南(Surinam)、斯威士兰(Swaziland)、瑞典(Sweden)、瑞士(Switzerland)、叙利亚(Syria)、塔吉克斯坦(Tajikistan)、坦桑尼亚(Tanzania)、泰国(Thailand)、多哥(Togo)、汤加(Tonga)、特立尼达和多巴哥(Trinidad & Tobago)、突尼斯(Tunisia)、土耳其(Turkey)、图瓦卢(Tuvalu)、乌干达(Uganda)、乌克兰(Ukraine)、阿拉伯联合酋长国(United Arab Emirates)、乌拉圭(Uruguay)、乌兹别克斯坦(Uzbekistan)、瓦努阿图(Vanuatu)、委内瑞拉(Venezuela)、越南(Vietnam)和也门(Yemen)(BIE, 2010)

国际展览局1993年5月接纳中国为第46个正式成员国。中国国际贸易促进委员会一直代表中国政府参加国际展览局的各项工作。

二、国际展览与项目协会(亦译:国际展览与活动协会)(IAEE—the International Association of Exhibitions and Events)

国际展览与项目协会(IAEE)成立于1928年,总部位于美国德克萨斯州的达拉斯市,是当今全球展览业最重要的行业协会之一,管理和服务于全球展览市场。今天,国际展览与项目协会代表着1300多个团体成员和8500多个全世界从事和支持展览业的个人成员。其使命是通过国际性网络为成员提供独有和必要的服务、资源和教育,促进展览业的发展。

国际展览与项目协会的基本目标包括以下几点:

(1) 促进全球交易会和博览会行业的发展;

(2) 定期为行业人员提供教育机会,提高其从业技能;

(3) 发布展览业相关信息和统计数据;

(4) 为展览业人员提供见面机会,交流信息和想法;

国际展览与项目协会拥有以下各类成员:

(1) 投票会员:指拥有选举权的会员,投票会员由包括独资企业在内的,从事将买家和卖家联系在一起的展览和类似项目策划、开发、管理和支持的组织和实体构成。每一个投票会员要告知协会司库在公司活动中由投票会员授权可以代表投票会员行使选举权的投票人姓名，如果任何投票会员未通知司库被授权人名单，协会记录在档的投票会员主要联系人将被认定为被授权代表该投票会员行使投票权的人员。投票会员对于这一授权在任何时间的改变都应及时书面通知司库。

(2) 准会员：是指对协会宗旨有兴趣但又不符合投票会员条件的人员，准会员无权投票和在协会任职。

(3) 学生会员：指在国际展览与项目协会理事会批准的高等院校全职学习的人员。学生会员无权投票和在协会任职。

(4) 教职工会员：指在国际展览与项目协会理事会批准的高等院校从事教学和管理的人员。教职工会员无权投票和在协会任职。

(5) 名誉会员：是指那些没有资格担任协会正式会员，但是因其对协会宗旨和目的作出重大贡献而获得协会理事会 2/3 选票当选的个人。名誉会员可以免除支付会费，除了无权投票和在协会任职外，可以享受会员所有的权利和特权。

(6) 退休会员：指曾经是国际展览与项目协会会员或国际展览项目协会投票会员的指定代表，时间长达 10 年以上并现已退休而不在展览业就业的个人，这里"就业"定义是指任何实质报酬的劳动。退休会员无权投票和在协会任职。(IAEE，2010)

国际展览与项目协会由 21 名成员组成的理事会领导。2010 年在任主要官员为：

主席：Chris Meyer；

候选主席：Vincent Polito；

秘书/司库：Robert Kolinek；

上届主席：Margaret Pederson；

总裁：Steven Hacker。

国际展览与项目协会通过许多渠道与成员交流，包括国际展览与项目协会会员网络联系(IAEE member Link)、行业新闻发布(Press Release)、每隔一个月的新闻简报(INIR—IAEE's News & Industry Report)、双月刊的电子杂志《展览与项目》、季度发行的电子出版物《管理简报》、周期性发布的行业统计数据和趋势的行业状况报告(State of the Industry)等。

中国国际展览中心于 1995 年率先加入国际展览与项目协会。到 2010

年，国际展览与项目协会在中国内地已有近10家专业展览机构获准成为其成员，如广东会展推广有限公司、江苏联亚国际展览有限公司、江苏苏州国际博览中心等，2008年国际展览与项目协会设立中国分会，并将中国分会总部设在苏州。国际展览与项目协会主席和总裁出席了中国分会总部的授牌仪式并发表了讲话。中国分会的成立宣告了中国与美国及国际展览界合作的进一步深入，同时也为中国展览业提供了更多与海外沟通交流的机会。

国际展览与项目协会提供展览管理的注册培训认证项目，即CEM(Certified in Exhibition Management)的培训认证项目。该培训项目的必修课程包括：项目管理、选址、平面布置与设计、组织观展、服务承包商、活动经营、招展，选修课程包括：展示会开发、计划书制定、会议策划、住宿与交通、标书的制定与招标，高级课程为：经营自己的业务（包括策划与预算）、经营展会的法律问题、安全与风险问题的防止、登记注册、了解成人教育。高级课程专为取得CEM认证并可能使用CEM培训认证项目再去开展培训认证的个人所开设。展览管理认证(CEM)是一个享有盛誉的专业认证。经过国际展览与项目协会与中国国际贸易促进会对培训认证项目在中国的多年合作与推广，已先后有300多个国内会展业的专业机构获得CEM称号，并且更多的组织或个人正在学习CEM。此外，国际展览与项目协会还以中英双语提供出版物和重要的信息。每一年，国际展览与项目协会都会在中国举办数期研讨会，为成员提供补充知识、增长技能的机会。

三、国际展览业协会(UFI—The Global Association of the Exhibition Industry)

国际展览业协会(UFI)（亦译：全球展览业协会）是世界主要展览会组织者、展览场所拥有方、各主要国际性及国家展览业协会的组织，于1925年4月15日在意大利米兰市由20个欧洲主要的国际展会发起成立的。今天它已经从一个代表欧洲展览企业与展会的洲际组织发展成为一个重要的全球性的展览业国际组织，该组织原名为国际博览会联盟(Union of International Fairs)，2003年10月改为现名。

2010年，它已拥有552个正式会员，其中有展会组织者、展馆经理和协会组织。国际展览业协会成员活跃在六大洲的80多个国家，负责管理和经营着4500多个展会，每年参观这些展会的观众要达到1亿5千多万，在全球展览业的旗帜下，该协会还汇集了全球近40个国家级和国际性的专业协会。

(UFI，2010)

作为一个特殊的对话论坛和平台，国际展览业协会的主要目标是代表其成员和全世界展览业将展览会作为一个独特的市场营销和沟通工具在全球进行宣传促销。它起着一个高效的网络平台的作用，让展览业的专业人士在这个平台上互相交换各自的想法和经验。国际展览业协会也向其成员提供宝贵的涉及展览业各领域的研究成果，同时还提供教育培训和高层次研讨会的机会，并在其区域分会和工作委员会的框架内处理着其成员共同利益的有关问题。

国际展览业协会没有个人成员，只有团体成员，包括公司协会、联合会等。国际展览业协会吸收两类成员：正式成员（full member）和非正式成员（associate member），此外，国际展览业协会还在严格的条件下吸收一些由它的成员组织的展会和交易会作为它的会员。

国际展览业协会正式成员有国际展会的一国或跨国的组织者（包括组织展会及提供展会服务的附属公司）、国内展会的组织者、展馆拥有者和管理者、展览协会以及进行展会数据统计和研究的组织。国际展览业协会的正式成员有权在它和它举办的经国际展览业协会认证的展会的所有印刷和其他宣传材料上使用国际展览业协会的标志（见图 9-1），以反映企业和展会的质量。未经国际展览业协会认证的展会不得使用国际展览业协会的标志。

ufi
Member

图 9-1　国际展览业协会(UFI)成员标志

资料来源：国际展览业协会(UFI)。

截至 2010 年 10 月，我国已有 82 个展览业相关企业和组织加入了国际展览业协会，其中我国大陆和港澳地区共有 77 个 UFI 正式成员，台湾地区有 5 个 UFI 正式成员（UFI，2010）。（详细名录请见本书附录三）。

国际展览业协会的非正式成员有:非正式成员的国家和国际协会、交易会服务供应商国际协会、展览业合作者协会和营利企业,2010 年国际展览业协会共有 48 个非正式成员。(合作者)

国际展览业协会成员就是展览业中质量和专业化的标志。国际展览业协会始终坚持下列标准:

所有要求加入国际展览业协会的申请首先须经国际展览业协会成员委员会(Membership Committee)审核,然后递交给国际展览业协会执行委员会(Executive Committee)作进一步的评估并由该委员会决定是否接纳申请者入会。申请者若想成为国际展览业协会正式成员,必须有来自 2 个不同国家的正式成员的推荐信。在展会组织者和展馆拥有者或管理者申请加入国际展览业协会的过程中,如果需要,国际展览业协会执行委员会可以对申请者进行考察访问。

此外,国际展览业协会有一套成熟的展览评估体系,对由其成员组织的展览会和交易会的参展商、专业观众、规模、水平、成交等进行严格评估,用严格的标准挑选一定数量展览会和交易会给予认证。国际展览业协会认证(UFI approved event)是高质量国际展览会的证明。由于国际展览业协会在国际展览业中的权威性,达到标准的并被国际展览业协会认可的展览会,在吸引参展商、专业观众等方面具有很大的优势,它向展览商和观众保证了他们能从专业化策划和管理的展会中获益。国际展览业协会标志和质量标记被用作标示经国际展览业协会认证的国际展会(见图 9-2)。

ufi
Approved
Event

图 9-2　国际展览业协会认证展会标志

资料来源:国际展览业协会(UFI)。

要想取得国际展览业协会认证的国际展会,必须符合国际展览业协会制定的认证条件：

（1）展会必须至少已经定期举办过2次。

（2）展会必须是一个外国展商占展商总数10%以上的国际展会。

（3）或是有5%以上外国观众参观的国际展会。

（4）此外，审计的展会统计数据必须是展会上一次的统计数据，如果展会是第一次认证审计，那么仍需对展会下一次统计数据再次审计，审计必须严格按照国际展览业协会审计规则进行（UFI，2010）。

当一个展会组织者加入国际展览业协会时，它所举办的展会中至少要有一个展会必须报国际展览业协会进行认证。另一方面，已成为国际展览业协会成员的展会组织者还可向国际展览业协会提出对其组织的其他展会进行认证的要求（UFI，2010）。

2004年UFI第71届年会通过新的入会章程，有资格获得UFI认证的成员范围进一步扩大，从原有的国际展会，扩大到展览场地、会展协会和相关组织，此外展会服务商也可以成为协会的非正式会员；同时，现在的UFI认证标准和原来的UFI认证标准（国际展会至少连续举办3次以上，至少2万平方米的展出面积，20%的国外参展商和5%的国外观众）相比要容易不少，国际展览业协会入会章程的变化和认证门槛的降低说明了国际展览业协会顺应国际展览业飞快发展的形势和发展中国家的要求，更有利于会展业在全球的推广和发展。

从1988年开始，中国国际展览中心及其举办的印刷展览等首先得到国际展览业协会的认可，随后几年，有北京国际机床展、国际仪器仪表展、上海国际模具展等展会先后得到该协会的认可。2010年，全世界865个由国际展览业协会成员组织的国际展览会得到了国际展览业协会的认证（UFI，2010）。其中，我国（包括港、澳、台地区）获得国际展览业协会认证的展会共有83个（UFI，2010）。其中，内地和港澳地区有78个UFI认证展会，台湾地区有5个UFI认证展会。（它们及它们的组织单位详细名录可见本书附录四）

国际展览业协会总部设在法国巴黎，在全世界有4个区域性分部，对相关区域的所有国际展览业协会成员开放，至2010年11月，来自国际展览业协会的信息告知：

非洲/中东部：主席为Ahmad Al-Mazrouie先生，NECC公司（阿联酋阿布扎比），共拥有39位成员。

美洲部主席尚待宣布，共拥有42位成员。

亚太部：主席为陈先进先生，上海市国际展览有限公司（中国上海），共拥有 164 位成员。

欧洲部：主席为 Sergey Alexeev 先生，Lenexpo 展览股份有限公司（俄罗斯圣彼得堡），共拥有 299 位成员（UFI，2010）。

国际展览业协会各分部的主要任务是讨论所在区域的相关问题，促进所在区域成员间的合作，提升展览业协会在该区域的地位，鼓励更多成员加入。

在特定区域，分部成员通过紧密合作，处理涉及博览会事务的特定任务和利益，可以有效提升博览会的专业性和质量。

随着中国会展业的迅速发展，国际展览业协会十分重视中国的会展市场，加强了和中国的合作，国际展览业协会和中国贸促会等单位，分别于 1987 年、1997 年在北京，上海举办了 UFI 培训班，履行其培训使命，介绍国际展览知识、国际展览操作与管理。全国 20 多个省市的办展人员参加了这两项活动。国际展览业协会又于 2006 年 11 月 8 日至 11 日在北京举办了第 73 届年会，该组织还和中国贸易促进会及其他相关国际会展组织一起在中国举办了多届中国会展经济国际合作论坛。与此同时，中国的 UFI 会员单位每年也派员参加 UFI 年会，介绍中国展会情况，了解国际展览发展趋势，推动中国展览业国际化。

第三节　其他主要国际会展组织

一、奖励旅游管理者协会（SITE—The Society of Incentive and Travel Executives）

奖励旅游管理者协会（SITE）是全世界唯一致力于用旅游作为激励和改进工作表现的专业人士的世界性组织，它认识到全球文化差异和使用旅游激励战略的重要性，为它的成员提供网络和教育的机会。

成为奖励旅游管理者协会的成员是一种宝贵的无形资产。它能使奖励旅游管理者协会成员在下列诸方面得益：

(1) 获得分布在全世界 87 个国家的 2100 多个奖励旅游管理者协会成员的联系方法（SITE，2011）。这些成员代表着奖励旅游业的每一个领域；

(2) 获得区域内“奖励旅游大学”的折扣学费，“奖励旅游大学”课程涉及奖励旅游中如何去做的广泛内容；

(3) 获得出席奖励旅游管理者协会每年国际会议的优惠会费。这些国际会议的重点集中在影响未来奖励旅游的发展趋势上；

(4) 能收到大量的奖励旅游管理者协会出版物，这些出版物包括《资源年鉴(The Annual Resource Manual)》、在奖励旅游市场战术和趋势领域的研究简编——《奖励旅游介绍(Incentive Travel Factbook)》、涉及影响全世界奖励旅游和团队活动问题的双月版成员通讯——《奖励旅游(In—SITE)》等；

(5) 可以参加奖励旅游管理者协会在全世界的分会活动和教育培训项目；

(6) 可以在名片和信纸上使用奖励旅游管理者协会的标志；

(7) 会收到在奖励旅游主要展示会设摊所需要的奖励旅游管理者协会成员陈列材料；

(8) 会被列入在线成员指南(Expertise Online)并收到免费网址连接；

(9) 符合条件谋取奖励旅游管理者认证(CITE—Certified Incentive Travel Executives)的称号；

(10) 符合条件参与有声望的奖励旅游管理者协会水晶奖大赛(SITE Crystal Award Competition)。

(11) 可以以奖励旅游管理者协会成员特殊优惠价订购奖励旅游管理者协会出版物、通讯录和标签，以及奖励旅游管理者协会研究报告。

奖励旅游管理者协会的联系地址为：Society of Incentive & Travel Executives, 401 N. Michigan Ave, Chicago, IL 60611, USA。电子邮件联系地址为：site@siteglobal. com。

奖励旅游管理者协会在世界下列地区设立了它的分会：

美国的亚利桑那州、芝加哥、佛罗里达州、明尼苏达州、纽约、北加利福尼亚州、东南部地区、南加利福尼亚州、得克萨斯州和新英格兰地区；以及中国、芬兰、希腊、荷兰、澳大利亚、比利时、加拿大、南非、德国、大不列颠、爱尔兰、拉丁美洲、墨西哥、新西兰、意大利、阿联酋、苏格兰、西班牙、土耳其(2011, SITE)。

奖励旅游管理者协会中国分会于2010年2月23日在北京首都大酒店会议厅举行了第二届年会，为我国从事奖励旅游的同仁们提供了一个绝好的与国家旅游局，北京市旅游局，国际国内专业协会和各地奖励旅游专业人士的交流机会。北京经过努力申办获得了奖励旅游管理者协会2012年全球年会的举办权，这标志着我国奖励旅游事业的发展进入了一个新阶段。

奖励旅游管理者协会还设立了专门基金支持世界各地有关奖励旅游的课题研究，这对世界奖励旅游的发展起了很大的推动作用。

二、国际场馆经理人协会(IAVM—International Association of Venue Managers)

国际场馆经理人协会(IAVM)是一个代表全球公众活动设施的一个专业组织。1924 年 12 月 27 日在美国俄亥俄州克莱夫兰市成立。国际场馆经理人协会的成员包括礼堂、露天剧场、会议中心、展览场馆、体育场馆、演艺戏院、圆形剧场的经理们和高级管理人员。成员所在的设施吸引着全世界成千上万的人前来参与惊人数量的不同类型活动,这些活动从各类会议到各项展览、从节事庆典到奖励年会,从文艺演出到体育赛事,意味着公共和私人资金的巨额消费。国际场馆经理人协会在它的会员中还有 400 多个联盟公司,这些公司为场馆经理人提供他们使用的产品和服务。凭借他们的国际场馆经理人协会会员身份,他们才能够为这个巨大的市场提供他们的产品(IAVM, 2011)。

国际场馆经理人协会的使命是教育、支持和激励全世界的公众活动场馆的专业人士。它在全球会展业中有着巨大的影响,是一个被公认为场馆领域最高领导并为全世界场馆专业人士提供尖端创新、高层次教育、支持性宣传和网络沟通机会的国际组织。国际场馆经理人协会致力于国际会员的成长与发展,不仅是全世界与公众活动设施相关研究、信息和服务的主要源泉。而且还为其成员提供了前所未有的会员价值并为该组织的伙伴和相关产业带来了无限的机会。

国际场馆经理人协会的价值在于:

(1) 正直:作为一家专业协会,该组织做任何事情均遵循职业道德标准和“诚信为本”的原则。

(2) 服务:为会员提供服务并提倡会员的互相支持及鼓励国际场馆经理人协会全体会员和国际合作伙伴积极参与协会的活动。

(3) 安全:这是该组织最重要的价值。该组织提供创新的安全保障、指导方针和培训,以便在优先保护人身安全和物质资产的管理中为场馆和他们的管理团队提供帮助。

(4) 教育:提供高层次的、范围广泛的、合适的、具有挑战性的、信息量大的先进的教育项目。

(5) 倡导:对影响公众活动设施经理工作的各项问题,鼓励给与慎重而又恰当的支持。

(6) 以人为本:该组织提供资源并鼓励国际场馆经理人协会团队成员通

过培训和指导的机会成为他们责任领域内的业内专家(IAVM，2011)。

国际场馆经理人协会的目标是遵循大众娱乐和社会发展的方针，促进和推广公众活动设施的使用，尽一切努力让公众和想成功使用这些设施的经理们了解和熟悉有兴趣和有价值的信息，在公众活动设施的经理中间交朋友，提高他们让公众使用他们设施的促销和推广能力并规范他们的管理实践和职业道德以及公共关系。

国际场馆经理人协会2010—2011年理事会理事长为约翰·沙伊尔(John Siehl)先生，副理事长为兰迪·布朗(Randy Brown)先生和理查德·安德森(Richard L. Andersen)先生。总部设在美国德克萨斯州科佩尔市。协会网址为：www. venue. org。国际场馆经理人协会按地理位置设立九个区域分会(1-7区和欧洲区及亚太区)，举办分会会议，联络会员开展活动。国际场馆经理人协会成员分四类：专业会员、联盟会员、青年专业会员和非正式会员，专业会员是该协会的核心，包括各类公共活动设施的管理人员。联盟会员必须是为公共活动设施提供产品和服务的企业。青年专业会员会籍为30岁以下的公共活动设施低级管理人员开放。非正式会员是指从事公共活动场馆设施领域的教学研究人员和此专业的学生(IAVM，2011)。为了促进国际社会对中国的了解，提升中国公共活动场馆管理人员的专业知识和时间经验，使国际场馆经理人协会在中国更加高效地开展活动和发挥作用，该组织在中国已成立分会，国际场馆经理人协会中国区主席为北京体育之窗文化传播有限公司总裁高宏先生。

三、会议专业工作者国际联盟(MPI—Meeting Professional International)

会议专业工作者国际联盟(MPI)成立于1972年，是全球会议和活动取得成功的主要依靠力量，其使命是致力于成为会展行业中策划和开发会议这一领域内的未来领导性的全球组织。

为了获取更多的专业和技术资源，赢得专业发展和网络工作的机会及抓住战略同盟、折扣服务和分部成员之间互相沟通的优越性，越来越多的企业、机构和组织加入了该组织。

会议专业工作者国际联盟目前在全球80多个国家有近24000个成员。分别归属于71个分部。会议专业工作者国际联盟的使命是通过知识、关系和市场建立良好的人际联系而使该组织成员取得成功(MPI，2011)。成员共分七类：公司会议专业人士、协会/非营利会议专业人士、政府会议专业人士、会议供应商专业人士、会议专业管理人士、学生和教师。成为会议专业工作者国际联盟成员能够同全世界 23000 多位会议策划者和会议供应商接触联系，通过参加或赞助会议专业工作者国际联盟会议、在《会议专业工作者（The Meeting Professional)》杂志或在会议专业工作者国际联盟网页上刊登广告及购买会议专业工作者国际联盟成员标志来获取商机及发展机会。《财富》杂志评选的 100 家公司中有 71 家公司参加了会议专业工作者国际联盟。

会议专业工作者国际联盟的总部设在美国的达拉斯，该组织由理事会领导，理事会由理事长、3 个副理事长、上届离任理事和 12 个理事构成。2010—2011 年会议专业工作者联盟理事长为埃理克·鲁仁博格(Eric Rozenberg)先生，总裁和首席执行官为布鲁斯·麦克米伦(Bruce MacMillan)先生。

会议专业工作者国际联盟主办了会议专业工作者绝大多数的集会，其中包括世界教育大会(WEC—the World Education Congress)，北美专业教育大会(PEC-NA—Professional Education Conference-North America)、欧洲专业教育会议(PEC-Europe—the Professional Education Conference-Europe)等。会议专业工作者国际联盟开发的全球会议管理证书强化培训项目(CMM—Certification in Meeting Management)通过让其参与者进行特别设计的各种课程和练习来提高他们的战略思考、领导和管理决策的能力，为其成员和其他有志会议业人士提供了继续学习和提高的机会。会议专业工作者国际联盟还是会议产业委员会(Convention Industry Council)开发的会议专业人士证书(CMP—Certified Meeting Professional)项目的支持者，为有志于获取这一证书的会议专业人士提供培训和备考的服务和支持。全球会议管理证书和会议专业人士证书两个项目的区别就在于前者更侧重于战略和行政决策，而后者在本质上更侧重于战术和具体的工作。

建立于 1984 年的会议专业工作者国际联盟基金会每年进行研究和项目开发来保证会议专业工作者和会议业的发展以及世界对它们的认知，同时也保证了会议策划、功能和管理的不断改进。基金会还进行妇女领导和多元文化创新精神的研究和开发。

今天，对于任何会议专业工作者来说，不管他们是会议策划者还是服务供应商，有业务网络、专门知识和资源保证取得可观的投资回收才是成功的关键。而会议专业工作者国际联盟的《会议专业工作者国际联盟年度成员名录(MPI Annual Membership Directory)》提供 250 种不同在线课程的会议专业工作者国际联盟网上远程教育(MPI Web Distance-Learning)、会议管理证书强化培训(CMM—Certification in Meeting Management)与会议专业人士认证(CMP—Certified Meeting Professional)、针对分部负责人和成员的在线新闻通讯季刊《分部领导人》(The Chapter Leader)、针对会议专业工作者国际联盟欧洲成员的在线新闻通讯季刊《相遇欧洲》(Meeting Europe)和针对会议专业工作者国际联盟加拿大成员的新闻通讯季刊《公报》(Communique)为会议专业工作者国际联盟提供了他们成功所需的业务网络、知识和资源。

思考题

1. 会议业的主要国际组织有哪些？它们的基本情况如何？
2. 主要国际展览组织有哪些？请简述它们的基本情况。
3. 最有名的国际奖励旅游专业组织是哪个？请告知它的基本情况。
4. 会展场馆管理人员加入哪个国际会展组织较为合适？为什么？
5. 如果我们要想成为国际上承认的专业会议组织者，我们应该加入哪一个国际组织？每一个申请者都必须达到哪些严格的入会标准才能入会？根据该组织规定，所有申请者必须按照哪些步骤申请入会？
6. ICCA 的使命是什么？我国有多少会展企业和机构已加入该组织？加入该组织有何好处？加入该组织的条件和手续有哪些？ICCA 成员有何权利和义务？
7. IAPCO 向该组织成员提供哪些资源和服务？该组织的培训学院有哪些主要的培训教育活动？
8. UIA 的宗旨和主要活动是什么？我们可以从 UIA 那里获得什么？
9. IAEE 的基本目标是什么？CEM 是它提供的一个什么项目？该项目有哪些内容？
10. 国际上对展览会认证的最权威组织是哪个？这个组织的目标是什么？获得这个组织认证的展会应具备哪些条件？加入这个组织需要哪些条件？
11. 成为 SITE 成员可获得哪些利益？CITE 是什么？
12. IAVM 有哪些目标？该组织的价值在于哪些方面？
13. CMM 是一个什么项目？提供这个项目的国际组织还有哪些教育培训服务？

第十章
会展业发展趋势与人才培养

在人类社会已进入 21 世纪的今天，放眼世界，企业全球化和经济一体化成了国际经济发展中不可逆转的历史潮流，讲和平、求发展也成了国际社会政治生活中的主流。再加上交通手段的不断改善以及世界经济的恢复和发展，世界会展业已经并将继续呈现出蓬勃发展的良好态势。

与会展业发达国家相比，我国会展业虽已从起步阶段进入了发展阶段，但在会展经营管理理念、具体操作运营等方面都存在着不少薄弱环节和许多亟待解决的问题。在我国政府相关部门的重视和支持下，在会展业从业人员的不断努力和探索下，我国会展业正在不断地克服前进路上的障碍，解决发展中的问题，保持着健康快速发展的态势。

为了推动我国会展业更快地发展，赶上并超过世界会展大国，我们在了解会展业、我国会展业的现实发展和世界会展业发展先进经验的同时，还必须了解世界和我国会展业未来发展的新趋势，探讨会展业未来发展首先要解决的人才培养问题。

第一节　世界会展业发展趋势

目前，随着经济全球化趋势的加快和网络技术的出现，世界会展业在内容和形式上都发生了很大变化，而且还将随着国际会展市场竞争的加剧，呈现出新的发展趋势。总体来看，世界会展业发展趋势可预测为以下几点：

一、全球经济一体化，会展经济理念迅速扩展

国际会展业近几年呈现平稳发展的趋势，2009 年全球会展业的直接经济

效益达到了3850亿美元(曲秋霞、苏宝茹,2010),成为一个在全球经济中占有相当比重的新兴产业。由于全球经济一体化已是大势所趋,所以会展经济的理念必将在全球迅速扩展,随着会展经济理念得到愈来愈多的认同,会展业将被越来越多的国家重视,尤其是发展中国家,虽然地区经济发展的不平衡对会展业有一定的影响,但是,由于会展经济是一种前瞻性经济,所以它更加反映了经济发展的未来趋势。在这一背景下,一些亚洲和非洲国家的会展业在国际会展业中的地位也变得越来越重要,甚至将成为国际会展业今后几年继续保持高速发展的关键性因素,而像德国、美国、新加坡等会展业发达国家将会继续努力保持其国内现有的发展速度,并进入发展中国家的会展市场争取更多的市场份额,继续扩大其在国际会展业中的影响。

二、会展场馆数量不断增长,呈现大型、便捷、环保与智能化

由于世界各国政府部门越来越认识到会展业给经济带来的直接和间接的益处,尤其是随着会展业的不断发展,展会规模的不断扩大、科学技术的不断发展和对展会服务要求的不断提高,为了扩大展览设施的能力以满足不断增长的展览需求,许多国家纷纷参与“展馆扩建的竞赛”,掀起兴建大型的、配套设施齐全的、低碳化、智能化的会展场馆的热潮。世界会展场馆未来的发展趋势是:数量增加,规模扩大,便捷和环保程度及现代化水平更加提高,小型会展场馆将逐渐消失。

目前,国外新建的展览中心占地面积一般都超过了100万平方米,展览面积超过20万平方米。但德、美、意、英、法等国为保持其在会展业中的霸主地位,并借以提高政治声望,目前都在争相大兴土木,以便在会展业作持久较量。如始建于1920年的米兰国际展览中心,位于米兰市中心,总面积达409万平方米,其中展厅面积为37.5万平方米,该展览中心共有内部相通的展馆26个,经过不断地翻新和扩建,拥有了世界上最先进、性能最完善的展览场地。其中最优秀的是展览中心自筹资金2.2亿美元新建成的三个现代化大型展厅,面积为7.7万平方米(中展网,2011)。新展厅长度在180米和230米之间,宽110米、高23米,配备有最先进的技术设备,采取了最先进的环保措施,这些展厅均为两层。所有展厅之间均用20米长和30米宽的玻璃封闭高架桥相连,下方是市区街道。展览中心还十分重视场地的服务和货物搬运工作,运货车在展厅内部开行,行车路线为专线,与观众的路线分开。在货物装卸区有功率强大的通排风装置,还有许多货运升降机,(豆瓣网,2006)该展览中心还

设有各种规格的会议室 38 个,22 间放映厅,4 个永久性时装展示厅,为举办各种时装发布会、时装表演提供高标准的专业场地。展览中心其他辅助设施也非常齐全,可以为每个展商提供诸如水电、煤气、电话、传真以及网络服务,另外整个展览馆中还分布着 52 间酒吧、7 家大型餐馆和 9 家自助餐厅,为展商和观众提供完善的餐饮服务和后勤服务。(中国贸促会出国展览业务信息网,2011)这些设施足以使米兰展览中心在 21 世纪保持领先地位。在有“展览之都”之称的巴黎,法国展览行业的两大巨头巴黎工商会(CCIP)和尤尼百-洛当科集团(Unibail-Rodamco)联合宣布:不仅把各自在巴黎地区所拥有的九个展览馆和会议中心整合在新品牌“巴黎展览馆集团(VIPARIS)[www. viparis. com]”的旗下,使巴黎展览馆集团室内展览总面积达 57.5 万平方米,室外展览总面积达 42.6 万平方米,而且还要在 10 年内再扩建 13.5 万平方米的室内展馆。主要扩建巴黎北郊的维勒班特展览中心,使其展览面积逐步由目前的 24 万平方米增加到 35 万平方米(食品商务网,2009)。

据美国《贸易展览周刊》报道,在过去 10 年间,美国全国的会展面积翻了一番,其中大部分是新建或扩建的会议中心。一级城市中的芝加哥、奥兰多、圣地亚哥、拉斯维加斯和洛杉矶已经建造或扩建了新的现代化设施;而二级城市如摩拜尔、阿拉巴马、普罗维登斯、罗德岛、奥斯丁、得克萨斯以及纽约、新奥尔良和亚特兰大的郊区正在建造全新的会议中心,并且面向州一级和地区级的团体或全国性团体进行营销,2007 年,全美国 322 个展览场馆平均展示面积达到 19285 平方米,主要酒店展览场所的平均面积达到 9000 平方米(Wallace, 2007)。

未来的会展场馆将充分考虑使用者的方便,增加视觉设备和灵活性。多数会展场馆可以接待各种不同类型的活动,它们具有最新的视听和通信技术装备,能够提供不同种类的服务,有可供选择的展览会承办人、人员齐全的商务中心和餐饮服务设施。

使会展场馆更加具有吸引力、使用更方便的办法之一是,将会展场馆与饭店建筑物相连接或在饭店建筑物内设置会展场馆。例如,美国肯塔基州的莱兴顿市,一座天桥把凯悦丽晶饭店和莱兴顿中心连在了一起。美国费城的宾夕法尼亚会议中心在开业两年后,又建设了一座拥有 1200 间客房的附属饭店——万豪(马里奥特)。美国博彩业巨头阿德尔森在 1996 年斥资 15 亿美元,炸掉他买下的拉斯维加斯金沙酒店,再花 3 年重建,把它与美国最大的私人会展中心相连,建成集住宿、娱乐、博彩与会展于一身的“威尼斯人度假村”。在这之后,拉斯维加斯金沙集团将这种理念带到了澳门,干脆就将会展场馆建在酒店内，澳门威尼斯人度假村酒店内现有10万平方米的会展场馆，使会展旅游者在一个屋檐下就能得到需要的所有会展服务。

随着世界科学技术的日益发展，国际上这些新建和将新建的大型会展中心的科技含量都将会有明显的提高，设计和设施设备都将会充分地体现前瞻性，以保持其一定时间和阶段内在会展行业中的领先地位。它们一般都配备智能化程度很高的网络系统，如：观众登记系统，电脑查询系统等，及多声道同声翻译系统、音响视频系统、多媒体展示系统，消防保安系统、低碳节能系统、综合楼宇自动化系统、LED照明系统等，此外，无线上网，手机短信等多种现代通讯手段也将会在会展场馆得到更广泛的应用。

三、会展业发展更趋专业化、会展活动更具导向性

在国际上，专业性的展览已成为会展业发展的主流，代表着会展经济的发展趋势。与一般展览会相比，专业展览会具有针对性强、参展观众质量高、参展效果好等特点，因此近几年来综合性展览会举办数量不断减少，许多综合性的展览会都不同程度地转为专业性展览会。原来一些综合性的展览已经被细分为若干个专业展，如：汉诺威工业博览会就是由若干个专业展（如机器人展、自动化立体仓库展、铸件展、低压电器展、灯具展、仪器仪表展、液压气动元件展等）组成的综合展。还有，同一主题的展览会也被细分为许多小的专业展，如：为适应市场的需求，国际著名的慕尼黑"国际电子元器件和组件贸易博览会(Electronica)"已经分化出国际电子生产设备贸易、国际应用激光和电子技术贸易、国际信息技术和通讯贸易博览会。市场定位的细分使慕尼黑国际博览集团举办的这些展会在这些领域中具有较高的地位。培育"Electronica"这个国际品牌达20多年的慕尼黑国际博览集团总经理安士林博士说："我们认为作包罗万象的展会观念已经过时，我们要从参展观众的角度出发，以观众的需求出发就能吸引厂商来参加。"慕尼黑国际展览集团首先在业内提出了新理念，力图突破传统，使博览会不再局限于普通的产品推介，而成为每项专业的技术先导和趋势发布。每年，由该公司举办的展会有近一半是导向性博览会。每个博览会都力求展示并引导各专业项目的最新发展，为了适应时尚市场的需求，公司的展会已走上由综合性展会向类目细分的专业性、导向性展览的发展之道。慕尼黑国际展览集团每年举办的国际性展会达30多个，来自世界90多个国家的近3万名展商和来自约50个国家和地区的近200万参观者（集萃丝印特印网，2010）前来参加这些盛会的主要原因之一，就是慕尼黑国际

博览集团举办展会的“专业性与导向性”。

2010年我国成功地在上海举办的世界博览会更是一个“导向性”展会的光辉典范，包括世博轴在内的“一轴四馆”永久性建筑，其景观照明全部采用LED，整个园区80％以上夜景照明采用LED为世博会节约了大量能耗，园区内建筑和照明二氧化碳排放减少了30％。这使上海世博会成了全球屈指可数的LED集中示范区。被称为“紫蚕岛”的日本馆，建筑外表采用透光的薄膜，可吸收太阳能发电并在夜间发光；弧形穹顶上“长着”三个洞和三个角，前者可接收雨水并循环利用，引入阳光以减少照明用电，后者可强化冷暖空气的流通，减少空调能耗。在5.28平方公里的世博园区内，客运交通工具实现了“零排放”，在拥有特大跨度“无柱空间”的上海世博会主题馆顶部和中国馆“东方之冠”高达68米的屋顶平台上都安置了巨大光伏组件群，仅这两大展馆累计的太阳能装机容量就可达3127千瓦，一年提供并网发电的电量可达284万千瓦时，每年可节约标准煤约1000吨(许晓青、吴宇，2010)。这样的设计令两座永久性场馆成为‘绿色世博’理念的直接展示者。世博会场馆的设计和建筑理念无不体现了“节能减排、低碳发展、绿色环保”的世界最新潮流和发展方向，为世界会展业的未来发展起到了“导向性”的指引作用，正如联合国副秘书长兼环境规划署执行主任阿希姆·施泰纳所希望的那样：要将上海世博会展示的先进环保技术向全球推广。

同样的会议导向性和专业性也已成为会议吸引力度大小的重要因数之一，能获取前瞻性信息的各类会议已成为会展业中的重要产品，并将继续成为会展业中最受欢迎的产品之一。

慕尼黑国际博览集团的“专业化和导向性”经营理念和中国2010年上海世界博览会的导向性，符合会展业这一前瞻性经济的发展特点，国际会展业的发展事实和会展经济的特点决定了会展业发展更趋专业化，会展活动更具导向性。

四、会展业并购\联盟强强合作，国际化运作集团化趋势加强

会展业在国际交往中占据着非常重要的地位，它既是国际经贸、科技和文化交流的桥梁，又是传播信息的窗口。它对促进国家进出口贸易、技术引进、国家与国家及企业与企业之间的合作、吸引资金等方面都起到积极的作用，随着经济全球化进程的加速发展，会展业的国际化运作已经成为越来越多会展企业的选择，这种状况已经并将继续影响国际会展企业的运作，会展企业的国

际化运作趋势主要体现在国际上会展市场的出售和收购及会展企业的兼并和合作等。

美国独立展览主办协会(SISO)就曾对美国展览市场的出售和收购做过一个调查,发现1998年全美共有30个展览会实现交易,其中贸易型展会20个、消费品展览会10个,而在1998年之前的5年里,一共只有78个展览会实现交易(会展365网,2006)。

在1999年和2000年的头几个月里,世界会展业的收购行为一浪高过一浪,荷兰信息出版公司以6.5亿美元的价格收购年营业额2.2亿美元的博闻有限公司70个专业贸易展览会以及一批专业杂志和出版社。全球闻名的展览公司——英国励展集团以3.6亿英镑收购了博闻集团欧洲公司,并在1999年一年之内就收购了106个欧洲展览项目(其中,法国44个,德国18个,意大利10个,西班牙12个和斯堪的纳维亚地区22个)(孙钢,2002),著名的展览公司博闻集团也为了集中力量进军国际电子商务市场,在全部保留亚洲经营的业务和展览会项目的同时,宣布出售和转让一些展览市场份额和展览项目,如:以12.6亿美元的高价将其在美国和拉丁美洲约40个大型贸易展览会和相关的刊物杂志出售给卡尔顿通讯公司。还有美国的商业媒介(Commerce Connect Media)出价2.75亿美元收购了拥有专业杂志、会议和网站业务的商业媒体公司(Cygnus Business Media)。2002年,励展集团又投资伦敦Excel展览中心,成为股东之一,并收购了新加坡亚洲宇航设备展示中心50%股份,同时,以参股和合作方式同美国的坎恩斯商业信息和英国的里德维尔商业信息等媒体联姻(孙钢,2002)。2005年初,德国杜塞尔多夫展览公司收购了德国依格多国际时装展览公司(Igedo Company)。法国巴黎之北展览区最大的商业楼宇发展商Ubibal收购了Exposium展览公司,成为巴黎最大的会展承办集团之一;拥有巴黎之北展览区和布热尔展览区的巴黎商会,收购巴黎展览集团Comexpo的大部分股份;世界第三大展览公司的法兰克福展览有限公司,美洲第二大展览公司的VNU集团等又在2005年收购了广州光亚展览公司、上海荷雅展览公司等(蒋雪根、戴桂麟、张娟等,2009)。2010年8月12日,联合商业媒体有限公司(United Business Media Limited,简称UBM)宣布为其全资子公司亚洲博闻有限公司(www.ubmasia.com)收购上海国际儿童、婴儿、孕妇产品博览会(Shanghai International Children-Baby-Maternity Products Expo,简称CBME)及相关资产,进入发展迅速的中国孕婴童产品市场(美通社亚洲,2010)。

世界会展业巨头通过资本运作,实行低成本扩张,使利润最大化和资本增值最大化，为企业长远发展打下良好基础。

购并和联盟已席卷了全球经济的各个领域，成为国际市场的一大焦点。作为一个国际化程度很高的领域，会展业也不例外。会展企业的兼并和合作也是一种典型的国际化运作，通过兼并合作，可以利用国际和国内两种资源，开拓国内和国际两个市场，以获得资源的最佳配置。也是顺应经济全球化和国际展览市场重组带来的重重挑战，整合行业资源优势和专业服务，使展览公司保持行业领先地位的最佳途径。从2000年至今，世界上许多著名的大型会展公司及会展组织者，都采取了战略联盟和并购的方式来扩大规模、提高竞争力，以抢占市场份额，形成会展企业集团化的趋势。如世界上两家著名的展览公司"瑞德(Reed)"和"克劳斯(E. J. Krise)"合作联姻，共同开发了通讯计算机展览市场(梁文，2002)。而且，美国的克劳斯公司还斥资40亿美元购买南美的品牌展会及其相关产业(潘文波，2006)。2006年7月，德国汉诺威展览公司和意大利米兰展览公司宣布达成战略联盟，首次共同致力于在中国、印度、俄罗斯、巴西等海外市场上开拓展览业务。罗马展览集团与法兰克福展览公司两家展览公司也于2006年9月中旬在罗马签署了一份共同管理业务意向书(宁波会展网，2007)，标志着双方一同扩大业务范围。更有效地合作开拓地中海及北非地区市场的开始。2007年，为了应对欧盟内部和来自国际上的竞争，法国会展业的两家重量级单位法国巴黎工商会会议展览部与法国私立房地产公司下属全资分公司巴黎展览公司实现联合，成了欧盟会展界的龙头企业(中华工商时报，2007)。2008年，法国展览行业的两大巨头巴黎工商会(CCIP)和尤尼百-洛当科集团(Unibail-Rodamco)联合宣布：将各自的展览业务按照场馆和组展两个板块进行融资重组，重组后的新展览集团以开发新展会和国际化作为发展的主轴线。由此，法国也由三大展览公司三分天下的局面进入法国励展集团(Reed Expositions France)与高美爱博展览集团(COMEXPOSIUM)分庭抗礼的形势(食品商务网，2009)。

与其群雄纷争，不如强强联手、合作经营；与其四面出击，不如集中资源，发展自己的核心优势项目，这将继续是未来国际会展业运作的发展趋势和方向。

五、通过移植品牌会展，加速向国际市场拓展

在世界会展业向专业化、国际化和集团化发展的过程中，由于欧美国家会展业在国内空间的发展已近饱和，这些国家的跨国会展公司必然将目标瞄准

海外，纷纷把自己举办成功的品牌会展逐渐移植到其他国家，寻求全球发展。如德国的法兰克福、慕尼黑、科隆、多塞尔多夫和汉诺威等展览公司，均将各自培育几十年的品牌展移植到加入WTO后的中国。

成功移植电子元器件博览会(Electronica)到上海的慕尼黑国际博览集团总经理安士林在2002年对采访他的中国记者说:“当我们发现了一个新的具有市场潜力的国家和地区，我们就会不遗余力地尽我们所能移植品牌展览会，1997年，我们在中国香港举办了第1届亚洲电子元器件博览会，2000年，我们开始了印度的电子元器件展，我们2001年还在巴西圣保罗同样举办了南美洲的第一届电子元器件展，出于对中国市场潜力的信心，我们又选择了在上海举办中国第1届国际电子元器件展。”在这之后，慕尼黑的工程机械与建材机械展和环保展也移植到中国，办成了Bauma China和Ifat China，还有汉诺威的消费电子、信息及通讯博览会也移植到中国，办成了CeBit Asia，汉诺威展览公司全球总裁劳尔曾表示:“超过土耳其、印度等新兴市场，中国是目前汉诺威在全球移植工业展览品牌最看重的市场。”受到中国市场的强大吸引，科隆之后通过与中国其他展览公司合作的形式，把五金、摄影、家具、甜食和童装等几个领域的展会“移植”到中国(程满清、李海林，2005)。德国法兰克福展览有限公司也已把每年春秋两季在德国本土举办的国际消费品展览会(Ambiente)移植到了亚洲，分别在中国、日本和俄罗斯举办了以Ambiente命名的展览会，还将法兰克福在全球的展览品牌如照明展、建筑电气技术展、汽车展、图书文具展、纺织品展等移植到广州。

品牌展会的“移植”是国际领先水平展会向外扩张的必由之路。这些国际知名展会通过“品牌移植”的方式，已相继在中国“生根发芽”。同时，中国的品牌展会也开始走出国门，移植到最具竞争力的目标市场，在境外办展，如华交会移师日本举办海外展(薛慧卿，2006)，深圳高交会在奥地利维也纳举办深圳高交会维也纳分会。2008年，广州茶博会品牌移植到澳门。

全球金融危机的爆发使世界新老经济体的实力对比发生了重大的变化。世界会展的重心也随着制造业和贸易市场的转移，正向新兴经济体国家倾斜，越来越多的国际展览公司开始重视新兴经济体国家市场的潜力，纷纷挤进新兴经济体国家，移植品牌展会到新兴经济体国家成为最突出的表现形式。

我们可以预言，随着企业全球化的必然趋势和新兴经济体国家的兴起，以及在国内会展市场业务的逐渐饱和，跨国展览公司通过品牌移植，开拓国际市场的力度将继续不断加大，国际展览市场的竞争将更加激烈。

六、全面应用现代新技术，会展发展大放异彩

信息、网络、光电、新能源和新材料等各领域内的现代科学技术的快速发展及在会展业中的应用，使全球会展经济的发展大放异彩。大量应用现代新技术，向网络求发展空间，向新能源和新材料要节能减排，低碳发展，已成为世界会展业的又一重要发展趋势。曾有专家将这种以高科技产业为支撑，以知识经济、信息网络经济为主要内容的新经济对会展经济产生的影响，归纳在3R，即快捷(Rapidity)、关联(Relationship)和效果(Results)三个方面。

现代新技术在会展业中的应用，首先是现代信息技术和网络技术在会展业中的使用，现代信息技术与网络技术不仅将充分使用在会展场馆的硬件建设中，而且在会展企业管理和会展活动的策划与运行中都将得到充分的运用。

例如：许多会展活动都建立了自己能提供会展场所、会展活动本身以及娱乐、休闲、交通等相关活动详细信息的网站和网页。会展活动主办者通过互联网与营销目标直接建立联系，利用电子邮件直接邀请专业人士参加会展活动已习以为常。同时，互联网还使会展活动参加者可以在网上注册登记；网上调查也成了会展活动主办者开展调查、了解情况、进行评估的有力工具。

随着网络技术的广泛运用和会展活动参与者信息需求的增加，越来越多的会展活动主办者在会展活动场所将提供“赛博咖啡室”或“咖啡网吧”，使会展活动参与者能方便地收取电子邮件、查阅信息和对外联络。

互联网在会展活动策划中进一步的运用还表现在许多网站提供了强有力的搜索引擎，通过这些搜索引擎可使会展活动策划者查阅到大量的会展场所和其他供应商信息，这就使得会展活动的买家可在网上进行调研和场馆预定。在美国进行的调查表明公司会议的前期时间为3个月或不到3个月。但新技术的使用可使公司会展策划者寻找会展活动场址(馆)、选择、联系饭店销售人员、签订会展活动合同在一天的时间完成。

网上展览和视频会议作为实物展览和现场会议的必要补充部分，在德国和美国等发达国家已呈现出旺盛的发展势头。尤其美国“9·11”事件发生后，由于担心安全问题，更多企业开始关注和利用网上展览及视频会议，使网上展览和视频会议在会展业中的地位与日俱增。一些会展中心和饭店为此特地安装了卫星视频会议或网络会议设备，使得一些不能出席现场活动的特邀嘉宾也能对现场的会展活动参与者发表讲话。2010上海世博会期间的“网上世博会”和世博会后留存了近百个展馆的丰富内容和壮观美景的“网络世博会”，以

及在2010上海世博会上，全力保障世博通讯畅通高效的全球首个TD-LTE“准4G”规模演示网都预示着展会今后发展的方向。

会议对高质量的视听设备和现代化技术的要求越来越高。电脑技术、电话技术、摄像技术等最新技术将在会展业得到广泛使用，例如电脑和高速度数据接口与可视电话会议系统。电脑、通信设备更新换代极快，会展中心、饭店等会议举办场地的会议设施要最大限度地满足客户需求，就必须将不断投入，追赶最新科技潮流。

由于全球气候变暖，能源逐渐枯竭，节能减排低碳发展已成世界各国应对资源稀缺与环境承载能力有限的挑战的必然选择和遵循人类社会发展规律的世界发展必然趋势。光电技术、新能源技术和新材料技术在会展业中的使用便是顺应世界这一发展必然趋势的具体体现和会展业持续发展的可靠保证。在2010上海世博会上，这些高新技术的示范应用便是这一具体体现和可靠保证的最佳范例：在中国馆、主题馆、世博中心、演艺中心等屋顶和玻璃幕墙上安装了总装机容量超过4.68兆瓦的太阳能发电设施，每年能减排二氧化碳4000吨；超过1400多辆新能源汽车在世博园区内示范运行，纯电动客车、超级电容客车和燃料电池车组成绿色交通车队使世博园实现公共交通零排放；10.3亿颗节能LED芯片勾勒出园区美轮美奂的夜景，80%的世博场馆的室内照明光源采用了半导体照明LED绿色光源，相较于普通白炽灯省电达90%左右；（叶薇，2010）卢森堡展馆的外壳是4厘米厚的具有防腐作用的耐火考特钢构成；瑞士馆外壳的相互独立并可储存能量的太阳能电池互为光源，入夜后闪闪发光，使整个展馆帷幕闪光具有不确定性，因而产生动态的视觉外观，使人感到神秘玄妙；会拉小提琴并演奏世界名曲的日本馆机械人；能呼吸，能眨眼、能微笑，还会吹肥皂泡的西班牙馆的“米格林宝宝”，还有人在走、马在跑、水波在荡漾、宫灯在闪烁的几百米长的中国馆的立体动态画“清明上河图”（米舒，2010）等等，无不体现着高科技的元素，闪耀着人类智慧的光芒。

总之，信息和网络技术的使用使会展企业和客户之间、会展企业之间、会展客户之间联系的方式不断创新，联系的内容和范围不断扩大，联系的便捷化程度不断增强，也使会展活动的工作和经济效益不断提高。光电、新能源和新材料的使用保证了会展业的低碳减排，绿色环保和持续发展。毋庸置疑，新技术的全面应用，将有力地推动全球会展经济的腾飞，使会展发展大放异彩。

七、打破被动参与局面，会展模式发生变化

21世纪，会展业将比以往任何时候都更为活跃，会展活动的重心将是对话而不仅是演说、是建立关系网和分享经验知识，而不仅是被动听讲获得一些经验。这意味着会展活动参与者希望在大会议厅的大会上少花一些时间，而愿将更多的时间花在小组会议或讨论上。许多会展活动仍然要求将会展活动参与者召集在一起听取特邀嘉宾的大会发言，目的是激励鼓舞，或者提供一个指出企业发展新战略和前进方向的机会。但是重点却是会展活动参与者的直接参与。将会展活动参与者召集在一起听八小时发言的主意已经过时。取而代之的是会展活动主办者将需要许多小会议厅。会展活动主办者提出使用一小时大会议厅，然后将会展活动参与者分成许多小组在小会议厅开小组会研讨的要求将习以为常。所以，越来越多的会展场所将不得不提供许多这样的小会议厅(有时可多达20多个)以便开展培训和相互交流影响的讨论。饭店里临时将客房改成的小会议厅也已不能再让会展活动参与者满意，刻意设计的、具有空调和高新技术设施的小会议厅，才是会展场所必须具备的条件。

会议组织者也会经常把同时举办展会当作一种方法，来增加营收，支付会议费用。在国际上日益强烈的商业化气候中，许多会展中心和饭店的会议销售经理将面临要取得更多经营利润的压力。因此，即使面对非盈利会展主办机构，他们也要保证一定的销售价格并产生一定的销售利润。这样就对协会的会展活动组织者带来了压力，并使他们必须关注会展活动的“保本线”，必须具有想象力和创意来获得赞助或寻找其他的方法获得资金，从而使得会展活动参与者的费用能保持在他们能承受的水平上。

在“会中办展”的同时，展会的模式也将发生变化，为了提高展会的参与价值和竞争力，越来越多的展会将改变以往参展商与专业观众仅在展台上沟通交易的简单模式，开始“展中办会，展会结合”的新模式，这将大大地丰富展会的活动内容，提高展商和专业观众的主动参与度和信息交流量及获取量。

“会议业——全球性产业(Conference and Conventions, A Global Industry)”一书的作者托尼·罗杰斯(Tony Rogers)告知：美国国际会议策划者协会(MPI)所做的“会议前景调查”反映了影响会议业最有意义的变化包括：技术、教育话题、模式、定价结构、会展活动时间长度、赞助和展示交易会。

八、走出"会展无烟产业"认识误区，追求"低碳环保绿色"持续发展

"无烟产业"是人们根据易对环境造成污染和影响的传统"有烟产业"的认识，而给予"不会对环境造成污染、消极影响和负面效应的产业"的一种美称。长期以来，会展业同旅游业和房地产业一起被错列为21世纪"三大无烟产业"，有的专家和学者误认为"会展业本身是一种无污染产业，不会对环境造成破坏"。但是，随着会展产业的不断发展和会展研究的深入进行，会展业"触目"的浪费与"惊心"的污染正在教育着人们，无可辩驳的事实使人们逐渐走出认识的误区。

国际展览与项目协会(IAEE)首席运行官(COO)凯西·布莱顿(Cathy Breden)曾于上海师范大学举办的"2004国际会展教育与培训论坛"上，在她所作的题为"国际展览业现状以及发展趋势"的发言中指出："展览会的性质决定了它要制造大量的垃圾。一项由国际展览联盟进行的调查表明，2001年各展览制造垃圾从60吨到12000吨不等，平均制造垃圾2934吨。此外，2001年由英国823个主要展览会制造的垃圾耗费高达7300万美元。"她还举例道："美国塑料公司协会从2003年举行的NPE100万平方英尺的展览会场就清理掉151942公斤即334975磅芝加哥垃圾处理场不接受的展览塑料垃圾。"(金辉，2007)我国清华大学工业系展示研究室也曾对北京某展览馆进行过调研，其每年举办的展览，仅废弃展具一项价值就达5个亿。据业内专家分析，这可能还只是一个中型展览馆的废弃量。2005年在上海国际车展场馆背后的一片空地看到的是堆积如山的装饰建材，正被当作垃圾等待运走(赵向辉，2005)。第60届全国汽车配件交易会光清理各类垃圾就达300多吨，其中90%为纸质宣传材料(工人日报，2006)。全球最知名的专业会议顾问公司MCI亚太区董事长Mr. Robin Lockerman曾在中国台湾作的一次《绿色会展新趋势——会议及展览》的主讲中明确表示："会展产业是一项污染产业，若以2500人规模的会议来看，5天会议下来，通常会产生不少废弃物，可能要用到62500个盘子、87500条餐巾、75000个杯子以及9万个瓶罐。"(胡瀚平、陈思庭、邱缨乔，2010)如同展览和会议一样，节事活动对环境的负面影响也是显而易见的。世界著名的巴西狂欢节在每年给举办地带来欢乐和经济效应的同时也给当地带来了烦恼与环境污染。声音的喧闹嘈杂和城市环境的脏乱使许多当地居民不得不在狂欢节举办期间逃至外地以求清静。2007年第六届重庆啤酒节变成了泼酒节，4个小时竟然消耗掉了41吨啤酒(曹嘉智、周后祯，2007)。

"2007杭州·国际冰灯冰雪娱乐节展馆"为了把温度从将近40℃降到－5℃，每天耗电量在1000千瓦时左右，从布展到展出结束的3个多月时间内，用电量至少10万千瓦时，冰雕展品用冰量也超过1000吨。(姜锐、章苒，2007)在这种城市冰雪节中，一台造雪机每小时用水量约为15—16吨，耗水量极为惊人，而且造雪后，绝大多数会通过空气蒸发或渗透到地下，无法再回收，导致水的极大浪费，同时一台功率达到20千瓦的造雪机开一天的耗电就是480度(冯咏锋，2010)，能耗奇高，城市冰雪节已成了"能源杀手"的代名词。

会展业"触目惊心"的污染，使国际会展业越来越多的有识之士走出"会展无烟产业"的误区，开始认识到会展业对环境造成的污染以及给会展企业、会展业、环境、经济与社会的发展所产生的一系列不可忽视的负面影响和严重危害。"会展产业非无烟"使一些从事会议策划的民营咨询家或机构开始专门策划绿色会展活动；一些国家的行业协会开始制定绿色会展标准和指南；政府机构和非营利组织也从开展研究、献计献策，到纷纷制定政策，采取行动。1993年，美国成立绿色建筑委员会(USGBC—US Green Building Council)，并在2000年制定了《能源环境设计领导者绿色建筑评定标准(LEED Green Building Rating System)》(Wikipedia，2011)，为绿色会展场馆的设计、建设与管理指出了方向，2001年12月美国环保署发出了"绿色会议"的倡议，对造成会展污染的展览厅设计、搭建等六项主要活动来源做了详细的绿色行为规范(何军，2011)。2004年6月，美国会议产业委员会(CIC，Convention Industry Council)发布了"绿色会议报告(Green Meetings Report)"，将"绿色会议或绿色节事活动"界定为"充分考虑环境问题，将对环境的负面影响降低到最低程度的会议和节事活动。"并指出："一个为时5天，参与者2200人的活动如果在茶歇、早餐、午餐和晚餐酒会上使用瓷器，而不是使用一次性塑料餐具的话，可防近一吨约1890磅的塑料进入填埋场，如果3天午餐，不事先给2200位出席者的宴会桌水杯倒水的话，可节约520加仑的水"。(CIC，2007)2005年，加拿大环境事务部制定了《绿色会议指南(2005)》，并向超过1.3万个加拿大各地合格活动策划者，突出推介了符合绿色指南合格要求的加拿大七大城市的绿色供应商(何军，2011)，他们还通过提供贷款和技术支持，以及赞助或奖励来推进绿色会展工作。2009年，联合国环境规划署出台了《绿色会议指南2009》，对会展设计提出了具体建议(何军，2011)。同年，美国绿色建筑委员会又制定了《绿色场馆选择指南》。

随着人们环境意识的日益增强，走绿色会展之路已成为全球会展业的一个不可阻挡的发展潮流。在美国和欧洲，好多个城市都在炫耀运用绿色建筑设计原则和方法所设计建造的绿色会议中心。在意大利都灵、澳大利亚悉尼，美国犹他州和希腊雅典举办的奥运会，在南非约翰内斯堡举办的世界持续发展峰会和美国2004年共和党和民主党全国大会等有目共睹的活动都贯穿了绿色会展的理念并取得了不同程度的成功。2008北京奥运会和2010上海世博会更是充分展示了“低碳环保绿色”的持续发展理念。根据奖励旅游、会议和节事活动国际展览会(IMEX-the Worldwide Exhibition for Incentive Travel, Meetings and Events)提供的资料：67%的会议和奖励旅游策划者已将环境问题作为他们策划决策的考虑因素。61%的会展买家要避开有着不良环境记录的会展目的地和会展场所。(GMIC, 2007)

走出“会展无烟产业”认识误区，追求“低碳环保绿色”持续发展，毫无疑问将是国际会展业发展的必然趋势。

九、买卖双方绕过“中间人”，追求会展利润最大化

由菲利普·埃尔福特(Philip Alford)撰写，明太尔(Mintel)出版的2002年欧洲奖励和商务旅游和会议展览会(EIBTM—The European Incentive and Business Travel and Meetings Exhibition)《欧洲会议和奖励报告》(European Meetings & Incentive Report)指出：“越来越多的会展买卖双方正选择绕过中间人，更愿意互相直接接触，双方都为了同样的理由——将付给中间人的费用和佣金省下来。”这一趋势尤其在饭店会议部分更为显见。越来越多的饭店连锁公司正寻找通过直销和提供它们的店内活动管理服务来增加它们的会议营收。这些饭店在提供会议设施的同时，还正在视听设备支持、人员管理、主题活动、宴会、会议出席代表管理、甚至危机管理等方面提供创造性的建议和专业的咨询服务。

这种会展买卖双方绕过中间人，直接接触的趋势，将使国际上的会议观光局和目的地营销组织(DMO)将工作重点更多地放在会展客户需要的服务上。未来成功的会议观光局和目的地营销组织必须是最好地实施其战略计划，分享知识、建立战略联盟、以客户为中心、并能成为会展业品牌营销的一部分。

十、会议举办地发生变化、由大城市向中小城市转移

由于许多国际大都市的饭店客房价格上涨，交通费用升高，严格控制预算的会议策划人将会寻求更为经济的会址——中小城市或大城市的郊区。以美

国为例，会议策划人已不再将会议举办地仅局限于纽约或芝加哥一类的大城市，他们已经将目标转向密尔沃基、威斯康星、伯明翰、亚拉巴马、夏洛特以及北卡罗来纳等二级城市。

对于会议策划人而言，向与会者"销售"这些看上去缺少异国情调的会议地点的确是一种挑战，但他们还是发现了有吸引力的刺激物。在西弗吉尼亚州的查尔斯顿，会议代表们可以在闲暇时间坐木筏闯急流或乘坐"西弗吉尼亚美女"号游轮——这些活动是芝加哥或纽约所无法提供的。绝大部分与会者对这些不同种类的活动反映良好，他们同时也体验到了这些二级城市中的善良民风。

一般而言，所有上述消费都要比在大城市开会的花销低得多。除了房价较低，相对而言交通费用也不高以外，中小城市经常能提供更好的服务。中小城市不仅对新生意充满热情，隆重接待，而且许多会议地点在同一时间只集中接待一个会议。

会议策划人对中小城市越来越多的选择，促使其中许多城市修建了会议中心，以便更好地为较小规模的协会会议和公司会议服务。这些会议中心都配备有大型会议设施、现代通讯以及现代视听设备。相当一部分城市拥有一流的会议场所。改善后的基础设施使得较小的社区具备了向大型团体提供舒适服务的条件。这些地区的会议旅游局提供训练有素和经验丰富的工作人员从事各种各样的协助性工作，诸如会前示范和主题招待会。多数地区可以根据季节不同，提供登记注册人员。许多中小城市如同它们的大城市邻居一样，可以使用专门设备为大型团体分派不同饭店的房间。每个城市，不论大小，都具有独自的特色。某些城市能够瞄准特别适销对路的营销机会：对于美国明尼苏达州的罗杰斯特市而言，MAYO 会诊是医学会议的必然内容；伊利诺伊州的斯普林菲市利用其与亚伯拉罕·林肯的关联吸引历史学机构办会；加利福尼亚的帕萨迪娜市有自己的玫瑰碗体育场；田纳西州加林伯格市的大落基山国家公园；肯塔基州路易斯威尔市则以肯塔基大赛马来吸引会议。城市在博物馆、交响乐或者其他文化资源方面的缺陷，常常可以在会议场所的新奇性或活动项目的独特性上得到弥补，有助于形成特别的活动计划。在这方面，博览会、节庆以及其他活动给与会者带来的诸多不同寻常的机会就更不用说了。

尽管中小城市通常不具备接待超大型会议的条件，但是这些城市却证明自己是某些全国性会议的极佳举办地。全国性协会常常可以收到那些位于较小城市的区级分会主席的邀请信。这种通过当地会议旅游局递交的申办要求常常配之以市长的信函，重申该城市对接待协会会议的兴趣。

与较小城市打交道通常更容易得到当地机构愿意合作的保证。所保证的内容包括在街头设置警戒线以便举行街区聚会，或者允许某一团体以独特的布景举行招待会，合作的气氛可以弥漫整个社区，商店的橱窗上显示出欢迎的字样，建筑物的雨篷前方悬挂醒目的标志，与会者随处可以体验到洋溢着友谊的笑脸和助人为乐的态度。尽管社区并不总是在欢迎来宾上予以配合，但是这种配合还是要比想象的多。而在通常情况下，这些保证、气氛和态度是很难在与大城市打交道时获得的。

中小城市的交通便利是举办会议的另一个重要内在条件。在中小城市，出租车行驶两地间的距离不会太远。除此之外，策划人常常可以指望在这类城市节省展览服务费用和娱乐费用。这是买、卖双方在削减预算时都要考虑的关键问题。

十一、会展发展提出更高要求、专业策划人更多涌现

会展业要发生的变化将使会展策划人不得不面对一系列新的问题；从会展场地选址到场地租借谈判和合同签订，从旅行细节的策划安排到责任险的争端，对会展策划人所受教育和培训的程度将有更高的要求。越来越多的受过高等教育、经验老到的专业会展策划人将活跃在未来的会展市场。这些会展策划人有自己明确的目标，在争取免费会议室、会议代表的包价活动等几乎所有项目上都是谈判的高手。

会展策划人的主要职责包括做预算、挑选会址、与饭店和航空公司以及卖主进行谈判，制定活动计划和贸易展览会计划，确定餐饮品种，实施饭店及陆地交通的组织工作，进行会后总结，包括向参会人员进行调查并对每项活动所涉及的接待设施和服务进行评估。为了获得最佳的市场条件，许多会展策划人将会同时附属于几家专业协会。就会展策划来讲，杰出的口头沟通能力、组织能力、领导素质、灵活性和应对压力的能力，对他们的工作是最有用的。

严峻的经济形势已经迫使许多会展机构，特别是公司类机构，减少内部会展策划人员。这就使中间机构应运而生并且介入到会展策划业务中来。由于中间商必然来自机构外部，因而一个新的业务术语——外部客源——就被创造出来。这些重要的外部"会展经纪人"有以下几种类型：

(1) 独立的会展策划人；

(2) 协会管理公司；

(3) 目的地管理公司；

(4) 奖励旅行社;

(5) 旅行代理商。

独立的会展策划人是私营承包商(公司或者个人),他们直接向客户提供策划服务。越来越多的策划人离开所在的协会和公司,成立自己的办事处进行独立的会展策划。这类策划人经验丰富,但因为是中间商,所以也会收取一定的佣金。有些独立会展策划人的工作仅仅是协助公司内部的会展策划人员;有些人则要承担策划整个会展活动的职责。

协会管理公司为那些没有专职策划人的协会工作。多数情况下,这些公司的雇员经协会董事会同意,对会展进行管理并且策划会展及其他活动。公司经常为两个或者更多的协会提供管理服务。

目的地管理公司在会展举办城市提供会展服务。这类公司的服务项目包括订房,预订餐厅,安排机场接送车辆、娱乐项目、技术服务(电视会议,视听演示等等)以及会议代表及配偶的特别活动。许多目的地管理公司的活动属于"幕后操作",即协助会展策划人从事细节性工作。这类公司熟悉举办城市,可以提供关于目的地的详细信息,既有供应商的信息,又有会议附加活动的信息(特别是观光游览等等)。

奖励旅行社直接为那些希望奖励和刺激自己的员工或顾客的公司安排奖励旅行包价项目。这些包价项目通常是一流的产品,如安排有异国情调或者知名的度假地饭店。还特别配备了许多有情趣的项目,这是一般饭店和旅行包价产品所没有的。

旅行代理商已经并将对其传统产品继续进行改革,从销售包价旅游、交通以及客房服务延伸到向公司类客户提供会展策划服务。这是一种很自然的转变,因为旅行社能够随时掌握航空公司价格结构的变化以及线路的变化。许多公司会展策划人现在开始转向旅行代理人,以便进行从交通、客房到会议室的各种安排。

第二节 我国会展业发展趋势

了解了国际会展业发展趋势后,我们还必须了解我国会展业发展趋势,因为我国会展业发展战略和策略的制定是必须建立在对国际和国内会展业发展趋势这两个方面了解的基础上的。二者缺一不可。而我国会展业发展趋势则是由我国经济发展的趋势、开放改革的政策、会展市场和发展的特点、国际会展业发展趋势的影响等因素所决定的。归纳起来,可预测为下列发展趋势。

一、发展条件日趋成熟、会展持续稳定向前

经过开放改革三十多年的努力,我国国内政治日益稳定,国际地位不断提高,经济持续发展,基础设施越发完善,综合国力逐年增强,人民生活欣欣向荣,会展发展条件日趋成熟。

会展业不仅成为越来越多城市现实的反映,更昭示着越来越多城市未来发展的理想。如果把会展业比作城市的面包和奶酪的话,那我们完全可以说,为城市做面包和奶酪的人将越来越多。2010 年,上海举办了旨在总结世博会的成功经验和先进理念,谋划上海会展业"十二五"的新一轮发展的会展论坛,据与会专家透露,到 2015 年,全国会展的数量将从 2010 年的 5040 个增加到 7000 个,会展面积从 5050 万平方米增加到 1 亿平方米,会展行业产值从 1453 亿元增加到 3000 亿元。业内人士表示,由此可以推算,未来 5 年,中国会展业将进入发展的快车道(兰馨,2011)。

我国"十二五"发展规划已把推动服务业大发展作为产业结构升级的战略重点,作为服务产业中的我国会展业也将是改变我国产业结构的重点发展产业,加上三十多年改革开放打下的基础和创造的日趋成熟的发展条件,以及会展业在过去二十多年飞速发展过程中取得的经验教训,我们完全可以预言,我国会展业将持续稳定地向前发展。

二、竞争愈演愈烈、整合势在必行

我国会展业随着入世,竞争已经激烈,而随着我国开放改革的继续深入,竞争将愈演愈烈。这一竞争将不仅包括国内各会展城市、会展场馆和会展企业相互之间的竞争,也包括中外会展企业相互之间在中国会展市场上的竞争,及中国与周边国家及世界其他会展国家在国际会展市场上的竞争。面对日益激烈的竞争,各会展城市首先要找准自己的发展定位,不要盲目攀比;既要看到实现宏伟发展目标的有利条件和大好机遇,也要冷静地看到自身的弱点和劣势;国内会展企业也要在明确各自发展定位的基础上,既要看到外国会展企业所具有的完善的营销网络、雄厚的资金实力、高质量的会展人才、健全的组织和丰富的管理经验等优势,也要看到我们自己熟悉国内市场情况并具有丰富的国内客户资源、一定的组织服务经验、深厚的文化底蕴、初步形成的会展

品牌等方面的优势。即不盲目乐观，也不悲观丧气，虚心学习、取长补短、提高自己。

目前中国会展业有“三多”，会展数量多、主办单位多，会展重复多，这三多体现了一个“乱”字，在愈演愈烈的我国会展业竞争中，各会展城市之间必然加强区域合作，各主办单位之间也必然加强合作，同类会展将合并联合，有实力的会展企业将通过兼并收购的方式壮大自己，优胜劣汰，适者生存，质量水平低的会展竞争不过水平高的会展，自然被逐步淘汰，实力差、资金不足的会展企业也会随着竞争的加剧而逐步退出会展市场，因此，我国会展业的发展将会从追求“量”的扩张，逐步转向追求“质”的提高；会展主办单位会越来越少，但会展企业会越来越强；重复会展会越来越少，而品牌会展会越来越多。

总之，我国会展业的竞争将愈演愈烈，整合势在必行，整合将使我国会展更加专业化、更加品牌化、更加市场化。

三、政企重视会展场馆发展、数量规模水平继续提高

对会展业来说，会展场馆是会展业的发展基础，会展场馆的数量、规模和建筑与管理水平将直接制约着会展业的发展规模、水平和速度。我国会展业的蓬勃发展及其对经济发展的巨大促进作用，已使各地政府和相关企业认识到投资建设现代化会展场馆的重要性，并将继续使它们十分重视会展场馆数量、规模和建筑与管理水平的不断提高。

我国会展场馆自 2005 年开始出现“井喷式”增长，场馆建设“遍地开花”，2008 年，中国展馆可使用的面积 250 万平方米，已经超过了世界展览王国德国，跃居世界前列(武晓芳，2009)。2009 年广州、沈阳、重庆、洛阳、福州、武汉等城市又开始兴建和扩建场馆，且场馆规模和投资金额巨大，例如：2009 年 1 月开工的广州国际商品展贸城总占地规模达到 6800 亩，总建筑面积超过 576 万平方米，总投资高达 145 亿元人民币，建成后规模将相当于 5 个广州琶洲国际会展中心和 2 个义乌中国小商品城；同年 3 月开工的沈阳会展中心总投资 8 亿元，总建筑面积 16.8 万平方米，展区面积 14.37 万平方米，建成后将是东北地区最大的会展中心；2009 年 6 月，规划占地面积 56.12 万平方米及总建筑面积达到 255.67 万平方米的贵阳中天会展城项目正式启动；同年 7 月，总投资 20 亿元的武汉国际博览中心又开始动工，建成后将是华中地区最大的会展中心，总面积将为 46 万平方米(中国贸促会，2010)。2009 年 12 月 14 日，重庆市市政府原则通过了重庆会议展览馆项目规划设计方案，项目用地规模

130公顷，建设总规模60万平方米（童言、何小明，2010）。2011年1月，上海和国家商务部签署共同建设国家会展项目合作框架协议，此项目是由展览场馆、综合配套设施和后勤保障设施构成的会展综合体，建设用地面积约1560亩，这一总投资230亿元的会展巨无霸将在虹桥商务区崛起。其展馆展览面积约50万平方米，建筑面积约120万平方米，投资总规模达230亿元人民币，在展览规模和体量上大约相当于3个上海新国际博览中心，建成后将成为目前世界上规模最大、水平最高的国际级会展中心（俞凯，2011）。北京正在制定"十二五"会展发展规划，目标成为亚洲会展之都，MICE五强。未来北京要建设与世界城市和会展之都相适应的超过20万平方米展示面积的大型展馆（展联，2011）；长春市亦要在"十二五"期间规划建设面积12万至15万平方米的综合性会展场馆（宋丽华，2011）。

伴随着越来越多会展场馆项目的启动与建成，我国会展业将面临着更加严峻的竞争态势，如何有效解决我国会展场馆区域分布结构、规模结构和功能结构失衡的问题、低利用率问题将成为政府和业界未来共同关注的焦点和急需解决的问题。中国贸促会会长万季飞在2011年接受经济日报"会展观察"专访时指出："场馆设备是发展会展经济的必要条件，但会展经济的发展有其自身规律，当地产业发展成熟度、聚集度、市场规模和辐射能力等因素也是会展经济发展的重要条件。各地应以中心城市为依托，规划好发展当地会展经济的整体布局，避免因盲目建设带来资源浪费。"（陈燕，2011）

我们完全可以确信，随着各省市"十二五"会展发展规划的制定与落实，我国会展场馆不仅在数量和规模上会继续提高，而且各地政府和相关企业会更加注意会展场馆规划的合理性，更加注意区域分布结构、规模结构和功能结构的平衡和场馆使用率的提高。这样，我国的会展场馆不仅在数量和规模上将会有很大的增长，而且在建筑与管理水平上也将会有很大的提高，这就为我国的会展业朝规模化、品牌化、专业化的方向发展奠定了物质基础。但各地在会展场馆的新建和扩建过程中，如果不注意市场的需求、不注意可行性研究、不注意合理规划、不注意自己的市场定位，那么我国的会展场馆也将必然无法解决布局、规模及功能结构失衡和场馆低利用率的问题，会展场馆的管理水平也同样不会得到提高。

四、政府退出办展主体、审批管理制必将取消

政府办展往往在所管辖的范围内通过开会、发文件、下命令要求企业参

加，企业怕得罪政府，即使知道参展没有效果，也只好硬着头皮参加，并将其作为一件政治任务来完成。另一方面，政府办展的一个重要出发点是提高城市的知名度和影响力，提升展览会的社会效益，而不十分重视展览会的贸易气氛、并且容易忽视参展商最在意的专业观众组织工作。

举办贸易展览是一种市场和商业行为，不是政府行为，政府不应该成为办展的主体，办展的主体应该是行业协会和专业会展公司。随着市场经济的继续发展和企业市场意识的不断加强，政府办展行为一定会逐步减少，政府将从会展的前台退至后台，对会展的管理将由直接管理和微观管理向间接管理和宏观管理转变，将会改变过去政府直接参与会展活动的经营和组织的许多做法，而转向加强对会展基础设施建设投入并通过制定相应的政策和法律法规为会展业的健康发展搭建平台，淡化审批、强化服务。会展活动不再是政府直接搭台，企业唱戏，而应有办会办展主体——行业协会和专业会展公司搭台，与会代表和参展企业唱戏。正如中国贸促会会长万季飞在 2011 年接受经济日报“会展观察”专访时所强调的那样：“要坚持以市场为导向发展会展业。目前我国展览市场上很大一部分是政府主导型展会，往往存在贸易效果差、发展潜力不足等问题。各地在给予会展业更多政策支持的同时，要妥善处理好从政府主导转向市场主导的过程中产生的特殊问题。”（陈燕，2011）

我国举办国内展览的审批，随着国务院机构调整，曾先后分别由商业部、内贸部、国内贸易局归口管理，2002 年前由国家经贸委行使管理职责。2002 年年末，国家经贸委已取消了国内展览会的审批制，对于我国目前仍在执行的国际展览审批管理制度，尽管取消的时间和条件还不成熟，但从宏观方面看，根据 WTO 的原则和市场经济的要求，现行的展览审批管理制度是都应该取消的，审批不是灵丹妙药，不是中国会展业的最好管理办法，随着市场经济的发展成熟，会展市场的规范、有序，良性市场环境的创建，展览安全和信用度的提高，行业管理法律的不断健全，审批管理制度最终必然被取消，并按国际惯例逐步过渡到登记备案制。

五、自律组织继续健全、相关法规更加完善

自 1998 年 6 月由北京市贸促会发起，组建了我国第一家会展业自律组织——北京国际会展协会至今，我国绝大多数省、直辖市、自治区已相继成立了会展协会或展览协会，这些会展行业协会制定了协会章程，在支持公平竞争、反对不正当竞争及欺诈行为、改善优化会展市场环境，更好地协调、管理、

规范会展市场秩序等方面发挥了很好的作用。但是我国到目前为止还没有全国性的会展行业自律组织。少数省和自治区至今也还没有成立地方会展行业协会,即使已成立的省市会展行业协会也还有许多需要改进和完善之处。而我国会展行业目前发展中存在的问题,光靠政府又是无法全部解决的,会展业发展离不开会展行业的自律,会展行业的自律则应由会展行业协会组织进行。所以代表会展行业利益的全国会展协会和各地地方会展协会的成立及改进完善势在必行,这也是我国会展行业和会展市场发展的必然结果。

目前中国会展业发展过程中产生的一些问题,在很大程度上是会展法规的不完善引起的,解决我国会展业发展问题的方法之一就得不断健全和完善我国的会展法律和法规,目前,国家已经开始制定有关的会展法规,今后,有关会展的法律、法规将相继出台,我国政府将通过这些法律和法规来进一步调控和规范我国的会展市场,推动会展业健康持续地大步前进。

六、告别浪费浮夸风,精简办会求质量

近年来随着各地经济的发展和开放程度的提高,希望通过国际会议"做大做强"、"向全世界亮出名片"的地方、部门越来越多,致使各类国际会议数目越来越多,规格越来越高,开销越来越大,且动辄声势浩大,名头骇人,"峰会"、"全球"、"国际"之类响亮的头衔,早已见怪不怪,成堆批发。对于这种怪现象,国际社会并不领情,而国人早已啧有烦言,至于国内会议在不少地方更是"泛滥成灾",有些会议已成为个别领导干部洗钱的工具、敛财的渠道,围绕会议服务的楼堂馆所已成为财政沉重包袱。

针对这种浪费浮夸风,2011 年年初,经国务院同意,财政部、外交部联合发出《关于严格控制在华举办国际会议的通知》,规定各地区各部门要按照"服务发展、确保重点、规范管理、精简务实"的原则,进一步加强在华国际会议管理,严格执行中央和省(部)两级审批制度,通知要求,要严格控制在华举办国际会议的总量,未经批准不得擅自对外申办或承诺。凡不符合规定、无实质内容的国际会议一律不得举办或承办。如无特殊需要,未经批准,原则上不搞固定年会或与外方轮流开会机制。对已经形成机制的国际会议,要由该国际会议的业务主管部门会同有关部门,对会议的重要性和可持续性等进行评估,效果不明显的,应及时调整或清理。通知还要求各地区各部门认真研究确定国际会议的主题,不得在同一时间或短时间内举办主题相同或类似的国际会议。以国内议题为主的国际会议,除有专门规定外,应先按照国内会议报批和管

理，再就涉外事项按规定报批。各地区各部门还要全面精简国际会议，严格控制会议规模，坚决纠正国际会议规模越大越好的错误认识，避免片面追求参会人数。百人以上的国际会议要慎办少办。与国际组织及外国有关团体、机构共同举办或受其委托承办的国际会议，规模原则上不超过往届（李丽辉，2011）。通知还在办会请示、提供免费服务、会议支出标准等方面做出了严格的规定。

财政部和外交部下发的《关于严格控制在华举办国际会议的通知》为各级政府部门领导人和会展业的专业人士敲响了警钟并指出了会议业发展的正确方向。我们可以相信，在通知的严格规定和指引下，我国会展业将逐步告别浪费浮夸风，精简办会求质量将是我国会展业的发展趋势之一。

七、追求低碳环保，发展绿色会展

随着越来越多的有识之士和会展专业人士走出"会展无烟产业"的认识误区，国际会展业追求"低碳环保绿色"的发展趋势也必然影响到我国会展业发展。

2010 上海世博会便是我国追求低碳环保，发展绿色会展的最佳范例：无论是中国馆的环保节能手段，还是浦西最佳实践区零碳馆的低碳绝招；无论是全部采用非电技术的世博园区空调，还是世博园区内的新能源公交车辆；无论是勾勒园区夜景的 3.6 亿颗节能 LED，还是会呼吸的展馆建筑，无不起到了我国会展业追求低碳环保的先行示范作用，2010 上海世博会揭示了我国发展绿色会展的前进方向。

中国贸促会会长万季飞在 2011 年接受经济日报"会展观察"专访时明确指出："上海世博会上，欧美展览大国展示手段和理念先进，特别是直观呈现了低碳、绿色、可持续的发展新方式。发展低碳会展是会展企业发展壮大的必由之路。近年来，展览会上仍在大量使用难以重复利用的装修、宣传材料。上海世博会成功地传播了低碳的理念，而怎样把绿色发展的战略运用到会展业，这是业内需要深思的问题。"（陈燕，2011）国务院发展研究中心市场经济研究所所长、中国会展经济研究会副会长任兴洲在 2011 年中国会展经济研究年会暨中国城市会展（南京）论坛上的主题演讲中也指出："我国会展业发展方式转变势在必行，要大力推进会展行业的生态化、低碳化发展。"（徐晶慧，2011）

毋庸置疑，追求低碳环保，发展绿色会展将是我国会展业今后发展的必然趋势。

八、会展市场细分化、会展组织专业化

目前，国际会展业已经形成了非常细致的市场分工。例如：会展业分成会议、展览、奖励旅游和节事活动，即使在会议市场中，又可按会议组织者将会议市场分为公司会议市场、协会会议市场及非营利组织会议市场；还可按会议出席者将会议市场分为国际会议和国内会议，即使在国际会议市场中，又可按人数将国际会议市场分为 ICCA 的 50 人以上的国际会议和 UIA 的 300 人以上的国际会议。相比之下，我国会展公司仍处于发展初期，还没有形成细分化的市场，但今后随着我国会展业的发展和成熟，我国会展企业必将产生专业化的分工，形成专门经营展览业、会议业、奖励旅游、节事活动及其中更细分市场的格局。

同时，会展组织者(PCO)还没有形成专业化或仅仅处于初级阶段，会展组织接待处于不规范阶段，还没有形成一条龙服务的目的地管理公司(DMC)。随着今后国际会展的增加，会展业培训体系的建立和国际会展人才的引进，会展的组织和接待也将更为专业化。

九、看好中国会展市场，更多国际会展组织和企业进入中国

改革开放以来，我国会展业取得了飞速的发展，尤其是“十一五”期间，我国会展业更是取得了举世瞩目的成绩，全国会展项目从 2006 年的 4050 个增至 2010 年的 5040 个，增长 24%；会展面积从 2006 年 4100 万平方米增长到 2010 年 5050 万平方米，增长 23%(陈燕，2011)。尽管在这期间，全球遇到了经济危机，但在“十一五”末，中国走在了全球经济复苏的前列，中国的会展业也率先走出低谷。随着政府支持力度不断加大；行业规范化进程加快，有关会展行业的法律法规陆续出台；会展业的国际化进程稳步发展，行业组织合作不断深入，我国会展业形势越来越好。中国“十二五”的会展发展目标和各地雄心勃勃的会展发展计划更是令人鼓舞，催人奋进！

面对中国会展市场的欣欣向荣的景象，国际会展业看好中国会展市场，更多的国际会展组织和会展企业将大批进入我国，我国会展市场的国内竞争将出现国际化的趋势，竞争也更为激烈。ICCA、BIE、IAEE、UFI 和 SITE 等国际会展组织已先后进入中国；UIA，IAPCO，MPI，IAVM 和 IACC(International Association of Convention Center)等国际会展组织也将介入中国会

展市场。

尤其是在CEPA和《设立外商投资会议展览公司暂行规定》实施后，国际展览业巨头加快了进入中国会展市场的速度。现在美国的克劳斯公司，英国的蒙哥玛利展览集团和励展集团，荷兰的皇家展览集团、荷雅企龙展览公司和亚洲博闻，法国的爱博展览集团和欧西玛特展览公司，德国的汉诺威展览公司、慕尼黑国际展览有限公司、杜塞多夫展览公司、法兰克福展览公司和科隆展览公司，日本最大的会展机构康格株式会社和日本杰科姆会展服务公司，意大利的米兰展览公司等外国知名展览公司已经先后通过组建合资会展企业、设立办事处或独资分公司和咨询公司、合建展馆及移植品牌会展等方式进入中国会展市场，2010年6月12日，来自中国贸促会11家省市与行业分会的代表与俄罗斯联邦博览联合会的11家代表签署了中俄区域会展联盟共同协议，标志着中俄两国会展界联盟的合作开始启动；同年10月20日，德国会展巨头斯图加特展览公司又与南京国际博览中心签订了战略合作意向书(陈燕，2011)。

随着“十二五”规划的深入实施和我国会展业的持续发展。可以预见更多的国际会展企业将从会议、展览、奖励旅游、节事活动的策划、组织、接待、服务等方面全方位地进入中国会展市场。

第三节　会展业人才培养

无论国际和国内会展业发展趋势如何，会展业未来快速健康发展的关键仍是人才。如果没有一批高素质的会展人才，会展业是很难生存发展下去的。为了提高认识，精心规划，抓好会展人才的培养，保证会展业的持续发展，我们必须了解我国会展业人力资源现状，认识我国会展业人才需求状况并明确会展人才的开发对策。

一、我国会展业人力资源现状

人才是会展的灵魂和根本，没有一批高素质会展人才，会展业是无法发展的。那么，我国会展业人力资源现状又如何呢？

(一) 职业化观念尚未形成

在会展发达国家，饭店一般设有会议销售部和会议服务部，并配有会议销售经理、会议服务经理及会议销售服务工作人员，会展公司分执行管理层、展览会管理层和一般行政管理层(见表 10-1),他们一般都受过专业学习或行业组织认证培训。获有注册专业会议组织者或注册展览管理人等称号,以展览业从业人员为例:71.8%有大学学历,其中 11%有硕士学历,23.5%有大专学历。会展经理资质是大学学历和十年左右工作经验(见表 10-2)。

表 10-1　美国会展职位及工作内容

职　　位	职　　　　责
展览会主管	主要负责展会的计划、组织和管理工作,包括制定预算、选择场地、与场馆拥有者协商以及监督展台销售
展览经理	主要负责指导和管理展商活动,包括销售和促销活动
会议主管	主要负责会议计划、组织安排、开发、选址和会议预算,与场地出租者进行协商以及协助演讲人。
一般展会工作人员	负责协助展览经理的管理工作,向参展商提供服务,包括编制参展商名册和协助展会现场管理。
一般行政管理人员	包括负责市场营销,登记和审核协会成员资格

资料来源:《中国会展经济报告(2002)》(刘宏伟,2003)。

表 10-2　美国会展经理基本情况

	内　　　　容
收入福利	平均基本工资 60000 美元
	可获得 6000 美元红利
	享受医疗保险
	享受 401 养老金计划
工作业绩	每年组织 3 个贸易展览
	创造 190 万美元收入
	吸引 11970 个观众
	以平均 2210 美元/平方英尺出售 150000 净平方英尺展览面积
职位要求	支配 2 个职员
	具有 11 年贸易展览行业工作经验
	具有学士学位

资料来源:《中国会展经济报告(2002)》(刘宏伟,2003)。

与国外相比,我国会展业还没形成职业化体系,在制度和人员素质上都有很大距离。中国农业展览协会秘书长安晓东在 2009 年 12 月于北京召开的第二届全国会展人力资源供需(北京)交流会上发言时指出:“我国会展从业人员中接受过会展教育培训的仅占 4 成左右。”(中外会展编辑部,2010)从严格的角度讲,我国“科班”的会展人才在 2008 年之前可以说是微乎其微,因为直到 2004 年 3 月国家教育部才正式首次批准上海师范大学旅游学院和上海对外贸易学院设立“会展经济与管理专业”并于当年开始招生。也就是说直到 2008 年 7 月我国才有首批国家教育部承认的“会展经济与管理专业”的科班毕业生,此外,我国除极少数大城市推出会展职业培训和认证项目外,会展业的职业资格认证制度在全国还没有广泛推广和实行。

（二）高素质会展人才匮乏

我国会展人才匮乏,特别是熟悉业务、了解惯例,富有经验的高素质专业人员更缺。据统计,目前全国专业会展管理人才缺口达 200 万人以上(中外会展编辑部,2010)。从年度统计中可以看出,会展专业人才岗位需求与求职者的比例为:上海 10∶1、北京 8∶1、广州 8∶1(季春红,2009)。中西部地区和东部地区相比,中西部地区更缺乏高素质会展人才。在 2008 年武汉会展发展论坛上,湖北省节庆会展研究会会长王重农说:“武汉会展业高层次人才匮乏,10 万年薪都招不到一个高素质的会展项目经理。”湖北省会展业商会会长张珺也认为,粗略估计,武汉每年会展人才缺口在 1000 人以上(汪绍文,2008)。据调查显示,湖南经营管理会展产业的专门人才也非常稀缺,高素质人才仅占从业人员的 0.56%(张升球,2008)。

高素质会展人才的匮乏已经成为限制我国会展业快速发展的瓶颈。根据业内人士分析,我国至少缺少三方面的高素质专业人才。其一,至今没有一个在国际上叫得响的 PCO(专业会议组织者)或 DMC(目的地管理公司)品牌。其二,目前真正受过专业培训并能完全胜任为会议提供同声翻译服务的同声翻译人才极其紧张。全球总共不过 2000 多个,而中国只有 25—30 人。其三,我国会展企业获得国际会展业务多数是“守株待兔”,国际营销招展招会人才几乎空白。

我国会展业还缺懂专业、讲外语、通电脑,知策划、精营销、会招商、搞管理、有能力的复合型人才,像这样的人才,即使在人才济济的上海,全市也都未必能找到 100 个人。

（三）会展从业人员分工不明、流动性大

会展从业人员多数无专长,展会组织分工不明又使工作效率不尽如人意,降低了展会的国际竞争力。

会展业迅猛发展和人才奇缺导致员工流动性大,企业不惜重金选才,但高薪仍难留住优秀人才。外资会展公司人才本土化政策,院校会展专业部分毕业生的浮躁和急功近利职业心态以及会展举办的不连续性导致的展后解散临时集中人员更加剧了会展人才流动。

（四）会展从业人员应用高新技术能力相对滞后

会展从业人员应用高新技术能力相对滞后。一些展博会上的展示水平反映了观念和手段的落后，至今为止，我国展览服务公司还无法承担国外参展企业要求的一些特装修。

二、我国会展人才需求状况

分析现状使我们更清醒地看到造成我国会展业竞争弱势的原因，要适应趋势，克服弱势，发挥优势，促进会展业与国际接轨，实现我国会展业的可持续发展，必须把加强会展人才的培养作为我国发展会展业的“重中之重”，为此，首先要了解我国会展人才需求状况。

（一）会展人才需求单位

根据会展产业架构和国内外会展业发展情况，可把会展人才需求单位分为六类：

(1) 政府机构、会展行业协会和会展专业组织：需要会展人才负责会展业发展，包括起草规划、制定法规、协调控制、行业培训、认证评估、政策指导、活动策划、宣传营销、国际交流及招商引资等。

(2) 饭店、酒店公寓、会展中心和各类文博馆：需要会展人才提供住宿餐饮、场所设施、策划组织、营销服务、商务文秘、联络通讯、观光娱乐、交通安排及员工培训等。

(3) 目的地管理公司、旅游公司或旅行社：需要会展人才负责会展营销、奖励旅游、活动策划、预算管理、组织联络、交通食宿、安排落实、旅游购物、员工培训等。

(4) 会展公司及会展服务公司：需要会展人才进行策划开发、预算融资、财务管理、选择场馆、会展营销、观众组织、展位设计、展台搭建、场馆布置、器材出租、展品运输、接待服务、商务印刷、信息通讯、翻译文秘、现场管理、内外公关、对外联络、会展安保及员工培训等。

(5) 会展教育、科研、咨询和出版机构：需要会展人才负责会展教育、科研、咨询和出版业务等。

(6) 大中型企事业单位：需要会展人才策划组织企事业的各种会议、参展、奖励旅游及各种活动庆典。

(二) 会展人才需求类型

《上海市2003年度人才开发目录》曾将世博人才列在首位(见表10-3),世博会是世界性、特大型的博览会和大型节事活动,是国际会展业进程的重要组成部分。世博会所需人才也就是我国会展业所需人才。

按会展业和旅游的关系、上海的世博人才分类,以及国际旅游院校会展教育状况,我国会展需求人才可分为以下类型:

(1) 会展经营管理人才:主要包括规划与行业管理、国际公关、活动策划与组织、市场营销、服务管理、住宿餐饮、场馆经营管理、融资与财务、项目与企业管理、信息管理和服务、法律服务、物流管理、商务与差旅服务管理等人才。

(2) 会展外语人才:主要指高级同声传译、一般口、笔译、国际导游、外事工作人才等。

(3) 会展工程建设人才:包括会展场馆设计、建设和管理;设备设计、生产、保养和维护;会展场馆装潢设计施工;展台设计与搭建;会展软件系统开发及维护人才等。

(4) 会展教育研究人才:包括专家学者、教师及科研人员、行业协会培训管理工作人员、信息统计人员、刊物网站编辑和技术人才。

表10-3 上海市2003年度人才开发目录(世博人才)

<table>
<tr><th>人才</th><th>专业类别</th><th>主要涉及岗位</th><th colspan="2">专业背景</th><th>行业导向</th></tr>
<tr><td rowspan="12">世博人才</td><td rowspan="5">工程建设</td><td>场馆设计</td><td rowspan="5">建筑设计及其理论、建筑技术科学、土木工程</td><td rowspan="5">1. 本科及以上学历或高级专业技术职务任职资格
2. 高级技术工人</td><td rowspan="5">会展业</td></tr>
<tr><td>结构工程设计</td></tr>
<tr><td>建筑材料</td></tr>
<tr><td>配套设施建设</td></tr>
<tr><td>室内装潢</td></tr>
<tr><td rowspan="7">管理服务</td><td>总体规划</td><td rowspan="7">国际商务、经济管理、旅游管理、外国语言文学</td><td rowspan="7">1. 本科以上学历
2. 有相关工作经验
3. 精通一种或数种外语</td><td rowspan="7">会展业</td></tr>
<tr><td>会展筹备</td></tr>
<tr><td>组织管理</td></tr>
<tr><td>项目策划</td></tr>
<tr><td>法律顾问</td></tr>
<tr><td>高级同声传译</td></tr>
<tr><td>少数语种翻译</td></tr>
</table>

资料来源:上海市人事局:《上海市2003年度人才开发目录》。

上海申博工作领导小组和对外服务公司等单位的调查还发现世博会需要的人才结构是围绕中心旋转的“漩涡型”。其核心部分是会展运作人才，包括语言、会展、公共关系、会展营运服务等，这是专业性及稀缺性最强的部分。会展辅助人才包括广告、法律、咨询、物流、宣传等，这是专业性和通用性相当，数量需求中等的部分。

（三）会展人才需求素质

会展业的国际化、专业化、规模化、品牌化、科技化、多元化的趋势要求会展人才应是一支受过高等教育、具有优秀素质的专业化队伍。在本书作者对上海市会展人才需求单位的抽样调查反馈中，77.7%的有效反馈认为会展人才学历应大专以上，45.2%认为会展人才应有本科以上学历。（见表10-4）

表10-4 上海会展人才需求层次调查反馈表

您认为贵单位需要的会展人才学历应该是					
数值类型	大专	本科	研究生及以上	各层次都要	弃权
单位总数	17	21	3	12	2
比例	30.91%	38.18%	5.45%	21.82%	3.64%

资料来源：上海师范大学旅游学院：《关于会展人才市场调查报告》。

此次调查还表明会展人才应具备下列能力（按反馈表示的重要程度排列，见表10-5）：人际关系能力、市场推广能力、组织协调能力、外语沟通能力、策划能力、创新能力、电脑操作能力和定量分析能力。

表10-5 上海会展人才应具备能力调查反馈表

您认为贵单位需要的会展人才各项能力要求							
	数值类型	很强	较强	一般	弱	很弱	弃权
人际关系能力	总数	31	20	0	0	0	2
	比例	58.49%	37.74%	0%	0%	0%	3.77%
市场推广能力	总数	30	21	0	0	0	2
	比例	56.60%	39.62%	0%	0%	0%	3.77%
组织协调能力	总数	26	25	0	0	0	2
	比例	49.06%	47.17%	0%	0%	0%	3.77%
外语沟通能力	总数	25	26	0	0	0	2
	比例	47.17%	49.06%	0%	0%	0%	3.77%

（续表）

您认为贵单位需要的会展人才各项能力要求							
	数值类型	很强	较强	一般	弱	很弱	弃权
策划能力	总　数	22	29	0	0	0	2
	比　例	41.51%	54.72%	0%	0%	0%	3.77%
创新能力	总　数	21	30	0	0	0	2
	比　例	39.62%	56.60%	0%	0%	0%	3.77%
电脑操作能力	总　数	12	36	3	0	0	2
	比　例	22.64%	67.92%	5.66%	0%	0%	3.77%
定量分析能力	总　数	8	38	5	0	0	2
	比　例	15.09%	71.70%	9.43%	0%	0%	3.77%

资料来源：上海师范大学旅游学院：《关于会展人才市场调查报告》。

也有国际会展专家认为会展人才应当具有以下特征：热诚、投入；努力、勤奋、细心、富有创意、求知欲与好胜心强、不怕麻烦、耐心、坚持；还要有精力、干劲、好的记忆力、丰富的想象力和良好的人际关系。

（四）会展人才需求知识

会展业是一个整合度极高的行业，涉及会展的营销、与客户接触、筹办、会展中的协调管理等各个方面。这就要求会展从业人员，尤其是会展项目经理等高层管理人员既要懂管理、懂市场，还要懂技术、懂外语。会展业的健康快速发展需要大量高水平的管理型人才、懂专业的设计人才和高素质的服务人才为前提和基础。香港会展旅游专家陈郑绮艳教授认为，未来的会展业需要大量的有较高的英语水平、专业知识、营销技能和服务态度的会展人才。

会展业有其自身发展规律和运行规则，没有全面知识，不可能举办出色的会展，我国会展业迫切需要一支具有专业知识的人才队伍。本书作者对上海会展人才市场就院校会展管理专业应开设哪些课程的调查反馈也反映了我国会展业对人才需求知识的意见（见表10-6）。

表10-6　上海会展人才市场对会展管理专业应开设哪些课程调查反馈表

您认为学校应该为会展管理专业开设下列哪些课程？		
选　　项	总　数	比　例
会展销售与服务	45	84.91%
展览会策划与管理	42	79.25%
会议策划与管理	39	73.58%

（续表）

您认为学校应该为会展管理专业开设下列哪些课程？		
选　　项	总　数	比　例
展览设计与布展	39	73.58%
会展专业英语	36	67.92%
会展概论	30	56.60%
会展场馆经营与管理	29	54.72%
会展法规	29	54.72%
会展信息管理	29	54.72%
会展融资与财务管理	26	49.06%
目的地管理公司(DMC)的经营和管理	19	35.85%
奖励旅游的策划与管理	18	33.96%
节庆活动的策划与管理	15	28.30%

资料来源：上海师范大学旅游学院：《关于会展人才市场调查报告》。

由于会展人才类型不同，各类会展人才需求知识也就会有差异，这又决定会展各相关专业的具体课程要根据会展业对各类会展人才所应具备的知识需求来设置，例如：会展艺术与技术专业的课程设置就应不同于会展经济与管理专业。总的来看，最需要的是会展专业知识：其次是专业基础知识或相关知识，此外调查还反映了会展人才所需知识与所在单位性质和业务活动范围有关，如：政府部门和饭店最希望会展人才了解会议策划与管理及展览设计与布置的知识，会展公司和会展服务公司最希望所需人才知道展览策划与管理、销售与服务的知识，展台设计与搭建知识，而旅行社最希望他们学习会展销售与服务和会展英语。

（五）会展人才需求数量

会展人才需求数量要在充分了解会展业的产业架构、会展业的产业规模和产业发展趋势的基础上，通过调查研究才能获得较为科学的数据。如前说所：据统计，目前全国专业会展管理人才缺口达 200 万人以上。（中外会展编辑部，2010）而各地又要根据各地会展业的发展基础、会展业发展定位、现有会展企业数量和规模以及发展趋势，再通过调查研究才能实事求是地了解会展人才需求数量。了解会展人才需求数量绝不能仅了解会展公司和会展场馆所需人才数量，必须将了解的范围涵盖会展业的全部产业架构和所需人才单位；

也不能仅了解现有会展相关企业今后需求人才数量，还必须要考虑到各地会展企业的发展增量和会展企业的活动增量。

从 2007 年年度统计中可以看出，会展专业人才岗位需求与求职者的比例为：上海 10∶1、北京 8∶1、广州 8∶1(季春红，2009)。再如：武汉每年会展人才缺口在 1000 人以上(汪绍文，2008)，湖南会展产业高素质人才仅占从业人员的 0.56％(张升球，2008)。

我们完全可以预言，随着我国“十二五”规划的实施和会展业在各地的持续发展，我国对会展人才的需求将会有明显提高并更为急迫。

三、我国会展人才开发对策

自 2004 年教育部正式批准在上海师范大学和上海对外贸易学院设置“会展经济与管理专业”并招收本科学生以来，中国会展教育取得了突飞猛进的发展。截至 2008 年年底，中国大陆地区至少已有 120 多所高校开设了会展专业，其中高职院校接近 100 所；70 多所高校在其他相关专业下设有会展方向，其中高职院校接近 60 所。目前全国每年会展专业招收的新生大约 1 万人，在 2010 年，近万名会展专业学生走出校园，寻找工作岗位(贸促会，2010)，同时，中国贸促会自 2003 年年底引进国际展览与项目协会(IAEE)的注册会展经理(CEM)培训项目后，每年和国际展览与项目协会在我国联合举办注册会展经理(CEM)培训班，还有北京、上海、广州等地的人事、旅游、劳动部门和会展行业协会等相关政府部门和行业组织也推出了多个会展培训项目和资格认证项目，这些努力对缓解我国会展人才紧缺的状况起到了一定的积极作用。2010 年，由于世博会的推动，中国贸促会、上海世博局以及高等院校等机构又通过专业研讨、专题培训、学历教育等不同途径，进一步加快了会展高级专业人才培养步伐，为我国会展业长期的健康可持续发展注入了新的活力(陈燕，2011)。

但是，上述努力还远远不能解决长期以来严重制约我国会展经济发展的人才瓶颈问题，尤其是改变高水平会展人才的缺乏状况。

为了解决制约我国会展业发展的人才瓶颈，实现我国会展业的持续发展，我们必须根据会展行业发展趋势、发展会展教育、改变人才现状、满足人才需求！为此可采取下列对策：

(一) 完善会展教育体系、建设会展学科体系

应乘奥运会与世博会东风，继续以开放的观念、改革的步伐、非常规的速度，努力完善以高教为主体，包括职校、行业协会、企业培训的多层次会展教育

体系。近期主要抓好学士学位、硕士学位的学历教育和职业培训教育。

同时,要大力加强会展学科理论基础的研究,积极争取在教育部的支持下,早日明确界定会展学科归属和实现门类的准确划分,科学设计课程设置,建设完整的会展学科体系。

（二）发挥政府主导作用、办好会展相关专业

政府应发挥主导作用,明确高等院校应按原有学科特点和会展人才需求类型开设会展相关专业。鼓励高校发挥特长,开展错位竞争,从办学体制、课程设置、师资队伍、教材建设、教学方法、理论研究上努力建设好会展相关专业。本科会展专业的审核除应严格考虑申办院校的办学基础和师资条件外,必须认真考虑全国会展本科院校区域分布的格局平衡和申办院校所在地会展业发展对会展人才的需求;各省市教育部门更应严格审核高职院校会展专业设置,防止产生"专业设置跟风、有无条件都上"和"赶时髦占山头,培养不务实"的局面,确保有重点、高起点地培养会展人才。教育部门应组织力量定期评估和检查已办会展专业的院校,并应及时果断地责令达不到专业建设要求、社会反应差的院校限期整改或停办专业。

（三）以政策和资金扶持,抓好会展师资建设

制定政策和提供资金,既要加大力度吸引国际一流会展管理专家学者来我国专事会展教学与科研,又要创造条件给相关人员赴外学习交流的机会,以便吸收国际最新知识与研究成果。应允许会展专业执行教师轮流带薪学术假,赴会展企业挂职学习、积累经验、获取信息并开展教材编制、理论体系建立以及教学基地建设等学科建设基础工作,不断完善用人机制,建设一支怀有强烈事业心和责任感,精通会展管理理论和实际操作知识,具有高科研水平和实际动手能力,年龄结构合理的会展管理专业师资队伍。

（四）加强会展理论研究、建立会展理论体系

进一步巩固和发展我国会展理论研究机构,积极开展会展理论体系和相关课题的科研工作,借鉴国外"参与研究机构众多、研究课题广而深、课题看市场、研究看发展、行业作支持、应用研究是重点、期刊出版物搭平台、产学研大结合等"先进经验(金辉,2006),尽早建立一套完整的会展理论体系。开展会展数据统计,建立我国完整的会展数据库。会展产业政府主管部门、教育行政主管部门、社会科学科研项目规划部门和高校都应在会展科研项目立项审批,以及研究工作中给予更多的资金和政策扶持。

（五）合理设置专业课程,建设会展教材体系

设置会展相关专业的院校在专业课程设计上要根据各自的办学资源,按

照所设专业的培养目标和要求，合理设置专业课程。课程设置要体现特色“少而精”，强化专业基础课程和核心课程，增强专业就业岗位的指向性，避免追求大而全、弱化学生专业知识结构，甚至和专业要求不匹配的课程设置。

会展教材编写和体系建设要树立“十年磨一剑”的思想，克服急功近利和多而乱的现象，正确处理编和写、剪辑和研究、理论与操作、继承与创新的关系，教材开发要体现前瞻性，教材内容（理念、信息和知识等）必须尽力不断更新，严把质量关。

（六）树立开放的观念、坚持开放式的发展模式

开放的观念和发展模式就要鼓励走出去、请进来，同国外高等教育机构、相关国际组织及著名会展企业合作办学，吸收先进办学经验和教学体系，充分占有行业信息，建设学科实践平台，邀请国内外著名会展企业家、专家学者与富有实践经验的会展专业人士入校园、进课堂，走产学研一体化道路。政策上要鼓励核心课程开展双语教学或直接借用原版教材提高培养质量。

（七）开展职业培训，完善用人机制

有关政府部门、行业协会，院校、企业可联合开展职业培训，聘请国内外著名会展专家授课，开展研讨，进行工作指导，共享教育资源。职业培训应与学历教育有机结合，并应建立会展人才考核和职业认证制度。各地在开发会展职业培训和认证项目的过程中，相关政府部门和会展专业组织，如经贸部门、旅游部门、人事部门、劳动部门、教育部门、会展行业协会等，不应“各自为政”和“重复开发”，而应打破计划经济体制下形成的条块分割的局面，提倡联合、统一和合作，高校应在培养会展职业管理人员的工作中做出贡献！

会展院校要帮助毕业生端正就业心态，制定职业发展规划，鼓励他们从小事做起、从基层做起、从第一线做起，接受实践的磨练和时间的考验，会展人才使用单位要尽快完善用人机制，要在正确了解“新生代员工工作价值观”的基础上，在生活上多多关心新生代员工，在工作上对他们既要大胆使用又要热情指导严格要求，还要实行合理激励和约束机制，吸引并留住会展人才。

邓小平同志指出：“没有大批的人才，我们的事业就不能成功。”人才与会展业的兴旺发达是分不开的。而人才首先又是需要培养的，这就决定了抓好会展教育是发展我国会展业的重中之重和当务之急，只要我们抓住这个会展业发展的牛鼻子，办好会展教育，努力培养所需人才，我国就一定能赶上世界会展发达国家，为我国的开放改革和持续发展做出更大贡献！

思考题

1. 世界会展业有哪些发展趋势?

2. 未来国际会展场馆有哪些特点?

3. 慕尼黑国际展览集团举办的展会体现了何种新理念?

4. 会展业的国际化运作趋势主要体现在哪些方面?

5. 据你所知,21 世纪会展模式将会发生哪些变化?

6. 我国会展业应采取哪些对策应对世界会展业的发展趋势?

7. 在国际会展业发展趋势的影响下,我国会展业将会有哪些发展趋势?这些趋势是由哪些因素所决定的?

8. 会展业是 21 世纪的无烟产业吗? 为什么? 如何实现会展业的绿色环保低碳化发展?

9. 在我国会展场馆的建设过程中,如何避免会展场馆布局结构不合理与浪费过剩的问题?

10. 国外会展企业进入中国会展市场的方式主要有哪几种? 国内会展企业应如何应对国外会展企业进入中国会展市场后的市场竞争?

11. 会展人才培养与会展业发展有何关系? 我国会展业的人力资源现状如何?

12. 我国有哪些单位需要会展人才? 在这些单位会展人才具体负责哪些工作?

13. 会展业的持续健康发展需要哪几种类型的会展人才? 他们应当具备哪些基本素质和知识?

14. 如何正确认识和处理我国会展人才培养过程中"量"和"质"的关系?

15. 发展会展教育、培养会展人才的基本途径有哪些?

16. 你认为我国会展人才开发应采取哪些对策?

附　　录

一、国际展览会公约

于1928年11月22日在巴黎签署，并经1948年5月10日、1966年11月16日、1972年11月30日《议定书》和1982年6月24日及1988年5月31日《修正案》增补。

第一章　定义和宗旨

第一条

1. 展览会是一种展示，无论名称如何，其宗旨均在于教育大众。它可以展示人类所掌握的满足文明需要的手段，展现人类在某一个或多个领域经过奋斗所取得的进步，或展现发展前景。

2. 当有一个以上的国家参加时，展览会即为国际性展览会。

3. 国际展览会的参加者既包括代表官方组织国家馆的参展者，也包括国际组织或不代表官方的国外参展者，还包括依据展览会规章被授权从事其他活动的，尤其是已经获得特许权的参展者。

第二条

本公约适用于除下列展览会以外的一切国际展览会：

a) 展期不超过3个星期的展览会；

b) 美术展览会；

c) 实质上具有商业性质的展览会；

“无论主办者对展览会冠以何种名称，本公约均认定，注册类展览会和认可类展览会之间存在差别。”

第二章　组织国际展览会的一般管理条件

第三条

具有下列特点的国际展览会可以得到本公约第二十五条所指的国际展览

局的注册：

A) 展期不短于6个星期,不超过6个月；

B) 应将参展国使用展览会建筑的管理规定写入展览会(一般规章)中。如果邀请国的法律规定对财产(不动产)征税,组织者应负责缴纳。只有按照国际展览局批准的规定所提供的服务,才可以是有偿的；

C) 从1995年1月1日起,两届注册类展览会的举办间隔期不得少于5年;第一届展览会可于1995年举办。尽管如此,国际展览局可以接受比上述规定提前不超过一年的举办日期,以允许纪念某个具有国际重要性的特殊事件,但不改变已列入原日程表的5年举办间隔期。

第四条

A) 具有下列特点的国际展览会可得到国际展览局的认可：

1. 展期不短于3个星期,不超过3个月；

2. 具有明确的主题；

3. 总面积不超过25公顷；

4. 主办者必须向参展国分配由其承建的展馆,免收租费、税以及除了有偿服务以外的其他费用;分配给一个国家的最大面积不得超过1 000平方米。然而。国际展览局可以批准有偿分配展馆的要求,但主办国的经济和财政状况必须证明这一要求是正当的；

5. 在两个注册类展览会的间隔期间,只能举办一个按照本条A款规定的认可类展览会；

6. 只有一个注册类展览会或一个符合本条A款的认可类展览会可以在同一年中举办。

B) 国际展览局亦可对下述展览会予以认可：

1. 三年一届的米兰装饰艺术和现代建筑展览会,给予其历史地位,且要求它保持原先的特点；

2. 由国际园艺生产者协会批准的A1类园艺展览会应在两届注册类展览会之间举办,但要求在不同的国家举行该类展览会的间隔期至少为2年,在同一国家举办的间隔期至少为10年。

第五条

展览会的开幕和闭幕日期以及主要特点应于注册或认可时确定,且只有经国际展览局同意才能改变。

第三章 注 册

第六条

1. 计划在其境内举办本公约所述展览会的缔约国政府(以下称“邀请国

政府”)，应向国际展览局递交注册或认可申请，阐明为该展览会拟定的法律、法规或财政措施。非缔约国政府如欲为其展览会争取注册或认可，只要承诺遵守本公约第一章、第二章、第三章和第四章所作的规定及其实施规章；即可以相同方式向国际展览局申请。

2. 注册或认可申请应由展览会举办地负责国际关系的政府(以下称“邀请国政府”)提出，即使该政府并非该展览会的组织者。

3. 在其强制性规定中，国际展览局确定预留展览会日期的最长期限及接受注册或认可申请的最短期限。它还规定必须与申请一同提交的文件，并依照强制性规定确定用于审查申请的应缴款额。

4. 展览会只有满足本公约的条件及国际展览局所作的规定，方得到注册或认可。

第七条

1. 当两个或两个以上国家竞争同一个展览会的注册或认可且不能达成协议时，应请求国际展览局全体大会予以裁决。全体大会在做出表决时，应考虑所提出的各种情况，尤其是具有历史性或道德性的特殊理由、与上一届展览会的间隔以及各竞办国已经举办过展览会的次数。

2. 除特殊性情况外，国际展览局须将优先权给予在缔约国境内组织的展览会。

第八条

已获得展览会注册或认可的国家，如果更改该展览会的预定举办日期，则失去由注册或认可展览会所产生的一切权利，但第二十八条 d)款规定的情况除外。如果它希望另定日期举办该展览会，有关政府则须重新申请，如有必要，按第七条规定的程序解决竞办请求。

第九条

1. 如果展览会未经国际展览局注册或认可，缔约国应拒绝参加、不予以赞助，不给予政府补贴；

2. 对业经注册或认可的展览会，缔约国有不参加的自由。

3. 全体缔约国政府应根据本国法规，运用它认为最为恰当的任何手段，反对组织虚假展览会或凭借虚假承诺、通知或广告欺骗性地吸引参展者的展览会的组织者。

第四章　注册类展览会组织者及参展国的义务

第十条

1. 邀请国政府应确保本公约及其实施条例中的各项规定得以执行。

2. 如果该邀请国政府本身不组织展览会，那么它应为此正式确认展览会的组织者，并确保该组织者履行各项义务。

第十一条

1. 所有参展邀请函件，无论发至成员国或非成员国，也无论是发给受邀国政府还是该国其他受邀方，均应由主办国政府通过外交途径发往被邀请国政府。答复应以同样的途径传递给邀请国政府。对未受邀方，其参展请求亦以同样途径处理。邀请函应遵守国际展览局规定的时间间隔，并申明所涉及的展览会业已注册。给国际组织的参展邀请函须直接发给对方。

2. 如果上述邀请函未按本公约规定发送，缔约国不得组织或赞助参加该国际展览会。

3. 如果邀请函未引述按本公约规定批准的注册或认可，无论展览会是在缔约国境内还是在非成员国境内举办，缔约国均应承诺既不转发，也不接受该参展邀请函。

4. 任何缔约国均可要求组织者不将邀请函发给除自己以外的位于其境内的其他方。它也可以不转发邀请函，不转达未获邀请方提出的参展请求。

第十二条

邀请国政府应为注册类展览会任命一名展览会政府总代表或为认可类展览会任命一名展览会政府代表，授权其代表政府处理与本公约有关的一切事务及与展览会相关的各项事宜。

第十三条

任何参展国政府均应为参加注册类展览会任命一名国家馆政府总代表或为参加认可类展览会任命一名国家馆政府代表，代表本国政府与邀请国政府联系。国家馆政府总代表或代表对组织其国家馆参展负全责。他应向展览会政府总代表或代表通报展示内容，并保证履行参展者的权利与义务。

第十四条(已废除)

第十五条(已废除)

第十六条

国际展览会的海关规章如附件所述。该附件是本公约的组成部分。

第十七条

在展览会上，只有在参展国政府依据第十三条任命的政府总代表或代表权限下组成的展馆方可被视为国家馆，并有权用食用这一称谓。国家馆由该国所有参展者组成，但不包括享有特许权的参展者。

第十八条

1. 在展览会上，单个或集体参展者只有经有关参展国政府的国家馆政府总代表或代表授权，方可使用与该参展国相关的地理名称。

2. 如果缔约国不参加展览会，该展览会的政府总代表或代表应以该缔约国的名义禁止使用上款所述用法。

第十九条

1. 国家馆展出的所有物品均应与展出国紧密相关(如原产地为参展国的物品或由该国国民创造的物品)。

2. 出于展示完整性的需要，经其他有关国家馆政府总代表或代表授权，亦可展出其他物品或产品。

3. 如参展国政府之间就上述第 1 款和第 2 款发生争执，应提交国家馆政府总代表或代表联席会议。经出席者简单多数通过予以仲裁。该仲裁是最终裁决。

第二十条

1. 除非与主办国法律相抵触，否则展览会上不允许有任何形式的垄断。但某种公共服务的垄断权，可由国际展览局在展览会注册或认可时批准。在这种情况下，展览会组织者应遵守下列条件：

a) 应在该展览会规章及参展合同中说明这种垄断服务的存在；

b) 应按照主办国正常情况下的条件向参展者提供被垄断的服务；

c) 无论在何种情况下，国家馆政府总代表或代表在各自展馆中的权力均不得受到任何限制。

2. 展览会政府总代表或代表应采取一切措施，确保向参展国政府收取的费用不高于向展览会组织者收取的费用，或在任何情况下不高于当地正常费用。

第二十一条

展览会政府总代表或代表应在其权限范围内竭力保证展区内公用设施正常有效运转。

第二十二条

邀请国政府应尽一切努力为其他国家政府及其国民参展提供方便，特别是在运费及人员，物品的准入条件方面提供便利。

第二十三条

1. 不论是否颁发通常意义的参展证书，展览会《一般规则》应声明是否对参展者颁奖，如果颁奖，可将其限于某些类别。

2. 如参展者不欲参加评奖，应在展览会开幕前对此予以声明。

第二十四条

下一条款中定义的国际展览局，应对评奖团的组成和运作的一般条件以及如何颁奖做出规定。

第五章　机构设置

第二十五条

1. 为监督和保证本公约的实施特成立国际展览局。其成员为缔约国政府。国际展览局总部设在巴黎。

2. 国际展览局具有法人资格，尤其具有缔约、获取和处置动产和不动产及参与诉讼的能力。

3. 国际展览局为履行本公约赋予的职能，有权与国家和国际组织就必需的特权及豁免权缔结有关协议。

4. 国际展览局包括代表大会、一名主席、一个执行委员会、若干专业委员会、与委员会数量相等的若干副主席和一个秘书长领导下的秘书处。

第二十六条

国际展览局全体大会由缔约国任命的代表组成。每个国家可有一至三名代表。

第二十七条

全体大会召开定期会议以及特别会议。它对本公约规定的国际展览局权限内的所有问题做出决定，是国际展览局的最高权力机构。全体大会特别要：

a) 讨论、通过和公布关于国际展览会注册或认可、分类和组织的规定及关于国际展览局正常运作的规定。全体大会可在本公约规定范围内做出强制性规定，由希望享有国际展览局注册优势的展览会组织者遵循；制定示范性规定，作为这些组织者的指南；

大会可在本公约规定范围内为希望获得国际展览局注册的展览会组织者做出强制性规定和供他们参考的示范性规定；

b) 编制预算，审核及批准国际展览局账目；

c) 批准秘书长报告；

d) 根据需要设置委员会，任命执行委员会和其他委员会成员；

e) 批准根据本公约第二十五条第 3 款缔结的国际协议；

f) 根据第三十三条通过修改草案；

g) 任命秘书长。

第二十八条

1. 每个缔约国政府，不论其代表人数多少，在全体大会中只有一票表决权。如果缔约国政府欠缴本公约第三十二条项下的认缴款总额超过其当年和上一年应缴款总额，其表决权将被中止。

2. 至少有三分之二有表决权的成员国出席，全体大会方有资格行使职能。

如未达到该法定数，全体大会应推迟一个月后再次召开，议程相同。在这种情况下，要求的法定数量应减至有表决权的缔约国数量的一半。

3. 投票表决赞同或反对时，应获出席会议的代表团的多数，方可形成决议。但下列情况应要求有三分之二多数：

a）通过本公约修正案的议案；

b）起草及修改规章；

c）通过预算，批准缔约国年度认缴额；

d）根据上述第五条批准展览会开幕或闭幕日期；

e）对同缔约国境内展览会相竞争的非缔约国境内举办的展览会予以注册或认可；

f）缩短本公约第三条规定的间隔期；

g）接受缔约国对修正案所作的保留；此类修正案按第三十三条规定，应以五分之四多数通过，有的则需要一致通过；

h）批准国际协议草案；

i）任命秘书长。

第二十九条

1. 主席由全体大会以秘密无记名投票方式从缔约国政府代表中选举产生，任期 2 年。在任期间，他不代表本人所属国家。主席可以连任；

2. 主席召集并主持全体大会会议，确保国际展览局正常运作。如主席缺席，其职能由主管执行委员会的副主席代为行使；如该副主席不能行使此职能，则由其他副主席中的一位按当选顺序代为行使；

3. 副主席应由全体大会从缔约国代表中选举产生，其执行性质及任期，特别是其分管的委员会，应由全体大会决定。

第三十条

1. 执行委员会由 12 个缔约国的代表组成，每个缔约国推选一名代表；

2. 执行委员会应：

a）为展览会所展示的人类奋斗确定分类标准，并使其不断更新；

b）审查所有要求注册或认可展览会的申请，连同该委员会的意见一并提交全体大会通过；

c）执行全体大会赋予的任务；

d）向其他委员会征询意见。

第三十一条

1. 秘书长应为缔约国国民，并依本公约第二十八条之规定予以任命；

2. 秘书长应遵照全体大会及执行委员会的指示，处理国际展览局日常事务。他负责编制预算草案，向全体大会提交账目及活动报告。秘书长代表展览局，尤其是在法律事务方面。

3. 全体大会决定秘书长的任期和其他职责。

第三十二条

国际展览局的年度预算应由全体大会根据第二十八条第3款规定通过。预算须考虑国际展览局财务储备，各类收入以及上一财政年度结转的借贷差额。国际展览局的经费须从这些来源及缔约国认缴款中支出。该认缴款额依照全体大会确定的每一缔约国的份额计算得出。

第三十三条

1. 任何缔约国政府可就修正本公约提出议案。议案内容及修改理由须送达秘书长。秘书长须尽快将其传达给其他缔约国政府。

2. 修正议案须列入全体大会一般会议或特别会议议程。全体大会须在自秘书长转达修正议案之日起至少3个月后召开。

3. 全体大会根据前款及第二十八条规定通过的每一个修正议案，须由法兰西共和国政府提交本公约所有缔约国政府予以接受。自有五分之四缔约国政府通知法兰西共和国政府表示接受之日起，修正议案即对所有缔约国生效。但是有关本款、第十六条及其所提附录的修正议案，须经所有缔约国政府通知法兰西共和国表示接受，方可生效；

4. 任何希望对接受修正案做出保留的政府，须将提出保留的条件通知国际展览局。全体大会对是否接受该保留做出决定。它应许那些有助于保护有关国际展览会既定地位的保留，拒绝那些可能产生特权地位后果的保留。如果保留被接受，提出保留的缔约国须计入修正案接受国之列，以计算上述五分之四多数。如果保留被拒绝，提出保留的政府须在拒绝接受修正案与无保留地接受之间做出选择。

5. 修正案一经根据本条第3款生效，任何拒绝接受该修正案的缔约国，如认为合适，可采取下述第三十七条规定。

第三十四条

1. 若两个或两个以上缔约国政府就本公约的适用或解释发生争议，并且不能由根据本公约规定赋予决定权的机构予以解决，那么该争议即构成争议当事方协商的主题。

2. 如果几经协商不能在短期内达成协议，任何当事方可将争议提交国际展览局主席，并请主席指定一名调解人。如果调解人不能使争议当事方达成解决协议，则应向国际展览局主席提交报告，并注明争议的性质和程度。

3. 一旦宣告未能达成协议，该争议即成为仲裁标的。为此，自报告送达争议各当事方之日起 2 个月内，任一当事方均可向国际展览局秘书长提交仲裁申请并申明该方已选定的仲裁员。如果未能如此，任一当事方均可通知国际法院主席，请求其指定一名或若干名仲裁员。如果几个当事方为前款所述之目的共同行事，则被视为一个整体。如有疑问，则由秘书长决定。指选定的仲裁员们还要额外提名一位仲裁员。如果仲裁员们不能在两个月内就这一人选达成一致，国际法院主席在接到任一当事方通知后，负责指定这一仲裁员。

4. 仲裁机构应依成员多数做出裁决。如果仲裁员的赞成票数与反对票数相等，额外指定的仲裁员的投票具有决定性意义。这一裁决是最终裁决，对各当事方均具约束力，当事方没有上诉的权利。

5. 任何国家在签署、批准或加入本公约时，均可宣布不受上述第 3 款和第 4 款的约束。在与对上述条款持保留立场的成员国打交道时，其他缔约国也不受这些条款的约束。

6. 任何根据前款作出保留的缔约国，均可随时通知托管国政府放弃保留。

第三十五条

任何联合国成员国、或系非联合国成员的国际法院章程成员国、或系联合国专业机构或原子能机构成员国、及提出加入申请并经国际展览局全体大会有表决权的缔约国三分之二多数通过的国家，均可加入本公约。加入文件须由法兰西共和国政府保存，并于交存之日起生效。

第三十六条

法兰西共和国政府应通知缔约国和加入国政府及国际展览局：

a）根据第三十三条修正案的生效；

b）根据第三十五条的加入；

c）根据第二十七条的退出；

d）根据第三十四条第 5 款提出的保留；

e）本公约的终止，假如出现这种情况。

第三十七条

1. 任何缔约国政府均可书面通知法兰西共和国政府，退出本公约；

2. 退出将于收到通知之日起一年后生效；

3. 如果因退出而使缔约国政府数量减至不足 7 个时，本公约将自行终止。秘书长依据缔约国政府间就解散国际展览局可能达成的任何协议，负责有关清算问题。除非全体大会另有决定，否则资产应在缔约国政府间按照其自成为本公约成员国以来所认缴数额的比例进行分割。如有负债，也同样由这些政府按时财政年度确定的认缴额比例分摊。（1972 年 11 月 30 日于巴黎）

二、我国政府部门制定的重要会展法规目录
(1975年11月—2009年1月)

(一) 海关总署1975年11月3日发布的《中华人民共和国海关对进口展览品监管办法》

(二) 海关总署1976年9月20日发布的《中华人民共和国海关对出口展览品监管办法》

(三) 国务院1982年8月26日颁发的《国务院批转中国国际贸易促进委员会、对外经济贸易部、外交部〈关于出国举办经济贸易展览会若干问题的规定〉和〈关于接待外国来华经济贸易与技术展览会若干问题的规定〉的通知》(国发[1982]115号)及附件:《中国国际贸易促进委员会、对外经济贸易部、外交部关于出国举办经济贸易展览会若干问题的规定》和《中国国际贸易促进委员会、对外经济贸易部、外交部关于接待外国来华经济贸易与技术展览会若干问题的规定》

(四) 对外贸易经济合作部1988年4月29日发布的关于《举办来华经济技术展览会审批规定》

(五) 海关总署1988年6月22日发布的《关于对来华和去国外举办经济贸易展览会有关审批问题的通知》

(六) 国家工商行政管理局/经贸部1988年9月15日发布的《关于举办来华经济技术展览会等经营广告审批办法的通知》

(七) 国家外汇管理局1989年5月25日发布的《关于国内单位出国举办或参加展览会(博览会)外汇收支的管理规定》

(八) 对外贸易经济合作部1990年2月20日发布的《关于出国举办经济贸易展览有关问题的补充通知》

(九) 对外贸易经济合作部办公厅1990年3月22日发布的《关于启用对外贸易经济合作部在境内举办对外经济技术展览会审批专用章和〈对外贸易经济合作部在境内举办对外经济技术展览会批准证〉的通知》

(十) 国家科学技术委员会1990年12月7日发布的《技术交易会管理暂行办法》

(十一) 国家外汇管理局、对外贸易经济合作部和海关总署1991年4月3

日下发的《国家外汇管理局、对外经济贸易合作部、海关总署关于继续执行〈关于对交易会期间以外币现金购买零星展品的管理规定〉等文件的通知》

（十二）对外贸易经济合作部 1991 年 7 月 11 日发布的《在国外举办经济贸易展览会的审批管理办法》

（十三）国务院办公厅 1991 年 8 月 31 日发布的《关于加强对出国举办经济贸易展览会统一协调管理的通知》

（十四）对外贸易经济合作部 1992 年 1 月 28 日发布的《关于批转〈关于出国举办经济贸易展览会归口协调审批管理办法〉的通知》及附件:《关于出国举办经济贸易展览会归口协调审批管理办法》

（十五）文化部 1992 年 6 月 18 日发布的《关于加强引进外国艺术表演和艺术展览管理的意见》

（十六）国务院办公厅 1992 年 7 月 4 日下发的《国务院办公厅转发文化部关于加强引进外国艺术表演和艺术展览管理意见的通知》及文化部《关于加强引进外国艺术表演和艺术展览管理的意见》

（十七）国务院 1993 年 4 月 10 日颁布的《国务院关于决定加入〈国际展览会公约〉的批复》

（十八）国务院办公厅 1993 年 7 月 12 日发布的《国务院办公厅关于对赴港澳地区招商办展等经贸活动加强管理的通知》

（十九）对外贸易经济合作部 1993 年 7 月 12 日公布的《中国加入世界贸易组织(WTO)服务贸易谈判中关于展示和展览服务中的承诺和减让》

（二十）对外贸易经济合作部 1993 年 10 月 12 日发布的《对外贸易经济合作部关于印发〈关于赴港澳地区举办经贸活动的审批管理办法〉的通知》及附件:《关于赴港澳地区举办经贸活动的审批管理办法》

（二十一）文化部 1993 年 10 月 12 日发布的《关于印发〈文化艺术品出国和来华展览管理细则〉的通知》及附件:《文化艺术品出国和来华展览管理细则》

（二十二）机械部 1993 年 12 月 25 日发布的《机械部关于来华国际展览的管理办法》、《机械部关于国内展览的管理办法》和《机械部关于出国(境)展览的管理办法》

（二十三）对外贸易经济合作部 1994 年 6 月 20 日下发的《对外贸易经济合作部关于印发〈关于一九九四年秋季和今后一个时期广交会改革方案〉的通知》及附件:《关于一九九四年秋季和今后一个时期广交会改革方案》的通知》

（二十四）对外贸易经济合作部 1995 年 9 月 1 日发布的《关于在各类对

外经济贸易展览会期间加强商标管理工作的通知》

（二十五）对外贸易经济合作部1995年9月22日下发的《对外贸易经济合作部关于印发〈关于出国(境)举办招商和办展等经贸活动的管理办法〉的通知》及附件:《关于出国(境)举办招商和办展等经贸活动的管理办法》

（二十六）国家外汇管理局1996年7月9日下发的《关于对外经济洽谈会和交易会期间购买展卖品有关问题的通知》

（二十七）对外贸易经济合作部1997年1月17日发布的《对外贸易经济合作部关于加强对广交会摊位使用管理的通知》

（二十八）海关总署1997年2月14日发布的《海关总署令第59号(中华人民共和国海关对进口展览品监管办法)》

（二十九）海关总署1997年3月12日发布的《海关总署关于发布〈中华人民共和国海关对进口展览品监管办法〉的通知》及附件:《中华人民共和国海关对进口展览品监管办法》

（三十）对外贸易经济合作部1997年4月7日发布的《关于进一步调整和完善广交会组展工作的通知》

（三十一）国家科学技术委员会1997年4月24日发布的《国家科委关于加强技术交易会管理的通知》

（三十二）建设部1997年6月5日发布的《建设部关于印发〈建设部展览管理〉的通知》

（三十三）文化部1997年6月27日发布的《涉外文化艺术表演及展览管理规定》

（三十四）国务院办公厅1997年7月31日发布的《国务院办公厅关于对在我国境内举办对外经济技术展览会加强管理的通知》

（三十五）国家医药管理局1997年8月31日颁布的《药品交易会管理办法》

（三十六）国家工商行政管理局1997年10月31日公布的《商品展销会管理办法》

（三十七）国家工商行政管理局1997年11月12日下发的《国家工商行政管理局关于贯彻执行〈商品展销会管理办法〉有关问题的通知》

（三十八）对外贸易经济合作部和国家工商行政管理局1998年1月7日发布的《对外贸易经济合作部/国家工商行政管理局关于审核境内举办对外经济技术展览会主办单位资格的通知》

（三十九）对外贸易经济合作部办公厅1998年2月16日发布的《对外贸

易经济合作部办公厅关于转发〈关于审核境内举办对外经济技术展览会主办单位资格的通知〉的通知》及附件:《对外贸易经济合作部、国家工商行政管理局关于审核境内举办对外经济技术展览会主办单位资格的通知》

（四十）对外贸易经济合作部 1998 年 3 月 6 日下发的《对外贸易经济合作部关于加强广交会展品管理的通知》

（四十一）国家工商行政管理总局/国家旅游局 1998 年 4 月 18 日发布的《国家旅游局、国家工商行政管理局关于加强旅游商品展销会管理的通知》

（四十二）国家工商行政管理局 1998 年 7 月 2 日颁布的《国家工商行政管理局关于加强美术展览活动广告管理的通知》

（四十三）文化部 1998 年 8 月 3 日发布的《文化部办公厅转发国家工商行政管理局〈关于加强美术展览活动广告管理的通知〉的通知》

（四十四）对外贸易经济合作部 1998 年 9 月 22 日下发的《对外贸易经济合作部关于印发〈在境内举办对外经济技术展览会管理暂行办法〉的通知》及附件:《在境内举办对外经济技术展览会管理暂行办法》、《对外经济技术展览会分类目录》、《审批对外经济技术展览会备案表》和《主办单位报送举办对外经济技术展览会总结的内容和要求》

（四十五）对外贸易经济合作部 1998 年 9 月 29 日下发的《关于举办区域性交易会及有关事项的通知》

（四十六）对外贸易经济合作部 1998 年 12 月 1 日发布的《对外贸易经济合作部关于印发〈在祖国大陆举办对台湾经济技术展览会暂行管理办法〉的通知》及附件:《在祖国大陆举办对台湾经济技术展览会暂行管理办法》和《主办单位报送举办对台湾经济技术展览会总结的内容和要求》

（四十七）国家工商行政管理局 1998 年 12 月 3 日公布的《国家工商行政管理局修改〈商品展销会管理办法〉中超越〈行政处罚法〉规定处罚权限的内容》

（四十八）国家工商行政管理局 1998 年 12 月 3 日公布的《国家工商行政管理局令第 86 号修订的〈商品展销会管理办法〉》

（四十九）国家工商行政管理局 1998 年 12 月 9 日下发的《国家工商行政管理局关于认定商品展销会举办单位问题的答复》

（五十）科学技术部、外交部和海关总署 1999 年 1 月 11 日下发的《科学技术部、外交部、海关总署关于进一步加强境内国际科技会议及展览会管理的通知》

（五十一）国家工商行政管理局 1999 年 2 月 3 日发布的《国家工商行政

管理局关于对外经济技术展览会有关登记和管理问题的答复》

（五十二）对外贸易经济合作部办公厅 1999 年 3 月 22 日颁布的《对外贸易经济合作部办公厅关于启用对外贸易经济合作部在境内举办对外经济技术展览会审批专用章和〈对外贸易经济合作部在境内举办对外经济技术展览会批准证〉的通知》

（五十三）国家税务总局 1999 年 4 月 26 日发布的《国家税务总局关于外国企业来华参展后销售展品有关税务处理问题的批复》

（五十四）国家工商行政管理局 1999 年 9 月 28 日下发的《国家工商行政管理局关于适用〈商品展销会管理办法〉有关问题的答复》

（五十五）国家环境保护总局 1999 年 10 月 11 日下发的《关于颁布〈环境保护展览会管理办法〉的通知》及附件:《环境保护展览会管理办法》

（五十六）对外贸易经济合作部 2000 年 3 月 24 日发布的《对外贸易经济合作部关于印发〈关于今后三年进一步改革和完善广交会的若干意见〉的通知》

（五十七）建设部 2000 年 10 月 23 日下发的《建设部关于印发〈建设部关于展览会管理若干规定〉的通知》及附件:《建设部关于展览会管理若干规定》

（五十八）国务院办公厅 2000 年 11 月 7 日下发的《国务院办公厅关于出国举办经济贸易展览会审批管理工作有关问题的函》

（五十九）财政部 2000 年 12 月 29 日颁布的《出国展览经费支出管理暂行办法》

（六十）中国国际贸易促进委员会/对外贸易经济合作部 2001 年 2 月 15 日发布的《贸促会、外经贸部关于印发〈出国举办经济贸易展览会审批管理办法〉的通知》及附件:《出国举办经济贸易展览会审批管理办法》

（六十一）信息产业部 2001 年 3 月 6 日颁布的《信息产业部展览管理暂行规定》

（六十二）对外贸易经济合作部 2001 年 7 月 23 日发布的《关于审核出国（境）举办经济贸易展览会主办单位资格的通知》

（六十三）科学技术部、外交部、海关总署和国家工商行政管理局于 2001 年 8 月 23 日联合颁发关于印发《国际科学技术会议与展览管理暂行办法》的通知及附件:《国际科学技术会议与展览管理暂行办法》

（六十四）对外贸易经济合作部 2001 年 12 月 5 日下发的《对外贸易经济合作部关于重申和明确在境内举办对外经济技术展览会有关管理规定的通知》

（六十五）国务院办公厅2001年12月18日发布的《关于我国参加国际展览局和世界博览会工作有关问题的函》

（六十六）对外贸易经济合作部2001年12月20日发布的《关于重新核定出国（境）举办经济贸易展览会组办单位资格的通知》

（六十七）中国科学技术协会2002年1月31日发布的《国际科学技术会议与展览管理暂行办法实施细则》

（六十八）中国国际贸易促进委员会2002年3月20日下发《关于印发对大型出国经贸展览活动加强管理实施意见的通知》及《关于对大型出国经贸展览活动加强管理的实施意见》

（六十九）商务部2002年7月17日下发的《具有商务部授予的出国（境）举办经济贸易展览会组办单位资格的办展机构名单》

（七十）国务院办公厅2002年11月21日发布的《关于在我国境内举办对外经济技术展览会审批程序有关事项的复函》

（七十一）国家经济贸易委员会2002年12月2日公布的《〈专业性展览会等级的划分及评定〉商业行业标准》及附件：《商业行业标准名称及编号》

（七十二）国务院2003年2月27日颁发的《国务院关于取消第二批行政审批项目和改变一批行政审批项目管理方式的决定》及附件1：《国务院决定取消的第二批行政审批项目目录（406项）》和附件2：《国务院决定改变管理方式的行政审批项目目录（82项）》，取消的行政审批项目中包括"境内举办对外经济技术展览会主办单位资格的审批"、"地方性的有赞助的美术品比赛、展览、展销审批"、"举办跨省的商业性美术品展览审批"、"文物出国（境）展览组织者资格认定"、"文物展览展品承运人资格认定"、"文物展览展品委托运输合同备案"及"出国文物展览展品包装工作资格认定"等。

（七十三）中国商业联合会2003年2月8日发布的《中国商业联合会会展活动管理暂行办法》

（七十四）国家经贸委办公厅2003年2月17日下发的《国家经贸委办公厅关于举办全国性非涉外经济贸展览会有关事项的通知》及附件：《北京市人民政府办公厅关于举办全国性非涉外经济贸展览会有关事项的复函》

（七十五）中国国际贸易促进委员会、外交部、商务部、公安部、海关总署2003年6月17日发布的《中国国际贸易促进委员会、外交部、商务部、公安部、海关总署关于进一步加强出国举办经济贸易展览会管理工作有关问题的通知》

（七十六）商务部办公厅2003年9月27日下发的《商务部办公厅关于做

好第 94 届广交会电子商务工作的通知》

（七十七）商务部 2004 年 1 月 13 日发布《中华人民共和国商务部令[2004 年第 1 号]——设立外商投资会议展览公司暂行规定》

（七十八）国家海关总署和国家商务部 2004 年 2 月 19 日联合下发的《海关总署、商务部关于在我国境内举办对外经济技术展览会有关管理事宜的通知》

（七十九）中国国际贸易促进委员会 2004 年 12 月 7 日颁布的《中国参加国际展览局和世界博览会工作管理办法》

（八十）国家文物局 2005 年 5 月 27 日颁布的《国家文物局关于发布〈文物出境展览管理规定〉的通知》及附件：《文物出境展览管理规定》

（八十一）国家知识产权局 2005 年 12 月 6 日下发的《国家知识产权局关于印发〈国家知识产权局展会管理办法〉的通知》及附件：《国家知识产权局展会管理办法》

（八十二）中共中央办公厅、国务院办公厅 2006 年印发了《关于在华举办国际会议的管理办法》（中办发[2006]10 号）

（八十三）商务部、国家工商总局、国家版权局和国家知识产权局于 2006 年 1 月 10 日公布并于同年 3 月 1 日开始实施的《展会知识产权保护办法》

（八十四）中国国际贸易促进委员会和国家商务部 2006 年 5 月 14 日下发的《贸促会、商务部关于修订〈出国举办经济贸易展览会审批管理办法〉的通知》及附件：修订后的《出国举办经济贸易展览会审批管理办法》

（八十五）商务部 2006 年 12 月 15 日颁布的《商务部举办展览会管理办法（试行）》

（八十六）商务部办公厅 2008 年 8 月 27 日下发的《商务部办公厅关于印发〈关于第 104 届和今后一个时期广交会改革方案〉的通知》及附件：《关于第 104 届和今后一个时期广交会改革方案》

（八十七）商务部 2009 年 1 月 20 日下发的《商务部关于抓好 2009 年商贸会展促进消费有关工作的意见》及附件：《商务部 2009 年内贸领域引导支持展览会名单》和《2009 年部分地方及协会各类会展节庆活动表》

三、国际展览业协会(UFI) 2010年公布的我国UFI正式成员名录 (中英文)

ITE 中国(ITE China)

澳门贸易投资促进局(Macao Trade and Investment Promotion Institute)

澳门威尼斯人度假村酒店(The Venetian-Macao-Resort-Hotel)

北京艾博西雅展览有限公司(Comexposium China, Aiboxiya)

北京国机展览中心(Capital Exhibition Services)

北京国际展览中心(Beijing International Exhibition Center)

北京振威展览有限公司(Beijing Zhenwei Exhibition Co. Ltd)

博闻(广州)展览有限公司(UBM China (Guangzhou) Co. Ltd)

成都世纪城新国际会展中心(New International Convention & Exposition Center · Chengdu Century City)

东莞名家具协会(Dongguan Famous Furniture Association)

杜塞尔多夫展览(中国)有限公司(Messe Düsseldorf China Ltd.)

法国 GL Events 浦东展览馆(GL Events-Pudong Expo)

法兰克福展览(上海)有限公司(Messe Frankfurt Shanghai Co. Ltd.)

法兰克福展览(香港)有限公司(Messe Frankfurt (HK) Ltd.)

高美艾博展览(上海)有限公司(Comexposium (Shanghai) Ltd)

广东现代国际展览中心(Guangdong Modern International Exhibition Center)

广州光亚法兰克福展览有限公司(Guangzhou Guangya Messe Frankfurt Co Ltd.)

广州锦汉展览中心(Guangzhou Jinhan Exhibition Center)

广州市保利锦汉展览有限公司(Guangzhou Poly Jinhan Exhibition Co., Ltd.)

广州益武国际展览有限公司(Guangzhou YI-WU International Exhibition Co. Ltd.)

广州中州国际商务展示中心(Continental)

国药励展展览有限责任公司(Reed Sinopharm Exhibitions Co Ltd)

汉诺威米兰展览(上海)有限公司(Hannover Milano Fairs Shanghai Ltd.)

汉诺威米兰展览会(中国)有限公司(香港)(Hannover Milano Fairs China Ltd., Hongkong)

华汉国际会议展览(上海)有限公司(原香港展览服务有限公司)(China International Exhibitions Ltd)

建发国际(控股)有限公司(Kenfair International Limited)

京慕国际展览有限公司(Jing Mu International Exhibition Co., Ltd.)

科隆展览(北京)有限公司(Koelnmesse Co. Ltd., Beijing)

科隆展览(香港)有限公司(Koelnmesse Ltd., Hong Kong)

励展博览集团大中华区总部(Reed Exhibitions Greater China Head Office)

励展华博展览(深圳)有限公司(Reed Huabo Exhibitions(Shenzhen) Co., Ltd.)

励展中国上海分公司(Reed Exhibitions(China) Ltd., Shanghai Branch)

励展中国香港办事处(Reed Exhibitions Hong Kong)

美国克劳斯国际展览公司(中国)(E. J. Krause & Associates, Inc. China)

慕尼黑国际展览亚洲(香港)有限公司(MMI Asia(Hong Kong) Ltd.)

慕尼黑展览(上海)有限公司(Munich Trade Fairs(Shanghai) Co., Ltd.)

宁波华博会展有限公司(Ningbo Hixpo Conference & Exhibition Co., Ltd.)

上海博华国际展览有限公司(Shanghai UBM Sinoexpo International Exhibition Co, Ltd)

上海励华国际展览有限公司(Reed Huayin(Shanghai) International Exhibition Co Ltd)

上海世博集团有限公司中国国际工业博览会(Shanghai World Expo (Group) Co. Ltd., CIIF Branch)

上海市国际展览有限公司(Shanghai International Exhibition Co., Ltd.—SIEC)

上海万耀企龙展览有限公司(VNU Exhibitions Asia)

上海现代国际展览有限公司(Shanghai Modern International Exhibition Co., Ltd.)

上海新国际博览中心有限公司(SNIEC—Shanghai New International Expo Centre Co., Ltd.)

深圳国际文化产业博览交易会有限公司(Shenzhen International Cultural Industry Fair Co. , Ltd.)

深圳贺戎博闻展览有限公司(Shenzhen UBM Herong Exhibition Co. Ltd.)

深圳会议展览协会(Shenzhen Conference Exhibition Association—SZCEA)

深圳会议展览中心管理有限责任公司(Shenzhen Convention & Exhibition Centre Management Co. Ltd—SZCEC)

深圳市安博会展有限公司(Shenzhen CPSE Exhibition Co Ltd.)

深圳市服装行业协会服饰品牌管理有限公司(Shenzhen Fashion Union Apparel Brand Management Limited)

深圳市机械行业协会(SZMA—China Shenzhen Machinery Association)

深圳市钟表行业协会(Shenzhen Watch & Clock Association—SZWA)

苏州国际博览中心(Suzhou International Expo Centre)

厦门国际会议展览中心(Xiamen International Conference & Exhibition Center—XICEC)

香港会议展览中心(Hong Kong Convention and Exhibition Centre—HKCEC)

香港旅游发展局(Hong Kong Tourism Board)

香港贸易发展局(Hong Kong Trade Development Council—HKTDC)

香港世界客车公司(Busworld International)

香港亚洲国际博览馆(AsiaWorld-Expo Management Limited)

香港展览服务有限公司(Hong Kong Exhibition Services Ltd.)

香港展览会议业协会(Hong Kong Exhibition and Convention Industry Association—HKECIA)

讯通展览公司(Paper Communication Exhibition Services)

雅式展览服务有限公司(Adsale Exhibition Services Ltd.)

亚洲博闻有限公司——香港总办事处(UBM Asia Ltd—Regional Head Office)

郑州国际会议展览中心(Zhengzhou International Convention & Exhibition Centre—ZZICEC)

中国(大连)国际服装纺织品博览会办公室(The Office of China(Dalian) International Garment & Textile Fair)

中国工程机械成套公司(China Construction Machinery Co. Ltd)

中国国际贸易促进委员会长春分会(CCPIT Changchun Sub-Council)

中国国际贸易促进委员会建筑材料行业分会(CCPIT Building Materials Sub-Council)

中国国际贸易中心(China World Trade Center Co., Ltd)

中国国际展览中心集团公司(China International Exhibition Center Group Corp)

中国国际中小企业博览会事务局(The Bureau of China International SME Fair—Bureau of CISMEF)

中国轻工业展览中心(Exhibition Center of China Light Industry)

中国商务部投资促进事务局(China Investment Promotion Agency of Ministry of Commerce of PR China)

中国小商品城展览中心(China Commodity City Exhibition Center)

中国展览馆协会(China Association for Exhibition Center)

中山博览中心(Zhongshan Expo Centre)(UFI，2010)。

除上述国际展览业协会中国 77 个成员外，我国台湾地区还有 5 个国际展览业协会会员，它们是：

慕尼黑国际博览亚洲有限公司台湾办事处(MMI Asia Pte Ltd. (Taiwan Branch Office)—MMI Taipei)

台湾对外贸易发展协会(TAITRA—Taiwan External Trade Development Council)

台湾国际会议展览协会(Taiwan Convention & Exhibition Association—TCEA)

台湾展览暨会议商业同业公会(Taiwan Exhibition & Convention Association TECA)

亚洲博闻有限公司台湾分公司(UBM Asia Ltd., Taiwan Branch)(UFI，2010)。

四、国际展览业协会(UFI)2010年公布的我国UFI认证展会及它们的主要组织单位名录(中英文)

AQUATECH中国国际水展(上海)(Aquatech),荷兰阿姆斯特丹RAI国际会展中心(Amsterdam RAI B. V.)主办

澳门国际贸易投资展览会(MIF—Macao International Trade & Investment Fair),澳门贸易投资促进(Macao Trade and Investment Promotion Institute)主办

北京国际印刷技术展览会(China Print—Beijing International Printing Technology Exhibition),中国国际展览中心集团公司(CIEC)主办

北京国际展览中心(BIEC—Beijing International Exhibition Center),中国东莞国际鞋展·鞋机展(China Shoes & Shoetec),杜塞尔多夫展览(中国)有限公司(Messe Düsseldorf China Ltd.)主办

广州(锦汉)服装、家纺及面料展览会(Jinhan Fair for Apparel, Fabrics & Home Textiles),广州市保利锦汉展览有限公司(Guangzhou Poly Jinhan Exhibition Co., Ltd.)主办

广州(锦汉)家居用品及礼品展览会(Jinhan fair for Home & Gifts),广州市保利锦汉展览有限公司(Guangzhou Poly Jinhan Exhibition Co., Ltd.)主办

广州厨卫设备、建材及家用五金展览会(CACFair Bathroom+Kitchen),广州益武国际展览有限公司(Guangzhou YI-WU International Exhibition Co. Ltd.)主办

国际电子组件及生产技术展(electronicAsia),香港贸易发展局(Hong Kong Trade Development Council)主办

国际名家具(东莞)展览会(International Famous Furniture Fair(Dongguan),东莞名家具协会(Dongguan Famous Furniture Association)主办

国际木工及家具机械(顺德)博览会暨国际家具配件、材料及木制品博览

会,简称:顺德木工展(The International Exhibition on Wood Working Machinery & Furniture Manufacturing Equipment WMF Shunde),香港雅式展览服务有限公司(Adsale Exhibition Services Ltd.)主办

国际食品、饮料、酒店设备、餐饮设备、烘培及服务展览(FHC China),华汉国际会议展览(上海)有限公司(China International Exhibitions Ltd)主办

国际医疗仪器设备展览会(China Med—International Medical Instruments & Equipment Exhibition),中国国际贸易中心股份有限公司(China World Trade Center Co., Ltd)主办

华南国际印刷工业展览会(The South China International Exhibition and Symposium on Pre-press and Printing Industries),雅式展览服务有限公司(Adsale Exhibition Services Ltd.)主办

宁波国际服装服饰博览会(Ningbo International Fashion Fair—IF-FAIR),宁波华博会议展览有限公司(Ningbo Hixpo Conference & Exhibition Co., Ltd.)主办

上海国际广告、印刷、包装、纸张展览会(Shanghai International Advert, Print, Pack, Paper Exposition),上海现代国际展览有限公司(Shanghai Modern International Exhibition Co., Ltd.)主办

上海国际汽车工业展览会(Auto Shanghai),上海市国际展览有限公司(Shanghai International Exhibition Co., Ltd.)主办

香港电子产品展(Hong Kong Electronics Fair),香港贸易发展局(Hong Kong Trade Development Council)主办

香港国际灯饰展(Hong Kong International Lighting Fair),香港贸易发展局(Hong Kong Trade Development Council)主办

香港国际秋季成衣及时装材料展(Interstoff Asia Autumn),法兰克福展览有限公司(Messe Frankfurt GmbH)主办

香港国际玩具及礼品展暨亚洲赠品及家居用品展(1)(Hong Kong International Toys & Gifts Show/Asian Gifts Premium & Household Products Show-Mega Show Part One),建发国际(控股)有限公司(Kenfair International Limited)主办

香港国际玩具及礼品展暨亚洲赠品及家居用品展(2)(Mega Show Part Two),建发国际(控股)有限公司(Kenfair International Limited)主办

香港国际珠宝展(Hong Kong International Jewellery Show),香港贸易发展局(Hong Kong Trade Development Council)主办

香港家庭用品展(Hong Kong Houseware Fair),香港贸易发展局(Hong Kong Trade Development Council)主办

香港礼品及赠品展(Hong Kong Gifts & Premium Fair),香港贸易发展局(Hong Kong Trade Development Council)主办

香港时装节(Hong Kong Fashion Week),香港贸易发展局(Hong Kong Trade Development Council)主办

香港玩具展(Hong Kong Toys & Games Fair),香港贸易发展局(Hong Kong Trade Development Council)主办

香港眼镜展(Hong Kong Optical Fair),香港贸易发展局(Hong Kong Trade Development Council)主办

香港钟表展(Hong Kong Watch & Clock Fair),香港贸易发展局(Hong Kong Trade Development Council)主办

亚太皮革展(APLF),亚洲博闻有限公司——香港总办事处(UBM Asia Ltd-Regional Head Office)主办

亚太区美容展(Cosmoprof Asia——International Cosmetic and Perfume, Toiletry and Hairdressing Exhibition),亚洲博闻有限公司——香港总办事处(UBM Asia Ltd—Regional Head Office)主办

亚洲国际电气电子工程及节能科技展览会(Asian Elenex—The Asian International Electrical, Electronic Engineering, Lighting Technology and HVAC & R Show),香港展览服务有限公司(Hong Kong Exhibition Services Ltd.)主办

亚洲国际食品及饮料、酒店、餐厅及餐饮设备、供应及服务展览会(HOFEX—Asian International Exhibition of Food & Drink, Hotel, Restaurant & Foodservice Equipment, Supplies & Services),香港展览服务有限公司(Hong Kong Exhibition Services Ltd.)主办

亚洲航空展(Asian Aerospace),励展中国香港办事处(Reed Exhibitions Hong Kong)主办

中国(北京)国际工程机械、建材机械及矿山机械展览与技术交流会(BICES—Beijing International Construction Machinery Exhibition and Seminar),中工工程机械成套有限公司(CNCMC)主办

中国(长春)国际汽车博览会(China Changchun International Auto Expo),中国国际贸易促进委员会长春市分会(CCPIT Changchun Sub-Council)主办

中国(大连)国际服装纺织品博览会(China(Dalian) International Garment & Textile Fair),中国(大连)国际服装纺织品博览会办公室(The Office of China(Dalian) International Garment & Textile Fair)主办

中国(广州)编织品、礼品及家居装饰品展览会(CACFair Weaving + Home Décor),广州益武国际展览有限公司(Guangzhou YI-WU International Exhibition Co. Ltd.)主办

中国(上海)国际建材及室内装饰展览会暨建筑节能及新型建材展览会(Shanghai International Construction Material and Indoor Decoration Exhibition, Energy-saving and advanced wall material exposition),上海现代国际展览有限公司(Shanghai Modern International Exhibition Co., Ltd.)主办

中国(上海)国际流体机械展(PS China),国研会展有限公司(IIR Exhibitions Pte. Ltd.)主办

中国(深圳)国际机械和模具工业展览会(SIMM—China Shenzhen International Machinery & Moulds Industry),深圳机械行业协会(SZMA)主办

中国(深圳)国际礼品、工艺品、钟表及家庭用品展览会(Shenzhen International Gifts, Handicrafts, Watches & Houseware Fair),励展华博展览(深圳)有限公司(Reed Huabo Exhibitions(Shenzhen) Co., Ltd.)主办

中国(深圳)国际品牌服装服饰交易会暨深圳国际纺织面料及辅料博览会(Shenzhen International Apparel Fair),深圳市服装行业协会服饰品牌管理有限公司(Shenzhen Fashion Union Apparel Brand Management Limited)主办

中国(深圳)国际玩具及礼品展览会(Shenzhen International Toys & Gifts Fair),励展华博展览(深圳)有限公司(Reed Huabo Exhibitions(Shenzhen) Co., Ltd.)主办

中国(深圳)国际文化产业博览交易会(China(Shenzhen) International Cultural Industries Fair),深圳国际文化产业博览交易会有限公司(Shenzhen International Cultural Industry Fair Co., Ltd.)主办

中国(深圳)国际钟表珠宝礼品展览会(CWJF—China Watch, Jewellery & Gift Fair),深圳市钟表行业协会(Shenzhen Watch & Clock Association)主办

中国(义乌)国际袜子、针织及染整机械展览会/中国(义乌)国际织带及服装机械展览会(The China(Yiwu) International Exhibition on Hosiery, Knitting, Dyeing & Finishing Machinery/China(Yiwu) International Exhibition on Narrow Fabric, Braiding & Garment Machinery),雅式展览服务有限公司(Adsale Exhibition Services Ltd.)主办

中国东莞纺织制衣工业技术展(China(Dongguan) International Textile & Clothing Industry Fair),讯通展览会公司(Paper Communication Exhibition Services)主办

中国国际安全生产及职业健康展览会(COS+H-China International Occupational Safety & Health Exhibition),杜塞尔多夫展览(中国)有限公司(Messe Düsseldorf China Ltd.)主办

中国国际包装工业展览会(SINO-PACK—The China International Exhibition on Packaging Machinery & Materials),雅式展览服务有限公司(Adsale Exhibition Services Ltd.)主办

中国国际地面材料及铺装技术展览会(DOMOTEXasia/China floor),上海万耀企龙展览有限公司(VNU Exhibitions Asia)主办

中国国际电力设备及技术展览会(The International Exhibition on Electric Power Equipment and Technology),雅式展览服务有限公司(Adsale Exhibition Services Ltd.)主办

中国国际电子生产设备暨电子工业展(NEPCON China),励展中国上海分公司(Reed Exhibitions(China) Ltd., Shanghai Branch)主办

中国国际服装服饰博览会(CHIC—China International Clothing & Accessories Fair),中国国际贸易中心股份有限公司(China World Trade Center Co., Ltd)

中国国际高新技术成果交易会信息技术与产品展(Information Technology Exhibition of China Hi-Tech Fair),深圳会展中心管理有限责任公司(Shenzhen Convention & Exhibition Centre Management Co. Ltd)主办

中国国际工程机械、建材机械、工程车辆及设备博览会(bauma China),德国慕尼黑国际博览集团(Messe München GmbH)主办

中国国际工业博览会(China International Industry Fair—CIIF),上海世博集团有限公司工博会项目分公司(Shanghai World Expo(Group) Co. Ltd., CIIF Branch)主办

中国国际公共安全博览会(CPSE—China Public Security Expo),深圳市安博会展有限公司(Shenzhen CPSE Exhibition Co Ltd.)主办

中国国际管材展览会(Tube China—The all China International Tube & Pipe Industry Trade Fair),杜塞尔多夫展览(中国)有限公司(Messe Düsseldorf

China Ltd.)主办

中国国际光电博览会(CIOE—China International Optoelectronic Exposition),深圳贺戎博闻展览有限公司(Shenzhen UBM Herong Exhibition Co. Ltd.)主办

中国国际机床工具展览会(CIMES—China International Machine Tool & Tools Exhibition),上海励华国际展览有限公司(Reed Huayin(Shanghai) International Exhibition Co Ltd)主办

中国国际集约化畜牧展览会(VIV China),VNU欧洲展览集团(VNU Exhibitions Europe)主办

中国国际加工、包装及印刷科技展览(ProPak China—International Packaging & End-Line Printing Exhibition),华汉国际会议展览(上海)有限公司(China International Exhibitions Ltd)主办

中国国际家居博览会(China International Housing and Furnishing Exposition),中国轻工业展览中心(Exhibition Center of China Light Industry)主办

中国国际家具生产、装潢与装饰机械及配件展览(FurniTek China—International Exhibition of Machinery and Accessories for Furniture Production, Upholstery and Furnishings),华汉国际会议展览(上海)有限公司(China International Exhibitions Ltd)主办

中国国际林业、木工机械与供应展览会(WoodMac China—International Forestry and Woodworking Machinery and Supplies Exhibition),华汉国际会议展览(上海)有限公司(China International Exhibitions Ltd)主办

中国国际模具技术和设备展览会(Die & Mould China—China International Exhibition on Die and Mould Technology and Equipment),上海国际展览有限公司(Shanghai International Exhibition Co., Ltd.)主办

中国国际全印展(All in Print),杜塞尔多夫展览(中国)有限公司(Messe Düsseldorf China Ltd.)主办

中国国际染料工业暨有机颜料、纺织化学品展览会(China Interdye),上海国际展览有限公司(Shanghai International Exhibition Co., Ltd.)主办

中国国际石油石化技术装备展览会(CIPPE),北京振威展览有限公司(Beijing Zhenwei Exhibition Co. Ltd)主办

中国国际塑料橡胶工业展览会(Chinaplas—The International Exhibition on Plastics and Rubber Industrie),雅式展览服务有限公司(Adsale Exhibition Services Ltd.)主办

中国国际陶瓷工业展览会(Ceramics China—China International Ceramics Industry Exhibition),中国国际贸易促进委员会建筑材料行业分会(CCPIT Building Materials Sub-Council)主办

中国国际投资贸易洽谈会(CIFIT—China International Fair for Investment & Trade),中华人民共和国商务部投资促进事务局(CIPA—China Investment Promotion Agency of Ministry of Commerce of PR China)主办

中国国际线缆及线材展览会(Wire China—The All China International Wire & Cable Industry Trade Fair),杜塞尔多夫展览(中国)有限公司(Messe Düsseldorf China Ltd.)主办

中国国际信息通信展览会(PT/Expo Comm China),中国国际展览中心集团公司(China International Exhibition Center Group Corp)和美国克劳斯国际展览公司(E.J. Krause & Associates, Inc)主办

中国国际医药工业展览会(ChinaPharm—China International Pharmaceutical Industry Exhibition),杜塞尔多夫展览(中国)有限公司(Messe Düsseldorf China Ltd.)主办

中国国际中小企业博览会(CISMEF—China International Small and Medium Enterprises Fair),中国国际中小企业博览会事务局(The Bureau of China International SME Fair)主办

中国国际铸造、锻压及工业炉展览会(Metal & Metallurgy China),中国国际展览中心(CIEC)主办

中国制冷展——国际制冷、空调、供暖、通风及食品冷冻加工展览会(China Refrigeration—International Exhibition for Refrigeration, Air-Conditioning, Heating and Ventilation, Frozen Food Processing, Packaging and Storage)主办

除上述我国 UFI 认证的 78 个展会外,在我国台湾地区,还有 5 个展会得到了国际展览业协会的认证,这 5 个展会的名称及它们的组织单位是:

台北国际包装工业展览会(Taipei Pack—Taipei International Packaging Industry Show),台湾对外贸易发展协会(TAITRA)主办

台北国际电脑展(Computex Taipei—Taipei International Information Technology Show),台湾对外贸易发展协会(TAITRA)主办

台北国际汽车零配件展览会(Taipei AMPA—Taipei International Auto

Parts & Accessories Show)，台湾对外贸易发展协会(TAITRA)主办

台北国际生物技术、医疗设备和药品展览会(MediPhar Taipei—Taipei International Show on Medical Equipment, Pharmaceuticals & Bio-technology)，台湾对外贸易发展协会(TAITRA)主办

台北国际自行车展览会(Cycle Taipei—Taipei International Cycle Show)，台湾对外贸易发展协会(TAITRA)主办

五、国际会展业部分重要网站

成功会议大学网站:http://www. Successful Meetings University. com

成功会议网站:http://www. successfulmeetings. com

春天博览会网站:http://www. springtimeexpo. com

德国展览与博览会协会网站:http://www. auma. de

独立组展商协会 http://www. siso. org

法兰克福 IMEX 网站(奖励旅游、会议、节事活动网站):http://www. imex-frankfurt. com

国际场馆经理人协会网站:http://www. iavm. org 或 www. venue. org

国际会议协会网站:http://www. iccaworld. org

国际会议中心协会网站:www. iacconline. org

国际奖励旅游管理者协会网站:http://www. siteglobal. com

国际节庆和活动协会:http://www. ifea. com

国际目的地营销协会网站 http://www. destinationmarketing. org

国际协会联盟网站:http://www. uia. be

国际展览局网站: http://www. bie-paris. org

国际展览业协会网站:http://www. ufinet. org

国际展览与项目协会网站:http://www. iaee. com

国际专业会议组织者协会网站:http://www. iapco. org

会议新闻网站:http://www. MeetingNews. com

会议专业工作者国际联盟网站 http://www. mpiweb. org

加拿大展博览会管理协会网站:http://www. caem. ca

健康会议和展览会协会网站:http://www. hcea. org

旅游影响新闻网站:http://www. travel-impact-newswire. com

绿色会议产业委员会网站:http://www. greenmeetings. info

贸易展参展商协会网站:http://www. ts2show. com

美国绿色建筑委员会网站:http://www. usgbc. org

全球会议和活动展览会网站:http://www. eibtm. com

苏格兰工贸展览公司网站:http://www. site. org. uk

新加坡会展组织者和供应商协会网站：http://www.saceos.org.sg

亚洲会议观光局协会网站：http://www.aacvb.org

英国伯明翰国际电气电子及发电展览会网站：http://www.electrex.ltd.uk

英国国际贸易展览公司网站：http://www.ite-exhibition.com

英国励展展览集团网站：http://www.reedexpo.com

英国蒙哥马利展览集团网站：http://www.montex.co.uk

英国展览馆信息查询网站：http://www.venuefinder.com

英国展览会主办者协会网站：http://www.aeo.org.uk

英国展览信息网站：http://www.expo24-7.com

英国展览信息综合网站：http://www.exhibitions.co.uk

英国展览业联合会网站：http://www.eif.org

英国展览业联盟网站：http://www.eventsindustryalliance.com

展览业服务和承包商协会网站：http://www.esca.org

展览业基金会网站：http://www.exhibitionfoundation.org

展览业研究中心网站：http://www.ceir.org

专业会议管理协会网站：http://www.pcma.org

六、国内外部分重要节庆活动

巴西嘉年华会
比利时阿尔斯特狂欢节
比利时班什狂欢节
波兰贝多芬复活节音乐节
朝鲜阿里郎艺术节
朝鲜四月之春国际友谊艺术节
朝鲜太阳节
俄罗斯东正教圣诞节
俄罗斯独立纪念日
俄罗斯和谐和解日/十月革命节
俄罗斯胜利日
法国猪之节
芬兰倒背妻子世界锦标赛
韩国保宁泥浆节
韩国春节
韩国大望日
韩国父母节
韩国光复节
韩国中秋节/丰收节
荷兰狂欢节
加拿大狂欢节
克罗地亚狂欢节
美国蒙大拿州克林顿睾丸节
美国内华达州布莱克罗克城火人节
美国休斯敦牛仔节
美国佐治亚州东都柏林红脖子运动会
孟加拉国孟历新年
墨西哥萝卜之夜
尼日利亚拉各斯狂欢节
日本成人节
日本菊花人偶节
日本裸体节
日本秋分节
瑞士里希特斯维尔甜菜节
瑞士苏黎世送冬节(又名:春季节)
世界比基尼小姐大赛
世界传统武术节
世界穆斯林宰牲节
斯洛文尼亚狂欢节
特立尼达和多巴哥狂欢节
土耳其斗骆驼锦标赛
西班牙巴伦西亚布尼奥尔西班牙西红柿节
西班牙巴伦西亚的法雅节
西班牙基督圣体节
西班牙嘉年华
西班牙跨婴儿节
意大利嘉年华
意大利伊夫雷亚橙子节
印度颜色节(又称:晒红节、胡里节、霍利节)
印尼巴厘岛的“接吻节”
英国德比郡阿什本世界脚趾角力锦标赛
英国滚奶酪节日
英国诺丁山狂欢节
英国威尔士拉努蒂德韦尔斯世界沼泽潜泳锦标赛
中国(湖南)红色旅游文化节
中国(沈阳)国际树莓节
中国“普陀山之春”旅游节
中国·贵州·赫章阿西里西文化节
“中国·淮医”文化节

中国安岳柠檬节暨巴蜀文化艺术节
中国保山南方丝绸古道商贸旅游节
中国北京大西山旅游登山节
中国北京大兴西瓜节
中国北京欢乐谷音乐节
中国北京玉渊潭樱花节
中国北京月季文化节
中国北京运河艺术节
中国沧源佤族司岗里狂欢节
中国苍溪梨花节
中国藏书羊肉节
中国茶都—信阳国际茶文化节
中国长白山国际雪文化节
中国长兴陆羽国际茶文化节
中国常州国际动漫艺术周
中国成都梅花节
中国厨师节暨中国清真美食文化节
中国春节
中国达斡尔冰钓节
中国大连国际服装节
中国大同广灵国际剪纸艺术展
中国大同广灵画眉驴文化节
中国德宏国际目瑙纵歌节
中国滇池文化艺术节
中国东莞文化旅游节
中国东营吕剧文化艺术节
中国豆腐文化节
中国端午节
中国福建湄洲妈祖文化旅游节
中国福建土楼玛祖节
中国福建厦门日报社读者节
中国富宁壮族陇端节
中国广元女儿节
中国广州(国际)美食节
中国国际会展文化节
中国国际那达慕大会
中国国际萧山钱江观潮节
中国哈尔滨国际冰雪节
中国哈尔滨国际啤酒节
中国哈尔滨之夏文化旅游节
中国哈密瓜节
中国海南岛欢乐节
中国海南七仙温泉嬉水节
中国杭州国际茶文化旅游节
中国杭州国际啤酒节
中国杭州国际丝绸节
中国杭州美食街节
中国杭州闻堰三江美食节
中国杭州西湖国际烟花大会
中国杭州西溪花朝节
中国红河哈尼梯田文化旅游节
中国红河建水孔子文化节
中国湖北秭归屈原故里端午节
中国湖南衡东土菜文化节
中国淮扬荷花节
中国黄帝故里拜祖大典
中国黄河文化艺术节
中国黄梅戏艺术节
中国黄山国际温泉文化旅游节
中国惠州休渔放生节
中国济宁市孔子文化节
中国剪纸艺术节
中国江苏海门金花节
中国江苏泰州溱潼会船节
中国姜堰·溱潼会船节
中国昆明国际文化旅游节
中国昆明狂欢节
中国昆山国际文化旅游节
中国昆山盛世嘉年华
中国澜沧江啤酒狂欢节暨 2010 年端阳花市
中国连山“七月香”壮家戏水节
中国临沂汤头国际温泉节

中国柳州国际奇石节
中国鹿城文化艺术节
中国旅游产业节
中国旅游日
中国洛阳牡丹文化节
中国民间越剧节
中国墨江北回归线国际双胞节暨哈尼太阳节
中国木渎旅游节
中国穆斯林古尔邦节
中国穆斯林开斋节
中国内江大千龙舟经贸文化节
中国内蒙古冰雪旅游节
中国内蒙古自治区乌兰牧骑艺术节
中国南海(阳江)开渔节
中国南宁国际民歌艺术节
中国南浔魅力古镇旅游文化节
中国宁海徐霞客开游节
中国宁武旅游文化节
中国宁夏房·车文化节
中国宁夏黄河文化论坛
中国农民艺术节
中国鄱阳湖国际生态文化节
中国普洱茶马古道节
中国七夕红豆情人节
中国青岛马家沟芹菜文化节
中国清明(寒食)文化节
中国曲阜国际孔子文化节
中国曲棍球节
中国屈原故里端午文化节
中国三门峡国际黄河旅游节
中国山东烟台长岛妈祖节
中国山西省柳林县盘子会文化艺术节
中国汕尾妈祖节
中国上海奉贤菜花节
中国上海购物节
中国上海国际茶文化节
中国上海国际电影节
中国上海国际服装文化节
中国上海国际花卉节
中国上海国际旅游节
中国上海国际艺术节
中国上海国际音乐烟花节
中国上海龙华庙会
中国上海南汇桃花节
中国上海南翔小笼文化展
中国上海樱花节
中国上海之春国际音乐节
中国神农架国际生态文化旅游节
中国湿地生态旅游节
中国双流第四届冬草莓节
中国丝绸之路吐鲁番葡萄节
中国松原伯都纳端午文化旅游节
中国宿州灵璧石文化节
中国太仓江海河三鲜美食节
中国太炎故里仓前羊锅节
中国泰州国际旅游节
中国泰州水城水乡国际旅游节
中国滕州国际墨子文化节
中国滕州微山湖湿地红荷节
中国天津北塘海会
中国天津妈祖文化旅游节
中国天津天后宫皇会
中国天津渔阳金秋山野旅游节
中国无锡国际梅文化节
中国无锡马山国际钓鱼节
中国无锡吴地蟋蟀节
中国无锡吴文化节
中国五台山国际旅游文化节
中国西藏藏历新年
中国西藏昌珠寺美朵曲巴节
中国西藏当雄“当吉仁”赛马节
中国西藏加查神湖虫草节

中国西藏拉萨雪顿节
中国西藏桑耶朵堆节
中国西藏山南望果节
中国西藏雅砻文化节
中国西藏亚堆展佛节
中国西藏扎日达瓜西日转山(藏历猴年)
中国西双版纳泼水节
中国厦门饮品节
中国仙居杨梅节
中国孝感孝文化节
中国新疆昌吉市美食文化节暨回族“花儿”艺术节
中国新疆国际旅游节
中国新疆婚庆文化艺术节
中国新疆轮台县杏子文化节
中国新疆肉孜节
中国新疆乌鲁木齐丝绸之路冰雪风情节
中国兴化千岛菜花旅游节
中国雅鲁藏布大峡谷文化旅游节
中国扬州“烟花三月”国际经贸旅游节
中国艺术节
中国银川赏石旅游节
中国云南大理三月街民族节
中国云南怒江傈僳族“阔时节”
中国张家界国际森林保护节
中国浙江省兰溪市栖真禅寺“六月六晒经旅游节”
中国正蓝旗元上都文化旅游节
中国郑州国际少林武术节
中国芷江国际和平文化节
中国中秋节
中国重阳节
中国周庄国际旅游节

参考文献

1798国际贸易网(2006),《德国展览业的法宝一流的展馆+严格的行业管理》,2010-7-16,摘自1798国际贸易网:http://www.1798.cn/News/hzshownews.asp?id=400

Deric(2005),《德国汉诺威举办展会的成功之道》,2010-7-16,摘自泡泡网:http://www.pcpop.com/doc/0/66/66793shtml

JéAnna Lanza Abbot、Agnes Lee DeFranco & 王向宁(2008),《美国会展业现状》,2010-8-21,摘自会展365网:http://www.cce365.com/kcnews_detail.asp?ID=14346&sPage=1

PUWORLD论坛(2008),《去年的148场展会提供了9万就业机会》,2009-7-30,摘自环球聚氨脂网:http://www.puworld.com/industry/ExhibitionIntroduce.asp?id=63705900

阿木(2005.10.26),《法国展览业呈现新趋势(聚焦)》,《市场报》,第8版

百度贴吧(2008),《2009上海第十七届广告技术设备及印刷包装纸业展览会》,2010-1-9,摘自百度贴吧网:http://tieba.baidu.com/f?kz=489744824

百度知道(2009),《中国主要会展城市有哪些》,2009-9-29,摘自百度知道:http://zhidao.baidu.com/question/47056236.html

北京凯迪企业策划有限责任公司(2001),《中国会议及奖励旅游概览》,旅游教育出版社

北京旅游局规划统计处(2008),《北京会展业发展现状与对策》,2009-12-28,摘自北京旅游局电子政务网,北京旅游信息网:http://www.bjta.gov.cn/lyzl/dybg/05slyjdybg/164536.htm

北京市统计局(2006),《2005年北京市会展业发展情况》,2009-8-17,摘自北京统计信息网:http://www.bjstats.gov.cn/ldcxxt/tjfx/tjbg/200609/t20060901_62531.htm

北京沃德博森国际商务展览有限公司（2009），《2010 法国食品展/巴黎食品展/法国巴黎国际食品博览会》，2009-12-18，摘自易登网：http://www.edeng.cn/data/china/beijing/fengtai/business/accountant/18661477.html

曹嘉智、周后祯（2007.8.6），《啤酒节成泼酒节、市民穿雨衣上阵》，《重庆晨报》，第 7 版

陈辉楠（2010），《世博志愿者人数过 200 万　获超 1 亿元社会资金支持》，2010-6-10，摘自新浪网：http://sh.sina.com.cn/news/2010-04-08/0258139454.html

陈君南（2007.1.29），《奖励旅游成企业福利新宠》，《广州日报》，C7

陈敏（2007），《中国会展业：全球的眼光看过来》，2010-03-25，摘自中国贸促会网址：http://www.ccpit.org/Contents/Channel_1071/2007/0214/26749/content_26749.htm

陈启杰、倪娜（2007），《政府在展览业产业组织结构优化中的定位》，《当代经济研究》，2007（1）

陈燕（2011.1.19），《未来五年：引导会展经济实现健康可持续发展》，《经济日报》，第 11 版

陈泽炎（2006），《对中国展览业改革发展的再认识再分析》，2010-6-30，摘自会展 365 网：http://www.cce365.com/kcnews_detail.asp? ID＝732&sPage＝1

陈泽炎、陈宏兵（2005），《沟通中探求，合作中发展，在希望的季节启程——意大利展览业考察印象》，《中国会展》，2005(9)

陈郑绮艳（2006），《如何打造世界级会展目的地》，2009-8-14，摘自央视网：http://www.cctv.com/news/special/C15939/20060611/102435.shtml

陈青松（2009），《香港旅遊业 2008 年回顾与 2009 年展望》，2009-8-5，摘自香港中旅集团网：http://www.hkcts.com/yuekan/200904/ywsx1.htm

程满清、李海林（2005），《跨国展览业巨头加速布局　珠三角冷落局面将破》，2011-2-19，摘自网易网：http://biz.163.com/05/1207/11/24C903QU00020QFC.html

程妍（2002），《会展业怎样展示自己的未来》，2010-6-28，摘自中国上市公司咨询网：http://news.cnlist.com/CnlistNewsDetail.aspx? tablename＝DTLMB&GUID＝{36CC60C3-9FD2-11D7-965B-00A0C92674A3}

楚有才（2008），《ICCA 2007 年国际协会会议市场报告》，2009-7-3，摘自：http://bigfish.blog.hexun.com/21540742_d.html

大连康辉旅游网(2008),《公司企业奖励旅游及其在亚洲市场的发展》,2010-4-8,摘自大连康辉旅游网:http://www.52udl.com/xinwen/detail.php?tid=1710

戴力(2006),《展览客消费远胜一般旅客　为港经济带来稳定进账》,2009-8-26,摘自全景网:http://www.p5w.net/stock/hk stock/ggyw/200602/t184941.htm

戴茜(Daisy,2008),《会展经济:城市"跃龙门"的新支点》,2009-7-9,摘自:http://blog.goldpalm.com.cn/u/daisy/archives/2008/953.html

邓志斌(2007),《贸促会颁布出国展管理新规》,《信息时报》2007-3-18,C16.

东方新闻网(2001),《资料:上海全国消费品交易会十年历程回顾》,2009-7-29,摘自东方新闻网:http://www.shjubao.cn/epublish/gb/paper138/61/class013800009/hwz531488.htm

豆瓣网(2006),《展馆巡礼系列之米兰国际展览中心》,2011-2-10,摘自豆瓣网:http://www.douban.com/group/topic/1279437

杜长征(2004),《从美国公有展览中心管理模式透视会展业发展》,2010-8-21,摘自新华网:http://news.xinhuanet.com/expo/2004-12/28/content_2387137.htm

杜然(2006),《另一种激励:奖励旅游》,2010-4-10,摘自致信网:http://www.mie168.com/human-resource/2006-04/148477.htm

方洪莲(2008),《旅游业女性谈女性旅游》,2009-9-10,摘自葡萄酒旅游网:http://www.winetour.cn/html/0803/2008030448 347393.html

冯蕾(2005.1.24),《展馆建设"过热"当止》,《光明日报》,B1

冯咏锋(2011.1.3),《城市冰雪节"扎堆儿"不是好事》,《新民晚报》,第A13版

冯源(2008),《我国展览业直接年收入已达140亿元》,2010-6-27,摘自国际会展领航网:http://www.showlead.net/html/92/n-2292.html

高校招生杂志网(2009),《海上吹来"会展风"》,2009-11-26,摘自高校招生杂志网:http://www.zggxzs.com/Article/ShowArticle.asp?ArticleID=2096&Page=3

工人日报(2006),《青岛:一次展会扔掉300多吨纸垃圾》,2011-3-3,摘自慧聪网:http://info.paper.hc360.com/2006/10/26152132174.shtml

龚维刚、曾亚强(2007),《上海会展业发展报告,2007》,上海人民出版社

龚维刚、曾亚强(2008),《上海会展业发展报告,2008》,上海人民出版社

顾金俊(2009.3.11),《韩国会展业正在成为新亮点》,《经济日报》,第16版

顾金俊(2009.5.6),《韩国会展业借大型国际活动连上台阶》,《经济日报》,第16版

光大证券股份有限公司(2008),《中青旅:业绩基本符合预期,会展及景区业务表现抢眼》,2009-8-19,摘自光大证券股份有限公司网:http://www.ebscn.com/guangda/jyzx/dispinfo.jsp? infoid=1415553&classid=11003

广告大观(2009),《城市品牌视角下的中国重大节事活动的评估思考》,《广告大观》综合版,2009(11),143—163,2010-6-3,摘自广告大观综合版网:http://www.cnadp.com/city_pp5.asp.htm

郭海霞(2010),《提高我国会展场馆利用率的对策》,《中外企业家》,2010(12)

国际商报(2007),《日本展览业发展对中国的启迪》,2010-9-4,摘自中国商业联合会网:http://www.cgcc.org.cn/webfiles/detail_new.aspx? IT_ID=DTID060628135242032134&ID_ID=IDID070606161329026337

国际展览业协会(UFI)(2007),《世界展览场地统计图表及未来发展趋势》,2010-8-21,摘自国际展览业网:http://www.ufi.org/media/publicationspress/2007_ufi_world_map_of_exhibition_venues_chinese_version.pdf

国务院(2010),《国务院纠正行业不正之风办公室关于2010年纠风工作的实施意见》,2010-6-13,摘自百度百科:http://baike.baidu.com/view/3464353.htm

过聚荣(2007),《2006—2007年:中国会展经济发展报告》,中国社会科学文献出版社

汉诺威米兰展览会(中国)有限公司(2010),《德国汉诺威展览公司》,2010-2-1,摘自汉诺威米兰展览会(中国)有限公司网:http://www.hmf-china.com/index.php? scriptlet=CMS/Start&id=782

杭州日报(2006),《德国展览业成功的七条经验》,2010-7-21,摘自百度贴吧:http://tieba.baidu.com/f? kz=242775642

何军(2011),《论我国绿色会展设计的实现途径》,《人民论坛》,总第318期

贺学良、张建业(1998),《现代旅游市场营销学》,海南出版社

胡瀚平、陈思庭、邱缨乔(2010),《绿色资源的推进器——会展产业》,2011-3-2,摘自Google网:http://docs.google.com/viewer? a=v&q=cache:rst29SkzeyAJ:www.bicd.ntu.edu.tw/down load.php?

胡晓晶(2009),《广州车展规模超东京车展》,《新民晚报》2009-11-24,A10

虎门服装网(2010),《上海国际服装节3月开幕》,2010-6-5,摘自虎门服装网:http://www.sellgreat.com/club/38/1259657.html

华交会工作委员会(2010. 3. 2),《转变增长方式　提高出口质量》,《国际商报》

华交会官方网站(2010),《中国华东出口商品交易会(华交会)概况》,2010-3-7,摘自华交会官方网:http://www. ecf. gov. cn/aboutecf/main. htm? p=aboutecf. htm

黄金屋家居饰品分销中心(2010),《德国展览业协会表明在2015前不再新建或扩建展馆》,2010-7-15,摘自黄金屋家居饰品网:http://www. hjooooo. com/news/details-2052. aspx

会议杂志(1995),《1995年亚太会议市场报告》,《会议杂志亚太版》1995(11/12月号)

会展365网(2006),《如何发展我国的会展经济》,2011-3-23,摘自会展365网:http://www. cce365. com/kcnews_detail. asp? ID=741&sPage=5

集萃丝印特印网(2010),《慕尼黑国际博览集团》,2010-2-12,摘自集萃丝印特印网:http://www. ccedisp. com/exhi/exhipar. asp? id=1880

季春红(2009),《危机——潜藏在会展教育繁荣背后》,2011-3-28,摘自生意社网:http://china. toocle. com/cbna/item/2009-11-19/4876745. html

江岚、史蔓蓉(2009),《会展旅游助力厦门酒店业》,2009-8-10,摘自海南旅游超市网:http://www. tohainan. net/Article/gn news/200904/11829. shtml

姜敏、吴铮(2006),《专家指出三大问题制约我国会展业发展》,2010-03-28,摘自搜狐网:http://it. sohu. com/20060726/n244456135. shtml

姜锐、章苒(2007),《炎夏冰雕,明明不环保为何管不了》,2011-3-4,摘自大江网:http://www. jxnews. com. cn/jxcom ment/system/2007/07/12/002519121. shtml

蒋聪骁(2010. 12. 24),《全美第三大富翁90%资产一度蒸发,"触底反弹"的博彩巨头阿德尔森》,《新民晚报》,第A34版

蒋雪根、戴桂麟、张娟、吴昌富、薛红梅(2009),《上海会展服务业重点发展领域和产业布局以及现有政策梳理和政策建议研究(中)》. 2011-2-16,摘自上海会展会务旅游酒店网:http://www. mxexpo. com/info/show. asp? id=189

教育部(2003—2009),《2003—2009各年度经教育部备案或批准设置的高等学校本科专业名单》,2010-04-01,摘自:教育部网网址:http://www. moe. edu. cn

金辉(2003),《会展营销与服务》,交通大学出版社

金辉(2005. 6. 16),《我国会展人才需求与开发策略》,《组织人事报》,第4版

金辉(2006),《我国会展研究现状与发展对策》,引自张文建、金辉主编:《中外会展述论》:上海人民出版社

金辉(2007),《树循环经济理念、走绿色会展之路》,《旅游科学》,第21卷增刊

金晶(2010.4.29),《246个国家和国际组织将参展世博会》,《经济日报》,第2版

金美(2010),《"无限香港·精彩节庆"推广活动在沪启动》,《新民晚报》,第B9版

酒店论坛(2009),《酒店女性客源市场的特点》,2009-9-10,摘自同程网17u.net网站:http://www.17u.net/news/newsinfo_87657.html

赖臻(2008),《2008年北京奥运会志愿者人数比计划增加近5000人》,2010-6-10,摘自中央政府门户网:http://www.gov.cn/jrzg/2008-07/16/content_1047053.htm

兰馨(2011.1.4),《中型城市"十二五"会展业规划浮出水面》,《中国贸易报》,第A5版

李冰(2009),《国际奖励旅游巨头聚焦北京》,2010-4-17,摘自旅讯网:http://www.travelweekly-china.com/article/international_incentive_travel_beijing_giant_focus.html

李昉(2008),《王海平:奥运加速北京发展步伐和进程》,2009-8-2,摘自人民网:http://finance.people.com.cn/GB/7602656.html

李继成(2007),《上海将建长江西路越江隧道》,《东方早报》,2007-11-3,A3

李丽辉(2011),《财政部外交部要求严控在华国际会议总量》,2011-3-21,摘自:MSN网:http://msn.ynet.com/view.jsp?oid=76655938

李玲(2003),《美国灰线国际进入中国》,2009-8-18,摘自中国客车网:http://www.chinabuses.com/membership/2003/04/23002.htm

李满(2009.2.19),《新加坡:多项措施促进旅游业发展》,《经济日报》,第7版

李满(2009.5.14),《新加坡促进商旅会展业可持续发展》,《经济日报》,第15版

李松(2010.7.10),《"官办节庆"虚肿待消》,《瞭望》,2010-7-11,摘自搜狐网:http://news.sohu.com/20100710/n273415255.shtml

李伟清(2002),《旅游经济学》,交通大学出版社

李语实(2007),《谁在挑战德全球展会市场老大地位》,《国际金融报》2007-3-15,A7

连若离(2008),《冯培喜:中国展会市场前景好》,2009-12-29,摘自天下商机网:http://info.txooo.com/Exhibit/2 1384/1291211.htm

梁建章(2000),《网络社会的崛起》,上海交通大学出版社

梁文(2002),《经济全球化与国际展览业》,2010-7-9,摘自新浪网财经纵横:ht-

tp://finance.sina.com.cn/roll/20020717/233430.html
林小峰(2005),《后博览景观探讨——以日本为例》,2009-7-27,摘自园林在线:http://www.lvhua.com/chinese/info/A00000013274-1.html
灵趣中华旅游网(2002.12.22),《会展旅游心动不如行动》,《中国旅游报》,第C3版
刘宏伟(2003),《中国会展经济报告(2002)》,中国出版集团东方出版中心
刘鸣(2008),《新加坡展览市场调研》,2009-11-27,摘自中国贸易促进委员会网:http://www.ccpit.org/Contents/Channel_ 62/2006/0706/2661/content_2661.htm
刘少湃(2008),《奖励旅游发展对策探究》,《商业时代》,2007(27),92—93
刘士军(2007),《西欧奖励旅游市场研究》,2010-4-20,摘自广东商学院旅游学院网:http://ly.gdcc.edu.cn/n12087c84.aspx
刘勇(2009),《我国奖励旅游发展滞后的原因及对策》,《产业观察》,2009(31)
刘住、金辉(2001),《我国会展业的市场化发展》,《桂林旅游高等专科学校学报》,2001(1)
刘住、金辉、梁保尔(2000),《对上海2010年世博会申办工作的几点思考》,《旅游科学》,2000(4)
楼丽娜(2006),《2010年我国会展业收入将超200亿》,2010-6-26,摘自上海商报网:http://www.shbiz.com.cn/cms.php? prog= show&tid=56611&csort=1
卢晓(2006, 2010),《节事活动策划与管理》,上海人民出版社
美通社亚洲(2010),《UBM收购上海国际儿童、婴儿、孕妇产品博览会》,2011-2-19,摘自硅谷动力网:http://www.enet.com.cn/enews/arss8611.shtml
米舒(2010.4.30),《高科技大放异彩》,《新民晚报》,第A8—A9版
慕尼黑国际博览集团(2009),《慕尼黑国际博览集团》,2009-7-27,摘自百度百科:http://baike.baidu.com/view/987967.htm
南博网(2010),《新加坡会展业重现生机》,2010-8-30,摘自亚洲流体机械网:http://lt.asiapump.cn/n-info-38293.html
宁波会展网(2007),《2006年度会展业十大国际新闻》,2011-2-19,摘自宁波会展网:http://www.cnnb.com.cn/dwhzlm/system/2007/01/31/005243112.shtml
潘名山(1999),《上海对外开放战略和政策》,上海财经大学出版社
潘文波(2006),《国外展览业发展趋势及对中国展览业的启示》,《中外会展》,

2006(5)

裴闯、孙浩(2008),《香港在"金融海啸"中巩固会展中心地位》,2009-8-5,摘自和讯网:http://news. hexun. com/2008-11-14/111247832. html

奇创网(2009),《试析韩国旅游业的政府主导型发展模式》,2010-6-8,摘自奇创网: http://www. 2020china. com/academe/book/2009-9/17/200909175210_7. shtml

邱敏(2008),《香港服务业发展最大优势在于开放》,2010-8-27,摘自大洋 http://news. dayoo. com/guangzhou/zhuanti/node_39296/node_39297/2008-03/21/content_3338946. htm

曲秋霞、苏宝茹(2010),《城市会展业发展态势及战略背景分析(以青岛为例)》,《青岛科技大学学报(社会科学版)》, 第 26 卷第 3 期

人民网(2010),《2010 首届中国节庆创新论坛 4 月 30 日在京举办》,2010-6-10,摘自人民网:http://expo. people. com. cn/GB/58536/11501279. html

人民邮电报(2008),《我国旅游业信息化的发展现状与趋势调查》,2009-8-30,摘自赛蝶迪网:http://industry. ccidnet. com/art/1544/20080310/1385851_1. html

山西新闻网(2010),《2009 年山西十大经济新闻:特色农博会盛况空前农业产业化成绩骄人》,2010-7-2,摘自山西新闻网:http://www. daynews. com. cn/sxjjrb/erban/889345. html

商务部驻汉堡总领馆经商室(2005),《德国展览业的成功经验与启示》,2010-7-16,摘自新浪新闻网:http://finance. sina. com. cn/roll/20050601/082896-664. shtml

上海春秋国际会议展览服务有限公司(2009),《关于我们》,2009-8-19,摘自上海春秋会展网: http://www. mice-sss. com/aboutus/index. asp

上海欧甲宝会展服务有限公司 (2009),《2010 年德国法兰克福国际礼品及办公用品博览会》,2009-12-18,摘自中国贸易网:http://www. cntrades. com/expo/detail-20660. html

上海商务委员会(2009),《上海建设国际贸易中心现状和展望》,2010-1-5,摘自上海市商务委员会网: http://www. scofcom. com/sfic/sc/list. jsp?menuId=81562&sonMenuId=62079&rightMenuId=62422&id=62304

上海市浦东新区经济委员会和上海财经大学旅游管理系(2009),《浦东新区旅游住宿业发展报告——供求关系现状评估及趋势分析》,2009-8-14,摘自上海浦东旅游会展网:http://www. mice. pudong. gov. cn/uploadfile/News-

Context/20090810133408734. doc 或 http://www. mice. pudong. gov. cn/www. Gov Affair/index. asp

上海新国际博览中心(2009),《公司概览》, 2009-8-2, 摘自上海新国际博览中心网:http://www. sniec. net/page/aboutus. html

上证报(2007),《上海会展业年收入超 180 亿》,2010-6-27,摘自上海新闻网:http://www. sh. chinanews. com. cn/Article _ Show. asp? ArticleID = 46834

申振东(2009. 1. 16),《从水博会看会展业的发展》,《贵阳日报》,第 A7 版

沈丹阳(2008),《我国展览业发展中存在的主要问题及宏观对策建议》,2010-3-12,摘自会展 365 网:http://www. cce365. com/kcnews_detail. asp? ID =14232&sPage =1

沈敏岚(2011. 4. 12),《中国(上海)会议与旅游产业发展论坛传出信息,去年七百九十二个国际会议在沪举行》,《新民晚报》,第 A4 版

沈祖祥、张帆(2000),《旅游策划学》,福建人民出版社

盛卉、常红(2010),《专家:我国节庆活动层次不一　类型多样　数以万计》,2010-6-13, 摘自人民网: http://politics. people. com. cn/GB/1026/11404275. html

食品商务网(2009),《法国展览业重新洗牌　“巴黎展览之都”推广战略提速》,2010-8-8,摘自食品商务网:http://www. 21 food. cn/html/news/29/452681. htm

世华财讯(2008),《上海 2008 年展会数量将增加》,2009-11-27,摘自和讯新闻网: http://news. hexun. com/2008-03-04/104193585. html

世华财讯(2009),《广交会一期二期累计成交额较 09 年春交会增长 18. 5%》,2006-6-30, 摘自世华财讯网: http://content. caixun. com/NE/01/kv/NE01kvrh. shtm

水母网(2004),《第九届中国国际石材工业展览会引进资金 12 亿》,2010-7-1,摘自水母网:http://www. shm. com. cn/news center/2004-09/11/content_336760. htm

宋丽华(2011),《长春市会展办宋丽华主任在全市会展经济工作会议上的讲话:关于“十一五”全市会展业总结和“十二五”会展工作安排的报告》,摘自长春贸促会网:http://ccpit changchun. blog. sohu. com/166606724. html

搜索百科(2009),《2000 年汉诺威世界博览会》,2009-12-19,摘自搜索百科网:http://baike. soso. com/v246138. htm

孙德良(2009),《中国会展业迎来“电子商务时代”》,2009-11-26,摘自中国服装网:http://www.efu.com.cn/data/2009/2009-11-13/285123.shtml

孙钢(2002),《中国展览业:如何面对经济全球化》,《中国会展》,2002 (8)

孙玮琳、王勇(2007),《欧美会展业对“义博会”的启示》,《中国市场(学术刊)》,2007(3)

孙中伟、邵立威、武红(2003),《奖励旅游基本理论与国内市场发育现状分析》,《石家庄师范专科学校学报》,2003(6)

索光华(2009),《中国控制吸烟协会》,2009-11-6,摘自百度百科:http://baike.baidu.com/view/2904617.htm? fr=ala0.

唐鹏(2010),《美国会展业发展动态》,2010-8-18,摘自上海情报服务平台网:http://www.istis.sh.cn/list/list.aspx? id=6568

唐鹏(2010),《亚洲国家会展业发展动态(二)》,2010-9-2,摘自上海情报服务平台网:http://www.istis.sh.cn/list/list.aspx? Id= 6570

唐鹏(2010),《亚洲国家会展业发展动态(一)》,2010-9-2,摘自上海情报服务平台网:http://www.istis.sh.cn/list/list.aspx? id= 6569

陶颖、房欣(2008.1.26),《四川旅行社拼抢奖励旅游市场》,《四川在线—华西都市报》,第 9 版财经

童言、何小明(2010.6.25),《重庆会展业:后起之秀》,《重庆日报》,第 A6 版

瓦根(Wagen, Lynn Van Der)(2004),《活动项目策划与管理》(宿荣江等译),旅游教育出版社

汪绍文(2008.06.17),《年薪 10 万难觅项目经理　武汉会展高层人才匮乏》,《武汉晚报》,第 5 版

王凤山、冀春贤、戚能杰(2008),《浅论会展专业人才的培养与开发》,2010-7-21,摘自论文网:http://www.tenyun.com/CaiShuiFaGui/20080316/212995-1.shtml

王勉、胡星(2006),《人造节泛滥　地方发展陷入畸形注意力经济泥潭》,2010-6-14,摘自新浪网:http://finance.sina.com.cn/g/20060418/11482509250.shtml

王涛(2009.5.6),《英国会展业拉动经济贡献大》,《经济日报》,第 16 版

王伟娅(2009),《辽宁会展业发展与运作研究》,《东北财经大学学报》,2009 (6)

王云(2006),《欧美企业盛行奖励旅游》,2010-4-13,摘自新浪网:http://finance.sina.com.cn/roll/20060704/0757779070.shtml

魏爱苗(2009.1.15),《会展业——德国服务行业的一朵奇葩》,《经济日报》,第

15 版
温艳(2004),《在不成熟的市场里寻找机会》,2009-8-19,摘自新浪网:http://finance. sina. com. cn/roll/20040625/2030835030. shtml
吴棉、王仪(2009),《博鳌亚洲论坛年会效应尽显、论坛效应推动琼海经济快速发展》,《海南日报》,2009-4-21, A3
吴向九(2008),《场馆不足有望改观、营销宣传尚待加强、上海会展一年 500 场》, 2009-11-27,摘自新华网:http://forum. home. news. cn/thread/56382298/1. html
吴宇、李何子(2007),《中国内地一年展会数量达 3800 个》,2009-7-9,摘自新华网上海频道:http://www. sh. xinhuanet. Com/2007-01/15/content_9047078. htm
武晓芳(2009),《我国会展场馆经营现状及对策研究》,《消费导刊》,2009 (22)
西安晚报(2010. 4. 8),《曲江六大板块,80 个重大项目全球招商》,《西安晚报》,第 2 版
习人(2009),《预计上海世博会参观人数破七千万创收 800 亿》, 2009-7-27,摘自世博中国:http://www. china. com. cn/expo/2009-06/30/content_18036444. htm
谢萌(2007),《我国酒店吸引入境商务旅游者的策略》,《商业时代》2007(12)
新加坡环球联系展览集团(2010),《新加坡环球联系展览集团介绍》,2010-3-7,摘自 http://www. faaas. com/bbs/images/upfile/2006-6/2006627155045. doc
新加坡教育联盟网(2007),《2007 年马来西亚旅游年将推出 50 项庆典活动旅游动态》,2010-6-7,摘自新加坡教育联盟网:http://www. studysg. com/news/content-78346. html
熊君慧、李昌鸿、郑海龙(2009. 11. 17),《高科巨头抢滩中国　高交会海外展团增》,《香港文汇报》,财经版
徐晨(2005. 2. 23),《节庆活动有所为有所不为》,《中国经营报》
徐春林(2007. 6. 6),《展览业遭遇重复办展之痛》,《国际商报·会展周刊》
徐晶慧(2011),《任兴洲:我国会展业发展方式转变势在必行》,2011-3-23,摘自中国经济网:http://expo. ce. cn/newmain/roll/201103/21/t20110321_22315363. shtml
许晓青、吴宇(2010),《探秘“绿色世博”——中国 2010 年上海世博会环保科技亮点巡礼》,2011-2-15,摘自新华网:http://news. xinhuanet. com/world/2010-01/23/content_12862095. htm

许征(2009),《国际会展业发展的新趋势》,2010-6-25,摘自中国宁波网:http://tv.cnnb.com.cn/system/2009/07/28/00619749 5.shtml

薛惠卿(2009),《上海世博会绿色报告昨天发布,发展绿色交通值得推广》,《新民晚报》2009-8-19, A2

薛慧卿(2006),《"母展子展"一脉相承　品牌展会"移植"上海》,2011-2-19,摘自东方财经网:http://finance.eastday.com/eastday/finance/node77285/node77756/node125623/userobject1ai1936297.html

杨斌(2007),《德国展览业协会庆祝百年华诞,中国展览业协会何时方能出娘胎?》,2010-7-16,摘自杨斌会展博客:http://ybexpo.blog.hexun.com/11667995_d.html

杨冠群(1998),《国际会议策划·举办·参与》,世界知识出版社

杨荷卿、庄伟光(2006),《会展业——一块诱人的蛋糕》,2009-7-27,摘自泛珠三角旅游研究网:http://www.pprt.cn/rdjj/200610300379.asp

姚丽萍和章文峰(2009),《与党政机关人员、机构、财务、资产"四分开",明年企业协会不做"二政府"》,《新民晚报》2009-10-4, A2

姚舜(2009),《访谈:"一程多站" 香港旅游更缤纷》,2009-8-26,摘自财华网:http://www.caihuanet.com/zhuanlan/meiti/amoney/200811/t20081117_392240.shtml

叶灵燕(2008.10.14),《会展企业集团化是市场竞争的必然趋势》,《中国贸易报》,第A6版.

叶薇(2010.5.8),《高新技术产业成果在世博会上示范应用,10.3亿颗节能LED勾勒园区夜景》,《新民晚报》,第A5版

叶蔚(2009),《全球参博展现精彩世界》,《新民晚报》2009-12-2,A特1

一风(2005),《展览业产值23亿澳元、澳大利亚展览市场速描》,《中国展会》5(12),2009-7-8,摘自:http://news.xinhuanet.com/expo/2005-09/06/content_3449230.htm

优力优国际展览集团有限公司(2009),《德国展会国外观众数量再创新高,2007年中国有3.5万人次赴德观展》,2010-7-14,摘优力优国际展览集团有限公司网:http://www.unucn.com/newsview.asp? id=422

余华(2009),《会展活动对国民经济的拉动影响研究[Z]》,《中国会展经济研究会电子会刊》,2010-6-29,摘自:宁波国际会展中心网:http://expo.nb-sme.gov.cn/content.aspx? id=127

俞凯(2011.01.10),《全球最大会展中心落户虹桥》,《东方早报》,第A6版

远大会展(2005),《中国会展业发展状况及产业素质评价》,2010-6-27,摘自远大会展网:http://www. broadexpo. com/showreg. asp? id=725

翟文(2006. 3. 24),《欧美展会的风格差异》,《经济日报》,第8版

展联(2011),《北京组织政府、场馆、主办三方进行会展对话》,2011-3-14,摘自中国经济网: http://expo. ce. cn/newmain/roll/201103/14/t20110314_22297891. shtml

张介岭(2009. 5. 6),《美国拉斯维加斯精心打造会展之城》,《经济日报》,第16版

张升球(2008),《湖南会展业发展态势分析和战略选择》,《中国展览》,2008(3)

张伟(2007),《中国会展业现状与展望——第73届UFI年会演讲摘录》,2009-11-26,摘自超飞巨英联盟集团网:http://www. bjcfjy. com/bbs/viewthread. php? tid=478

张云中(2007),《奖励旅游:公司犒赏的岁末大餐》,2010-4-10,摘自在线国际商报网:http://ibdaily. mofcom. gov. cn/show. asp? id=174376

赵红、王仪(2009. 6. 10),《会展效应全面提升琼海知名度和城市实力,博鳌平均每天一个会》,《海南日报》,第A3版

赵向辉(2005. 4. 26),《今日说画,展会不应浪费》,《新闻午报》

郑磊(2008),《2007—2008香港旅游业扫描》,2009-8-5,摘自价值中国网:http://www. chinavalue. net/Blog/BlogThread. aspx? EntryId=66843

中广网(2009),《北京获得2012年国际奖励旅游协会全球年会主办权》,2010-4-20,摘自中广网:http://www. cnr. cn/lv you/lyjd/200911/t20091109_505595803. html

中国国际工业博览会(2009),《2009中国国际工业博览会论坛一览表》,2010-1-20,摘自2010中国国际工业博览会网:http://www. ciif-expo. com/article/list. php? catid =18

中国国际贸易促进委员会(2010),《中国会展经济发展报告(2009)》,2011-3-19,摘自道客巴巴网:http://www. doc88. com/p-60555178889. html

中国会展论坛(2007),《上海展览业发展目标定位与对策》,2010-6-27,摘自中国会展论坛网:http://www. 2010 show. com/24/12202007121433 1179. html

中国经济网(2007),《中国会展业:全球的眼光看过来》,2009-11-25,摘自中国经济网:http://www. ce. cn/cysc/hzjj/hzjj/200708/30/t20070830_12732226. shtml

中国经济周刊(2008),《北京奥运直接经济效益20亿美金》,2010-6-5,摘自中

路社区网：http://bbs.9811.com.cn/viewthread.php? tid=47561

中国旅游报(2000),《美国商务女性如何选择饭店》,《中国旅游报》,2000-5-17, B1

中国贸促会出国业务信息网(2011),《米兰国际展览中心简介》,2011-2-10,摘自中国贸促会出国业务信息网：http://exhi bit.ccpit.org/ccpitnew/servlet/ccpitnew.base.FrontServlet? handler=4443&operate=CountryArticleViewUI&Id1=00000000000000000000000010000085E&Id=0000000000000000000000010000D6E9

中国贸促会驻法国代表处(2003),《法国展览业市场调研》,2010-7-29,摘自论文大全网：http://www.lw23.com/pdf_2926 caf3-b0be-48ef-bd23-b3c3e63e4bdb/lunwen.pdf.

中国贸促会驻新加坡代表处(2008),《新加坡展览市场调研》,2009-11-22,摘自中国贸易促进委员会和中国国际商会网：http://www.ccpit.org/Contents/Channel_62/2006/0706/2661/con tent_2661.htm

中国贸促会驻意大利代表处(2007),《意大利展览业概况》,2010-8-9,摘自中国贸促会网：http://aaa.ccpit.org/Category7/mAttachment/2007/Jan/30/asset000070003613708file1.doc

中国贸促会驻英国代表处(2007),《英国展览发展情况简介》,2010-8-9,摘自中国贸促会网：http://www.ccpit.org/Contents/Channel_1071/2007/0105/21874/content_21874.htm

中国新闻网(2010),《聚焦:2010 年文化蓝皮书发布》,2010-5-28,摘自版权网：http://biz.e-bq.com/culture/2010/0506/19481 5.html

中国驻德国大使馆经济商务参赞处(2006),《德国展览业 2005—2006 年度最新概况》, 2010-7-16,摘自中国驻德国大使馆网：http://de.mofcom.gov.cn/aarticle/ztdy/200609/20060903237 405.html

中国驻加拿大多伦多总领事馆经济商务室(2007),《发达的加拿大展览业及中企赴展策应》,2010-8-21,摘自中国商品网网：http://ccn.mofcom.gov.cn/spbg/show.php? id=5636

中国驻芝加哥总领馆经济商务室(2005),《芝加哥全美会展业排名第三》,2010-8-21,摘自中国驻芝加哥总领馆经济商务室网：http://chicago.mofcom.gov.cn/aarticle/jmxw/200705/20070504644744.html

中华工商时报(2007),《应对欧盟内部和国际竞争　法国会展业强强联合》,2010-8-8,摘自中国服装网：http://www.efu.com.cn/data/2007/2007-03-

05/187652. shtml

中青旅(北京)国际会议展览有限公司(2009),《关于我们和成功案例》,2009-8-19,摘自中青旅(北京)国际会议展览有限公司网:http://www. cytsm-ice. com/templates/T_content3/in dex. aspx? nodeid=30

中外会展编辑部(2010),《第二届全国会展人力资源供需(北京)交流会顺利召开》,《中外会展》,2010(1)

中展网(2011),《意大利米兰国际展览中心》,2011-2-10,摘自中展网:http://hall. ccnf. com/hall/20070104/hallterminal_2007 01040004_0. shtml

周启良(2009),《香港展览业之概况及发展趋势》,2010-8-28,摘自阿里巴巴网:http://blog. china. alibaba. com/blog/hktdc kelly/article/b0-i6070953. html

周文菁(2007),《展览业去年为香港经济带来逾二百六十亿港元收益》,2010-6-27,摘自腾讯网:http://news. qq. com/a/20070807/000085. htm

朱菲娜(2008),《展览业存在五大问题 亟待成立行业协会》,2010-04-02,摘自搜狐网:http://news. sohu. com/20080303/n255472459. shtml

朱敬(2007),《法兰克福三大展览会专业观众超 10 万》,2010-3-7,摘自中国贸促会网:http://www. ccpit. org/Contents/Channel _ 1071/2007/0316/29677/content29677. htm

朱雪红(2009. 12. 22),《公司年终奖励旅游逐渐升温》,《中国贸易报》, 第 A8 版

子琦(2005),《SIAL CHINA 食品展 5 月上海开幕》,2009-12-19,摘自金羊网:http://www. ycwb. com/gb/content/2005-05/11/content_899351. htm

邹品娥(2007),《上海办展数量力压京穗,专业观众中小企业最多》,2009-11-27,摘自每日经济新闻网:http://gov. finance. sina. com. cn/chanquan/2007-01-15/27342. html

Abacus International (2006), Move over MICE, Here Come the SMERFS! Retrieved November 10, 2009 from 4Hoteliers. com Web site: http://www. 4hoteliers. com/4hots_fshw. php? mwi=1691

Angelo, R. M. & Vladimir, A. N. (2007). *Hospitality Today, An Introduction*, Lansing, Michigan, USA: The Educational Institute of the American Hotel & Lodging Association.

ASAE & CAL (2009), *A Few Fact*, Retrieved November 4, 2009 from ASAE & the Center for Association Leadership Web site: http://www. asaecenter. org/aboutus/ASAEThe Center. cfm? navItemNumber=14571

ASEAN (2009), *First-ever National Standards for Exhibition Management Services*, Retrieved November 22, 2009 from ASEAN Web site: http://www.aseansec.org/6769.htm

Astroff, M. T. & Abbey, J. R. (1998), *Convention Sales and Services (5th Edition)*, N. J., U. S. A.: Waterbury Press.

Astroff, M. T. & Abbey, J. R. (2002, 2003 & 2006), *Convention Sales and Services*, Lansing, Michigan, USA: The Educational Institute of the American Hotel & Lodging Association.

BIE(2010), *List of Members*, Retrieved October 4, 2010 from BIE Web site: http://www.bie-paris.org

Boehm, A. J. (2003), *Plan Corporate Meeting*, Retrieved October 5, 2009 from Microsoft Office Online Web site: http://office.microsoft.com/en-gb/outlook/HA011639831033.aspx

Braley, S. J. F. (2008), *Meetings Market Report* 2008—*Association*, Retrieved September 21, 2009 from Meetings & Conventions Magazine Web site: http://www.mcmag.com/association/article_ektid11170.aspx?page=4

BroadcastAsia2010 (2010), *About the Event*, Retrieved January12, 2010 from Broadcast Asia 2010 Web site: http://www.broad cast-asia.com/main.htm

Camus, M. R. (2008), *'MICE' Industry Still a Priority*, RetrievedNovember 16, 2008, from BusinessMirror Web site: http://www.businessmirror.com.ph/home/top-news/2034-mice-industry-still-a-priority-html

CIC (Convention Industry Council) (2004), Green Meetings Report, Retrieved March 5, 2007 from CIC website: http://www.conventionindustry.org/projects/green_meetings_report.pdf

CIC (Convention Industry Council) (2011), *The Economic Significance of Meetings to the US Econom*, Retrieved March 21, 2011 from the Meetings Mean Business Web site: http://www.meetingsmeanbusiness.com/docs/CIC%20Final%20Report%20Executive%20Summary.pdf

Davidson, R. and Rogers, T. (2006), *Marketing Destinations and Venues for Conferences, Conventions and Business Events*, MA 01803, USA:

Elsevier Inc.

Department of Investment Service, Taiwan (2008), *Meeting, Incentive, Convention and Exhibition (MICE) Industry Analysis and Investment Opportunities*, Retrieved July 10, 2010 from Google Web site: http://docs. google. com/viewer? a=v&q=cache: zS8ZKNclbrcJ: investtaiwan. nat. gov. tw/doc/industry/13MICE_ Industry_eng. pdf

DMAI (2009), *About DMAI & History of DMAI*, Retrieved Aug. 19, 2009, from DMAI Website: http://www. destinationmarketing. org/page. asp? pid=20

Feiertag, H. (2004, July 19), SMERF Business Ideal to Help FillWeekend Roomnights. *Hotel and Motel Management*, RetrievedNovember 10, 2009 from Spectroscopy Web site: http://spectros copyonline. findanalytichem. com/spectroscopy/article/articleDetail. jsp? id=112078

Fischer, J. (2009), *Union of International Associations, International Meeting Statistics for the Year 2008*, Retrieved November 2, 2009 from UIA Web site: http://www. uia. be/sites/uia. be/files/documents/statistics/press/press09. pdf

Gary line & Gary Line Shanghai (2009), *About Us*, Retrieved Aug. 18, 2009, from Gary Line & Gary Line Shanghai Web site: www. grayline. com or www. graylineshanghai. com

GMIC (Green Meeting Industry Council) (2007), *The Future is Green, Charting a Sustainable Future for Meetings, 2007*, Retrieved March 5, 2011 from greenlodigingnews Web site: http://www. greenlodgingnews. com/GMIC-Launches-Industry-Report-Green-Meetings and www. greenmeetings. info/presG MICPressRelease_040507. pdf

Goldblatt, J. J. (2000), *Special Event, Best Practice in Event Management(2nd edition)*, New York, U. S. A. : John Wiley & Sons, Inc.

Golden-Romero, P. (2007), *Hotel Convention Sales, Services and Operations*, MA 01803, USA: Elsevier Inc.

Hall, Colin Michael (1989), The Definition and Analysis of Hallmark Tourist Events, *GeoJournal*, 19. 3, 263—268. Retrieved May 26, 2010 from Springerlink Web site: http://www. springer link. com/content/x357g83724x57q38/

HKTDC(2009), *Hong Kong Industry Profile, Convention and Exhibi-*

tion, Retrieved July 25, 2009, from Hong Kong Trade Development Council Web site: http://www.hktdc.com/info/mi/a/hkip/en/1X0018NP/1/Hong-Kong-Industry-Profiles/Convention-and-Exhibition.htm#

Hotel & Motel Managment (1995, September), Survey shows business traveler choices. (includes sidebar). *Hotel & Motel Management*, Retrieved August 30, 2009 from Accessmylibrary Web site: http://www.accessmylibrary.com/article-1G1-176289 27/survey-shows-business-traveler.html

IAEE (2010), *About IAEE*, Retrieved October 7, 2010 from IAEE Web site: http://www.iaee.com/about_iaee

IAEE(2009), *Association Information and Membership-It's where you belong to*, Retrieved November 15, 2009 from IAEE Web site: http://www.iaee.com/about_iaee/association_information and http://www.iaee.com/iaee_ membership

IAPCO (2010), *Welcome to the website of the professional congress organizers*, Retrieved September 25, 2010 from IAPCO website: http://www.iapco.org

IAVM (2011), *About IAVM*, Retrieved January 20, 2011 from IAVM Web site: http://www.venue.org

ICCA (2009), *Statistics Report The International Association Meetings Market Abstract for non-members*, Retrieved Aug. 21, 2010 from ICCA Web site: http://www.iccaworld.com/dcps/doc.cfm? docid=876

ICCA (2010), *Membership Directory*, Retrieved September 12, 2010 from ICCA website: http://www.iccaworld.com/member shipdirectory.cfm

ICCA(2009), *Statistics Report*, *The International Association Meetings Market*, *Abstract for non-members*, *1999—2008*, Retrieved September 20, 2009 from ICCA Web site: http://www.iccaworld.com/cnt/docs/ICCA_Statistics_Report_1999—2008_NON-MEMBERS.pdf

ICCA(2010), *ICCA publishes country and city rankings 2009*, Retrieved May 25, 2010 from ICCA Web site: http://www.icca world.com/npps/story.cfm? nppage=2175

ICCA.(2008), *Top 20 Best Meeting & MICE Destinations*, Retrieved July 6, 2009, from 4 hoteliers Web site: http://www.4ho teliers.com/4hots_ nshw. php? mwi=4750

IFEA (2010), *Connecting You to a World of Celebrations*, Retrieved June 9, 2010 from IFEA (International Festival and Event Association) Web site: http://www. ifea. com/pdf/Membership_ Brochure. pdf

IFEA(2010), *CFEE Certification and Continuing Education*, Retrieved June10. 2010 from IFEA Website: http://www. ifea. com/joomla1_5/index. php

International Convention and Congress Association (ICCA) (2008), *ICCA publishes top 20 country and city rankings 2007*, Retrieved January 12, 2009, from ICCA Web site: http://www. iccaworld. com/npps/story. cfm? ID=1577

Iswaran, S. (2009), *Speech for Trade & Industry and Education, at The Singapore Association of Convention and Exhibition Organisers and Suppliers (SACEOS) 30th Anniversary Gala Dinner*, Retrieved November 22, 2009 from Singapore Tourism Board Web site: http://app. stb. gov. sg/asp/common/print. asp? id=10563&type=2

Lagace, M. (2005), *The Hidden Market of Female Travelers*, Retrieved Aug. 25, 2009, from Harvard Business School Working Knowledge Web site: http://hbswk. hbs. edu/archive/4611. htm

Lundberg, D. E. (1994), *The Hotel and Restaurant Business (6th Edition)*, New York, NY, USA: John Wiley & Sons, Inc.

MEME (2007), *Report Highlights Contribution of Exhibition In dustry*, Retrieved Aug. 26. 2009, from Middle East MICE & Events Web site: http://www. memicee. com/issues/default. asp? articlecode = ART00540&categorycode=ART00309&id= previous_issues

Meyer, R. (1970), *Festival: USA and Canada*, New York, USA: Ives Washburn.

Mortenp(2007), *What is a Mega Sport Event*? Retrieved May 25, 2010 from the Pulse Web site: http://www. thepulse2007. org/? p= 106

MPI(2011), Overview, Retrieved January 20, 2011 from http://www. mpiweb. org/About/Leadership/GovernanceOverview

NBTC (2009), *Conference statistics 2008*, Retrieved September 21, 2009 from Holland's official Web site: http://www. holland. com/meetings/

en/congressorganisers/statistics/

Novotel Clarke Quay (2008), *Singapore's Novotel Clarke Quay Eyes Burgeoning Meetings And Exhibition Market*, Retrieved November 23, 2009 from 1888PressRelease Web site: http://www.1888pressrelease.com/singapore-s-novotel-clarke-quay-eyes-burgeoning-meetings-and-pr-87090.html

O'Toole, W. & Mikolaitis, P. (2002), *Corporate Event Project Management*, New York, U.S.A.: John Wiley & Sons, Inc.

PCMA (2008), *The 17th Annual Meetings Market Survey*, Retrieved October 20, 2009 from PCMA Web site: http://www.pcma.org/Documents/0208-46%5B1%5D.pdf

Redaktion, V. (2009), *Asia's Convention and Visitor Bureaus Unite to Win Business*, Retrieved October 5, 2009 from Tourism Insider Web site: http://tourism-insider.com/en/reisenews/asiatis che-kongress-und-touristenbueros-schliessen-sich-zusammenasias-convention-and-visitor-bureaus-unite-to-win-business

Reid, R. D. and Bojanic, D. C. (2009), *Hospitality Marketing Management*, New Jersey, USA: John Wiley & Sons. Inc.

Robbe, D. (2000), *Expositions and Trade Shows*, New York, U.S.A.: John Wiley & Sons, Inc.

Rogers, T. (2003), *Conference and Conventions, A Global Industry*, Burlington MA, U.S.A.: Butterworth-Heinemann

Rokou, T. (2009), *USA stays top country and Paris and Vienna share number one city destination*, Retrieved July 3, 2009, from Travel Daily News Web site: http://www.traveldailynews.com/pages/show_page/31049-USA-stays-top-country-and-Paris-and-Vienna-share-number-one-city-destination

Roythorne, P. (2007), *ICCA Releases Latest Country and City Rankings*. Retrieved July 4, 2009, from Meetings Review Web site: http://meetingsrcview.com/asia/news/2007/04/19/ICCA_re leases_latest_country_and_city_rankings

SBA (2009), *Tradeshow Marketing*, Retrieved Aug. 10, 2009, from SBA Web site: http://www.sba.gov/smallbusinessplanner/manage/marketandprice/SERV_TRADESHOW. html

SITE(2011), *History*, Retrieved January 5, 2011 from SITE Web site: http://www. siteglobal. com/AboutSite/History. aspx

SITE(2011), *SITE Chapter Network*, Retrieved January 5, 2011 from SITE website: http://www. siteglobal. com/Chapters/Locatea Chapter. aspx

SMU (2008), *Introduction to the MICE industry of Singapore*, Retrieved November 22, 2009 from Singapore Management University Web site: https://wiki. smu. edu. sg/MGMT003/CORE 003:T1/G6

STB (2008), *Singapore Is The Top International Meeting City In The World For Meetings And Business*, Retrieved July 4, 2009, from Singapore Tourism Board (STB) Web site: http://app. stb. gov. sg/asp/new/new03a. asp? id=9303

Stockton F. (2009). *US Exhibition Industry reports first annual decline since 2002*, Retrieved August 3, 2009, from Conworld. net Web site: http:// www. conworld. net/index. php/America/us-exhibi tion-industry-reports-first-annual-decline-since-2002. html

Successful Meetings (2005), *State of the Industry Report*, Retrieved October 18, 2009 from Successful Meetings Web site: http://www. successmtgs. com/successmtgs/images/pdf/2005SOI. pdf

Tan, D. , Hock, M. G. & Piaw, T. C. (2004), *An Introspective Look At the Exhibition Industry in Singapore*, Retrieved November 22, 2009 from National University of Singapore Web site: http://www. bschool. nus. edu. sg/staff/bizteocp/exhibition. pdf

The George Washington University (2010), *Event & Meeting Management*, Retrieved May 20, 2010 from GWU Web site: http://business. gwu. edu/tourism/event

The Global Association of the Exhibition Industry (UFI) (2007), *UFI Releases First "World Map of Exhibition Venues*. Retrieved June 26, 2009, from UFI Web site: http://www. ufi. org/media/pdf/press/2007-10_ufi_map_world_exhibition_venues. pdf

The Global Association of the Exhibition Industry (UFI) (2007), *The World Map of Exhibitions Venues and Future Trends* (*Chinese Version*),

Retrieved June 25, 2009, from UFI Web site: http://www. ufi. org/media/publicationspress/2007_ufi_world_map_of_exhibition_venues_chinese_version. pdf

TTG Asia Media Pte Ltd. (2008), *MICE hotels: Your guide to a mountain of choices*, Retrieved Aug. 10, 2009, from TTGmice Web site: http://ttgmice. com/index. php? option=com_content &task=view&id=2938

UFI (2007), *UFI Releases First Study Providing Data on the Exhibition Industry in the Middle East and Africa*, Retrieved July 8, 2009, from UFI Web site: http://www. ufi. org/media/pdf/press/2007-11_ufi_mea_africa_report_2007. pdf

UFI (2008), *Trade Fair Market in Asia Grows by 18% in 2007 according to UFI Market Report*, Retrieved June 29, 2009, from UFI Web site: http://www. ufi. org/media/pdf/press/2008-6_ ufi_asia_report_pdf

UFI (2009), *Trade Fair Market in Asia Grows by 8. 7% in 2008 according to UFI Report*, Retrieved July 6, 2009, from UFI Web site: http://www. ufi. org/media/pdf/press/2009-06_asia_report_20 09. pdf

UFI(2009), *UFI at a glance*. Retrieved November 15, 2009 from UFI Web site: http://www. ufinet. org/Pages/whatisufi/ufi_ mission. aspx? SubRubriqueSelected=2

UFI(2010), *UFI Members*, Retrieved October 12, 2010 from UFI Web site: http://www. ufi. org/pages/ufimembers/presentation _full_members. aspx

UIA (2009), *Press Release June 2009—Union of International Associations—International Meeting Statistics for the Yea 2008*, Retrieved September 19, 2009 from UIA Web site: http://www. uia. be/sites/uia. be/files/documents/statistics/press/press09. pdf

UIA (2009), *UIA Annual International Meetings Statistics Repor*, Retrieved September 16, 2009 from UIA Web site: http://www. uia. be/node/187

UIA (2009), *Yearbook of International Organization*, Retrieved September 21, 2009 from UIA Web site: http://www. uia. be/year book

UIA (2009), *Yearbook of International Organizations Online*. Retrieved November 5, 2009 from UIA Web site: http://www. uia. be/node/52

UIA (2010), *Aims and Objective*, Retrieved October 1, 2010 from UIA

Web site: http://www.uia.be/node/199

Visitdetroit.com (2009), *Dates in Detroit History*, Retrieved Aug. 19, 2009, from visitdetroit.com Web site: http://www.visitdetroit.com/index.php/about-detroit/dates-in-detroit-history

Wallace, C. (2007), *The Global Exhibition Venue Industry*, Retrieved February 12, 2011 from UFI website: http://www.ufi.Org/pages/ufievents/ucf/download/wallace-CEOForum07.pdf

Whiteling, I. (2009), *Singapore to Host International Exhibition Industry Event*, Retrieved November 22, 2009 from MEETINGS: review Web site: http://meetingsreview.com/asia/news/2009/03/05/Singapore_to_host_international_exhibition_industry_event

Wikipedia(2009), *Trade Fair*, Retrieved July 2, 2009, from Wikipedia, free encyclopedia Web site: http://en.wikipedia.org/wiki/Trade_show

Wikipedia(2011), *U. S. Green Building Council*, Retrieved March 7, 2011 from Wikipedia Web site: http://en.wikipedia.org/wiki/U.S._Green_Building_Council

Wright, Rudy R. & Siwek, E. J. (2005), *The Meeting Spectrum: the Guide for Meeting Professional*, MA 01002-97009, USA: HRD Press

图书在版编目（CIP）数据

会展概论/ 金辉主编. —2 版. —上海：上海人
民出版社,2011
上海旅游会展教育高地建设系列教材. 会展经济与管理
ISBN 978 – 7 – 208 – 10159 – 3

Ⅰ. ①会… Ⅱ. ①金… Ⅲ. ①展览会–概论–高等学
校–教材 Ⅳ. ①G245

中国版本图书馆 CIP 数据核字(2011)第 163038 号

责任编辑 罗俊华
封面装帧 陈 楠

会展概论
第二版
金 辉 主编

出 版 上海人民出版社
(200001 上海福建中路 193 号)
发 行 上海人民出版社发行中心
印 刷 常熟市新骅印刷有限公司
开 本 787 × 1092 1/16
印 张 26.25
插 页 3
字 数 445,000
版 次 2011 年 9 月第 2 版
印 次 2019 年 7 月第 7 次印刷
ISBN 978 – 7 – 208 – 10159 – 3/F · 2052
定 价 68.00 元